公司法律实务丛书

最权威的公司法务从业指南

公司章程制定实务与条款设计指引（第三版）

李占英／著

法律出版社
LAW PRESS · CHINA

前　言

公司章程是由股东或发起人制定，调整公司内部组织关系和公司运行的宪章。《公司法》经过2005年的修订，赋予了有限责任公司章程在选择适用公司治理结构以及充分发挥公司经营自主权方面以更大的自由空间，这也无疑是给公司提供一个根据自身的要求，设计反映股东意愿、操作性强的个性化的公司章程的契机。同时，个性化的公司章程也是保护股东权益，提高公司运作效率，预防公司经营纠纷的需要。但在实践中，一方面，大多数公司仍然采用工商局提供的格式文本，直接照搬《公司法》原文，公司章程内容简单、千篇一律，缺乏逻辑性和可操作性的弊端依然如故；另一方面，股东与股东、股东与公司矛盾纠纷不断上升，公司因"无法可依"陷入僵局的情形有增无减。所以公司、股东利用《公司法》赋予的自主权，设计个性化的公司章程成为确保股东权益、公司良性运行的迫切需要。

制定公司章程是一个专业性很强的工作，要求内容详尽，结构严谨，条款具有可操作性，并能前瞻性地预测公司纠纷。笔者在阅读了大量国内外公司法专著、论文和大量公司法案例基础上，参阅《德国有限责任公司法》、《英国私人有限公司示范章程草案》、《美国示范公司法》、《中国股份有限责任公司章程指引》，并融入笔者多年从事律师实务总结的经验，力求在本书中为公司、股东设计公司章程提供一个操作指引。公司章程涉及所有公司法领域的问题，笔者自知才疏学浅，无法驾驭这一博大精深领域，但求该书能起到抛砖引玉的作用，为研究公司章程的同仁提供一些基础性的资料。

目　　录

说明与导读……………………………………………………………… 1

第一章　总　　则

第1条　公司宗旨………………………………………………………… 1
第2条　公司名称、组织形式及股东财产责任 ………………………… 4
　案例1-1　关联企业间无实际交易的资金调配可认定为资产混同 ……………………………………………………………… 9
　案例1-2　执行程序中的公司人格否认 ……………………………… 10
第3条　公司住所地 …………………………………………………… 12
第4条　法定代表人 …………………………………………………… 13
第5条　公司经营范围 ………………………………………………… 15
　案例1-3　公司经营范围的变更导致公司主营业务的改变 ………… 17
第6条　公司股东 ……………………………………………………… 19
　案例1-4　股东资格认定需要综合考虑多重因素 …………………… 27
　案例1-5　缴纳出资与股东资格并不是一一对应关系 ……………… 29
　案例1-6　实际拥有股东权利者为公司股东 ………………………… 30
　案例1-7　北京银行现上千"娃娃"股东　最小的只有1岁 ………… 30
　案例1-8　国家公务员不得进行股权投资 …………………………… 31
第7条　共有股权 ……………………………………………………… 34
第8条　股东出资 ……………………………………………………… 37
　案例1-9　天府可乐的合资之殇 ……………………………………… 44
　案例1-10　"星巴克欲夺回中国股权" ……………………………… 45
第9条　瑕疵出资、抽逃出资股东的责任、股东间的出资填补责任 ………………………………………………………………… 47
　案例1-11　未办理过户手续的专利技术出资是瑕疵出资 ………… 53

案例1-12 公司股东不得抽逃出资 …… 54
第10条 瑕疵出资、抽逃出资股东权利限制 …… 57
案例1-13 公司章程应限制瑕疵股东的权利 …… 59
第11条 股东失权 …… 60
第12条 公司资本增加 …… 62
案例1-14 公司增资时要保护老股东的优先认购权 …… 66
第13条 公司资本减少 …… 68
案例1-15 公司减资应履行法定程序 …… 70
第14条 公司营业期限 …… 72

第二章 股东权利义务

第一节 股东权利 …… 76
第15条 确认股东会、董事会决议无效权、请求撤销决议权 …… 78
案例2-1 强制股东转让股权的股东会决议无效 …… 80
第16条 股东知情权 …… 81
案例2-2 股东知情权应包括原始会计凭证 …… 85
第17条 股东质询权 …… 87
第18条 股东代表诉讼 …… 89
案例2-3 特殊情况下,股东可以突破代表诉讼的前置程序 …… 90
第19条 股东直接诉讼权 …… 92
案例2-4 区别股东直接诉讼和股东代表诉讼 …… 94
第20条 异议股东股权回购请求权 …… 95
案例2-5 公司转让主要财产,异议股东有权要求公司回购股权 …… 101
第21条 股东会召集请求权、自行召集主持权 …… 102
第22条 申请公司解散权、申请公司清算权 …… 104
案例2-6 公司发生僵局,股东可申请解散公司 …… 108
第23条 公司剩余财产分配请求权 …… 111
第24条 股东提案权 …… 111
第25条 股东表决权 …… 113
案例2-7 表决权比例可以独立于出资比例 …… 117
第26条 新股优先认购权 …… 118

第 27 条　股权转让、继承、赠与权 …… 119
第 28 条　股东优先购买权 …… 119
第 29 条　股利分配请求权 …… 119
案例 2－8　股东会通过利润分配决议,股东才拥有具体的股利分配请求权 …… 124
第 30 条　特殊股东的特殊权利 …… 126
第二节　股东义务 …… 128
第 31 条　股东出资义务 …… 128
第 32 条　股东忠诚义务 …… 131
第 33 条　控股股东(实际控制人)诚信义务 …… 133
第 34 条　股东清算义务 …… 135
案例 2－9　股东不履行清算义务应对债权人承担责任 …… 136
第 35 条　股东约定义务 …… 138

第三章　股权转让

案例 3－1　禁止股权转让的公司章程条款无效 …… 142
第 36 条　股东之间股权转让(股权内部转让) …… 143
案例 3－2　股东会强制股权转让决议无效 …… 146
第 37 条　股东向非股东转让股权(股权外部转让) …… 147
第 38 条　异议股东购买义务 …… 149
第 39 条　股东优先购买权 …… 153
案例 3－3　股东向非股东转让股权要保障其他股东的优先购买权 …… 158
案例 3－4　股权转让中的善意取得制度 …… 160
第 40 条　特殊身份股东转让股权的限制 …… 162
第 41 条　瑕疵出资股东、抽逃出资股东转让股权的限制 …… 165
案例 3－5　瑕疵出资股东、抽逃出资股东转让股权后仍承担补缴出资义务 …… 167
第 42 条　特殊形式的股权转让 …… 168
案例 3－6　夫妻离婚时的共有股权分割 …… 171
第 43 条　股权交付 …… 173
案例 3－7　“一股二卖”时对善意第三人的保护 …… 175

第四章 公司组织机构

第一节 股东会 …… 184
第 44 条 股东会职权 …… 186
案例 4-1 股东会法定职权不容侵犯 …… 189
案例 4-2 批准利润分配方案是股东会法定职权 …… 191
第 45 条 公司的投资、担保 …… 193
第 46 条 股东会会议种类 …… 196
第 47 条 股东会召集和主持 …… 197
第 48 条 股东会提案 …… 201
第 49 条 股东会通知 …… 203
案例 4-3 股东会的通知应为实质意义通知 …… 206
第 50 条 股东会最低出席人数或表决权数 …… 207
第 51 条 股东会表决 …… 209
案例 4-4 股东表决权不适用默示同意 …… 211
第 52 条 股东会决议 …… 212
第二节 董事会 …… 215
第 53 条 董事会职权 …… 216
案例 4-5 股东拥有选举董事权利 …… 219
第 54 条 董事 …… 220
案例 4-6 累积投票权 …… 226
案例 4-7 大港——爱使章程之争 …… 226
第 55 条 董事长 …… 229
案例 4-8 公司章程应设置董事长罢免程序 …… 231
第 56 条 董事会会议种类、通知 …… 233
案例 4-9 董事会召集程序要合法 …… 235
第 57 条 董事会提案、最低出席人数 …… 238
第 58 条 董事会决议 …… 239
第 59 条 公司经理 …… 242
第三节 监事会 …… 248
第 60 条 监事会职权 …… 249
第 61 条 监事 …… 254

第 62 条　监事会主席 …… 259
第 63 条　监事会会议 …… 260
第 64 条　董事、监事、高管的忠实义务和勤勉义务 …… 262
案例 4－10　公司董事、高管违法经营应赔偿公司的损失 …… 268
案例 4－11　公司董事、高管负有竞业禁止义务 …… 269
第 65 条　高管人员范畴 …… 272

第五章　公司财务会计制度

第 66 条　公司财务会计年度、半年度报告 …… 274
第 67 条　公司财务会计月度、季度报告 …… 279
第 68 条　财务会计报告的内部审查 …… 280
第 69 条　股东财务会计报告的知情权 …… 282
第 70 条　法定公积金、任意公积金及股利分配 …… 283
第 71 条　承办公司审计业务的会计师事务所的聘用、解聘权 …… 286

第六章　公司的合并、分立、解散和清算

第一节　公司的合并、分立 …… 289
案例 6－1　清华同方与鲁颖电子合并案 …… 289
案例 6－2　公司合并应基于合并方的“双赢” …… 293
案例 6－3　重组方案以股东获得最大利益为最佳 …… 295
第 72 条　公司合并(分立)信息的披露 …… 296
第 73 条　股东会合并、分立决议的表决 …… 298
第 74 条　合并公司股东优先认购权的排除 …… 300
第 75 条　分立公司中小股东选择权和一票否决权 …… 301
第二节　公司解散和清算 …… 303
第 76 条　公司解散原因 …… 303
案例 6－4　公司章程应谨慎约定公司解散事由 …… 305
第 77 条　成立清算组 …… 308
第 78 条　剩余财产的分配 …… 310

附　　录

1. 有限责任公司设立协议 …… 315
2. 股权转让合同 …… 320
3. 股东会议事规则 …… 325
4. 董事会议事规则 …… 333
5. 监事会议事规则 …… 340
6. 总经理工作细则 …… 345

说明与导读

一、公司章程概念和性质

公司章程是指公司必备的由发起设立公司的投资者制定的，并对公司、股东、公司经营管理人员具有约束力的，调整公司内部组织关系和经营行为的自治规则。

对于人合性较强的有限责任公司章程的性质，学者大多赞成“契约说”，认为公司章程是公司股东在协商一致基础上就设立公司的权利义务达成一致意见而签署的文件，是股东意思表示一致的结果，新股东的加入行为就是对公司章程条款的默示同意。《德国有限责任公司法》就将公司章程称为“公司合同”，明确了公司章程的契约性质。

二、公司章程的重要性

（一）公司章程规范股东行为，维护股东权利

投资者将自己的财产交给公司履行出资义务后，公司对股东出资的财产享有完整的占有、使用、收益和处分的权利，而投资者丧失了对原有财产的所有权，换取了股权，成为股东。公司章程成为保护这些股东投资权益的有效手段：一方面，股东已无权直接支配公司财产，也无权请求返还，只能按照公司章程规定来行使股东权利；另一方面，如果公司和大股东压迫自己权利，中小股东只能寻求公司章程保护自己合法权利。尤其是有限责任公司，由于欠缺股权流动性，股东没有退出机制，所以股东通过公司章程保护自己的投资权益就显得愈加重要。

（二）公司章程具有约束公司行为的作用

公司作为一个具有独立人格的法人，其治理结构、运作机制、股东权利等都是由公司章程规定的，只有制定了公司章程，公司才能有法可依，才能规范运作。

（三）公司章程具有约束公司控制人、董事、监事、高管的作用

公司董事、监事职权及其行使方式是公司章程必备条款，公司章程对公司控制人、董事、监事、高管具有约束力，其必须遵守公司章程。针对愈演愈烈的

大股东控制公司的情形,也可以在公司章程中安排大股东的特殊义务和防范大股东控制公司的条款。

三、制定公司章程遵循的原则

(一)合法性原则

公司章程虽然是股东制定的公司自治性文件,但章程的制定与修改不得违反公司法等法律法规的强制性规定。对于公司章程制定者来说,应做到三点:一是《公司法》第 25 条规定的公司章程绝对必要记载事项不能遗漏;二是《公司法》中的强制性条款,尤其是保障股东法定权利的条款不能强行突破[①];三是不得违反法律法规的规定,制定损害债权人利益或谋求个别股东利益的条款。

(二) 个性化原则

有限责任公司的人合性就是股东间相互依赖和相互信任的关系。[②] 人合性的内部关系主要表现为赋予股东较大限度地自由安排公司治理结构的权限;人合性的外部关系主要表现为法律对股权外部转让的限制态度。《公司法》授权有限责任公司章程可以自行规定或者另行规定的条款共 32 条,包括全体股东认缴的出资额及缴纳时间和方式、股东利润分配方式、股东表决权的行使方式、股东会的召集程序、股东会议事规则、董事长的产生、董事会的职权、董事会的议事规则、经理的职权、监事会的议事程序和规则、股权的转让和继承等事项。投资者既然选择了有限责任公司形式,就应在制定公司章程时充分利用此优势,根据公司实际特点,对于《公司法》授权性条款进行个性化设计,根据公司运作的需要,对法律未规定的内容进行特别设计。

(三)股东权利和公司稳定发展相结合

公司和股东是一个矛盾统一体,股东权利的扩张以公司权利受到限制为代价。公司是股东投资的工具,为股东服务,股东的收益是公司的最终目的,

---

① 根据公司法条文是否允许变更,可以将公司法条文分为强行性规范和任意性规范。强行性规范是指不容变更而强制使用的规范。任意性规范分为三类:一是推定性规范,除非当事人选择排除其适用,否则默认为对公司关系人具有约束力的公司法规范,如《公司法》第 42 条;二是选择性规范,公司法就同一事项设计了不同的调整规则,各项规则之间具有同质性和可替代性,公司关系人选择其中一种规则适用的规范,如《公司法》第 39 条;三是授权性规范,当公司法对于特定类别事项的规定列举不足时,授权公司关系人通过章程或其他自治规范予以补足的规范,如《公司法》第 49 条。参见叶林:《公司法原理与案例教程》,中国人民大学出版社 2010 年版,第 35 页。

② 学者至今没有对人合性概念达成共识,现有概念更像是描绘性概念,而不是定性的概念。

所以公司要保障股东权益尤其是中小股东的权利。但如果过分强调股东权利的保护,则必然牵制公司运作,降低运营效率,公司僵局出现概率大增,影响公司的稳定,所以公司章程制定要考虑股东和公司权利平衡。

(四)公司章程内容应完整,结构应严谨

公司章程作为公司存在与活动的基本依据和公司行为的基本准则,在制定或修改时,要将可能遇到的、易产生纠纷的情形规定清楚、详细,对法律没有规定或规定不够具体的内容进行细化和补充,章节之间衔接紧密,避免冲突,真正起到未雨绸缪的作用。

(五)公司章程应注重权利和程序相结合,具有可操作性

很多公司在设计公司章程条款时,权利条款往往因为缺乏程序保障而被架空,使公司章程在面对公司与股东的争议、股东之间的争议、公司与高级管理人员的争议时形同废纸,所以公司章程要注重以程序条款保障权利条款的落实。为避免公司章程的冗长,也可以将程序性内容作为公司章程的附件单独列出。

(六)公司章程的内容要与公司的股权结构相适应,避免出现公司僵局

公司章程中的治理结构及相关内容取决于公司的股权结构。如股权比例为2:8与股权比例为5:5的章程条款肯定会有差别,因为前者容易形成资本多数决,在章程中应有限制大股东集权的条款,为公司适当地设计一个刹车系统,而后者则容易形成僵局,应当多考虑防范公司僵局出现,并为僵局创造解决之道。具体地,在设计公司章程时,应当根据公司成立的目的、所处行业、股权构成、股东特点、资本规模及经营计划等实际情况,明确股东会、董事会、经理之间的职权划分,力求在决策的效率和质量之间、董事会和股东会权利的保障与制约之间构架平衡。

(七)章程条款要保证一定时期的稳定性,避免出现冗长、不必要的内容

公司章程的内容不是越多越好,因为内容越多,将来修改公司章程的频率就越高,但修改公司章程需要召开股东会,还需要特殊表决程序,这将影响公司效率。所以要保证公司章程内容一定阶段的稳定性,投资者可以借鉴英美的做法①,制定公司章程细则,也可以制定单独的股东会议事规则、董事会议

① 在英美法系中,公司章程有章程大纲和章程细则之分,章程大纲是对外条款,内容大多都属于绝对必要记载事项。章程细则是对内条款,它是一套关于公司日常事务和交易的内部规则,只对公司内部事务有约束力,通常被看做公司与其成员以及成员之间的契约,比公司章程大纲易于修改。在公司细则与公司章程发生冲突的情况下,适用公司章程。

事规则、监事会议事规则,来避免公司章程烦琐的情况出现。

需要说明的是,很多学者在论述公司章程作用时将保护公司、股东、债权人三者利益平衡作为其中一条重要的指导性原则。笔者认为这种观点是将制定公司章程原则与立法原则相混淆了,公司章程在保证合法有效的前提下,没有保护债权人利益的法定义务。保护债权人利益应该是立法者考虑的问题,股权投资追求的是公司利润最大化,试图通过制定高风亮节的公司章程来保护债权人利益是典型的乌托邦。

四、我国公司章程条款的分类

根据法律对公司章程记载事项的要求,将公司章程记载事项分为三类:

第一类,绝对必要记载事项,即《公司法》要求应该在公司章程中记载的事项,绝对必要记载事项主要有两种情况:

第一种情况是《公司法》第 25 条明确规定的公司章程应当载明的事项。2005 年新修订的《公司法》对第 25 条进行了较大的修订:一是出于对有限责任公司管制放松的理念,将股东的权利和义务、股东转让出资的条件、公司解散事由与清算办法事项从有限责任公司章程的绝对必要记载事项中删除,但这些却是表现章程个性化的事项,在公司章程中需要重点考量的事项;二是由于修订后的《公司法》规定了股东分期缴纳出资制度,所以有限责任公司章程绝对必要记载事项相应也增加了股东出资时间。

第二种情况是散落在《公司法》其他相关条款中,要求由公司章程作出规定的事项。立法表述为"由公司章程规定";例如,《公司法》第 16 条、第 43 条、第 44 条、第 45 条、第 48 条、第 50 条、第 51 条、第 55 条、第 70 条、第 117 条、第 119 条、第 165 条、第 169 条等。

第二类,相对必要记载事项,即非经载明于公司章程,不发生效力的一些事项,公司章程有选择适用的自由。相对必要记载事项也分为两种情况:

第一种情况是公司章程优先,即公司章程有规定以章程规定为准,章程无规定遵循《公司法》规定,立法表述为"章程另有规定的除外"。

第二种情况是允许公司章程另行规定,但不得与公司法相冲突,立法表述为"不得超过"。如《公司法》第 45 条规定董事任期不得超过 3 年。

第三类,任意记载事项,是指在必要记载事项之外由发起人或者股东认为需要在章程中载明的其他事项,其具体内容可由当事人约定。

除上述三种事项外,还有一些对《公司法》条款简单重复的记载事项常见于公司章程中,事实上这些都是《公司法》明确要求公司必须遵从的事项,即便公司章程没有规定，该条款对公司也发生效力，如公司章程有不同的规定，则该规定无效，因此这些条款没有必要在公司章程中再行规定，笔者在本书章程指引中排除了这类条款[①]。

本书有些条款的内容，在实践中出现几种并行的方式，这些方式并没有孰好孰坏之分，只是不同方式适用不同的公司，对此，笔者在推荐条款中用□方式将几种方式并列出来，方便公司选择适用。

① 一些地方的工商行政管理局要求公司章程必须具备这类条款。

第一章　总　　则

除公司的机构及其产生办法、职权、议事规则外，本章载明了《公司法》第25条规定的公司章程应有的所有事项，虽然公司机构不是本章的内容，但是股东会由本章确认的股东组成，董事由本章确认的股东选举产生，所以本章内容是公司的基本要素。实践中很多公司章程根据《公司法》第25条规定的公司章程应载明的各个事项来确定公司章程的章节结构，将公司名称、公司经营范围、公司法定代表人均单独设为一章。笔者认为将这些构成公司基本要素的内容统一设为总则，会使公司章程结构更紧凑，内容更协调。

第1条　公司宗旨

推荐条款

为了×××，达到×××目的，全体股东设立本公司，并根据《中华人民共和国公司法》(以下简称《公司法》)及其相关法律法规特制订本章程，以资遵守。

【实务解析】

一、公司的宗旨

公司的宗旨是关于公司存在的目的或对社会发展的某一方面应作出的贡献的陈述。公司宗旨为公司战略治理者确定公司战略目标、选择战略、制定政策及有效利用资源提供了方向性指导，有助于树立区别于其他公司的形象。公司宗旨提出公司的价值标准，还可以确保公司内部对公司的拟经营项目达成共识。

二、公司章程的效力

(一)公司章程对公司的效力

公司章程对公司的效力分为对内约束力和对外约束力两个方面。对内约束力是指公司章程对公司内部组织和活动的约束力;对外约束力是指公司的权利能力和行为能力对公司外部行为的影响,即公司外部行为应受到公司章程规定的经营范围、对外投资和担保数额及其他规则的限制。

(二)公司章程对股东的效力

公司章程对股东的效力,表现为股东依照公司章程规定享有权利并承担义务。公司章程对股东的效力不仅及于制定公司章程的股东,也对公司成立后加入的股东产生约束力,股东加入公司的行为表明其愿意遵守公司章程。

(三)公司章程对董事、监事、高级管理人员的效力

公司董事、监事、高级管理人员虽然不是公司章程的制定者,但必须按照公司章程的规定履行职责、享有权利并承担义务,应当依法接受公司章程的约束,对公司负有忠实义务和勤勉义务。

三、外商投资企业

(一)外商投资企业法与公司法的冲突问题

外商投资企业法是指以《中外合资经营企业法》及其实施条例、《外资企业法》及其实施细则、《中外合作经营企业法》及其实施细则为核心的一系列法律法规的总称。外商投资企业法与公司法并行是我国现行公司制度的特点,二者在组织形式、公司治理结构、表决制度、股权转让程序及解散等许多制度上有很多冲突之处。对于有限责任公司形式的外商投资企业不但要遵循公司法的规定,还要遵循外商投资企业法的规定,如发生法律冲突,按照《公司法》第217条,有限责任公司适用外商投资企业法。虽然《公司法》第217条在立法层面上解决了外商投资法和《公司法》冲突时选择适用的问题,但在解决具体实际问题时还是会出现选择法律的困惑,该问题也是审判实践中的难点①。

外商投资企业法在税收、经营管理等方面赋予了外商投资企业以超国民的优惠待遇和特别的保护,对引进国外的资金和先进技术,以及为我国的经济

---

① 最高人民法院刘贵祥庭长认为外商投资企业在选择适用法律时,其顺序依次为:外商投资企业法、公司法、外商投资企业实施细则或条例及行政规章,其规则可以概括为:(1)人民法院审理外商投资的有限公司和股份有限公司纠纷应当适用公司法的规定;(2)外商投资企业法与公司法规定不一致或者公司法未规定的,应当适用外商投资企业法的规定;(3)外商投资企业法实施条例、细则或相关行政法规(以下合称相关行政法规)与外商投资企业法规定一致,但与公司法规定不一致的,应当适用相关行政法规的规定;(4)外商投资企业法没有规定,相关行政法规作了规定但与公司法不一致的,适用公司法的规定;(5)外商投资企业法与公司法均未作规定,相关行政法规作了规定的,适用相关行政法规的规定。参见刘贵祥:"论外商投资纠纷若干疑难问题",载 http://www.civillaw.com.cn/qqf/weizhang.asp?id=47820,2010年1月18日访问。

发展创造了很好的国际合作环境。但由于我国经济发展及经济全球化的新形势出现,外商投资企业法和公司法并行的双轨制弊端日益凸显。2007 年通过的《企业所得税法》及其实施细则规定,外资企业不再享有比国内企业低十几个百分点的优惠税率,与内资企业一样要缴纳统一的 25% 所得税。相信外商投资企业法与公司法融合归一的日期将不会遥远。

(二)设立外商投资企业合同优先于公司章程

一般情况下,设立公司合同约束的是各投资方间的关系,虽然公司章程根据设立公司合同起草,但公司章程应该是优于设立合同的,所以在处理公司事务时,遇到公司章程规定和设立公司合同不一致时,公司章程效力优先。而外商投资企业合同是经过批准的,外商投资企业更强调各投资方签订的设立公司合同,所以外商投资企业设立合同优于公司章程。如有可能,建议外商投资企业梳理公司章程,将其与设立公司合同保持一致。

【条款设计指引】

一、公司宗旨条款的必要性

公司宗旨条款不是公司章程的必备条款。公司宗旨条款来源于英美公司法限制公司能力的规定,虽现今已经被彻底摒弃,也并不是公司章程的必备条款,但公司宗旨条款在实务中仍有两个重要作用:一是该条款是确定公司经营范围的依据,仍可将其作为限制董事会权利的规定;二是公司宗旨可以作为认定公司发生解散事由的依据。所以建议公司章程设置该条款,尤其是为特殊目的设立的公司应设置该条款。

二、章程条款设计

公司宗旨应该是比较宽泛的,其原因有二:一是宽泛的公司宗旨为公司战略治理者的创造性提供了选择的余地,过于狭窄的公司宗旨会限制这种创造性,从而使公司在多变的环境中错过许多机会;二是较含糊、原则性的公司宗旨便于调和各种利益相关者的差异,可以避免产生不必要的矛盾。公司宗旨又不能过于宽泛而不限制公司的战略选择,因为过分宽泛的宗旨陈述无法统一公司对未来的认识。公司宗旨在明确以后,还应通过公司经营范围适当展开。建议为特殊目的设立的企业,尤其是由国家投资设立的一些垄断企业和公共企业,应当把公司设立宗旨写入公司章程;如果依据的是外商投资企业法律,也应将制定依据写入公司章程。为某个项目而设立的项目公司,也应将设立宗旨写入公司章程,这样做的好处是可以公司宗旨条款作为处理纠纷的辅助依据。

【案例】

参见案例1－3　公司经营范围的变更导致公司主营业务的改变。

【相关法律法规】

《公司法》第11条　设立公司必须依法制定公司章程。公司章程对公司、股东、董事、监事、高级管理人员具有约束力。

《公司法》第217条　外商投资的有限责任公司和股份有限公司适用本法;有关外商投资的法律另有规定的,适用其规定。

第2条　公司名称、组织形式及股东财产责任

推荐条款

公司中文名称为×××有限责任公司,营业执照号是×××。

公司股东以其认缴出资额对公司承担有限责任,公司以其全部资产对公司的债务承担责任。

【实务解析】

一、公司名称

民事主体在存续过程中,相互之间区别的外在标志就是名称,所以名称对于公司的意义不言而喻。公司对自己的名称享有专有名称权。公司名称在商业活动中的应用,体现了企业的信任度、核心竞争力和商誉,具有商业上的财产价值,既可以作为财产直接投资,也可以有偿转让,具有财产权利的基本内容和特点。

在实践中,名称还常常与商号联系在一起,实际上商号仅仅是公司名称的一部分,有的公司为了更好地保护其商号,往往同时将商号注册为商标。

(一)公司名称的构成

公司名称应当由行政区划、字号、行业、组织形式依次组成,法律法规另有

规定的除外。例如,北京安泰新世纪信息技术有限公司,“北京”为行政区划,“安泰新世纪”为字号,“信息技术”为行业,“有限公司”为组织形式。

(二)公司名称申请登记原则

1. 公司名称不得含有下列内容的文字:(1)有损于国家、社会公共利益的;(2)可能对公众造成欺骗或者误解的;(3)外国国家(地区)名称、国际组织名称;(4)政党名称、党政军机关名称、群众组织名称、社会团体名称及部队番号;(5)外国文字、汉语拼音字母、阿拉伯数字;(6)其他法律、行政法规规定禁止的。

2. 公司名称应当使用符合国家规范的汉字。

3. 公司法人名称中不得含有其他法人的名称,国家工商行政管理总局另有规定的除外。

4. 公司名称中不得含有另一个公司名称。公司分支机构名称应当冠以其所从属公司的名称。

5. 公司营业执照上只准标明一个公司名称。

6. 公司名称有下列情形之一的,不予核准:(1)与同一工商行政管理机关核准或者登记注册的同行业公司名称字号相同,有投资关系的除外;(2)与其他公司变更名称未满一年的原名称相同;(3)与注销登记或者被吊销营业执照未满3年的公司名称相同;(4)其他违反法律、行政法规的。

7. 公司名称需译成外文使用的,由公司依据文字翻译原则自行翻译使用,不需报工商行政管理机关核准登记。

二、公司设立登记程序

(一)公司名称预先核准制度

《公司登记管理条例》和《公司名称登记管理实施办法》都规定了设立公司应当申请名称预先核准。必须报经审批的,应当在报送前办理名称预先核准,并以核准的公司名称报送审批。申请名称预先核准已经成为我国公司登记前的一个必要步骤。

申请名称预先核准,应由全体出资人指定的代表或者代理人,向有管辖权的登记管理机关提交申请书。申请书应由全体出资人签名,并载明公司备选名称、住所、注册资本、经营范围、出资人名称或姓名、出资额。登记管理机关在10日内作出决定,如核准,应发给《公司名称预先核准通知书》,预先核准的名称保留6个月。

(二)公司设立登记步骤

设立有限责任公司,一般要经过以下步骤:

第一步:领取并填写《名称(变更)预先核准申请书》,同时准备相关材料;

第二步:递交《名称(变更)预先核准申请书》及其相关材料,等待名称核准结果;

第三步:领取《公司名称预先核准通知书》,同时领取《公司设立登记申请书》等有关表格;经营范围涉及前置许可的,办理相关审批手续;

第四步:递交申请材料,材料齐全,符合法定形式的,等候领取《准予设立登记通知书》;

第五步:领取《准予设立登记通知书》后,按照《准予设立登记通知书》确定的日期到工商局交费并领取营业执照。

(三)公司设立应提交材料

根据北京市工商局的要求,设立公司应提交以下材料:

1.《公司设立登记申请书》;

2. 全体股东亲笔签章的公司章程;

3. 住所证明;

4.《公司名称预先核准通知书》;

5. 股东资格证明;

6. 经营范围涉及前置许可项目的,应提交有关审批部门的批准文件;

7. 全体出资人指定(代理)的《指定(委托)书》。

除上述必备文件外,还应提交打印的与公司章程载明的股东姓名(名称)、出资时间、出资方式、出资额一致的股东名录和董事、经理、监事成员名录各一份。

三、公司人格否定

(一)公司独立责任和股东有限责任制度

公司独立责任即公司对其债务以其全部财产独立承担责任;股东有限责任即股东以其出资额为限对公司承担责任。由于公司具有与其股东个人相互分离的独立人格,所以自从公司作为一种企业形态存在以来,这两项制度就构成了公司法理论的两大理论基石,对公司制度的发展发挥着重大的意义。一是它在公司与股东之间竖起了一道屏障,鼓励了人们利用公司这种形式进行商业冒险活动,使公司募集社会资金更加便利;二是股东的有限责任制度激发了投资者的积极性,使那些拥有资金但又无暇或不擅长经营管理的人能通过股权投资而使闲置的资金成为经营资本,避免了社会资本在所有者手中的停留和浪费,加速了社会资本的集中程度,推动了社会经济的快速发展。诚如马克思所说,假如必须等待积累去使某个资本增长到能够修建铁路的程度,那么恐怕直到今天世界上还没有铁路。但是,集中通过股份有限公司[①],转瞬间就把这件事完成了。

(二)我国《公司法》确定的股东有限责任

2005 年修订的《公司法》确立了一次认购、分期缴纳的出资制度,所以新修订的《公司法》相应地将原《公司法》第 3 条修改为“股东以其认缴的出资额为限对公司承担责任”,要求股东以“认缴的出资额为限”对公司承担责任。最高人民法院《关于〈中华人民共和国公司法〉若干问题的规定(二)》第22 条也将尚未缴纳的出资规定为清算财产。这种变动使股东承担责任的范围更为合理,它要求股东在认缴出资时要考虑自己经济实力,避免已认缴而未实际出资的股东逃避应承担的责任,扩大了对公司债权人的保护。

(三)公司法人人格否定制度

公司人格否认,又称揭开公司面纱制度、法人穿透制度,是指为阻止公司独立人格的滥用、保护公司债权人利益和社会公共利益,就具体法律关系中的特定事实,否认公司与其背后的股东各自独立的人格和股东的有限责任,责令公司的股东对公司债权人或者公共利益直接负责,以实现公平正义目标而设置的一种法律措施[②]。公司人格否认不是对股东人格和公司人格分离的永久否认,它是一定时间、针对一定事项处理时对公司人格的否定。它是在尊重事实的基础上,对公司人格本质的严格遵守,是为了更好地维护公司独立人格的行为。我国是世界上第一个用成文法完整表述这一制度的国家,其他国家虽然很早就有揭开公司面纱制度,但都是作为判例出现的。

(四)公司人格否认适用的情形

虽然《公司法》第 20 条规定了公司人格否认制度,但目前看这一规定比较笼统,各地法院对此趋于谨慎,要求原告提供的证据充分确凿,真正得到支持的判例很少。由于现实生活中股东利用有限责任逃避债务情形普遍存在,影响了社会经济的稳定发展和社会公平,成为全社会的诟病,所以最高人民法院正在制定相关的司法解释。对此,有限责任公司还是有规范自己行为的必要,排除可能被认定公司与股东存在人格混合的行为。

实务中,公司人格否认主要有四种情形:

1. 公司资本显著不足。公司资本是公司赖以成立的前提,也是公司正常运转与对外承担责任的重要保证。当公司设立时,股东存在虚假出资、出

---

① 公司法历史上是先出现股份有限公司,后出现有限责任公司。

② 朱慈蕴:《公司法人格否认法律研究》,法律出版社 1998 年版,第 75 页。

资不足,或者公司成立后抽逃出资,注册资本与公司实际需要相比显著不足都可以作为认定公司人格否认的依据,股东应在不足范围内对债权人承担连带责任。

2. 公司人格混同,包括财产、业务和人事混同。(1)财产混同,公司财产与股东财产混同,致使公司缺乏独立的财产,也就缺乏了作为独立人格存在的基础。其主要表现为:公司与股东的资金混同,使用同一账户或相互调拨,占用资金频繁,数额巨大;公司与股东的收益不加区分,致使双方财务账目不清;公司与股东的营业场所、主要设备、办公设施同一。(2)业务混同,公司与股东两者从事同一业务或者业务存在上下游关系,有时以自己名义,有时又以公司名义实施交易行为,以至于与之进行交易的第三人无法分清是与公司还是与股东进行交易活动。其主要表现为:具体交易行为受同一控制股东或者同一董事会组织经营;公司集团内部的交易活动,其交易行为、交易价格、交易方式等都以母公司或者公司集团的整体利益为准,资金也因此在公司随意流动。(3)人事混同,公司与股东的组织机构、管理人员相互交叉,即"一套班子,多块牌子"。主要表现为:董事会相互兼任,高管人员统一调配,公司与股东两个不同实体的董事或者经理完全一致,甚至雇员都完全一致。

3. 过度控制。过度控制是指股东通过对公司的控制而实施不正当影响,使公司丧失了独立意志和利益,成为为股东谋取利益的工具。其主要表现为:股东支配公司股东会、董事会等机构,操纵或干预公司内部的各种经营活动的行为;公司经营管理及日常事务均由股东个人决定;股东利用关联交易、债权债务往来、转移公司利润、虚构公司亏损等手段非法转移或私吞公司财产等手段掏空公司。

4. 空壳公司,即公司人格形骸化。公司与股东完全混同,公司实际上没有意思机关,或者并未实际运作,股东仅利用其法律上的独立地位来实现其自身利益以达到利用公司逃避自身责任的目的。其主要表现为:公司在其经营陷入困境、形成巨额债务后,原公司的人、财、物与原亏损公司脱钩后,另行组成公司进行独立经营,逃避原亏损公司的巨额债务。

【条款设计指引】

一、公司名称、组织形式及股东财产责任条款的必要性

公司名称、组织形式及股东财产责任条款中,公司名称和组织形式是公司章程中的必备条款,且公司名称中必须要有公司组织形式的内容,股东财产责

任是任意记载事项,公司法已有相关规定,可不载入公司章程。营业执照号表明公司名称及其设立经过国家认可,应写入公司章程。

二、章程条款设计

依法律、行政法规的规定,涉及人体健康、公共安全、安全生产、环境保护、自然资源开发利用的经营活动,经营者必须按照国家法律法规规定的条件和程序进行许可审批,工商管理局凭许可审批部门颁发的许可证或者其他批准文件才办理注册登记手续,核发营业执照。为此,此类公司应当在公司章程中说明给予批准机关和批准文号。北京市需要进行许可审批的公司类型参见北京工商局网站上的《北京市企业登记前置许可项目目录》。

【案例1-1】 关联企业间无实际交易的资金调配可认定为资产混同①

2003年11月熊猫公司与天创公司签订两份借款协议,约定熊猫公司借给天创公司4810万元,定于2003年12月31日全额归还,天创公司将此款用于熊猫手机的经营,不得挪作他用。熊猫公司当日即支付了借款,但天创公司至今未能偿还,熊猫公司遂起诉。

法院审理查明:天创公司成立于1999年4月27日,注册资本为5000万元,其中马志平出资4500万元,邹建萍出资500万元,法定代表人为马志平。2001年11月,天创公司增资至11,000万元,其中马志平增资5400万元,邹建萍增资600万元,上述增资款系国讯公司支付。马志平与邹建萍为夫妻关系。

1999年1月,马志平出资60万元,邹建萍出资40万元设立国讯公司。2001年、2002年国讯公司增资,实付增资款的是天创公司。长恒公司成立于1993年11月8日,2001年长恒公司增资至16,000万元,增资款为国讯公司缴纳,马志平出资为8000万元。汉信公司在2003年注册时的资本为3000万元,马志平出资2850万元,邹建萍出资150万元,实际支付出资款的是长恒公司。

天创公司与长恒公司、腾创公司等之间存在大量资金往来,互相调拨、占用资金频繁,数额巨大。

法院认为:熊猫公司与天创公司签订的借款协议,均为企业间的资金拆借关系,系无效合同,天创公司应当向熊猫公司返还上述款项。马志平利用天创公司的法人人格,与熊猫公司从事手机销售业务,却将天创公司应付给熊猫公

① 来源于朱慈蕴:《公司法人格否认法律研究》,法律出版社1998年版,第257页。南京市中级人民法院(2005)宁民二初字第43号判决书。

司的货款、借款资金转至马志平所实际控制的腾创公司、长恒公司、汉信公司等,结果造成天创公司名下无资产可供清偿。马志平作为天创公司的股东,滥用了天创公司独立法人地位和股东有限责任,逃避债务,严重损害了公司债权人熊猫公司的利益,依法应对公司债务承担连带责任。马志平实际经营管理天创公司与长恒公司、腾创公司、汉信公司等,统一调动使用天创公司与长恒公司、腾创公司、汉信公司等的资金。天创公司、长恒公司、腾创公司、汉信公司表面上虽为分别设立的独立法人,但各公司均为马志平实际控制,在经营决策、资金使用、财产利益等方面均由马志平掌控,天创公司的大量资金进入了长恒公司、腾创公司,导致在天创公司名下已无财产可供清偿其所欠熊猫公司的债务,损害了债权人的合法权益,依法应认定天创公司与长恒公司人格混同。长恒公司应当为天创公司所欠熊猫公司的债务承担连带责任。

评析:本案长恒公司增资 1.6 亿元,为国讯公司缴纳,而国讯公司 5960 万元增资款和 8750 万元增资款都是由天创公司缴纳,且天创公司与长恒公司之间存在大量资金往来,互相调拨、占用资金频繁,数额巨大,所以天创公司与长恒公司存在显著的财产和业务混同,并都受制于马志平,为典型的公司人格混同,长恒公司应为天创公司债务承担连带责任。

【案例 1-2】　执行程序中的公司人格否认①

甲公司诉乙公司拖欠货款一案,经法院审理,判决乙公司支付甲公司 17 万元。双方均未上诉。判决生效后,甲公司遂向一审法院申请强制执行。2006 年 11 月 10 日,法院以被执行人乙公司的两个股东——A 公司与 B 公司滥用公司法人独立地位和股东有限责任逃避债务,严重损害债权人的利益为由,追加两股东为被执行人,裁定冻结并划扣了两股东的银行存款。

法院的理由是,2005 年 7 月,在甲公司与乙公司履行合同期间,乙公司两股东以企业累计亏损为由,将公司注册资金由 2500 万元减少至 190 万元,并约定以前的债务由被执行人乙公司承担。而 2005 年 8 月股东 A 公司以货币资金方式增资 2000 万元,但该款项汇入的账户名称却是"某市企业集中登记工作领导小组办公室",而不是乙公司。法院另查明,现被执行人乙公司资产、人事任免、生产经营、财务管理均由 A 公司直接管理。由此法院认为,该

---

① 李建伟主编:《公司法案例:裁判经验与法理解释》,中国政法大学出版社 2008 年版,第 17 页。

两股东在甲公司与乙公司履行合同期间抽走注册资金的行为,虽然没有直接给申请执行人造成损害后果,但使被执行人从事与之实际履行能力不相适应的交易活动,造成其不能完全履行合同,应承担连带责任。

评析:法人人格否定也可用于执行阶段,如在执行过程中发现股东对被执行人擅自减资、虚增注册资金、过度控制等情形的,可直接追加该股东为被执行人。一些法院在执行过程中,可能会出现过于保守,不愿追加滥用有限责任的股东的情况,这时执行人也可以另行起诉,要求股东对判决结果承担连带责任。

【相关法律法规】

《公司法》第3条　公司是企业法人,有独立的法人财产,享有法人财产权。公司以其全部财产对公司的债务承担责任。

有限责任公司的股东以其认缴的出资额为限对公司承担责任;股份有限公司的股东以其认购的股份为限对公司承担责任。

《公司法》第6条　设立公司,应当依法向公司登记机关申请设立登记。符合本法规定的设立条件的,由公司登记机关分别登记为有限责任公司或者股份有限公司;不符合本法规定的设立条件的,不得登记为有限责任公司或者股份有限公司。

法律、行政法规规定设立公司必须报经批准的,应当在公司登记前依法办理批准手续。

公众可以向公司登记机关申请查询公司登记事项,公司登记机关应当提供查询服务。

《公司法》第7条　依法设立的公司,由公司登记机关发给公司营业执照。公司营业执照签发日期为公司成立日期。

公司营业执照应当载明公司的名称、住所、注册资本、实收资本、经营范围、法定代表人姓名等事项。

公司营业执照记载的事项发生变更的,公司应当依法办理变更登记,由公司登记机关换发营业执照。

《公司法》第8条　依照本法设立的有限责任公司,必须在公司名称中标明有限责任公司或者有限公司字样。

依照本法设立的股份有限公司,必须在公司名称中标明股份有限公司或者股份公司字样。

《公司法》第14条　公司可以设立分公司。设立分公司,应当向公司登记机关申请登记,领取营业执照。分公司不具有法人资格,其民事责任由公司承担。

公司可以设立子公司,子公司具有法人资格,依法独立承担民事责任。

《公司法》第20条　公司股东应当遵守法律、行政法规和公司章程,依法行使股东权利,不得滥用股东权利损害公司或者其他股东的利益;不得滥用公司法人独立地位和股东有限责任损害公司债权人的利益。

公司股东滥用股东权利给公司或者其他股东造成损失的,应当依法承担赔偿责任。

公司股东滥用公司法人独立地位和股东有限责任,逃避债务,严重损害公司债权人利益的,应当对公司债务承担连带责任。

《公司法》第59条　一人有限责任公司应当在公司登记中注明自然人独资或者法人独资,并在公司营业执照中载明。

《民法通则》第4条　民事活动应当遵循自愿、公平、等价有偿、诚实信用的原则。

《公司登记管理条例》

《企业登记程序规定》

第3条　公司住所地

推荐条款

公司住所为×××。

【实务解析】

一、公司住所地

公司住所地是指公司的总部或者主要办事机构的所在地。公司住所地是公司开展各种业务的中心场所,公司没有住所地,就像国家没有领土一样。公司工商登记时需要出具住所证明,该住所可以是自有、租赁、无偿使用的房屋。

二、管辖地

法律上的管辖地是指第一审案件由哪个人民法院受理。根据《民事诉讼法》第22条的规定,对公司提起的诉讼,由公司住所地人民法院管辖,所以公司住所地决定了公司作为被告的诉讼案件管辖法院和法律文书送达地点。

【条款设计指引】

一、公司住所地条款的必要性

公司住所地是公司章程的必备条款。公司住所地有重要的法律意义，它是公司公示原则的具体体现，是工商登记和公司章程必备内容。

二、章程条款设计

公司章程应详细记载公司住所地。改变住所地，需要修改公司章程，并履行工商变更登记手续。但由于不履行住所地变更手段并没有相应的制裁措施，所以实践中未经变更登记手续而私自迁移地址的公司比比皆是。

【相关法律法规】

《公司法》第10条　公司以其主要办事机构所在地为住所。

《公司登记管理条例》第12条　公司的住所是公司主要办事机构所在地。经公司登记机关登记的公司的住所只能有一个。公司的住所应当在其公司登记机关辖区内。

最高人民法院《关于适用〈中华人民共和国民事诉讼法〉若干问题的意见》

一、管辖

4. 法人的住所地是指法人的主要营业地或者主要办事机构所在地。

第4条　法定代表人

推荐条款

×××为公司的法定代表人，职务是×××。

【实务解析】

一、法定代表人的概念和性质

公司法定代表人是指依法自动享有对外代表公司实施法律行为的自然人，其和董事会、监事会一样是公司的一个法定机关。我国法律没有针对代表人专门规定,有关公司代表人规则类推适用代理制度。

二、法定代表人越权签署合同的效力

根据《合同法》第32条的规定,"当事人采用合同书形式订立合同的,自双方当事人签字或者盖章时合同成立"。所以法定代表人和公司印章都可以作为公司意思表示的外在推定形式。法定代表人虽然依法对外代表公司签订合同,但是由于各个公司都规定不同性质、不同数额的合同由不同的机构批准,所以法定代表人只是有权签订经过公司法定程序审批的合同。

法定代表人超越权限签署合同的行为为越权代理行为,根据《合同法》第50条的规定,"法人或者其他组织的法定代表人、负责人超越权限签订的合同,除相对人知道或者应当知道其超越权限的以外,该代表行为有效",所以法定代表人超越权限签署的合同为有效合同。该制度安排旨在维护交易安全,保护善意第三人利益。至于公司由此遭受的损失可以向越权的法定代表人追偿。

【条款设计指引】

一、法定代表人条款的必要性

法定代表人是公司章程的必备条款。法定代表人是唯一能代表公司的自然人,其他人代表公司需要公司和法定代表人的授权,所以法定代表人对公司行为的确认非常重要。

二、章程条款设计

由于2005年修改前的《公司法》第45条第4款规定,"董事长为公司的法定代表人",则董事长经常被认为是公司唯一的、绝对的、当然的法定代表人,2005年修订的《公司法》将该强制性规定进行了变更。公司可以根据需要,选择董事长、执行董事或者经理担任公司法定代表人,这体现了有限责任公司的自治性。

【相关法律法规】

《公司法》第13条　公司法定代表人依照公司章程的规定,由董事长、执行董事或者经理担任,并依法登记。公司法定代表人变更,应当办理变更登记。

《合同法》第50条　用人单位应当在解除或者终止劳动合同时出具解除

或者终止劳动合同的证明，并在十五日内为劳动者办理档案和社会保险关系转移手续。

劳动者应当按照双方约定，办理工作交接。用人单位依照本法有关规定应当向劳动者支付经济补偿的，在办结工作交接时支付。

用人单位对已经解除或者终止的劳动合同的文本，至少保存二年备查。

《企业法人法定代表人登记管理规定》

第5条 公司经营范围

推荐条款

公司主营：×××；兼营：××× 。

【实务解析】

一、公司经营范围概念

经营范围是指国家允许企业法人生产和经营的商品类别、品种及服务项目，反映企业法人业务活动的内容和生产经营方向，是企业法人业务活动范围的法律界限，体现企业法人民事权利能力和行为能力的核心内容。

二、超越公司的经营范围合同效力的认定

我国将公司的经营范围作为工商登记事项是计划经济的产物，1987 年 7 月 21 日最高人民法院《关于在审理经济合同纠纷案件中具体适用经济合同法的若干问题的解答》中规定“超越经营范围或违反经营方式所签订的合同，应认定为无效。全部为超营项目的，全部无效；部分为超营项目的，超营部分无效。”1999 年的《公司法》第 11 条第 3 款规定：“公司应当在登记的经营范围内从事经营活动。公司依照法定程序修改公司章程并经公司登记机关变更登记，可以变更其经营范围。”由于上述的严格规定，当时公司不能跨越经营范围之雷池，法院审理的经济合同纠纷案件中，大量合同因超越经营范围签订而被认定为无效，影响了交易安全。对此，最高人民法院在 1999 年 12 月《关于适用〈中华人民共和国合同法〉若干问题的解释（一）》中明确规定：“当事人超越经营范围订立合同，人民法院不因此认定合同无效。但违反国家限制经营、特许经营以及法律、行政法规禁止经营规定的除外。”2005 年修改的《公司法》删除了经营范围的法律管制，即使公司超越登记的经营范围从事经营活动,只要此种超越行为不违反法律和行政法规的强制性规定都应为有效。

【条款设计指引】

一、经营范围条款的必要性

公司经营范围是公司章程的必备条款,也是工商局注册的必备事项。因法律规定,除了属于法律、行政法规规定须经批准的项目应当依法经过批准后才能作为公司的经营范围外,其他经营范围不受限制,所以在实践中,绝大多数企业对此缺乏重视。但公司经营范围对公司的认知度及公司的定位将产生重要影响,且还关系到公司董事会职权,董事、高管的竞业禁止认定,建议公司章程确定公司的经营范围。

二、章程条款设计

(一)公司章程不宜以兜底条款扩大公司经营范围

笔者不赞成一些公司为了增加公司影响力,在经营范围上设置个兜底条款:其一,因为股东是根据公司经营范围来预测投资风险并作出投资决策,相应地公司通过公司章程对股东作出承诺——股东的投资将用于经营范围内的项目,所以一个确定的经营范围会限制董事会、经理等高管的权限,对经营范围进行突破就意味着转变公司经营方针,而经营方针的变更是股东会的职权,不应该由董事会、经理决定。如果设置兜底条款,那些为了个人目的而越权的高管们就会以此为借口规避股东会对转变经营方针的决定权,这将不利于限制公司管理层权力。其二,如果公司章程设置兜底条款,公司就会无所约束地什么都干,甚至今天搞这个,明天搞那个,结果很可能什么都搞不好,不但浪费股东的资金和投资效率,还会使公司的核心竞争力下降,在激烈的市场竞争中很可能会被淘汰出局。

(二)经营范围的变更可以与异议股东股权回购请求权结合

经营范围的转变影响股东对公司的预期,所以为了保护中小股东的权益,公司章程可以对变更公司经营范围的股东会决议投反对票的股东赋予请求公司回购其股权的权利,这样不但可以加大变更经营范围的难度,而且可以给异议股东救济的机会。

【案例1-3】 公司经营范围的变更导致公司主营业务的改变①

2001年3月15日，刘某与王某等五人发起成立A公司，注册资本为3010万元，其中王某占36.48%、刘某占31.92%、其余三个股东占31.6 %，董事长王某为公司的法定代表人。章程约定公司的经营宗旨为立足现有的、已研发成功的反计算机病毒产品和技术实力，拓展国内反病毒和计算机安全产品市场，快速成长为大中华区领先的反病毒软件和网络安全产品的应用服务供应商。公司的经营范围为计算机软件开发、销售计算机软件。

2008年6月4日，A公司召开临时股东会，形成《关于变更公司经营范围、名称和住所的议案》和《公司章程修正案议案》的决议，刘某对该决议投了反对票。公司的经营宗旨变更为：以国家产业政策为依据，以市场需求为导向，以项目投资为基础，实现资本的高效运作、高额回报。公司的经营范围变更为对国家法律、行政法规未禁止行为的投资。刘某认为A公司是中国最早从事计算机病毒防治与研究的大型专业企业，以研究、开发、生产及销售计算机反病毒产品、网络安全产品和反“黑客”防治产品为主，在反计算机病毒业界拥有极高的声誉，其品牌屡获殊荣。王某与另外两个股东林某、汪某出资成立B、C公司，擅自盗用A公司商号进行同业竞争，故请求撤销2008年6月4日临时股东会作出的五项决议。

另查，2004年9月，B公司成立，注册资本为100万美元。经营范围为开发、生产计算机软件；销售自产产品；进出口业务等。A公司授权B公司使用其标识。B公司与A公司存在提供劳务、提供咨询服务、网络建设、客户服务、技术研发及技术转让等关联交易，并均为协议价格，总额达1.6亿多元。2006年9月，C公司成立，注册资本为300万美元。两公司的法定代表人均为王某，董事均为王某、汪某、林某。现原属A公司名下的商标及经营性网站的域名已转让至B公司及C公司的名下。

一审法院判决认为：对A公司股东以修改公司章程的合法形式，滥用股东权利，损害了公司及其他股东的合法权益，有违公平、合法原则，依法应当确认无效。

A公司不服一审判决，提起上诉。

---

① 来源于北大法宝，北京市第一中级人民法院(2009)一中民终字第7749号民事判决书，北京艺进娱辉科技投资股份有限公司与刘旭股东会会议撤销纠纷上诉案。

二审补充查明:刘某曾任A公司经理,离职后于2005年11月28日创设福建公司,后刘某又以福建公司的名义设立北京公司,并任两公司的法定代表人。两公司均从事计算机病毒的监控及开发、销售防杀病毒软件。其经营的网站刊载了对A公司经营不利的各种信息。

二审法院认为:A公司的股东在重大利益上出现严重分歧,股东利益已无法一致,诚信合作出现困难的情况下,A公司按照资本多数决的原则,依法变更公司名称、经营范围、设立宗旨并按照法定程序修改公司章程,是公司法和公司章程所允许的,由此形成的股东会决议只要内容不违法,就应当受到法律保护。判决撤销一审判决,驳回刘某的诉讼请求。

评析:虽然现有法律对于超越经营范围订立的合同不再认定为无效,公司变更经营范围只要不是法律规定需要许可审批的,也可以自由变更,但是经营范围反映了公司主营业务。本案中王某、汪某、林某通过变更公司经营范围,转移了A公司的主营业务,进而以合同方式将该业务转移到B、C公司,所以经营范围条款对于公司规范董事、高管的职权范围,认定其是否存在竞业禁止情况具有重要的意义,公司应认真确定公司章程中的经营范围条款,甚至可以在公司章程中确认经营范围的变更为股东会特别决议事项。

【相关法律法规】

《公司法》第12条　公司的经营范围由公司章程规定,并依法登记。公司可以修改公司章程,改变经营范围,但是应当办理变更登记。

公司的经营范围中属于法律、行政法规规定须经批准的项目,应当依法经过批准。

《民法通则》第42条　企业法人应当在核准登记的经营范围内从事经营。

最高人民法院《关于适用〈中华人民共和国合同法〉若干问题的解释(一)》第10条　当事人超越经营范围订立合同,人民法院不因此认定合同无效。但违反国家限制经营、特许经营以及法律、行政法规禁止经营规定的除外。

《企业经营范围登记管理规定》

第6条 公司股东

推荐条款

□本公司股东是指在册的股权持有者，[①]公司只承认登记于股东名册上的股东为股权的绝对所有人，杜绝一切争议。

本公司股东共×××人，分别是：

姓名或名称	住所地	身份证号码或营业执照注册号

【实务解析】

一、股东资格的认定

股东资格的认定是一个复杂的法律问题，最高人民法院《关于〈中华人民共和国公司法〉若干问题的规定（三）》第1条为确定公司发起人提供了法定标准，但公司股东和发起人不是一个概念，即发起人一定是股东，但股东不一定是发起人，所以股东资格的认定标准不适用于发起人资格的认定，股东资格的认定仍然是公司法司法实务中的难点。

（一）影响股东资格认定的因素

股东是公司对成员资格的认可，其认可需要经过向公司申请、公司认定两个程序。在公司认定股东资格的过程中，一个规范运作的有限责任公司的股东应具备下列特征：(1)公司章程上记载其为股东，并在公司章程签字盖章，表明其受公司章程的约束；(2)所拥有的股权已经向公司缴纳相对应的出资；(3)在工商登记的公司文件上列明为股东；(4)在公司成立后取得公司签发的出资证明书；(5)被记载入股东名册；(6)在公司中享有资产收益、重大决策和选择管理者等权利。实践中完全具备上述特征的有限责任公司股东并不多见，更多的是只具备部分特征，而以上各个特征对股东资格认定的作用是不同的。

---

① 此为从公司对股东资格认定的角度进行的定义。公司选择此定义，则股东资格认定比较简单，但此定义使股东在股东资格确认中处于被动，不利于股东权利保护。

1. 签署公司章程并在公司章程中记载为股东,对股东资格认定具有决定性的意义

股东是公司的股东,确认股东资格,必须出示确认主体——公司确认其为股东身份的证据。《公司法》第25条规定,公司章程应当记载股东的姓名或者名称,股东应当在公司章程上签名盖章。在公司设立时,发起人股东共同制定公司章程,将股东姓名或名称作为绝对必要记载事项记入公司章程并签章;在股东转让出资时,公司要变更公司章程中的股东姓名或名称事项,并重新对公司章程签章。据此,公司章程是公司认可股东身份的最有利证据,即章程载明的股东签署章程的行为,说明其有作为公司股东的真实意思表示;公司章程记载股东姓名或名称的行为说明其认可被记载者为公司的股东意思表示,公司章程记载内容对公司、股东、董事、监事、高管具有约束力,所以签署公司章程并在公司章程中记载为股东者对股东资格认定具有决定性意义,可以确认为股东。实践中,也会出现确认股东资格是公司的一厢情愿的情形,即冒用他人名义出资并将他人作为股东在工商登记,根据最高人民法院《关于〈中华人民共和国公司法〉若干问题的规定(三)》第28条的规定,冒名股东不是公司的股东。

2. 缴纳出资与股东资格并不是一一对应关系

股东资格是股东申请公司认定的过程。虽然实际出资是股东对公司负有的最重要义务,但如果公司设立时股东认缴了出资额,公司就可以成立,即便股东并未如约缴纳认缴的出资,其并不因此丧失股东资格。因此向公司实际出资与股东资格并不是一一对应的关系,向公司出资只是考察股东资格的相关因素,与股东资格并没有必然的因果关系。为了防止具有股东资格但不履行股东出资义务,公司可以选择:(1)根据《公司法》第28条和最高人民法院《关于〈中华人民共和国公司法〉若干问题的规定(三)》第13条的规定,要求未缴纳出资股东依法向公司全面履行出资义务;(2)根据最高人民法院《关于〈中华人民共和国公司法〉若干问题的规定(三)》第17条的规定,公司向未缴纳出资股东催缴,其在合理期限内仍未缴纳,经股东会决议[①]即产生失权(失去股东身份)效果。同时公司应当及时办理减资或者由其他股东、第三人缴纳相应的出资。

对外关系上,如果股东未出资,则公司债权人可以要求未缴纳出资的股东在未缴纳出资本息范围内对公司债务不能清偿部分承担补充赔偿责任。其他

① 公司章程应确认通过此事项决议需要的表决权比例。

股东也可以根据《公司法》第 28 条的规定，向未缴纳出资的股东要求承担违约责任。

3. 工商登记文件中登记为股东，在股东资格认定时具有相对优先（外部）的效力

工商登记只具有对善意第三人宣示的作用，目的是将股权归属向社会公示，并无创设股东资格的效力，创设股东资格的主体是公司，应按公司和股东之间的真实意思表示来确认股东资格，而不受公司登记的左右。当然工商登记是政府对进入市场交易的市场主体资格进行的审查，工商档案对外具有公示的效力，第三人仍可认为登记是真实的，并要求所登记的股东按照登记的内容对外承担责任，即登记机关对公司股东的登记在股东资格外部认定时，具有相对优先的效力。实践中，公司股东变更后，没有及时变更工商登记文件的情况比比皆是，在这种情况下，如果公司仍然否认股东的身份，股东可以根据最高人民法院《关于〈中华人民共和国公司法〉若干问题的规定（三）》第 24 条的规定，要求公司履行确认股东的手续。

4. 出资证明是认定股东资格的初步证明

公司成立后，应依法向股东签发出资证明书，并应在其上记载股东的姓名或者名称、缴纳出资额和出资日期，最后由公司盖章，由此出资证明书持有人可以证明股东履行了出资义务。出资证明书本身并无设权效力，只要股东持有出资证明就应认定其已合法出资，但不能仅以出资证明书认定出资人具有股东资格。持有出资证明书不是认定股东资格的必要条件，没有出资证明书也可能被认定为股东，出资证明书和缴纳出资在法律上的效果基本上是一致的。

5. 在公司股东名册中记载为股东具有确定股东资格的推定力

根据《公司法》第 32 条的规定，"有限责任公司应当置备股东名册……记载于股东名册的股东，可以依股东名册主张行使股东权利"。公司是确认股东资格的权利主体，股东名册就是公司确定股东成员的书面法律文书，所以记载股东名册上的股东认为是公司对其股东资格的确认，公司否认股东名册上记载的股东的股东资格应当承担举证责任。

将股东记入公司股东名册是公司的义务，要求记名于股东名册是股东的权利。股东名册尚未记载的股东，也不是必然没有股东资格，如果公司拒不做股东资格登记或登记错误，属于履行义务不当，不能产生剥夺股东资格的效力，股东有权根据最高人民法院《关于〈中华人民共和国公司法〉若干问题的规定（三）》第 24 条的规定要求公司补记。

6. 实际享有股东权利不是认定股东资格的条件

享有股东权利不是取得股东资格的条件或者原因，以享有股东权利为由主张股东资格是本末倒置。但是从保持公司稳定性的角度讲，如果否定已实际享有股东权利的人的股东资格，将导致其在公司中的行为无效，使许多已确定的公司法律关系发生改变，影响交易安全和社会稳定，所以一般实际享有股东权利的当事人，原则上被认定具有股东资格。隐名股东和名义股东即属于此类。但是不能反过来认为没有实际享有股东权利的就不是股东，因为被公司不当剥夺或限制股东权利的股东和公司成立后从不召开股东会、不分配利润的公司，客观上都是大量存在的。

（二）影响股东资格认定的各个因素优先适用规则

通过对上述的股东特征的分析可以发现，它们大致可分为两类：工商行政部门对公司股东的登记、公司章程和股东名册的记载属于形式特征，签署公司章程、实际出资、取得出资证明书及实际享有股东权利属于实质特征。当与股东上述特征相关的证据相互之间发生矛盾和冲突时，应当按照争议双方的具体构成，根据下列原则优先选择适用的证据，以便对股东资格作出正确的认定：

1. 处理股东与公司外第三人关系上应根据形式特征，特别是工商登记来认定股东资格。工商登记文件中载明的股东一般不能以自己实际上是挂名股东为由，要求免除其对公司债权人应承担的出资不到位的民事责任，但其承担对外责任后可以根据约定向实际股东追偿。

2. 在股东与公司之间就股东资格发生争议时，应优先根据公司章程、股东名册的记载作出认定，但根据实质特征能作出相反认定且股东或公司在行为时应当知情的，依实际享有股东权利认定股东资格。

3. 实际出资人和名义出资人发生争议时，双方的约定不得对抗公司。但实际出资人已经以股东身份直接享有并行使股东权利，其请求否定名义出资人资格，并确认自己股东资格的，如无违反法律、行政法规的禁止性规定的情形，人民法院应予支持。实际出资人以他人名义出资，双方未约定股权归属、投资风险承担，且无法确认实际出资人具有股东资格的，实际出资人与名义出资人之间按借贷关系处理。

二、几种特殊股东的资格认定

（一）“干股”问题

1. “干股”的性质

“干股”是现实商业社会中公司的股东（老板）为了留住公司的重要合作

伙伴或员工(管理人员或重要技术人员),确保员工个人利益与公司利益相一致而采取的激励措施,并非严格的法律概念。但对于非法律专业人士而言,可能会认为“干股”是因为其以劳务或其他资源(如客户资源)进行出资而获取的对价,这一认识违反了公司资本充实原则,是错误的。我国《公司登记管理条例》也明确规定“股东不得以劳务、信用、自然人姓名、商誉、特许经营权或设定担保的财产等作价出资”。实际上,“干股”并不“干”,“干股”所对应的出资是已经缴足的,它只是从他人处获得的股权,或由他人代为缴付出资而取得的股权,而这两种情况,都属于民法上的赠与行为,应为有效行为。

实践中,很多公司配送的“干股”没有登记,但“干股”没登记并不影响公司内部股东之间所签配送“干股”协议的效力,只是该“干股”不能产生对抗公司、股东以外的第三人的效力。

2. 受贿获得的“干股”处理

现实中还常见以接受贿赂等违法犯罪行为取得的“干股”,这样“干股”就同贿赂联系在一起,该“干股”如何处理,“干股”股东资格如何认定是一个现实问题。最高人民法院《关于〈中华人民共和国公司法〉若干问题的规定(三)》第7条第2款仅规定了“以贪污、受贿、侵占、挪用等违法犯罪所得的货币出资后取得股权的,对违法犯罪行为予以追究处罚时,应当采取拍卖或者变卖的方式处置其股权”,而没有规定受贿者股东身份问题。笔者认为该犯罪行为发生后,司法机关应将其“干股”进行拍卖转让,其转让款作为违法所得予以没收。至于贿赂后,司法查封前这段时间内“干股”股东资格的认定,笔者认为为了维护公司正常的运行,维护交易安全,股权的主体不能处于真空状态,在受贿以后行使的股东权利应为有效行为,受贿行为不应影响“干股”股东资格的认定。

(二)名义股东和隐名股东

名义股东,又称借名股东、挂名股东或“空股”,是指具有股东的形式特征,但基于与他人(公司其他股东或公司登记股东以外的第三人)的约定,其名下的出资全部或部分由他人投入,并由他人享受股东权利的人。与挂名股东相对应,该实际出资的他人通常被称为隐名股东。在公司存在挂名股东、隐名股东的情形下,存在以下三个法律关系:

1. 名义股东与隐名股东之间的关系。根据最高人民法院《关于〈中华人民共和国公司法〉若干问题的规定(三)》第24条的规定,名义股东与隐名股东订立挂名协议,约定由隐名股东出资并享有投资权益,名义股东与隐名股东发生争议时,如协议无《合同法》第52条规定的无效情形,则应认定协议的效力,按协议据实确认双方的权利义务关系。但如果公司只有两名股东,其实质是隐名股东既想自己独自经营,又想利用有限公司的形式承担有限责任,是为了规避《公司法》对有限责任公司股东人数的限制,借用他人名义设立公司,且由于双方对规避《公司法》的规定通常都是明知的,所以应认定公司设立行为无效,该公司应认定为私营独资企业。“公司”内部的权利义务关系按挂名协议的约定处理,“公司”对外债务应由出资人承担无限责任。

2. 公司与隐名股东之间的关系。如果隐名股东以实际履行出资义务主张权利,向公司要求显名,经公司其他股东半数以上同意,则公司应认可其股东身份。如果公司或公司所有股东知道或应当知道挂名协议或公司允许隐名者以自己的名义行使股东权利的,在股东与公司之间发生争议时,如无违反法律法规规定,则可直接认定隐名者的股东资格。

3. 隐名股东与善意第三人的关系。当挂名股东或隐名股东与第三人就股东资格发生争议时,不能以挂名协议的约定对抗善意第三人,应认定登记的股东(挂名股东)具有股东资格,不应认定隐名者为公司股东。根据最高人民法院《关于〈中华人民共和国公司法〉若干问题的规定(三)》第 26 条的规定,如果公司债权人以名义股东未履行出资义务为由,请求其对公司债务不能清偿部分在未出资本息范围内承担补充赔偿责任,名义股东不能以挂名协议约定对抗债权人,但名义股东承担赔偿责任后,可以向隐名股东追偿。

(三)冒名股东

冒名股东包括以根本不存在的人的名义(死人或虚构者)出资并登记和盗用真实的人的名义出资并登记两种情形。根据最高人民法院《关于〈中华人民共和国公司法〉若干问题的规定(三)》第 28 条的规定,应认定实际出资人取得股东资格,即由盗名人对内对外都承担责任。因为被盗名人对此一无所知,不具备股东的任何本质特征,不应当认定被盗名人为股东。如果认定被盗名人不具备股东资格导致出现一人公司,就应当由盗名的股东对外承担无限责任。

(四)未成年股东

法律除对公司发起人股东有民事行为能力的限制外,并没有对自然人成为股东有任何限制。有限责任公司本质上还是属于资合公司,公司所有权与公司经营权相分离,股东不必然参与公司管理,所以只要有出资能力,每个自然人都可以成为股东。同时由于股东也应履行法定和公司章程约定的义务,所以未成年人成为股东,应该获得其合法监护人的同意。

（五）夫妻共有财产出资取得的股权应属于夫妻共同财产

夫妻均为某一有限责任公司股东时，注册的股权比例往往带有一定的随意性或是仅仅出于形式上的需要，并不反映夫妻实际权益的分配。因此，工商登记中载明的夫妻投资比例并不能绝对等同于夫妻之间的财产约定，如果没有证据证明夫妻双方有财产约定，则婚姻关系存续期间，用夫妻共同财产投资取得的股权及所产生的收益均属于夫妻共同财产。

三、股东身份的法律限制

根据北京市工商局规定，下列特殊身份的机构和自然人不得成为公司的股东：

1. 党政机关、司法行政部门以及党政机关主办的社会团体不得投资办企业。党政机关所属的事业单位属于新闻、出版、科研、设计、医院、院校、图书馆、博物馆、公园、影剧院、演出团体类性质，以及本市各区县所设乡镇集体资产运营中心可以成为投资人外，其他党政机关所属的事业单位不得作为投资人。

2. 审计事务所、资产评估机构、律师事务所不得作为投资主体向其他行业投资设立有限责任公司。

3. 有限责任公司可以向其他公司、集体所有制（股份合作）企业及联营企业投资，也可设立分公司，分公司不得对外投资。

4. 工会经区、县级以上工会批准后可以投资设立公司。

5. 一个自然人股东或一个法人股东可投资设立一人有限责任公司。一个自然人只能投资设立一个一人有限责任公司。合伙企业、个人独资企业不能成为一人有限公司的股东。

6. 法律、法规禁止从事营利性活动的人，不得成为公司股东。

【条款设计指引】

一、公司股东条款的必要性

公司股东条款中股东姓名或名称是公司章程的必备条款。公司股东是承担公司出资义务，公司重大事项的决策者，所以确定公司股东是公司有效成立的必备条件。

二、章程条款设计

（一）公司章程对股东定义的取舍

股东定义不是公司章程绝对必要记载事项，但公司章程确认股东定义在发生股东资格纠纷时有助于股东资格的确认。股东的学理上定义很多,推荐条款将在册的股权持有者作为股东定义,赋予公司对于股东资格认定绝对的权威,有利于公司稳定。如果公司存在隐名股东,为了保障隐名股东的权利,可以按实际行使股东权利,履行股东义务来确认股东资格,即采用"股东应当是持有公司价值形态的资产的份额,并以其具体的出资比例对公司享有权利并承担责任的人"。[①]

(二)公司章程可以限制股东资格

公司基于自身考虑,可以在公司章程中对股东资格进行限制,其中以公司章程对未成年人股东资格进行限制最常见。不可否认的是未成年人成为股东确实对公司治理、公司发展产生不利影响,出于公司人合性考虑,章程可以约定禁止未成年人成为股东,或者必须经代表1/2(或者更高比例)以上表决权的股东同意,未成年人才可以成为股东。

(三)公司章程记载股东住所地的法律意义

由于公司需要向股东发出通知、寄送公司财务报表等资料,尤其是股东会召集人向股东邮寄股东会召开通知是股东会会议有效召开的条件,所以建议将股东住所地记载于公司章程,也可以在股东名册中记载股东的通信地址,并由股东签字确认。

(四)公司章程中"干股"的设计空间

"干股"股东也是股东,当然可以依其持有股权行使股东权利,但"干股"赠与人常常只希望受赠人享受股权红利,并不希望受赠人实际参与公司的经营管理,因此赠与股东常常通过合同对受赠"干股"的股东享有的股东权利,尤其是对表决权进行限制。那么,如何实现在激励员工的同时,又能有效避免受赠人行使股东权利而不至于使公司控制权旁落呢?

现在公司多采用表决权限制的方式,即公司根据《公司法》第42条赋予的自治权直接在公司章程中约定限制某类股东表决权(参见第三章股东权利义务中的表决权)。考虑到公司章程的稳定性,避免出现冗长,限制细节可以通过制定公司规章制度来实现。该方式的最大特点是通过公司章程,使"干股"股东表决权限制"法定化",所以该方式最直接、简便、安全。实务中还有采用信托持股、表决权代持的方式,这两种方式不涉及公司章程的变动,但却

---

① 此为笔者做的股东学理定义。公司章程选择不同的股东定义,将对公司股东资格的认定产生影响。学理定义从股东履行义务、享有权利角度出发,相对来说开放性较强。

存在不可克服的弊端：信托持股①需要将"干股"股权登记在受托人名下，由于"干股"股权的名义权利主体是受托人，"干股"股东权利得不到保障，因此实践中采取信托持股方式的越来越少。表决权代持，将"干股"股权仍然登记在"干股"股东的名下，但在受赠股权的同时，受赠"干股"股东与赠与股东签订委托协议和授权委托书，将"干股"股东基于股权享有的某些权利授予赠与股东行使，其中主要是表决权。在该委托代理安排下，因需要保证赠与股东负有一定的合同诚信义务和"干股"股东不得撤销委托权，所以其不但复杂，而且安全性不如表决权限制方式。

（五）公司章程可以规定"干股"持有条件

公司股东向员工赠与"干股"旨在激励该等员工能更加努力地为公司服务，因此赠与股东在实施赠与时，往往附带一个没有明示的条件，即该等员工在持有"干股"期间，必须与公司维持劳动关系，为公司提供劳动。根据《合同法》的规定，这种附条件的赠与是有效的，但在中国法律下，除非合同中有明确的规定，否则该默示的条件不具有法律效力，因此公司章程应规定，"干股"持有人持有"干股"的前提条件是与公司维持劳动关系，当劳动关系终止时，"干股"股东必须将其持有的"干股"以约定的价格转让给赠与人或赠与人指定的其他人士。该目的也可以绕开公司章程，通过赠与人与"干股"股东签订附条件的赠与合同来实现。

【案例1-4】　股东资格认定需要综合考虑多重因素②

服务中心诉称：服务中心于2003年3月25日成立，股东为王立明、杨金荣、范永强、范慧民四人，服务中心的全部注册资金3万元是由股东王立明自筹缴纳的，范慧民并没有实际履行出资义务，也没有参加服务中心的日常经营管理，更没有在服务中心章程上签字，故请求判令：范慧民不具有服务中心的股东资格。

---

①　信托持股是指由职工持股会、工会或自然人持股者作为委托人，与信托投资公司、其他法人或自然人（以下简称受托人）签订股权信托管理合同，将其所持股份委托给受托人，受托人按照委托人的意愿和有利于委托人利益最大化的原则，以自己的名义对信托财产进行管理和处分，委托人在信托合同中指定受益人（可以是委托人或原出资者个人），受益人享有信托受益权，根据信托合同的规定享有信托利益。

②　来源于北大法宝，北京市第一中级人民法院（2009）一中民终字第18501号民事判决书，北京市金荣社区服务中心与范慧民股权确认纠纷上诉案。

第三人杨金荣、范永强认可范慧民是股东。王立明同意服务中心请求。

一审查明:2003 年 3 月 26 日,服务中心办理了公司股东入资手续,银行开具入资存款证明范慧民入资 5000 元。服务中心名称预先核准登记、企业设立登记指定(委托)书、股东会决议及章程等材料都有“范慧民”字样的签名。服务中心章程载明范慧民,货币出资 0.5 万元。2003 年 8 月 16 日,服务中心变更经营范围,股东会决议上有“范慧民”签名。

一审法院判决认定:公司股东资格的认定以工商登记作为形式证据,现工商登记材料记载范慧民为服务中心股东,故服务中心提起本案诉讼,是要从实质上否认形式证据所证明的范慧民的股东资格。原告第一组证据为银行入资存款证明,该证据证明范慧民对服务中心有出资,却不能证明出资资金来自王立明;第二组为工商登记备案的材料,服务中心主张范慧民未在上述文件中签名。由于法律并不禁止股东授权他人代为签署章程及其他登记备案材料,在范慧民认可的情况下,不能据此否认签名确认的章程是范慧民的真实意思表示。第三组为盖有区居委会公章的证明信。股东资格问题是包括范慧民在内的四名在册股东之间的法律关系问题,居委会无权对股东是否实际出资及其是否享有股东资格进行任何形式的“证明”,即该证据不具有行政法意义上的公信力。故服务中心证据不足,不予支持。

金荣服务中心不服一审判决,提起上诉。

二审法院对服务中心上诉理由评述如下:(1)区居委会属基层社区组织,自然人之间的经济往来情况不属于其职权范围内应当掌握的事实,其证言的证明效力明显不足,故本院不予采信;(2)银行现金送款簿上显示出资者为王立明与范慧民等三人,且王立明与范慧民无书面协议,不能证明实际出资人为王立明一人;(3)范慧民虽然未参与过公司经营,但公司股东与公司经营者不能混为一谈,股东是公司所有者,不必然参与公司的日常经营管理。依据工商部门的登记,范慧民为服务中心股东符合形式要件的要求,服务中心未能提交直接有效的证据证明范慧民实质上不具备股东资格,故本院对服务中心的上诉请求不予支持。

评析:本案是股东与公司之间就股东资格发生的纠纷。影响股东资格认定有六个因素:签署公司章程并记载于公司章程、出资、工商登记、出资证明书、股东名册、实际享有股东权利。由于工商登记和公司章程都记载范慧民为服务中心股东,所以范慧民具备股东的形式特征,服务中心需要从实质上对范慧民不具备股东资格负有举证责任,而服务中心并不能证明范慧民不是实际出资、签署公司章程不是范慧民的真实意思表示,公司其他两名股东又认可范慧民的股东资格,故判决服务中心证据不足,不予支持是本案的必然结果。

【案例1-5】 缴纳出资与股东资格并不是一一对应关系①

2002年民福公司成立,注册资本为56.40万元,陈民强出资30.70万元,张全福出资25.70万元。公司章程中对股东资格能否继承未作规定。张全福于2002年7月9日死亡,其继承人张慧艳、张解明请求法院确认张慧艳享有23%、张解明享有22.57%的股权份额。

一审法院认为,工商登记信息有法定的证明效力,股东情况应该以登记为准,要否认工商登记应提供证据予以证明。现陈民强仅对张全福未出资提供证据,对张全福是挂名股东并无证据印证。根据法律规定,股东未出资承担的是补缴出资和违约责任,并不影响其股东资格的取得,因此对陈民强主张张全福挂名股东身份,一审法院未予认可,确认张慧艳、张解明作为张全福的法定继承人,对张全福的股东资格有权继承。

民福公司、陈民强不服,提起上诉。

二审法院认为,从形式方面来看,股东签署并经工商登记的公司章程对内是确定股东及其权利义务的主要根据,对外是相对人据以判断公司股东资格的依据。本案中,张全福在公司章程上签字确认,并经工商登记,显然该行为说明张全福有成为公司股东的真实意思表示。股东不出资只会导致相应的民事责任和行政责任,并不必然否定其股东资格。故维持原判。

评析:虽然股东向公司缴纳出资是其法定义务,但股东未缴纳出资,公司可以向股东追缴,并不必然否定其股东资格,出资与股东身份并不是一一对应关系。本案是最高人民法院《关于〈中华人民共和国公司法〉若干问题的规定(三)》实施前的判决,如果现在遇到类似情况,公司可根据该规定第17条的规定,以股东会决议解除该股东的股东资格。但在股东会决议前需要明确该股东会决议是以普通决议还是特别决议作出,出资瑕疵股东表决权是否应予排除。

---

① 来源于北大法宝,上海市第一中级人民法院(2009)沪一中民三(商)终字第191号民事判决书,上海民福金属制品有限公司等与张慧艳等股东权纠纷上诉案。

【案例1-6】 实际拥有股东权利者为公司股东①

2001年9月16日原告孙某与仇某、刘某、张某等7人签订协议将对原属于仇某、刘某、张某等人的A公司进行改组,从事沙滩椅项目的经营。张某拥有7%的股权,后张某以10.5万元将7%的股份转让给孙某,但是一直没有进行公司登记。孙某担任公司副总经理,主管生产、计划,实际参与了公司的两次股东会议,以及公司注册资金之外投资的退还、股东红利分配、股东之间股份转让等决策活动。2003年分得红利1.4万元,并在《分红明细》上签字。2003年7月28日,该公司退还孙某人民币7万元。

2003年10月,孙某将公司诉至法院,诉称被告利用股东协议、公司章程等形式,先后收取其投资款21万元,现仍欠其本金14万元。他作为股东是假,有工商登记为证。现请求被告退还其投资款14万元,偿还利息2万元。

法院认为:原告虽然没有进行工商登记,但是其签订了协议,已经投入了资金,并享受了公司的分红,原告与被告之间是股东与公司的关系,原告请求退回投资款的诉讼请求不予支持。

评析:本案孙某是典型的隐名股东,虽然不具备股东的形式特征,但其以自己的名义参加股东会、分得公司红利、参与公司管理,有成为公司股东的意思表示,完全符合股东的实质特征。

【案例1-7】 北京银行现上千"娃娃"股东 最小的只有1岁②

北京银行作为中国资产规模最大的城市商业银行,新近上市备受瞩目。近日,这位A股新贵的股东名册更是引起了投资者的关注。北京银行股东名单中出现了上千名"娃娃"股东,这些股东在北京银行进行股份制改革时均未成年,最小的甚至只有1岁。

评析:无论是有限责任公司还是股份有限公司,法律对于股东资格并没有

① 王义松:《私人有限责任公司视野中的股东理论与实证分析》,中国检察出版社2006年版,第42页。

② 《上海证券报》2007年10月9日。

任何年龄限制，股东资格与公司经营管理是两个概念，股东没有管理公司的义务，所以对于股东的年龄就没有限制的必要，扩大股东范畴是对股权投资的鼓励。

【案例1-8】 国家公务员不得进行股权投资①

原告诉称：2001年5月30日原告三人与被告丁、戊、己三人达成口头协议，以被告三人的名义创办公司，但被告三人并非公司的真正股东，只是原告聘用的工作人员。被告三人给原告三人出具了收据，证明被告三人收到了原告三人的股本金共计20万元。公司成立后，经营情况一直很好，2003年5月，被告三人将公司以20万元的价格分三次转让给了戊的妻子和己的妻子，并办理了工商变更登记。原告三人认为被告并非真实股东，没有处分股份权利，故诉至法院，申请确认被告三人转让股权的行为无效。

被告丁辩称：确实从甲某处拿走了用于注册的12万元，但2003年公司经营业务萎缩，为了避免更大的损失，将股份转让给了第三人。被告戊、己辩称：被告拟创办公司，因资金紧张，故分别向原告乙、丙借6万元和2万元，并出具收据，原告真实股东说法不成立。

一审判决查明原告投资的事实，支持了原告的诉讼请求，判决股权转让行为无效。

二审判决认为，三原告是国家公务人员，依法不能成为股东，原告委托被告设立公司是以合法形式掩盖非法目的的行为，依法应认定无效。原告不能取得股东身份，因此无权主张股权转让行为无效。至于原告和被告之间的关系，应当按照无效民事法律行为的法律法规处理。据此，撤销原判，驳回原告的诉讼请求。

评析：《公务员法》第53条规定："公务员必须遵守纪律，不得有下列行为：……（十四）从事或者参与营利性活动，在企业或者其他营利性组织中兼任职务……"第42条规定："公务员因工作需要在机关外兼职，应当经有关机关批准，并不得领取兼职报酬。"公务员从事股权投资，成为股东属于从事营利性活动，为法律所禁止。因此本案原告不能成为股东，也不能在公司里兼职当法定代表人、董事、监事或经理等职务，原告的损失只能以借贷关系为由要

① 王义松：《私人有限公司视野中的股东理论与实证分析》，中国检察出版社2006年版，第73页。

求返还本息。

【相关法律法规】

《公司法》第31条 有限责任公司成立后,应当向股东签发出资证明书。

出资证明书应当载明下列事项:

(一)公司名称;

(二)公司成立日期;

(三)公司注册资本;

(四)股东的姓名或者名称、缴纳的出资额和出资日期;

(五)出资证明书的编号和核发日期。

出资证明书由公司盖章。

《公司法》第33条 有限责任公司应当置备股东名册,记载下列事项:

(一)股东的姓名或者名称及住所;

(二)股东的出资额;

(三)出资证明书编号。

记载于股东名册的股东,可以依股东名册主张行使股东权利。

公司应当将股东的姓名或者名称及其出资额向公司登记机关登记;登记事项发生变更的,应当办理变更登记。未经登记或者变更登记的,不得对抗第三人。

《公司法》第73条 依照本法第七十二条、第七十三条转让股权后,公司应当注销原股东的出资证明书,向新股东签发出资证明书,并相应修改公司章程和股东名册中有关股东及其出资额的记载。对公司章程的该项修改不需再由股东会表决。

最高人民法院《关于〈中华人民共和国公司法〉若干问题的规定(三)》第1条 为设立公司而签署公司章程、向公司认购出资或者股份并履行公司设立职责的人,应当认定为公司的发起人,包括有限责任公司设立时的股东。

最高人民法院《关于〈中华人民共和国公司法〉若干问题的规定(三)》第7条 出资人以不享有处分权的财产出资,当事人之间对于出资行为效力产生争议的,人民法院可以参照物权法第一百零六条的规定予以认定。

以贪污、受贿、侵占、挪用等违法犯罪所得的货币出资后取得股权的,对违法犯罪行为予以追究、处罚时,应当采取拍卖或者变卖的方式处置其股权。

最高人民法院《关于〈中华人民共和国公司法〉若干问题的规定(三)》第18条 有限责任公司的股东未履行出资义务或者抽逃全部出资,经公司催告缴纳或者返还，其在合理期间内仍未缴纳或者返还出资，公司以股东会决议解除该股东的股东资格，该股东请求确认该解除行为无效的，人民法院不予支持。

在前款规定的情形下，人民法院在判决时应当释明，公司应当及时办理法定减资程序或者由其他股东或者第三人缴纳相应的出资。在办理法定减资程序或者其他股东或者第三人缴纳相应的出资之前，公司债权人依照本规定第十三条或者第十四条请求相关当事人承担相应责任的，人民法院应予支持。

最高人民法院《关于〈中华人民共和国公司法〉若干问题的规定(三)》第21条　当事人向人民法院起诉请求确认其股东资格的，应当以公司为被告，与案件争议股权有利害关系的人作为第三人参加诉讼。

最高人民法院《关于〈中华人民共和国公司法〉若干问题的规定(三)》第22条　当事人之间对股权归属发生争议，一方请求人民法院确认其享有股权的，应当证明以下事实之一：

(一)已经依法向公司出资或者认缴出资，且不违反法律法规强制性规定；

(二)已经受让或者以其他形式继受公司股权，且不违反法律法规强制性规定。

最高人民法院《关于〈中华人民共和国公司法〉若干问题的规定(三)》第23条　当事人依法履行出资义务或者依法继受取得股权后，公司未根据公司法第三十二条、第三十三条的规定签发出资证明书、记载于股东名册并办理公司登记机关登记，当事人请求公司履行上述义务的，人民法院应予支持。

最高人民法院《关于〈中华人民共和国公司法〉若干问题的规定(三)》第24条　有限责任公司的实际出资人与名义出资人订立合同，约定由实际出资人出资并享有投资权益，以名义出资人为名义股东，实际出资人与名义股东对该合同效力发生争议的，如无合同法第五十二条规定的情形，人民法院应当认定该合同有效。

前款规定的实际出资人与名义股东因投资权益的归属发生争议，实际出资人以其实际履行了出资义务为由向名义股东主张权利的，人民法院应予支持。名义股东以公司股东名册记载、公司登记机关登记为由否认实际出资人权利的，人民法院不予支持。

实际出资人未经公司其他股东半数以上同意，请求公司变更股东、签发出资证明书、记载于股东名册、记载于公司章程并办理公司登记机关登记的，人民法院不予支持。

最高人民法院《关于〈中华人民共和国公司法〉若干问题的规定(三)》第25条　名义股东将登记于其名下的股权转让、质押或者以其他方式处分，实际出资人以其对于股权享有实际权利为由，请求认定处分股权行为无效的，人民法院可以参照物权法第一百零六条的规定处理。

名义股东处分股权造成实际出资人损失,实际出资人请求名义股东承担赔偿责任的,人民法院应予支持。

最高人民法院《关于〈中华人民共和国公司法〉若干问题的规定(三)》第28条 冒用他人名义出资并将该他人作为股东在公司登记机关登记的,冒名登记行为人应当承担相应责任;公司、其他股东或者公司债权人以未履行出资义务为由,请求被冒名登记为股东的承担补足出资责任或者对公司债务不能清偿部分的赔偿责任的,人民法院不予支持。

第7条 共有股权

公司章程可以选择下列一种方式作为处理共有股权的推荐条款:

□共有人预先弃权 在公司设立和受让股权时,公司有权要求以一共同财产出资的其他共有人以书面形式声明放弃股东资格请求权。

□股权代理 如一股权不可分割地由数人共有,数名共有人应向公司提交共同签署的代理委托书[①],由指定的代理人行使股东权利。对于应该向公司缴纳或续缴的出资,该数名共有人共同向公司承担连带责任。

【实务解析】

一、股权共有概念

股权共有是指股权为数人所共有的情形。股权共有在我国《公司法》中没有提及,但按照民法的共有理论,如果股东名册上的股东是以家庭或其他共有财产购买股权,那么其他共有人也是该股权的共有人。

二、股权共有的两种情形

共有股权的股东分为两种情形:一是共有人都登记于某一股权名下,则所有共有人都为显名股东。显名共有因共有人都记载于公司股东名册,所以不

---

① 代理人也可以不从共有人中选定,可以采用一定比例共有人同意来确定代理人。

存在共有人资格确认问题，共有人依法和公司章程进行股权分割后，共有人向公司申请登记股东资格，公司应当予以登记并履行相应的登记程序。二是登记名册上的股东只是该股权的代表人，并没将所有共有人都记载于公司股东名册上。在该种情况下，如果股权代表人并没有向公司明示该股权为数人共有，则股权共有又与隐名股东问题交织在一起。这时首先要根据隐名股东标准来确定其股东身份，如果公司对隐名股东共有权的合法性和真实性无法判断，则应根据公司章程和《公司法》股东向非股东转让股权的程序来确认隐名股东的股东资格。

【条款设计指引】

一、股权共有条款的必要性

共有股权不是公司章程的必要条款，但共有股权对公司和其他股东有很大影响，涉及共有股权如何行使，公司如何向共有股东履行相关义务，共有人之间的关系，共有股权的表决，尤其是在共有关系解除时，还涉及其他共有人股东资格确认问题，如果对这些问题没有约定，那么将加大公司运行的风险，也使其他股东置身于不安定的状态之中，影响到有限责任公司的人合性。所以为了避免这种情况，公司章程有必要对此作防范性规定。

二、章程条款设计

(一)公司章程对共有股权的约定

公司章程可以选择以下方式对共有股权进行约定：

1. 共有人预先弃权。对于公司来说，没有共有股权是一劳永逸的办法，所以最好的方式就是在公司章程设计时排除其他共有人成为股东的可能性，在共有人共同出资时要求一方预先弃权，即要求一共同财产出资的其他共有人以书面的形式声明放弃股东资格请求权。

2. 股权代理。如果因为种种原因，公司章程不能选择共有人预先弃权，那么在公司章程中对共有人的认定、共有股权的行使、共有人权利的分配等问题进行事先约定就成为必要。公司和股东根据自身的需要，可以在该条中增加下列内容：

如数名共有人未向公司提交委托书，股东名册中排名在前的共有人有权优先行使股东权利。公司应向所有共有人实施的行为，只向一名共有人实施即为有效，共有人不得要求公司签发多份出资证明书，公司向一人交付出资证明书应当视为向所有共有人交付。

如果共有股权登记在一名共有人的名下,所有共有人应在取得这份股权时,以书面形式向公司出具证明书,证明以该股东名义登记的全部或部分股权确系是该股东所代表的某一个或几个特定人员所持有,公司据此自然认可该股东是共有人的委托代理人。如果共有人没有主动出具证明书,公司将认定该股权为登记在册的股东一人所有。

(二)共有股权的特殊形式——夫妻股权共有

夫妻股权共有是共有股权的特殊形式,如果公司章程和夫妻双方对股权没有约定,股权的分割可以根据最高人民法院《关于适用〈中华人民共和国婚姻法〉若干问题的解释(二)》第16条的规定适用于股东向非股东转让股权的程序,当然公司也可以在公司章程中排除这种法定方式,对此,建议公司章程可选择的方式有:(1)适用第一种方式的规定,要求夫或妻预先弃权;(2)适用股权转让章节中的特殊形式的股权转让方式。

(三)关于共有股权转让的设计

共有股权转让涉及两个层面的问题:第一个层面是共有人内部转让份额,公司章程可以规定共有人在通知其他共有人后可以相互转让共有股权;第二个层面是如果章程规定共有股权可以分割,则共有人可以向共有人以外的人转让共有份额,这时又分为两种情况:一是共有人向其他股东转让份额,公司章程可以规定除共有人另有约定外,须经其他共有人一致同意,共有人在同等条件下享有优先购买权;二是共有人向非股东转让份额,公司章程可以规定共有人、其他股东在同等条件下享有优先购买权,而共有人优先购买权优于其他股东优先购买权。

由于共有股权转让情形比较复杂,而且共有人内部转让对公司影响有限,所以笔者没有在推荐条款中涉及共有人内部转让内容,公司可以根据自身情况选择是否在公司章程总则或者股权转让章节中规定该内容。

【相关法律法规】

最高人民法院《关于适用〈中华人民共和国婚姻法〉若干问题的解释(二)》第16条　人民法院审理离婚案件,涉及分割夫妻共同财产中以一方名义在有限责任公司的出资额,另一方不是该公司股东的,按以下情形分别处理:

(一)夫妻双方协商一致将出资额部分或者全部转让给该股东的配偶,过半数股东同意、其他股东明确表示放弃优先购买权的,该股东的配偶可以成为该公司股东;

（二）夫妻双方就出资额转让份额和转让价格等事项协商一致后，过半数股东不同意转让，但愿意以同等价格购买该出资额的，人民法院可以对转让出资所得财产进行分割。过半数股东不同意转让，也不愿意以同等价格购买该出资额的，视为其同意转让，该股东的配偶可以成为该公司股东。

用于证明前款规定的过半数股东同意的证据，可以是股东会决议，也可以是当事人通过其他合法途径取得的股东的书面声明材料。

第8条 股东出资

推荐条款

公司注册资本为人民币×××万元。

□在公司成立时一次性缴足，具体：

<table>
<tr><td rowspan="2">名称或姓名</td><td colspan="3">缴纳情况</td></tr>
<tr><td>数额</td><td>方式</td><td>比例</td></tr>
<tr><td></td><td></td><td></td><td></td></tr>
<tr><td rowspan="2">合计</td><td colspan="2"></td><td rowspan="2"></td></tr>
<tr><td colspan="2">货币出资</td></tr>
</table>

□首次出资额×××元，其余按×××期在×年内缴足。股东会可以授权董事会在不违反公司法强制性规定的前提下，在×××范围内对出资时间和方式作出调整。具体：

<table>
<tr><td rowspan="2">名称或姓名</td><td colspan="3">认缴情况</td><td colspan="3">设立时实缴情况</td><td colspan="3">×年×月×日
缴纳情况</td><td>……</td></tr>
<tr><td>数额</td><td>方式</td><td>比例</td><td>数额</td><td>方式</td><td>比例</td><td>数额</td><td>方式</td><td>比例</td><td></td></tr>
<tr><td></td><td></td><td></td><td></td><td></td><td></td><td></td><td></td><td></td><td></td><td></td></tr>
<tr><td rowspan="2">合计</td><td colspan="2"></td><td rowspan="2"></td><td colspan="2"></td><td rowspan="2"></td><td colspan="2"></td><td rowspan="2"></td><td rowspan="2"></td></tr>
<tr><td colspan="2">货币出资</td><td colspan="2">货币出资</td><td colspan="2">货币出资</td></tr>
</table>

缴纳出资后，股东有权获得公司签发的股东出资证明书，代表

其所持有的股权。任何出资未完全缴纳前,不得签发出资证明书。

【实务解析】

一、公司资本制度

为了保证公司资本的真实可靠,防止公司资本的实质减少,造成公司清偿能力的降低,从而损害债权人的利益,各国都确定了公司资本制度,该制度以资本确定、资本维持和资本不变三个原则为基础。公司资本制度是公司制度的基石,是公司建立、生存和发展的核心制度。

公司的资本制度分为法定资本制度和授权资本制度。法定资本制是指公司在设立时,必须在公司章程中明确公司资本总额,并一次性发行、全部认足或募足,否则公司不能成立。法定资本制有两层含义:一是确定公司资本总额,公司章程及其他公司登记文件应当记载具体的、确定的公司资本总额;二是确定公司资本的缴纳,公司资本总额在公司设立时由股东全部认足,确定各股东具体的出资义务。按照股款的缴纳方式,法定资本制分为全额实缴制和分期缴纳制。全额实缴制,即实收资本制,要求发起人在公司设立时将所认缴的全部出资缴纳到位。全额实缴制不但增加了公司设立的难度,造成了公司资本的闲置,还强制董事会承担有效利用资金的义务,在公司遇到经营困难时,往往会加剧公司融资难度。分期缴纳制要求发起人在公司设立时认足出资,缴纳的具体时间及比例由公司章程约定。

授权资本制是指公司设立时,虽然要在公司章程中确定注册资本总额,但发起人只需认购部分出资,公司就可正式成立,其余的出资在公司章程规定的期限内或授权董事会根据公司生产经营情况,做出缴纳决定的公司资本制度。

法定资本制对于资本确定的要求是实质性的确定和股东具体出资义务的确定,而授权资本制有时虽然也要求公司章程中记载资本总额,但这种记载不是实质性的,对股东而言并不当然构成法律意义上的出资义务。

二、我国《公司法》中的出资制度

为适应公司注册资本登记制度改革的需要,2013 年 12 月 28 日,十二届全国人大常委会第六次会议审议并通过了《公司法》修正案,针对有限责任公司,删除了公司注册资本最低 3 万元和一人公司 10 万元限额的要求,删除了全体股东首次出资额不低于注册资本 20% 的规定,删除了股东出资必须 2 年内缴足的规定,取消了公司设立时的验资制度。

尽管此次《公司法》修改放宽了公司设立的条件,取消了最低投资限额,股东可以自己来决定出资额、出资的期限和出资时间，但公司注册资本作为工商登记事项没有改变，公司注册资本数额在公司成立时就必须确定并被认缴，承担后期缴纳义务的时间和主体在公司成立时也必须确定；只是认缴的出资没有限额要求，并可以分期缴纳，而且公司股东也是以认缴的出资额对公司承担责任。这与授权资本制分期认购、分期缴纳、承担后续缴纳出资的义务主体在公司成立之时尚未确定，而是授权董事会在公司成立之后确定完全不同，所以修改后的《公司法》依然是法定资本制下的分期缴纳，本质上仍然是法定资本制。

由于分期缴纳出资的股东是以认缴的出资额对外承担责任，债权人也可以要求股东在认缴而未缴纳出资的范围内对公司承担连带责任，且公司清算时未缴纳的出资也应列入清算财产，该责任不能因为没有到达公司章程约定缴纳的期限而免除，所以股东应在认缴出资额时认真考虑自己缴纳出资的实际财力，审慎认缴。

三、非货币财产形式出资

（一）非货币财产出资的条件

出资是股东基于股东地位，为实现公司目的所负有对公司为一定给付的义务。股东出资可以货币方式为之，也可以货币以外公司事业所需之财产抵缴，这些非货币形式的出资也称为现物出资。与货币出资相比而言，非货币形式出资在价值评估、风险负担等方面都具有一定的特殊性，为了确保公司资本的真实、可靠，防止非货币出资中不正当行为的发生，各国法律对非货币出资作了不同的限制，从而形成了一系列具体制度。我国 2005 年修订《公司法》的立法本意是方便公司设立，鼓励投资，对此《公司法》第 27 条扩大了非货币出资的范畴，确立以非货币形式的财产出资应当满足三个条件：一是必须为公司生产经营所需要，应当具备实现股东合作目的的品质和功效。二是可以用货币评估作价，即能以评估方式来确定其合理估值，如果评估价显著低于公司章程所定价额，则认定未全面履行出资义务。投资者需要特别重视的是非货币财产出资评估作价是法定要求。三是可以独立转让以非货币形式出资的财产，必须能够转让使其迅速变现。同时为保证公司资本的确定性，防止以价值不确定的财产向公司出资可能带来的风险，《公司法》赋予法律、行政法规可以根据实际情况，对不得作为出资的财产作出规定。《公司法》采用这种列举、概括和排除相结合的办法规定出资方式不但有利于融资的便利，而且给未来潜在的融资手段预留了空间。

(二)非货币财产出资的类型

《公司法》第27条列举的非货币财产出资方式有实物、知识产权和土地使用权。实物包括动产与不动产;知识产权一般包括专利权、商标权、著作权和邻接权、技术秘密权(非专利技术)、集成电路布图设计权、植物新品种权等。目前,常见非货币出资方式还有探矿权、采矿权、承包权、债权、股权等。最高人民法院《关于〈中华人民共和国公司法〉若干问题的规定(三)》对土地使用权、房产、知识产权、股权出资作了进一步规定。国家工商总局2014年2月14日公布的《公司注册资本登记管理规定》对股权和债权出资及要求作了详细规定。最高人民法院《关于审理农业承包合同纠纷案件若干问题的规定(试行)》和农业部《关于稳定和完善土地承包关系的意见》都认可了土地承包经营权入股,条件是不改变土地的农业用途。

(三)不得作为出资的财产

《公司登记管理条例》第14条规定,股东不得以劳务、信用、自然人姓名、商誉、特许经营权或者设定担保的财产等作价出资。

1. 劳务和人力资本

所谓劳务,是指以体力劳动或智力劳动的形式为他人提供某种效用的活动。劳动具有人身属性,缺乏独立转让性,不具有一般等价物的商品性和现实财产的价值性,加之评估上的随意性和不确定性,出于保护债权人利益和维护交易安全的需要,法律确认其不能用于出资。①

人力资本是指凝聚在人身上的知识、体力和技能的总和。② 人力资本和劳务是不同层次的概念,相对于劳务,人力资本更具有专用性,体现为人力资本所有者与服务的企业紧紧地锁在了一起,双方的任何一方离开对方,都会造成价值贬值。虽然有些地方法规规定了人力资本可以出资,如江苏省科委和体改委的《关于推进技术股份化的若干问题》、上海市工商局的《浦东新区人力资本出资试行办法》,但人力资本出资会产生一系列问题:一是由于使用环境和使用绩效的变化,人力资本价值的衡量具有非恒定性,受非所有者不能控制的外部因素的影响;二是人力资本依附于其天然所有者,且具有无形性和不可处分性,公司债权人对公司的人力资本股东无法追究责任,公司资本中人力

① 国外很多国家立法允许已经完成的劳务作为出资。

② 上海市工商局颁布的《浦东新区人力资本出资试行办法》允许人力资本出资,该办法将人力资本定义为依附在投资者身上,能够给公司带来预期经济效益的人才资源,通过法定形式转化而成的资本。主要表现为:管理人才、技术人才、营销人才的知识、技能、经验等。

资本部分形同虚设,从而导致公司资本严重不实。所以,就目前来说,人力资本仍然是禁止出资的财产形式。

2. 自然人姓名和企业名称

自然人姓名因其具有人身依附性、不可转让性,且在使用中不能带来经济效益,无法评估作价,所以不能作为出资。

企业名称与自然人姓名一样不能脱离实体而单独存在,所以也不能作为出资。虽然企业名称具有某些无形资产的属性,但这并非其本质属性,不能改变其固有的人格性质。如果企业名称与企业商标或者其他知识产权有机结合在一起,该名称即可以作为该类财产形式的组成部分而出资。

3. 商誉和信用

商誉是社会对特定的生产经营者的能力、经营状况、资信状况及服务质量等经营素质的客观评价。商誉与主体不可分割,只能依附于企业整体,不能单独存在,商誉离开主体,也就不具有价值。考虑到商誉的抽象性和对债权人保护不利,我国《公司登记管理条例》明确规定商誉是不能用来投资的。实践中常将商誉和其客体,如商标、商号、特别营业、经营模式、店面的外观装饰等捆绑出资。作为一种重要的无形资产,许多国家都允许商誉出资,在我国与有关国家签订的有关投资保护的双边协定中,也承认了商誉投资的合法性。在外资的推动下,商誉出资将逐渐得到法律的肯定。

信用是民事主体所获得的对其偿债能力的信赖和评价。信用是基于债务人的履约能力和严格履约而产生的,履约能力越强,其信用也就越好。由于:(1)信用价值的评估和确定缺乏权威的指标,不具有操作性,同时不同主体对于同一主体的信用评价可能差别很大,具有很强的主观性;(2)信用具有很强的人身性,既难以将其转移于公司,也难以将其转移于债权人。所以信用不能作为出资。

4. 特许经营权

商业特许经营是指拥有注册商标、企业标志、专利、专有技术等经营资源的企业(以下统称特许人),以合同形式将其拥有的经营资源许可其他经营者(以下统称被特许人)使用,被特许人按照合同约定在统一的经营模式下开展经营,并向特许人支付特许经营费用的经营活动。因被特许人没有再授予他人使用的权利,所以被许可人无权转让,即使企业破产,债权人也无法因特许经营权而得到救济,所以不能出资。特许经营权内容包括:注册商标、商号、产品及服务、专利和专有技术、管理技术、经营模式、经营资源等。2007 年国务院颁布的《商业特许经营管理条例》是其最重要的法规。

四、股权结构(出资比例)与公司治理的一般关系

投资者出资所认缴的出资比例构成公司的股权结构。公司治理是公司股东会、董事会和高级执行人员即经理三者之间的权力分配及制衡的安排。股权结构是公司治理的基础,有什么样的股权结构,就需要有什么样的公司治理来使得这种结构下股东和其他利益相关者的利益得到保护,当然最终的股权结构及与其配套的具体的制度设计都是股东之间进行博弈的结果。可以说,没有任何两个公司存在相同的公司治理结构,在任何一个公司中,都会因为股东之间、股东与董事会之间、董事会与经理层、监事会之间关系的差异,在具体的公司治理结构中呈现自己的特点。每个股东,都应当在制度的设计和运作中,准确认识自己的利益所在,明晰在具体的公司运作中可能出现的有损自身利益的风险,并就收益与风险之间的关系作出自己的投资判断。下面分别对股权分散结构和集中结构公司治理模式的特点做一简要介绍:

股权分散的结构,指股东很分散且持股比例都较小的股权结构。股权结构的分散导致了所有权与控制权分离,单一股东企图要通过股权来控制公司是不现实的,同时,大多股东不具有经营管理经验,不可能对公司进行经营,呈现一种"强管理者,弱所有者"的情形。所以在这种股权结构中,公司治理机构的主要目标和原则应是保护股东利益,使管理层按照股东利益最大化行事,公司的监督课题是减少经营者道德风险,降低"代理成本"。该类型公司可选择股权激励计划,以使经营者利益与股东利益趋于一致。

股权集中的结构,指存在一个或者几个控股股东的股权结构。股权结构集中公司虽然存在所有权与控制权分离,但不是管理者与分散股权所有人之间的分离,而是分散的股权所有者与控股股东之间的分离,它不表现为"强管理者,弱所有者",而表现为"强控制股东与弱所有者",即小所有者可能被大股东以及被大股东所任命的公司经营者盘剥。所以公司治理的主要目标和原则是抑制大股东的掠夺"行为",保护小股东利益,监督课题是减少控制股东的道德风险,增强中小股东权利的保护。

股权结构中度集中的公司同股权结构集中的公司相类似,而且由于大股东常常是通过一些契约或组织形式,在只持有少数股权的情况下暂时取得了多数控制权或达到相对控股,这使大股东更缺乏与公司利益的长期一致性,大股东"掠夺"现象表现得更加严重。

【条款设计指引】

一、股东出资条款的必要性

股东出资是公司章程的必备条款，而且股东的出资方式、出资额和出资时间也必须在公司章程中予以明确。由于我国实行的仍然是法定资本制，所以对于分期缴纳出资的公司，公司各股东认缴的出资数额，在成立时就应该在公司章程中确定下来。该条款按照公司出资一次性缴纳和分期缴纳设置了两个模板，以便公司章程选择适用。

二、章程条款设计

（一）公司章程可以授权董事会对分期缴纳出资的时间、方式及数额进行调整

按照股东的实力和对公司的期待，公司在设立之初就应该在公司章程中确定各股东续缴出资的时间、方式及数额，但随着公司发展及业务的开展，对续缴出资的时间、方式，甚至各期数额调整成为必要。同时由于非货币出资方式需要经过评估，如果出现低估，交付该出资的股东负有补足差价的义务，所以对于在认缴总额不变的情况下，调整出资时间、方式及各期的数额成为可能。而根据《公司法》，此类调整必须通过修改公司章程来实现，所以为了避免修改公司章程的烦琐程序，可以在公司章程中明确授予董事会在一定权限内、特定情况下调整缴纳出资的时间、方式和各期的数额的权力。

（二）公司章程可以对非货币出资方式进行限制

《公司法》放宽了对非货币出资形式的限制后，势必会出现因非货币财产出资导致公司资本注册不实现象的大量存在，对此可以在公司章程中约定对非货币出资的限制来保障公司注册资本的充实。

公司章程虽是股东间契约，但出于对债权人利益保护的作用，法律对其内容有强制性要求，并且要求其在工商机关备案以向社会公示。如果公司章程对非货币出资约定过于苛刻，无形中会加重公司和股东对第三人的责任，所以建议存在非货币出资的有限责任公司另行编制一个由股东签字的设立公司报告作为公司章程附件，该报告内容可以包括作为出资的非货币出资财产的基本情况、该财产对公司本身的重大意义、该财产的评估报告摘录、权利瑕疵和权利不能实现时的其他股东的连带责任及对公司的赔偿责任。当然股东也可以订立一份包括上述内容的详尽出资协议，明确约定出资方式、出资期限、出资评估方法、违约责任。

(三)公司章程设计股权结构要合理

对于股东来说,看重的是尽可能地认缴更多的出资,获得更大的股权比重;对于公司来说,更重要的是平衡各股东的股权比重,即股权结构一定要与拟定的公司治理模式相适用。如果股权结构与治理模式不相符,则极易形成公司僵局,不利于公司运作效率,所以发起人在公司设立之时和股权转让时都要考虑股权结构的平衡,应尽量形成 2 ~ 3 个持股比例相当的大股东,使其相互监督,则可能最有利于保护中小股东的利益。

【案例 1 -9】　天府可乐的合资之殇[①]

重庆天府可乐是 20 世纪 90 年代国内市场上最大的可乐巨头,在国内拥有 108 家工厂,占有 75% 的市场份额,曾作为国宴饮料进入人民大会堂,以其特有的口味打入了莫斯科市场,还出入于美国世贸中心,与百事、可口可乐有过多次交手。

就在天府可乐如日中天的时候,全国的可乐市场开始受到来自国际可乐巨头百事可乐和可口可乐的冲击,根据国家相关部门的"利用外资改造国有老企业"的方针,1994 年 1 月,天府可乐与百事可乐"联姻"合资成立重庆百事天府,其中百事以现金投资 1070 万美元,天府以土地、厂房和生产设备折价 730 万美元,双方投资比例为 3∶2,约定天府商标作价人民币 350 万元转让给合资公司,合资公司成立后生产的"天府"可乐应不低于总饮料产量的 50% 。

但这段"婚姻"带来了厄运,外方通过向百事购买糖浆原液的方式,且"通过大幅度提高浓缩液价格"将利润转移到了百事,致使合资公司在成立后 12 年内年年亏损,天府系列饮料销量也逐年骤降,到 2007 年仅占 0. 5% ,天府品牌在市场上几乎销声匿迹。天府可乐也从一个国家大型企业变成了重庆市的市级特困企业,2006 年,由于债务缠身,天府将所持百事天府的所有股权以人民币 1. 3 亿元的价格出售给了百事,自此天府和百事的姻缘宣告终结[②]。

---

① 来源于 http://finance. sina. com. cn/chanjing/gsnews/20101210/14509087736. shtml,2010 年 12 月 10 日访问。

② 重庆市第五中级人民法院(2009)渝五中法民初字第 299 号民事判决书,天府可乐是天府可乐浓缩液乙料的成分、配方及其生产工艺商业秘密的权利人,百事天府于本判决生效之日停止使用天府可乐浓缩液乙料的成分、配方及其生产工艺商业秘密。天府可乐称还将在商标、合同欺诈、经营等方面起诉百事。

评析:商标权是指商标注册人对其注册商标享有独占和使用的权利。商标权人拥有商标的所有权和许可他人使用的权利,所有权和使用权是不同层面的权利。根据《公司法》的规定,商标所有权和使用权都可以出资。如果以所有权出资,则应办理所有权转移手续,如果以使用权出资,则应签订商标使用权合同,再根据约定进行使用。国外大品牌商标所有人一般都保留所有权,而以商标权使用权入资,保留商标所有权不但会源源不断地给商标权人带来收益,且如果公司经营失败,商标权人可以用持有的品牌重整旗鼓。改革之初,我国传统品牌大多以商标所有权入股与外方成立中外合资企业,但合资企业成立后传统品牌逐渐消失的案例数不胜数,例如,熊猫、活力和上述案例中的天府可乐等。民族品牌富含我国文化传统,确保其流传是我们的责任,所以以民族品牌所有权出资应慎行。

【案例1-10】 "星巴克欲夺回中国股权"①

20世纪90年代星巴克进入中国市场之初,以授权区域合作伙伴但不参股的方式进行经营,星巴克总部收取特许经营商的专利费后,将星巴克的商标使用权授予特许经营商使用,总部只能在特许经营商的营业收入中提取少量固定比例的提成。其在北京、上海和广州就分别授权北京美大星巴克、上海统一星巴克及美心星巴克三家公司发展当地的星巴克市场。短短几年时间内,中国区成为星巴克全球业务中的一个亮点,为了获得更多的利益回报,促使星巴克总部叫停特许经营,回收股权,致力于独资直营。为此,2003年星巴克总部将其在上海统一星巴克的股份增持到了50%;随后,其在美心星巴克的股份也从5%提升到了51%。据称星巴克总部已经完成了对北京美大星巴克90%股份的收购,星巴克完成了经营模式的蜕变。

评析:特许经营虽不能出资,但其是一种商业模式,特许权人通过特许他人使用自己的商标、专利、专有技术等而获得收益。特许经营和特许权人直营方式相比各有优势,不同的企业、不同的发展阶段适用不同的经营模式,但星巴克的战略模式选择和转变的思路应为中国企业所借鉴。

---

① 根据网上资料整理。

【相关法律法规】

《公司法》第26条　有限责任公司的注册资本为在公司登记机关登记的全体股东认缴的出资额。法律、行政法规以及国务院决定对有限责任公司注册资本实缴、注册资本最低限额另有规定的,从其规定。

《公司法》第27条　股东可以用货币出资,也可以用实物、知识产权、土地使用权等可以用货币估价并可以依法转让的非货币财产作价出资;但是,法律、行政法规规定不得作为出资的财产除外。

对作为出资的非货币财产应当评估作价,核实财产,不得高估或者低估作价。法律、行政法规对评估作价有规定的,从其规定。

《公司法》第29条　股东认足公司章程规定的出资后,由全体股东指定的代表或者共同委托的代理人向公司登记机关报送公司登记申请书、公司章程等文件,申请设立登记。

《公司法》第30条　有限责任公司成立后,发现作为设立公司出资的非货币财产的实际价额显著低于公司章程所定价额的,应当由交付该出资的股东补足其差额;公司设立时的其他股东承担连带责任。

《公司法》第207条　承担资产评估、验资或者验证的机构提供虚假材料的,由公司登记机关没收违法所得,处以违法所得一倍以上五倍以下的罚款,并可以由有关主管部门依法责令该机构停业、吊销直接责任人员的资格证书,吊销营业执照。

承担资产评估、验资或者验证的机构因过失提供有重大遗漏的报告的,由公司登记机关责令改正,情节较重的,处以所得收入一倍以上五倍以下的罚款,并可以由有关主管部门依法责令该机构停业、吊销直接责任人员的资格证书,吊销营业执照。

承担资产评估、验资或者验证的机构因其出具的评估结果、验资或者验证证明不实,给公司债权人造成损失的,除能够证明自己没有过错的外,在其评估或者证明不实的金额范围内承担赔偿责任。

最高人民法院《关于〈中华人民共和国公司法〉若干问题的规定(三)》第8条　出资人以划拨土地使用权出资,或者以设定权利负担的土地使用权出资,公司、其他股东或者公司债权人主张认定出资人未履行出资义务的,人民法院应当责令当事人在指定的合理期间内办理土地变更手续或者解除权利负担;逾期未办理或者未解除的,人民法院应当认定出资人未依法全面履行出资义务。

最高人民法院《关于〈中华人民共和国公司法〉若干问题的规定(三)》第9条 出资人以非货币财产出资,未依法评估作价,公司、其他股东或者公司债权人请求认定出资人未履行出资义务的,人民法院应当委托具有合法资格的评估机构对该财产评估作价。评估确定的价额显著低于公司章程所定价额的,人民法院应当认定出资人未依法全面履行出资义务。

最高人民法院《关于〈中华人民共和国公司法〉若干问题的规定(三)》第10条 出资人以房屋、土地使用权或者需要办理权属登记的知识产权等财产出资,已经交付公司使用但未办理权属变更手续,公司、其他股东或者公司债权人主张认定出资人未履行出资义务的,人民法院应当责令当事人在指定的合理期间内办理权属变更手续;在前述期间内办理了权属变更手续的,人民法院应当认定其已经履行了出资义务;出资人主张自其实际交付财产给公司使用时享有相应股东权利的,人民法院应予支持。

出资人以前款规定的财产出资,已经办理权属变更手续但未交付给公司使用,公司或者其他股东主张其向公司交付、并在实际交付之前不享有相应股东权利的,人民法院应予支持。

最高人民法院《关于〈中华人民共和国公司法〉若干问题的规定(三)》第15条 出资人以符合法定条件的非货币财产出资后,因市场变化或者其他客观因素导致出资财产贬值,公司、其他股东或者公司债权人请求该出资人承担补足出资责任的,人民法院不予支持。但是,当事人另有约定的除外。

《公司登记管理条例》第14条 股东的出资方式应当符合《公司法》第二十七条的规定,但股东不得以劳务、信用、自然人姓名、商誉、特许经营权或者设定担保的财产等作价出资。

《公司注册资本登记管理规定》

第9条 瑕疵出资、抽逃出资股东的责任、股东间的出资填补责任

推荐条款

未履行、逾期履行或未适当履行出资义务的股东(瑕疵股东)和抽逃出资股东每日按未履行出资或抽逃出资的万分之×××向公司支付赔偿金。其他股东对瑕疵出资股东的上述责任向公司承担连带责任。

公司董事、高管因其未尽忠实义务、勤勉义务造成出资瑕疵、出资抽逃,应对公司承担责任。

【实务解析】

一、瑕疵出资

(一)股东出资瑕疵的形态

从《公司法》第28条的规定来看,完全履行出资义务至少应当包括如下几个方面:(1)缴纳的出资应当符合公司章程所确定的数额;(2)缴纳出资的时间应当符合公司章程的规定;(3)货币出资应当存入公司的账户,非货币财产应当办理过户手续。如上述任一条件没有具备,则构成违约出资,也称瑕疵出资。瑕疵出资的一般有如下几种形态①:

第一,不适时出资,即迟延出资,是指在公司章程规定的出资期限届满后,股东仍未缴纳出资。在分次缴纳出资的情况下,迟延出资既包括在首次出资期限届满时的迟延出资,也包括公司章程确定的其他缴纳出资期限届满时的迟延出资。

第二,不适额出资,指股东虽然有履行出资义务的行为,但其缴纳的出资数额未达到其认缴的数额,即数额瑕疵,这种情形包括出资不足和出资不实。如股东以货币出资,缴纳的数额低于认缴的数额,或者以虚假的验资证明、进账单等掩盖其未完全缴纳出资,构成出资不足;如股东以非货币财产出资,评估机构作出的评估结论高于实际价值,则构成出资不实。总之,股东出资的实际价值,无论以货币出资还是非货币形式出资,如果在数额上都未达到认缴的数额,都构成数额上的瑕疵。

第三,不完全出资,即权利瑕疵。完整的缴纳出资必须是现物与权利的双

---

①　德国学者认为股东缴纳出资的目的是为了使公司的资产得到有效增长,并且必须能为公司所自由支配,所以一些不适当履行出资义务的认定就应以公司的资产是否有效得到增长,缴纳的出资是否能为公司所自由支配为标准。下列几种情况都属于不适当出资行为:(1)有保留的、有条件的或者承诺退还的缴纳出资都不是有效的缴纳;(2)如果缴纳不是为了履行出资义务而是为了其他的目的,也没有履行出资义务;(3)不允许股东用公司对自己的债权来抵消出资义务,如股东用给公司提供货物而对公司产生的债权或对公司欠发的薪水来缴纳;(4)不允许来回支付的情况,即股东用公司为清偿其债务而向股东支付的资金,再交付给公司,以履行出资义务,或者反过来,公司用股东所交纳的股金迅速清偿其前股东的债务;(5)不允许缴纳的出资来源于公司的资金,或是公司通过贷款或其他的方式提供给股东的,如股东为了履行出资义务从第三者处获得贷款,而且公司为此承担共同清偿责任或者提供担保等。

重交付,只有一方面的交付,都是不完全缴纳出资,构成权利瑕疵出资。对于权利的转移,不同出资物有不同的法律要求。如以货币和一般动产出资,只要交付实物即可完成权利转移,权利随出资物交付而转移。如以不动产出资,股东只是将出资物交付公司,但是未办理权利转移手续,则权利不能随交付转移;反之如果只转移了权利,但未交付实物,也是不完全缴纳。

第四,不适格出资,即瑕疵给付。股东缴纳的出资,必须符合设立公司的目的,能够为公司使用。如果股东缴纳了出资,但是由于出资物的自然瑕疵导致公司不能实现其经济目的,或对于公司来说是无用之物,则是不适格出资,构成瑕疵给付。不适格,既包括不符合章程明确规定的品质、功效标准,也包括不符合国家规定的品质标准,不具备应有的功能或效用,还包括虽然公司章程没有明确规定,国家也无统一标准,但是出资物根本不符合公司的需要的情形。不适格出资,只在非货币财产出资的情况下才有意义。

不适时出资、不适额出资、不完整出资、不适格出资作为瑕疵出资的四种形态是理论上的划分,在实践中几种形态的瑕疵出资完全可以并存。如以非货币财产出资的股东,不但可能不适时出资,而且还可能评估价值高于实际价值,导致不适额出资,又可能未办理财产权利转移手续,导致不完全出资。

(二)瑕疵股东的责任

股东不履行或不适当履行公司设立协议或公司章程中规定的出资义务时,称为瑕疵股东,瑕疵股东应对公司和其他已足额出资的股东承担责任。

1. 瑕疵股东对公司的责任

瑕疵出资股东对公司应承担以下责任:

(1)失权。见本章第 11 条实务解析。

(2)追缴出资,即继续履行义务。对于有履行能力的瑕疵股东,公司也可以不行使失权程序,而要求继续其履行出资义务。经公司追缴,瑕疵股东仍不履行义务的,也可以提起诉讼,请求法院强制其履行义务。公司提起追缴出资诉讼不适用 2 年诉讼时效的规定。

(3)损害赔偿。当其他救济手段不足以弥补公司所遭受的损失时,公司仍可向瑕疵股东请求公司因此而遭受的全部损失,包括已经发生的实际损害和可得利益损失。公司章程如果有约定赔偿金的计算方式则按约定,如果没有约定,利息是至少的实际损失。

2. 瑕疵股东对其他股东的违约责任

瑕疵股东没有履行、迟延履行或没有适当履行其出资义务,即构成违约,应当对其他已经履行出资义务的股东承担违约责任,但因为违约金是支付给履行出资义务的股东,则具体的违约责任和违约金的计算,应在规范股东间关系的公司设立协议中约定,规范公司行为的公司章程不应做此约定。

3. 瑕疵股东对债权人的责任

瑕疵股东应在未出资本息范围内对债权人承担补充赔偿责任,其他发起人承担连带责任。

二、抽逃出资

(一)抽逃出资的概念

抽逃出资是指虽有出资行为,且已足额缴纳,但在公司成立后却以各种理由非法撤资,从而导致公司注册资本的减少。股东抽逃的出资财产既包括股东原始出资时提供的特定财产(如用于出资的汽车),也包括公司成立后取得的其他财产(如货币)。有学者也将抽逃出资列入瑕疵出资类别。因为抽逃出资侵害了我国公司法所确立的资本确定、资本维持和资本不变的公司资本制度,所以抽逃出资是我国法律所禁止的非法行为,甚至是犯罪行为。

(二)抽逃出资的认定

最高人民法院《关于〈中华人民共和国公司法〉若干问题的规定(三)》第12条确定了抽逃出资情形,该条不但明确了三种抽逃出资的情形,而且设置了一个兜底条款,一般下列情形可以初步认定为该兜底条款所称的“其他未经法定程序将出资抽回的行为”:(1)股东在公司成立且资本到位后,以出资的货币购买设备等为名,用假购物收据入账,或无采购发票而虚构存货或固定资产;(2)公司的注册资本全部到位,且正常开展生产经营,但将公司的产品部分或全部无偿交给股东,或者将公司销售产品的货款归股东所有;(3)虚报利润,且用“先后分配”的方法来代替按出资比例分配利润,从而以先分利润的名义达到抽逃注册资金的目的;(4)股东在公司设立不久后将注册资金中的货币出资全部或部分抽走,并在公司的财务账目上采取虚假挂账,或者是在抽逃资金后干脆不做账,货币资金账目不相符;(5)股东在公司成立后,将注册资金中的货币出资全部或部分抽走,再虚构其他非货币资产补账或者以低值资产高估补账;(6)用虚报利润的方法,不担或少担储备基金、职工奖励及福利基金,而在短期内以分配利润名义提走;(7)在股权转让中,采用转让方为转让其所持股权而先将其对公司的出资全部抽回,再由受让人将同等资本投入公司,但在转让方抽出其出资后,受让方又未实际投入;(8)通过公司对其股东的捐赠、提供抵押担保等形式来抽逃注册资金;(9)股东将公司注册资金的非货币部分,再次进行投资,而投资主体非该公司,而是原出资股东。

（三）抽逃出资股东的责任

1. 抽逃出资股东对公司的责任

股东出资的财产在转移给公司之后就转化为公司财产，未经公司同意，擅自转出或分配出资，侵害了公司的财产权利。首先，抽逃出资股东应当承担的是出资返还责任；其次，如果因为抽逃出资给公司造成其他损失的，还应赔偿损失，利息是至少的实际损失。

2. 抽逃出资股东对债权人的责任

抽逃出资股东应在抽逃出资数额及其利息范围内对债权人承担补充赔偿责任。

（四）股东借款与抽逃出资的区分

实践中，股东常以公司借款的形式来行抽逃出资之实，所以有必要对股东向公司真实的借款行为与抽逃出资行为加以区别：首先，股东与公司之间签订合法有效的借款合同可以确认为真实的借款关系，如果股东和公司间没有借款合同或者借款合同是虚假的，公司缺乏追究其借款的法律根据，会使公司的注册资本减损，则构成抽逃出资。其次，股东向公司借款，属于关联交易，公司应当依据公司章程的规定履行有效的董事会或者股东会内部决议程序，而且借款的股东应当按照内部决议规则进行回避。如果股东并未履行内部决议程序而从公司借款，即使存在借款合同，也可能构成挪用公司资金或侵占公司资金的犯罪行为。最后，真实的借款金额应有所限制，以不影响公司正常经营为限，而抽逃出资必不顾及公司的利益。

三、股东间的出资填补责任

股东出资填补责任是指由公司股东和发起人的相互担保出资义务履行、确保公司实收资本与注册资本相一致的民事责任。出资填补责任是为了维护资本维持原则，在公司发起人之间建立一种相互监督、相互约束的出资担保关系，以确保资本充实。出资填补责任分为认购担保责任、缴纳担保责任及因出资不实给公司或第三人造成损失的损害赔偿责任。股东出资填补责任对于更为复杂的分期缴纳出资情形更适用，可以说是分期缴纳出资的保障措施。

我国《公司法》未规定认购担保责任和损害赔偿担保责任，第 93 条规定了股份有限公司的缴纳担保责任，第 30 条、第 93 条分别规定了有限责任公司、股份有限公司差额担保责任。可见有限责任公司股东出资填补责任弱于股份有限公司，除规定了其他股东对以实际价额低于公司章程所定价额的非货币出资的股东的担保责任外，对其他形式的瑕疵出资没有承担填补责任的规定。

【条款设计指引】

一、瑕疵出资股东、抽逃出资股东责任、股东间出资填补责任条款的必要性

瑕疵出资股东、抽逃出资股东对公司承担的赔偿责任和股东间的出资填补责任不是公司章程必备条款。公司要求瑕疵出资股东、抽逃出资股东向公司履行出资或返还出资义务是其权利,但瑕疵出资股东、抽逃出资股东赔偿公司受到的损失额却没有法律规定。实践中大量存在瑕疵出资、抽逃出资情况的主要原因就是股东违约成本低,最后承担的往往只是利息的损失,根本无法弥补公司受到的损失,所以公司章程应加大瑕疵出资股东、抽逃出资股东对公司的赔偿责任。

我国《公司法》只规定了其他股东对以实际价额低于公司章程所定价额的非货币出资的股东的出资填补责任,对于其他股东来说,督促瑕疵股东、抽逃出资股东履行出资或返还出资动力不足,所以公司章程有必要扩大股东间的出资填补义务,尤其对于分期缴纳出资公司,更有确定股东间出资填补责任的必要。

二、章程条款的设计

(一)瑕疵出资股东、抽逃出资股东对公司赔偿责任

公司章程可以确定瑕疵出资股东、抽逃出资股东向公司赔偿的数额,也可以约定计算方法。股东间的违约责任和违约金的计算,应在规范股东间关系的公司设立协议中约定,规范公司行为的公司章程一般不做约定。鉴于股东受到的损失实际为公司受到的损失间接造成的,所以如果公司章程约定了足够的赔偿金,建议放弃股东间的违约金赔偿。

(二)股东间的出资担保责任

履行出资填补责任的股东只是代行出资义务,他并不因此而当然全部或者部分取得履行填补部分的股权,而只能向违反出资义务的股东行使求偿权。所以公司章程在设计填补责任时,可以将其与股东失权结合起来,也可以规定履行填补义务的股东符合一定时间或者一定条件就取得填补的出资所代表的股权。

为了确保公司经营不受影响,保护其他股东的投资利益,公司章程可以将有限责任公司股东填补责任扩大到缴纳担保责任,甚至损害赔偿担保责任,要求其他股东对任何形式的瑕疵出资向公司承担连带责任。如果股东之间的博

弈最后没有达成股东间的出资填补责任,其他股东也可以在认缴出资时要求财力有明显隐患的股东提供后期缴纳出资的担保来确保自己的权益不受损失。

(三)公司章程可设置公司董事、高管对瑕疵出资、抽逃出资承担的责任

最高人民法院《关于〈中华人民共和国公司法〉若干问题的规定(三)》只规定了增资时,董事、高管未尽忠实义务和勤勉义务而使增资瑕疵的责任,但实践中大量存在的抽逃出资都是由董事、高管与股东合力完成的,所以公司章程可以约定未尽忠实、勤勉义务的董事、高管造成瑕疵出资、抽逃出资承担的责任,但应慎用连带责任。

【案例 1-11】 未办理过户手续的专利技术出资是瑕疵出资①

2002 年 11 月 25 日,A 公司、B 公司、C 公司签订《合资合同》,约定成立亚联公司。公司注册资本 600 万美元,A 公司以 180 万美元和细胞株及专有技术(作价 180 万美元)出资,占注册资本的 60%。合同附件《细胞株和无形资产清单》中记载的无形资产包括"申请专利的发明名称和专利申请号 02125227"。

2002 年 12 月 12 日,亚联公司成立,A 公司法定代表人叶某某担任亚联公司法定代表人。当日,亚联公司与 A 公司签订《产权过户协议》,明确 A 公司的细胞株及高新技术的产权转让给亚联公司。2002 年 12 月 17 日,会计师事务所认定 A 公司缴纳 180 万美元出资,细胞株及专有技术作价投资 180 万美元。2005 年 12 月 7 日,02125227 专利申请被正式授予专利(专利号 ZL02125227.0),专利权人为叶某某和第三人阮某某。2006 年 9 月 22 日,陆某担任 A 公司和亚联公司的董事长。

亚联公司认为,A 公司未履行出资义务,未将专利过户的行为构成对其财产权利的侵害。叶某某作为专利权人,同时作为 A 公司、亚联公司法定代表人,应当承担连带责任。故诉至本院,请求判令 A 公司将编号为 ZL02125227.0 的专利过户给亚联公司,被告叶某某对上述义务承担连带责任。

法院审理认为:A 公司作为股东,应当承担将作为出资的专利过户给原告

① 来源于北大法宝,上海市第一中级人民法院(2007)沪一中民五(商)初字第 46 号民事判决书,海亚联抗体医药有限公司诉亚太生物有限公司等股东出资纠纷案。

以履行投资义务的责任。叶某某作为签订合资合同时A公司的法定代表人,也是讼争专利的申请人,对A公司承诺的投资义务以及履行义务所导致的法律后果应属明知并予以认可,但其在获得专利授权后却未将专利过户给原告,其行为明显存在过错,该行为也是导致A公司未能履约的原因,亚联公司的诉讼应予支持,且第三人阮某某亦表示在法院确认专利过户给原告的情况下予以配合,判决确认发明专利ZL02125227.0为亚联公司所有。

评析:股东如承诺以专利权出资,应明确是以专利使用权出资,还是以专利所有权出资。如果未明确,根据最高人民法院《关于审理技术合同纠纷案件适用法律若干问题的解释》"当事人以技术成果向企业出资但未明确约定权属,接受出资的企业主张该技术成果归其享有的,人民法院一般应当予以支持"的规定,应确认以专利所有权出资。本案合资合同附件明确A公司出资财产包括专利所有权,所以A公司应承担将专利过户给亚联公司的义务。专利权人叶某某的特殊地位和明知A公司以专利所有权出资的事实,使其负有配合A公司将专利权过户于亚联公司的义务,而第三人阮某某予以配合的意思表示,使合资合同履行不能的障碍排除,所以判决确认专利为亚联公司所有是正确的。

以专利使用权出资,要签订专利许可合同,常见的有独占许可合同和独家许可合同。独占许可合同是指公司在一定的地域范围和一定的期限内,对出资方的专利技术享有独占使用权,连许可方也不得在该地域和期限内使用该专利技术。独家许可合同则指由公司与出资股东可以共同占有市场,通过专利技术的实施,获得经济利益。相对于独家许可合同,独占许可合同的评估价值应更高。

【案例1-12】 公司股东不得抽逃出资[①]

2004年5月26日,甲、乙、丙委托某代理事务所办理企业设立登记。5月28日隆华公司成立,注册资本510万元,工商记载甲出资204万元、乙出资153万元、丙出资153万元。6月1日,某事务所将隆华公司的注册资金收回。后甲将其出资转入隆华公司,而乙至今未缴纳出资款。故隆华公司起诉要求

① 来源于北大法宝,北京市第二中级人民法院(2009)二中民终字第18235号民事判决书,常静与北京隆华时代文化发展有限公司股东出资纠纷上诉案。

乙交付隆华公司出资款153万元。

一审法院认为:股东应当按期足额缴纳公司章程中规定的各自所认缴的出资额。乙认缴的出资额是153万元,但其没有履行股东出资义务,隆华公司要求乙补足153万元股东出资款的诉讼请求符合法律规定,法院予以支持,判决乙向隆华公司交纳股东出资款153万元。

乙不服一审法院判决,提出上诉。二审法院维持原判。

评析:本案是典型的股东抽逃出资。股东缴纳出资以后获取股权,丧失了对出资的所有权,出资财产转化为公司所有,所以未经公司同意,法律严禁股东抽逃出资。股东抽逃出资不但负有返还的责任,还应赔偿公司因此而受到的损失,严重的还要追究抽逃者的刑事责任。

【相关法律法规】

《公司法》第28条　股东应当按期足额缴纳公司章程中规定的各自所认缴的出资额。股东以货币出资的,应当将货币出资足额存入有限责任公司在银行开设的账户;以非货币财产出资的,应当依法办理其财产权的转移手续。

股东不按照前款规定缴纳出资的,除应当向公司足额缴纳外,还应当向已按期足额缴纳出资的股东承担违约责任。

《公司法》第30条　有限责任公司成立后,发现作为设立公司出资的非货币财产的实际价额显著低于公司章程所定价额的,应当由交付该出资的股东补足其差额;公司设立时的其他股东承担连带责任。

《公司法》第35条　公司成立后,股东不得抽逃出资。

《公司法》第93条　股份有限公司成立后,发起人未按照公司章程的规定缴足出资的,应当补缴;其他发起人承担连带责任。

股份有限公司成立后,发现作为设立公司出资的非货币财产的实际价额显著低于公司章程所定价额的,应当由交付该出资的发起人补足其差额;其他发起人承担连带责任。

《公司法》第147条　董事、监事、高级管理人员应当遵守法律、行政法规和公司章程,对公司负有忠实义务和勤勉义务。

董事、监事、高级管理人员不得利用职权收受贿赂或者其他非法收入,不得侵占公司的财产。

《公司法》第200条　公司的发起人、股东在公司成立后,抽逃其出资的,由公司登记机关责令改正,处以所抽逃出资金额百分之五以上百分之十五以下的罚款。

最高人民法院《关于〈中华人民共和国公司法〉若干问题的规定(三)》第12条 公司成立后,公司、股东或者公司债权人以相关股东的行为符合下列情形之一且损害公司权益为由,请求认定该股东抽逃出资的,人民法院应予支持:

(一)通过虚构债权债务关系将其出资转出;

(二)制作虚假财务会计报表虚增利润进行分配;

(三)利用关联交易将出资转出;

(四)其他未经法定程序将出资抽回的行为。

最高人民法院《关于〈中华人民共和国公司法〉若干问题的规定(三)》第13条 股东未履行或者未全面履行出资义务,公司或者其他股东请求其向公司依法全面履行出资义务的,人民法院应予支持。

公司债权人请求未履行或者未全面履行出资义务的股东在未出资本息范围内对公司债务不能清偿的部分承担补充赔偿责任的,人民法院应予支持;未履行或者未全面履行出资义务的股东已经承担上述责任,其他债权人提出相同请求的,人民法院不予支持。

股东在公司设立时未履行或者未全面履行出资义务,依照本条第一款或者第二款提起诉讼的原告,请求公司的发起人与被告股东承担连带责任的,人民法院应予支持;公司的发起人承担责任后,可以向被告股东追偿。

股东在公司增资时未履行或者未全面履行出资义务,依照本条第一款或者第二款提起诉讼的原告,请求未尽公司法第一百四十七条第一款规定的义务而使出资未缴足的董事、高级管理人员承担相应责任的,人民法院应予支持;董事、高级管理人员承担责任后,可以向被告股东追偿。

最高人民法院《关于〈中华人民共和国公司法〉若干问题的规定(三)》第19条 公司股东未履行或者未全面履行出资义务或者抽逃出资,公司或者其他股东请求其向公司全面履行出资义务或者返还出资,被告股东以诉讼时效为由进行抗辩的,人民法院不予支持。

公司债权人的债权未过诉讼时效期间,其依照本规定第十三条第二款、第十四条第二款的规定请求未履行或者未全面履行出资义务或者抽逃出资的股东承担赔偿责任,被告股东以出资义务或者返还出资义务超过诉讼时效期间为由进行抗辩的,人民法院不予支持。

《公司注册资本登记管理规定》

国家工商总局《关于股东借款是否属于抽逃出资行为问题的答复》(工商

企字〔2002〕第180号)规定:"公司借款给股东,是公司依法享有其财产所有权的体现,股东与公司之间的这种关系属于借贷关系,合法的借贷关系受法律保护,公司对合法借出的资金依法享有相应的债权,借款的股东依法承担相应的债务。因此,在没有充分证据的情况下,仅凭股东向公司借款就认定为股东抽逃出资缺乏法律依据。如果在借款活动中违反了有关金融管理、财务制度等规定,应由有关部门予以查处。"

国家工商总局《关于山东省大同宏业投资有限公司是否构成抽逃出资行为问题的答复》(工商企字〔2003〕第63号)进一步规定,"借、贷业务是金融行为,依法只有金融机构可以经营。工商企字〔2002〕第180号文所指股东与公司之间合法借贷关系,是以出借方必须是银行或非银行金融机构(如信托投资公司或财务公司)为前提的。非金融机构的一般企业借贷自有资金只能委托金融机构进行,否则,就是违法借贷行为。非金融机构的股东与公司之间如以借贷为名,抽逃出资,可依法查处"。

第10条 瑕疵出资、抽逃出资股东权利限制

推荐条款

股东履行出资义务以公司出具的出资证明书为标志。除非公司章程有特别规定,瑕疵出资、抽逃出资股东按照实际履行出资部分所代表的股权比例行使股权。

【实务解析】

一、验资

验资是指注册会计师依法接受委托,对被审验单位注册资本的实收情况或注册资本及实收资本的变更情况进行审验,并出具验资报告,验资分为设立验资和变更验资。根据《公司法》第207条,验资机构因验资不实给债权人造成损失的,除能够证明自己没有过错的外,在其证明不实的金额范围内承担赔偿责任。

二、缴纳出资与股东资格不是一一对应关系

参见公司股东条款。

【条款设计指引】

一、限制瑕疵出资、抽逃出资股东权利的必要性

限制瑕疵出资、抽逃出资股东权利条款不是公司章程的必备条款。由于瑕疵出资、抽逃出资并不会必然丧失股东资格,并且《公司法》在规定有限责任公司股东权利时,只有在第34条“分红权”和对增资的“优先认缴权”中使用了“实缴的出资比例”这一概念,所以实践中大量存在履行出资义务的股东权利反而不及瑕疵出资的股东权利的奇怪现象。公司资本是公司运营的基础,无资本就没有利润,这是基本的经济规律,如果不加限制地让瑕疵股东行使股东权利,会导致十分不公平的后果,所以有必要对瑕疵出资、抽逃出资的股东权利进行限制。

股东是否履行了出资义务是最常见的公司纠纷类型,尤其是以非货币财产出资时,不但要履行交付义务,还需要进行权利的转移。同时,2014年2月28日《公司法》修改取消了公司注册资本验资制度,国家对股东出资是否到位不再承担监管责任,所以有必要确定股东履行出资的标志,以督促股东完全履行出资义务,而由公司颁发出资证明书是最好的方式。

二、章程条款设计

公司章程可以根据公司实际需要设置限制瑕疵出资股东、抽逃出资股东权利条款,公司章程在设计限制条款时应注意下列两点:(1)最高人民法院《关于〈中华人民共和国公司法〉若干问题的规定(三)》第16条概括式列举了公司章程可以限制的股东权利,公司章程可以不局限于利润分配请求权、新股优先购买权和剩余财产分配权这三种股东权利;(2)并不是所有的股东权利都可以限制的,在公司章程制定中一定要注意限制股东权利条款的合法性。一般认为股东的固有权利,即本书股东权利义务一章中的强制性法定权利是不能限制的,如股东知情权、账簿查阅权、质询权、股权回购权、股东代表诉讼,非固有权利是可以限制的,如表决权、利润分配权、剩余财产分配请求权、股权转让权、收益权。

【案例1-13】 公司章程应限制瑕疵股东的权利[①]

某公司章程规定注册资本为100万元,其中甲出资60万元占60%,乙出资30万元占30%,丙出资10万元占10%。注册资本分三期出资,首期公司设立时各出资20%,一年内各出资40%,两年内各出资40%。三股东首期均按期足额出资,后乙、丙一年内足额出资各达到60%,但甲第二期40%未出资,此时三股东的实缴出资为甲12万元,乙18万元,丙6万元,实缴出资总额为36万元,三股东实缴的比例为甲33.33%,乙50%,丙16.67%。

评析:本案某公司章程无另行规定,则三股东只能按此认缴出资比例行使表决权,甲实际出资12万元,有60%的表决权比例,是控股股东,乙实际出资18万元,但却只有30%的表决权比例,这显然是对乙的不公平,埋下了公司纠纷的隐患。

【相关法律法规】

《公司法》第31条 有限责任公司成立后,应当向股东签发出资证明书。

出资证明书应当载明下列事项:

(一)公司名称;

(二)公司成立日期;

(三)公司注册资本;

(四)股东的姓名或者名称、缴纳的出资额和出资日期;

(五)出资证明书的编号和核发日期。

出资证明书由公司盖章。

最高人民法院《关于〈中华人民共和国公司法〉若干问题的规定(三)》第16条 股东未履行或者未全面履行出资义务或者抽逃出资,公司根据公司章程或者股东会决议对其利润分配请求权、新股优先认购权、剩余财产分配请求权等股东权利作出相应的合理限制,该股东请求认定该限制无效的,人民法院不予支持。

最高人民法院《关于〈中华人民共和国公司法〉若干问题的规定(三)》第20条 当事人之间对是否已履行出资义务发生争议,原告提供对股东履行出资

① 根据笔者实际接触实务整理而来。

义务产生合理怀疑证据的,被告股东应当就其已履行出资义务承担举证责任。

第11条 股东失权

推荐条款

瑕疵出资、抽逃出资的股东,公司应告之其于×××个月内(补充)缴纳出资或返还出资,期限届满,仍未(完全)缴纳或返还出资,即丧失未缴纳或未返还(部分)出资所代表股权。该(部分)出资由其余股东按出资比例认缴或者过半数股东同意的其他人认缴。

违约股东对除名前的公司债务承担的责任不免除,且还需在应缴或应返还的范围内对公司因瑕疵出资、抽逃出资而遭受的损失承担责任。

【实务解析】

一、失权制度概念

失权是指公司对于怠于履行出资义务的股东,可以催告其于一定期限缴纳出资,逾期仍不缴纳的即丧失其股东权利。失权制度法理基础是来源于合伙企业的"强制退伙"的规定。股东不履行出资义务,已经失去股东间的信赖,作为合伙和法人公司混合体的有限责任公司,应该在一定程度上承继合伙企业这一体现人合性的传统规则,许多国家的公司法都规定了这一制度。①

二、失权制度适用的情形

股东失权应适用于没有合作诚意的拒绝出资、出资有严重瑕疵又拒绝改正、抽逃出资等根本性违约。对于并没有完全丧失有限责任公司人合基础的公司,并不应一味否认非根本性违约股东的资格,否则会影响公司的稳定。

三、失权后的股权处理

如果股权除名后,其他股东和其他人不愿意认缴,则可以通过股东会做出

① 《德国有限责任公司法》第21条规定:在拖延支付的情形下,可以对拖延支付的股东进行催告,催促其在一个特定的宽限期内(不少于一个月)履行支付,逾期仍不支付的可以将其除名。《日本商法》第179条规定:股份认购人不按第177条之规定缴纳时,发起人可规定日期,到期仍未进行缴纳时,其权利丧失。

以公积金充实或者减资的决议，并重新分配股权比例，总之失权除名不得导致公司抽逃出资。

【条款设计指引】

一、股东失权条款的必要性

股东失权条款不是公司章程的必备条款。但失权制度可以避免出现没有缴纳出资却是公司股东、没有足额缴纳出资却享受足额缴纳股东权利的不公平现象，所以建议公司章程采用。

二、章程条款设计

公司可以在章程中约定经公司催告仍不履行出资义务的股东丧失股权，即在迟延缴纳出资的情形下，可以向迟延的股东发出在指定的延展期间内缴纳出资的催告，同时警告其如再不履行出资将丧失股权的法律后果。公司催告应采用挂号信的形式，延展期间至少应为 1 个月，期间届满并且无结果的，为公司的利益，应声明迟延的股东丧失或丧失未缴纳的部分出资所代表股权。

根据最高人民法院《关于〈中华人民共和国公司法〉若干问题的规定(三)》第 17 条的规定，经催告的瑕疵出资股东、抽逃出资还需经股东会决议程序后，才能解除股东资格，如果股东会表决权达不到公司章程规定的比例，公司还得继续维持其股东地位。这与严格意义的瑕疵出资、抽逃出资股东符合一定情形必然失去股东资格的失权制度是有区别的。所以建议公司在章程中即使不规定严格意义的股东失权，也应在公司章程中规定解除股东资格的股东会决议的表决权比例及相关股东的表决权排除。

【相关法律法规】

最高人民法院《关于〈中华人民共和国公司法〉若干问题的规定(三)》第 17 条　有限责任公司的股东未履行出资义务或者抽逃全部出资，经公司催告缴纳或者返还，其在合理期间内仍未缴纳或者返还出资，公司以股东会决议解除该股东的股东资格，该股东请求确认该解除行为无效的，人民法院不予支持。

在前款规定的情形下，人民法院在判决时应当释明，公司应当及时办理法定减资程序或者由其他股东或者第三人缴纳相应的出资。在办理法定减资程序或者其他股东或者第三人缴纳相应的出资之前，公司债权人依照本规定第十三条或者第十四条请求相关当事人承担相应责任的，人民法院应予支持。

第12条　公司资本增加

推荐条款

代表×××有表决权的股东同意,股东会可以在公司成立时的注册资本数额之外决议增资,但增资总额超过×××万需要□全体股东□代表三分之二表决权的股东同意。□公司可以授权董事会在×××范围内进行增资。

增资的股东会决议应有所要增加资本数额及各股东分别续缴数额的内容。各股东续缴的数额按×××方式确定。非股东向公司认购增加的出资,应由□×××以上□代表×××有表决权的股东同意。

续缴的义务超过公司成立时公司章程规定的限制,即使公司已经按照公司章程规定的程序通过了增资的决议,在股东会上投反对票的股东有权拒绝,拒绝股东有权要求公司以×××价格回购股权。投赞成票的股东迟延或不适当续缴视为违约,本章程瑕疵出资股东责任、股权限制、失权条款适用迟延或不适当续缴增资的股东。

【实务解析】

一、公司增资的概念及意义

公司增资也即公司增加资本,是指公司为扩大经营规模,拓展业务,提高公司的资信程度,依法增加注册资本金的行为。由于我国实行的是法定资本制度,公司章程已载明全部资本数额,所以在公司成立后,如要增加资本,必须经股东会作出决议。

增资的意义:(1)筹集经营资金,扩大公司规模;(2)调整股东结构和持股比例;(3)提高公司信用,获得法定资质。增资不是公司唯一融资的手段,公司还可以采用向银行贷款和向股东借款的形式。因为向银行贷款和股东贷款,没有代表2/3有表决权的股东同意的要求,所以现在越来越多的公司用向银行贷款和股东贷款来弥补自有资本的不足。当然为了减少公司在贷款中的风险,应该在公司章程中约定董事会、经理批准贷款数额的权限。

二、公司增资的方式

公司增资有两种方式：

第一种方式是通过新的出资增加自有资本，是真实增资，这种增资有两种方法：(1)按原有出资比例增加出资额，而不改变出资额比例。这种增资方式仅可适用于股东内部增资。公司增资一般都是在公司处于盈余状态或者有好的投资项目时发生，此时股东们都愿意在公司的资本总额中多占一些比例，以便将来在公司分红时获得更多的利润，所以按原比例增资可以保障股权平等。(2)邀请出资，改变原有出资比例的增资。因核增资方式会使原有不增资的股东股权比例被摊薄，改变公司的股权结构，导致股东控制权的变化，进而又很可能引发公司治理结构的一系列变动，影响公司的稳定性，所以采用此种增资时都要进行前期协商博弈的过程。如某公司原有出资总额1000万元，股东甲出资500万元（占出资总额50%），股东乙出资300万元（占出资总额30%），股东丙出资200万元（占出资总额20%）。现公司增资500万元，由股东甲认缴100万元，股东乙认缴300万元，股东丙认缴100万元，这改变了原有股东的出资比例。增资后甲乙各占总额40%，丙出资占总额20%。这种增资方式可适用于股东内部增资，也可用于股东之外的第三方出资情形，第三方出资是公司并购的一个重要操作模式。

第二种方式是将公积金转化成注册资本，不必给公司注入新的资产。公司资本公积金和盈余公积金是公司财务会计账目上所有者权益的组成部分，都可以依法转为公司的注册资金。这种增资并不增加公司资金的总额，因而不能解决公司对资金的需求。

三、公司增资时的股东的优先认购权

优先认购权指公司增加资本时，老股东可以按原先持有的出资比例优先于他人进行认缴增加的资本的权利。如果公司章程没有特别约定，公司增资时，股东有权按照实缴的资本认缴出资。

优先认购权能保证股东以较低的价格认购公司的增加的出资，能够防止公司通过增资而稀释现有股东的持股比例和表决权比例，使股东有机会维持其在公司中的原有地位。优先认购权并不是股东的义务，所以如果股东不愿意行使，谁也无权强迫股东续缴出资。但一旦股东向公司做出认购的意思表示，则股东就承担了相应的出资义务。

四、公司增资的程序

无论哪种方式增资，一般都要经过七个步骤：董事会拟定增资方案；召开股东会修改公司章程；如果由股东以外第三人认购，还需通过一份特别决议；

认购者与公司签订一份认购合同;认购者缴纳其认购的出资;验资;修改公司章程,变更公司登记。

五、公司增资的替代方式——股东贷款

有限责任公司最低注册资金对于满足企业的实际财务需要通常是不够的,所以公司成立后,遇到资金“瓶颈”是经常的事情,但实践中很多公司的股东已经不倾向于直接增加注册资金,而采用股东借款这种融资方式来维持公司运转,这主要是因为公司破产或者解散时债权优于股权,并且公司在面临多个债务时,我国法律并没有规定普通债权优于关联债权,[①]所以提供贷款股东往往利用这种手段优先清偿关联债权,提前于出资收回投资。更有甚者,股东假借他人名义来提供借款,将股东贷款的事实也一同掩盖了。

因企业间的借贷为我国法律所禁止,所以这里的股东只能是自然人股东。如果是企业股东,则该条款应被认定无效,企业股东应以其他模式谋求为公司贷款。

【条款设计指引】

一、公司增资条款的必要性

公司增加注册资本不是公司章程的必备条款。由于公司增资不会威胁到债权人的利益,所以公司法对增资的限制很少。但增资会引起股权结构的改变、公司经营方针的调整,使股东对公司的预期改变,所以与公司法相反,公司章程应重视对增资的约定。

二、章程条款设计

(一)公司增资时对异议股东的救济

1. 公司章程可以扩大股东会增资决议的通过比例

根据《公司法》的规定,公司增加注册资金,必须经代表 2/3 表决权的股东通过,公司章程可以对通过增资决议的表决权比例提出更高的要求,甚至可以规定所有股东同意才能通过增资决议,但不允许公司章程低于法定 2/3 表

① 至少目前我国还没有明确规定普通债权低于关联债权。但是德国法律认为如果股东对公司贷款或者提供类似的财政帮助,只要在功能上起到了替代注册资本的作用,就要受到资本维持要求的制约。因为如果股东作为一个正派的商人在本来应该提供公司自有资本的时候没有提供资本,却提供了贷款,这种贷款便具有替代资本的性质。在公司破产时该股东不能行使偿还贷款的请求权。如果贷款在开始破产程序前的一年内被偿还,那么破产管理人可以撤销该偿还行为。在一年期限内给予债权人所有其他的担保和清偿行为也是可撤销的。如果股东为替代自有资本的债权提供担保的法律行为是在撤销前 10 年内作出的,这些法律行为也是可以撤销的。

决权的标准的规定。由非股东认购增加的出资,其实质是非股东的加入,从有限责任公司人合性的特点来考虑,公司章程应至少规定一半以上的股东同意,也可以规定代表一定表决权的股东同意,或者要求同时满足一定比例股东和代表一定表决权股东同时同意。

2. 公司章程赋予异议股东以股权回购请求权

投资者设立公司,都会对公司的发展有一定的预期,但如果增资数额过大,尤其是为了转变经营方向而进行的大额增资,则超出投资者预期,会给投资者带来不愿承受的风险。同时过度地增资也并不一定是公司的实际需要,而可能意在稀释原有股东的股权,改变公司的股权结构,所以为了给予反对增资的股东进行救济,公司章程可以约定增资改变原有股东持股比例时,投反对票的股东可以请求公司回购其股权。

参见异议股东股权回购请求权条款。

(二)公司章程可以对公司增资额度、增资方式设置限制

如果全体股东在公司成立时都希望公司成立后需要扩大公司规模,对公司都有一个预期,那么不妨在章程中约定一个增资的限度。则在这个限度内,所有股东都负有续缴增资的义务,但超过这个限度,则需要全体股东同意方可实施。为了提高公司效率,公司章程可以规定董事会在一定额度内自主决定进行增资。

公司成立后增加注册资本主要是为了融资,其他方式的出资已经不被认为是公司所必需,所以为了减少少数大股东利用增资达到个人目的,损害公司的利益,不妨在公司章程中规定必须经全体股东同意才可以在公司增资时以非货币形式履行续缴义务。

(三)股东在公司增资时的续缴义务

公司章程具有股东间契约的性质,所以在公司章程中约定的增资数额范围内的增资,各股东不但拥有优先认购的权利,还负有履行续缴的义务。如果股东会通过决议决定在章程规定增资数额之外增资,实质是对公司章程的变更,不同意的股东当然就有拒绝续缴的权利。有的股东为了公司未来着想赞成增资,但又怕自己的资金能力有限不能履行续缴义务,所以为了鼓励这些股东投票赞成增资的积极性,公司章程可以把拥有拒绝续缴权的股东范围扩大到包括在股东会上投票赞成的所有股东,即可以约定"任一股东都有权利拒绝缴纳;任一股东既不行使拒绝权利,也不续缴视为拒绝续缴"。

为了防止认缴不履行续缴义务,章程应约定瑕疵出资、限制股权、失权条款适用于增资情形。

(四)公司章程中优先认购权的排除

为了确保公司更有效地筹集社会资金引入战略合作伙伴,避免因内部矛盾而影响公司融资目的的实现,公司需要排除老股东的优先认购权,但根据《公司法》第34条的规定,需要全体股东同意,才能排除优先认购权,为了防止个别股东不同意,使融资无法进行,公司章程中可以事先约定一定情况下排除老股东的优先认购权,但同时应禁止在公司章程中设置一些事实上妨碍老股东优先认购权的行使,例如,不恰当地提高出资价格,或者规定了苛刻的附加条件,因为这种行为实质上等同于强制排除了股东的优先认购权,会存在被认定无效的风险。

【案例1-14】 公司增资时要保护老股东的优先认购权①

2001年7月科创公司成立。2003年1月20日,科创公司取得某住宅项目用地,但因未支付土地出让金而没有取得土地使用权证。2003年3月31日,科创公司与陈某签订合作协议,约定由科创公司负责支付地价款,陈某负责项目开发资金及建设。同年12月16日,科创公司召开股东会,讨论了陈某入股的《入股协议书》,通过了吸纳陈某为新股东的提案,蒋某和红日公司投反对票,并在意见栏中注明:"要考虑原股东享有公司法规定的出资权利。"同月18日,科创公司和陈某签订《入股协议书》,约定由陈某出资800万元。同月22日,陈某向科创公司汇入购股款800万元,红日公司向科创公司递交了《关于要求作为科创公司增资扩股增资认缴人的报告》。同月25日,科创公司变更法定代表人为陈某。同月26日,红日公司向工商局递交了《请就绵阳高新区科创实业有限公司新增资本、增加新股东作不予变更登记的报告》。2005年12月12日,蒋某和红日公司提起诉讼,请求确认科创公司2003年12月16日股东会决议无效,《入股协议书》无效,确认其对800万元新增资本优先认购。

一审法院认为:2003年12月16日股东会的决议经科创公司75.49%表决权的股东通过,《入股协议书》的主体适格,意思表示真实,未损害其股东利益,应为合法有效。红日公司和蒋某在2003年12月22日向科创公司主张优先权时,上述两协议已经生效并已在履行过程中,但红日公司和蒋某没有及时

① 来源于最高人民法院(2010)民提字第48号民事判决书,绵阳市红日实业有限公司、蒋洋诉绵阳高新区科创实业有限公司股东会决议效力及公司增资纠纷案。

采取进一步的法律措施实现其优先权,判决驳回红日公司、蒋某的诉讼请求。

红日公司和蒋某提起上诉。二审法院认为:科创公司股东会决议包括了科创公司增资 800 万元和由陈某认缴该 800 万元新增出资成为科创公司新股东两个方面的内容。增资 800 万元的决议获代表科创公司 75.49% 表决权的股东通过,应属合法有效。蒋某和红日公司对股东会的议题投反对票并签注意见、向科创公司递交了《关于要求作为科创公司增资扩股增资认缴人的报告》、向工商局递交了《请就绵阳高新区科创实业有限公司新增资本、增加新股东作不予变更登记的报告》是其明确其不放弃优先认缴出资权的意思表示。股东会决议和科创公司与陈某签订《入股协议书》侵犯了蒋某和红日公司优先认缴出资权而无效。股东优先认缴新增出资的权利是原股东个体的法定权利,不能以股东会多数决的方式予以剥夺。故股东会议决议中关于吸收陈某为股东的内容、《入股协议书》无效,其蒋某和红日公司享有优先认缴科创公司 800 万元新增资本的上诉理由依法成立。

科创公司、陈某某申请再审。再审法院认为:公司新增资本时,股东的优先认缴权应限于其实缴的出资比例。因科创公司 79.97% 股东以同意或弃权的方式放弃行使优先认缴权,所以认定股东会决议全部无效不妥,该决议应部分无效。作为合同相对方的陈某并无审查科创公司意思形成过程的义务,科创公司对外达成协议应受其表示行为的制约,应属有效;股东优先认缴公司新增资本的权利属形成权,该权利应当在一定合理期间内行使,红日公司和蒋某在股权变动近两年后才提起诉讼,此时允许其行使优先认缴出资的权利将导致已趋稳定的法律关系遭到破坏,并极易产生显失公平的后果,故对红日公司和蒋某行使对科创公司新增资本优先认缴权的请求不予支持。

评析:本案历经一审、二审,最后由最高人民法院进行了再审。优先认购权为股东个人的法定权利,不能以股东会决议形式剥夺。但由于优先认购权为形成权,为了维护交易安全和经济秩序稳定,应在合理期限行使,否则法律无法对于已经发生过的交易行为、公司行为进行逆转。本案再审判决确定了其股东会决议部分无效,原告拥有优先认购权,但因为其怠于行使权利导致无法支持其行使优先认购权的结果。

交易是公司的全部,参与公司体系的每一个主体都在进行相互交易,通过交易获得利益。所以股权的确认应当本着有利于交易稳定的原则,尽量不否定已经存在股权;股权确认应符合交易的便捷原则,重视商法的公示主义和外观主义,尤其是涉及第三人的时候,公司的内部决议不能对抗善意第三人。

【相关法律法规】

《公司法》第 34 条　股东按照实缴的出资比例分取红利;公司新增资本时,股东有权优先按照实缴的出资比例认缴出资。但是,全体股东约定不按照出资比例分取红利或者不按照出资比例优先认缴出资的除外。

《公司法》第 43 条　股东会的议事方式和表决程序,除本法有规定的外,由公司章程规定。

股东会会议作出修改公司章程、增加或者减少注册资本的决议,以及公司合并、分立、解散或者变更公司形式的决议,必须经代表三分之二以上表决权的股东通过。

《公司法》第 168 条　公司的公积金用于弥补公司的亏损、扩大公司生产经营或者转为增加公司资本。但是,资本公积金不得用于弥补公司的亏损。

法定公积金转为资本时,所留存的该项公积金不得少于转增前公司注册资本的百分之二十五。

《公司法》第 178 条第 1 款　有限责任公司增加注册资本时,股东认缴新增资本的出资,依照本法设立有限责任公司缴纳出资的有关规定执行。

《公司法》第 179 条　公司合并或者分立,登记事项发生变更的,应当依法向公司登记机关办理变更登记;公司解散的,应当依法办理公司注销登记;设立新公司的,应当依法办理公司设立登记。

公司增加或者减少注册资本,应当依法向公司登记机关办理变更登记。

第 13 条　公司资本减少

推荐条款

代表×××表决权的股东同意,股东会可以通过减少注册资金的决议。

除非全体股东同意,减少注册资本不应改变股东的持股比例。

【实务解析】

一、公司减资的概念和意义

公司减资就是依照法定程序减少公司注册资本的行为。

公司减资的意义:(1)防止资本闲置;(2)为增资并购做准备。

二、公司减资分类

根据减资目的不同,可以将减资分为真实减资和名义减资。

真实减资是将部分注册资本分配给股东。根据《公司法》第 76 条的规定,回购公司股权也是一种真实减资。实践中,真实减资很少发生,但在公司放弃催缴尚未缴纳的出资,并且其他股东不认购该股权时,可以采用真实减资方式,如果公司已经成立,则需要按照《公司法》第 177 条的规定进行公告,必要时还要向债权人提供担保。

名义减资是在公司经营亏损后,减少公司的注册资本数额,使其与公司的实有资产相符。名义减资不产生公司资本向外流动,旨在实现公司资产与公司资本的真实回归,起到了优化公司资本结构,提升公司财务形象的作用,使亏损企业盈余成为可能。名义减资对亏损企业的整顿起着十分重要的作用。因为如果一个企业长期亏损,它经常会连续几年不能分配股息,也不能筹措到新的资本。如果公司通过名义减资后,不但公司的净资产不会减少,股东拥有与减资前同比例的资产,而且公司会有更大的现金流,银行更愿意给予支持。在实践中,亏损公司也常常利用这种方式,先通过名义减资拥有一份漂亮的财务报表后,再利用增资达到引进战略投资者的目的。

三、公司减资程序

公司减资的程序分以下几步:董事会拟定减资方案,编制资产负债表和财产清单;股东会决议;通知公司债权人和公告;向债权人偿债或提供相应的担保;修改公司章程,变更公司登记。

【条款设计指引】

一、公司减资条款的必要性

公司减资不是公司章程的必备条款。公司减资会影响债权人利益,我国法律在减资中保护债权人利益方面多有规定。笔者认为公司章程不以保护债权人利益为己任,所以公司章程有关减资部分,应重点关注原有股东的利益保护,不能在减资中排挤小股东,损害其合法利益。

二、章程条款设计

根据《公司法》的规定,公司减少注册资金,必须经代表2/3表决权的股东通过,公司章程可以设定高于2/3的比例,但不能低于2/3。为了保护中小股东利益,公司章程可以规定除非减资决议另有规定,减资不应改变股东的持股比例。减资后多余的资金用于弥补亏损后,记入公积金或者将其分配给股东。

【案例1-15】 公司减资应履行法定程序①

原告付某在被告某国际公司处任职期间,认购被告发行的内部职工股13000股。1995年10月被告董事会、股东大会作出收购内部职工股决议,并报南京市经济体制改革委员会批准。事后,被告以暂无力收购为由未收购。原告于1996年2月调离被告处。1996年7月2日和同年8月16日被告又分别以董事会决议案和股东大会决议案的形式,作出暂缓收购内部职工股的决议。同年8月原告提起诉讼,请求判令被告履行决议,收购其所持股份。

一审法院认为:被告依法创立,具有合格的主体资格,原告享有的股东权利应受法律保护。被告在程序已经完备的情况下,又以暂无力执行股东大会决议为由,作出暂缓收购的决议,不予支持。另原告已不属被告职员,不应持有被告发行的内部职工股。判决被告收购原告所持内部职工股。

二审法院认为:公司收购本公司股票应严格履行法定程序,除作出股东大会决议外,还必须编制资产负债表及财产清单,并自作出减少注册资本决议之日起10日内通知债权人,30日内在报纸上至少公告三次。上诉人仅由股东大会作出收购决议,并未履行其他法定义务,该收购决议尚未成为合法要约。故撤销一审判决,驳回原告的诉讼请求。

评析:本案虽然是1997年审结的一起因股份公司收购本公司内部职工股引发的纠纷,但该案涉及的相关法理同样适用于有限责任公司。本案涉及两个法律问题:

1.关于收购决议是否合法的问题。《公司法》为了维护交易安全,防止资

① 来源于北大法宝,江苏省南京市中级人民法院(1997)宁民终字第203号民事判决书,付美芳诉南京国际集团股份有限公司回购内部职工股股票案。

本减少而损害债权人的利益和防止资本过剩而使股东承担过多的风险,规定了资本确定、资本不变和资本维持的三大原则。所以除了《公司法》第74条规定的股权回购情形外,禁止公司收购本公司股权。当然公司也可以以减资的形式完成收购,但要严格履行法定减资程序,即除了必须作出股东会决议外,还必须编制资产负债表及财产清单,必须自作出减少注册资本决议之日起10日内通知债权人,并于30日内在报纸上公告,必须依法向公司登记机关办理变更登记。所以该案股东大会通过收购决议后,未履行法定减资程序,原告付某要求公司收购股份条件未成就。

2. 关于行政规章是否适用的问题。1993年7月1日国家经济体制改革委员会曾发布《定向募集股份有限公司内部职工持股管理规定》,根据该规定第23条关于"内部职工持有的股份,在持有人脱离公司、死亡或其他特殊情况下,可以不受转让期限限制,转让给本公司其他内部职工,也可以由公司收购"的规定,法院能否判令被告收购原告所持的内部职工股呢?回答应当是否定的。理由是该规定与《公司法》相抵触。《公司法》明确规定禁止收购为原则,允许收购为例外,而如果将职工股东脱离公司作为公司可以收购本公司股票的例外,显然超出了《公司法》规定的例外范围。虽然该规定先于《公司法》颁布实施,但是按照新法优于旧法,法律规定优于政策规章的原则,本案不应适用该规定,而应适用《公司法》。

【相关法律法规】

《公司法》第177条　公司需要减少注册资本时,必须编制资产负债表及财产清单。

公司应当自作出减少注册资本决议之日起十日内通知债权人,并于三十日内在报纸上公告。债权人自接到通知书之日起三十日内,未接到通知书的自公告之日起四十五日内,有权要求公司清偿债务或者提供相应的担保。

最高人民法院《关于〈中华人民共和国公司法〉若干问题的规定(三)》第17条　有限责任公司的股东未履行出资义务或者抽逃全部出资,经公司催告缴纳或者返还,其在合理期间内仍未缴纳或者返还出资,公司以股东会决议解除该股东的股东资格,该股东请求确认该解除行为无效的,人民法院不予支持。

在前款规定的情形下,人民法院在判决时应当释明,公司应当及时办理法定减资程序或者由其他股东或者第三人缴纳相应的出资。在办理法定减资程序或者其他股东或者第三人缴纳相应的出资之前,公司债权人依照本规定第十三条或者第十四条请求相关当事人承担相应责任的,人民法院应予支持。

第14条　公司营业期限

推荐条款

本公司营业期限为×××年,自公司营业执照签发之日起计算。如需要变更公司营业期限,则应由代表×××表决权的股东同意。

【实务解析】

一、营业期限定义及其变更

公司营业期限是经批准的公司章程、设立合同中确定的经营期限,自登记机关核准之日起计算。修改公司营业期限就是对公司章程的修改,根据《公司法》第180条、第181条的规定,股东会作出修改公司章程而使公司继续存在的决议,必须经代表2/3以上表决权的股东通过。对股东会该项决议投反对票的股东可以根据《公司法》第74条的规定请求公司按照合理的价格回购其股权。

二、营业期限的法律意义

一般而言,营业期限的法律意义主要体现在以下两个方面:(1)营业期限届满是公司解散的法定原因。期限届满股东会没有达成修改公司章程使公司存续的决议的,公司进入清算程序。(2)营业期限届满股东会会议通过决议修改章程使公司存续的,异议股东享有股权回购请求权。

三、公司章程没有约定营业期限时如何认定营业期限

我国《公司法》既未规定公司的最长经营期限,又未规定公司章程必须对营业期限加以规定,其不是公司章程必备条款(《中外合资经营企业合营期限暂行规定》则明确规定了中外合资经营的有限责任公司中哪些行业和情况应当约定营业期限)。正因为如此,有的公司章程就不规定营业期限,在此情形下可以根据以下规则对营业期限进行认定:(1)如果公司章程对营业期限进行补充规定,则补充规定的营业期限就应成为认定的依据;(2)如果公司章程

对营业期限没有进行补充规定,公司在设立过程中需要向登记机关申请公司登记,而《公司登记管理条例》第9条第8项明文规定营业期限是法定的登记事项。这种法定要求表现在公司设立过程中要填写公司设立登记申请书,其中包括营业期限,如果公司设立过程中该申请书明确了营业期限,则该营业期限就应当成为认定公司营业期限的依据和标准。

【条款设计指引】

一、营业期限条款的必要性

营业期限条款不是公司章程的必备条款,却是工商登记必备的内容。营业期限条款是公司存续期限,该期限到来,如果未经股东会决议延长,公司就应解散,所以营业期限对于公司和股东意义重大,应该载入公司章程。

二、章程条款的设计

公司的营业期限是公司的重大事项,对于股东投资预期,及时收回投资有很大影响,所以建议对行业预期不明朗的企业,不宜设置过长的营业期限,这样公司营业期限届满,只有股东会特别决议才能变更营业期限,这也是给股东一次重新选择的机会。

【相关法律法规】

《公司法》第74条　有下列情形之一的,对股东会该项决议投反对票的股东可以请求公司按照合理的价格收购其股权:

(一)公司连续五年不向股东分配利润,而公司该五年连续盈利,并且符合本法规定的分配利润条件的;

(二)公司合并、分立、转让主要财产的;

(三)公司章程规定的营业期限届满或者章程规定的其他解散事由出现,股东会会议通过决议修改章程使公司存续的。

自股东会会议决议通过之日起六十日内,股东与公司不能达成股权收购协议的,股东可以自股东会会议决议通过之日起九十日内向人民法院提起诉讼。

《公司法》第180条　公司因下列原因解散:

(一)公司章程规定的营业期限届满或者公司章程规定的其他解散事由出现;

(二)股东会或者股东大会决议解散;

(三)因公司合并或者分立需要解散;

(四)依法被吊销营业执照、责令关闭或者被撤销;

(五)人民法院依照本法第一百八十二条的规定予以解散。

《公司法》第181条　公司有本法第一百八十条第(一)项情形的,可以通过修改公司章程而存续。

依照前款规定修改公司章程,有限责任公司须经持有三分之二以上表决权的股东通过,股份有限公司须经出席股东大会会议的股东所持表决权的三分之二以上通过。

《公司法》第182条　公司经营管理发生严重困难,继续存续会使股东利益受到重大损失,通过其他途径不能解决的,持有公司全部股东表决权百分之十以上的股东,可以请求人民法院解散公司。

第二章 股东权利义务

一、股东权利义务章节的必要性

股东权利义务章节不是公司章程必备的内容。确定股东权利义务,从而保障股东经济利益是公司章程的终极目标。股份有限公司因是一个完全开放的公众公司,股东权利被纳入了国家颁布的规范的企业制度系统中,所以股东权利在程序上、实体上能够得到保障。但有限责任公司由于人合性质所蕴含的契约自由,法律并没有对股东权利义务做过多的干预,而将具体的操作赋予了公司本身,在不违反强制性法律规定的前提下,允许股东之间对其权利义务进行特殊安排。同时,如果公司章程不对股东权利义务进行具体的安排,那么很多股东权利义务可能会陷入既无约定,也无法律规定的尴尬境地,必然引起更多的纠纷,所以有限责任公司章程单独设置一个章节规定股东权利义务还是有必要的。

对某一具体公司来说,并不需要采纳本章节的所有股东权利义务。如果认为法律对股东权利义务规定已经足矣,并不需要公司章程再作过多的规定,或者想要将规定的股东权利义务内容融入公司章程其他章节中,也可以不设置本章节。

二、股东的各种权利义务与其他章节之间的关系

股东权利义务内容广泛,股东各种类型权利义务与其他章节之间的关系分为两种情形。

第一种情形:与公司章程其他章节不融合的股东权利义务类型,因其无法载入其他章节,所以将该类型的股东权利义务内容全部规定于本章节,如确认股东会、董事会决议无效权、请求撤销决议权、股东知情权。

第二种情形:与其他章节有关联的股东权利义务类型,对此分为三种处理方式。第一,如果该类型的股东权利义务与多个章节相联系,但归入其中任何一个关联章节,都不能涵盖该权利义务的所有内容,则将其统一到本章节,如异议股东股权回购请求权;第二,如果该类型的股东权利义务和某一章节相衔

接,但该类型股东权利义务内容繁多,如归入该章节,会打乱这一章节整体结构,则也将其统一到本章节,但标示参阅其他章节,如股东表决权;第三,如果该类型的权利义务是其他章节的核心内容,确实不适宜在本章规定,则会直接提示参阅其他章节,如股东优先购买权。

第一节　股东权利

一、股东权利的分类

股东权利是指股东基于股东资格而享有的,从公司获取经济利益并参与公司经营管理的权利,其是一系列权利的统称。按照不同的标准,学者们一般将股东权利分为共益权和自益权、[①]单个股东权和少数股东权、[②]一般股东权和特别股东权、[③]固有权和非固有权。[④] 这些划分固然对理解股东权利和行使股东权利发挥了重要作用,但对于公司章程设计者来说,首先需要确认的是股东的哪些权利能够由公司章程和股东会予以限制和剥夺,哪些权利不能由公司章程和股东会来限制和剥夺,在法定权利之外,公司章程是否可以授予某些股东特别的权利,因此笔者认为学者们的上述划分都不能在公司章程中体现股东权利的自治权。在此,笔者借鉴德国学者对股东权利的分类,将股东权利分为法定权利和约定权利。[⑤]

---

① 自益权是股东以自己的利益为目的而可单独主张的权利,主要是财产权,如股利分配请求权、剩余财产分配请求权、股权转让权等;共益权是股东为自身利益的同时兼为公司利益而行使的权利,主要是管理权,如表决权、股东代表诉讼权、股东会召集请求权和召集权、质询权、股东会决议无效确认诉权、查阅权、公司解散请求权等。此为学理上对股东权最基本的分类。

② 单个股东权是指不问股东持股权多寡,但凡具备股东身份的单个股东即可单独行使的权利,如表决权,宣告决议无效的请求权等。少数股东权是指单独或合并持有公司股权达一定数额或比例的股东才能行使的权利,如召集股东大会的请求权等。

③ 一般股东权指每一个股东皆有的权利;特别股东权是公司中某些股东特有的权利,如发起人的特别权、优先股东的优先权等。

④ 所谓固有权,又称法定股东权,公司法赋予股东的,不得以章程或公司决议剥夺或限制的权利。所谓非固有权,又称非法定股东权,指可由章程或公司决议剥夺或限制的权利。

⑤ 德国学者就将股东权利分为法定权利和合同权利,合同权利就是约定权利。参见[德]托马斯·莱塞尔、吕迪格·法伊尔:《德国资合公司法》,高旭军、单晓光、方晓敏译,法律出版社 2005 年版,第 448 页。

二、公司章程设计股东权利应遵循的原则

公司权利和股东权利是一个事物的两个方面。股东权利的扩张以公司权利受到限制为代价，如果过分强调股东权利的保护，则必然牵制公司运作，降低运营效率，公司僵局出现概率大增，影响公司的稳定。所以设计股东权利义务时要兼顾股东与公司利益平衡原则，具体要遵循如下细则。

（一）股东法定权利及公司章程设计股东法定权利应遵循的原则

股东法定权利是指《公司法》或其他有关法律赋予股东的权利，其又分为强制性法定权利和非强制性法定权利。股东强制性法定权利是指《公司法》或其他有关法律赋予股东的，不得以公司章程或者股东会决议予以剥夺或者限制的权利，公司章程自治空间相对较小，只能对其扩大或者加以具体化，[①]该权利即为上面所述的股东固有权。如确认公司决议无效、请求撤销公司决议权、股东知情权、账簿查阅权、质询权、股权回购权、股东代表诉讼、股东直接诉讼、剩余财产分配请求权；股东非强制性法定权利指由《公司法》或其他有关法律赋予股东的，可由公司章程或股东会决议予以扩大，经股东本人的同意，可由公司章程或股东会决议予以限制或者剥夺，并设定相应程序予以保障的权利。该权利与股东的非固有权利等同，如表决权、股利分配请求权、股权转让权等。限制、剥夺股东非强制性法定权利，还必须要得到权利受限制的股东同意，股东同意其权利受限制的方式一般有三种：一是受让股东受让股权之前有义务知悉公司章程以及股东出资的相关文件，购买行为本身表示对公司章程的同意；二是公司设立时，创立大会通过公司章程。对所有参与的发起人来说，公司章程的通过就视为同意其条款；三是公司设立后的股东会通过修改公司章程决议，投赞成票的股东表示同意。

（二）股东约定权利及公司章程设计股东约定权利应遵循的原则

约定权利是指法律允许由公司章程对它的存在、行使的条件与程序作任意规定的权利，一旦公司章程对这些权利作出了明确规定，公司和股东就必须遵守。这是在法律没有穷尽一切的情况下，赋予公司根据自己的特点，在公司章程中设立的权利。

公司章程约定股东权利也有两种情况：一种是对所有股东都赋予的约定

---

① 对权利的具体化，实际上也是对权利的一种限制，但如果这种限制没有剥夺权利的实质都被认为是有效的。

权利。这部分权利往往是对所有普通股东的法定权利的扩大,[1]所以将其融于法定权利部分,不在本章约定权利部分另行单列。另一种是赋予少数或者单个股东的权利,可以称为特殊股东的特别权利。这种特别权利不能违背公司各机构职权的强制性规定,即不能将法定的股东会权利、董事会权利赋予某一特别股东行使。特别股东的特别权利往往和他们的特别义务相联系,这也符合权利和义务相统一的原则,所以章程设计者在赋予这些股东特别权利时,要注重其特别义务的承担。特别权利和特别义务因彰显股东的自治性而一般不具有普遍性,并和公司特定的事项相联系,所以笔者在本章中不作具体规定,而借鉴国内外立法并结合实践,将其作为建议散落在各个章程条款中。

本章第 15 条至第 23 条为股东强制性法定权利,第 24 条至第 29 条为股东非强制性法定权利。

第 15 条　确认股东会、董事会决议无效权、请求撤销决议权

推荐条款

当公司股东会、董事会决议的内容违反法律、行政法规时,公司任一股东有权确认决议无效;当股东会、董事会的会议召集程序、表决方式违反法律、行政法规或者公司章程,或者决议内容违反公司章程的,任一股东可以自决议作出之日起六十日内,请求撤销该决议。

如果该决议同时侵害了股东合法权益,股东有权同时提起停止该违法行为和侵害行为的主张,并有权要求公司承担民事赔偿责任。如股东胜诉,其所支付的诉讼费、律师费以及其他合理费用由公司承担。

【实务解析】

一、确认股东会、董事会决议无效权、请求撤销决议权

公司股东会或者股东大会、董事会的决议内容违反法律、行政法规的,股东可以请求人民法院确认其无效。股东会或者股东大会、董事会的会议召集

[1] 实质是对公司权利的限制,所以在赋予股东权利时要平衡公司和股东的利益。

程序、表决方式违反法律、行政法规或者公司章程,或者决议内容违反公司章程的,股东可以自决议作出之日起 60 日内,请求人民法院撤销。

二、确认股东会、董事会决议无效权、请求撤销决议权的法理基础

基于公司运营的效率需要,股东会的决议并不是由全体股东的“一致同意”达成的,而是由股东按照“资本多数决”原则行使表决权达到法定数额后形成。这就意味着,一方面,在“资本多数决”原则下,有的股东可能根本并不同意甚至是坚决反对股东会决议;另一方面,股东会决议是公司的整体意志,股东会决议一旦形成,也就当然地具有约束每个股东的效力,股东就必须执行股东会的决议,即使股东会决议对异议股东的权利可能产生限制或者剥夺的效果。控股股东把持的股东会完全有可能滥用“资本多数决”作出损害公司利益,或者损害其他股东利益的决议,因此股东会的权利应当受到股东权利限制。法律规定股东针对股东会决议损害自己和公司利益时拥有救济性权利——确认公司股东会、董事会决议无效权、请求撤销股东会、董事会决议权。

当公司基于无效或者可撤销决议而又与第三人签订合同时,并不导致合同的无效,对合同效力的判断应按合同法来确定,由于合同的签订、履行使公司及股东受到损失的,应根据《公司法》第 20 条的规定,由责任股东对公司或其他股东承担赔偿责任。

【条款设计指引】

一、确认股东会、董事决议无效权、请求撤销决议权条款的必要性

确认股东会、董事会决议无效权、请求撤销决议权不是公司章程的必备条款。确认决议无效权、请求撤销决议权是股东的法定强制性权利,不得用公司章程予以剥夺,即便公司章程没有约定,股东也拥有该项权利。

二、章程条款设计

股东会、董事会决议损害的可能不只是个别股东的利益,而是公司或者全体股东的利益,这样就使个别股东,尤其是中小股东单独提起确认股东会、董事会决议无效、请求撤销决议之诉的动力不足。为了保护股东的利益,尤其加强对中小股东利益的保护,应增加股东提起股东会、董事会无效、撤销之诉的动力。公司章程对此可以选择加重公司的责任,即向胜诉的股东支付聘请律师、会计师的费用及其他的合理费用,以弥补股东维护权利所支出的成本。

【案例2-1】 强制股东转让股权的股东会决议无效[①]

A公司注册资本为50万元,孔某入股12万元,占总股权的24%,并任总经理兼董事长。该公司章程第38条规定:“原公司股东法定退休年龄以前离开公司的,股权由公司收购再转让……”第52条规定:“股东享有领取红利的权利。”2008年元月孔某离开公司。某资产评估有限公司接受A公司的委托,出具资产评估报告书一份,评估结论认定该公司资产净值为107.30万元,该公司有已按合同完成交付设计图纸,但尚未收款的合同价值款约573万元。双方对该评估报告均无异议。2008年1月15日,A公司召开全体股东会,作出股东会决议,对离开公司人员的股权以80万元人民币公司总资产为基数进行股权收购。孔某对此决议持反对意见,即诉至法院。请依法撤销A公司股东会决议;判令A公司以680.3万元总资产为基数进行股权收购,向原告支付收购股权的费用为163.3万元。

一审法院认为,A公司股东会决议违反了法律和公司章程的规定。股东会决议中对公司的股权以80万元人民币作为基数对股权进行收购,明显违反法律规定,且显失公平,侵害了股东的合法权益。对原告要求撤销该决议的请求,本院应予支持。因A公司未收回的合同价值款系尚未得到实现的款项,且原告未能提供相关证据证明该款被告已实际收回,故对原告请求本院按评估报告中所显示净资产107.30万元为基数予以支持,对尚未收回的合同价款双方可待实际发生后另行解决。判决撤销被告股东会决议,被告支付原告股权收购款25.7520万元。一审判决后,双方均未上诉。

评析:在本案中,存在两个问题:一是被告是否有权以股东会决议的形式强制回购原告的股权。股权是公民的财产权利,《民法通则》第75条规定,公民的财产受法律保护,在股东没有同意或者公司章程没有规定的情况下,任何组织或个人都无权强制回购。但本案被告公司章程第38条规定了“股东法定退休年龄以前离开公司的,股权由公司收购再转让”,公司章程的效力及于制定公司章程的股东,所以本案被告有权回购原告股权。公司章程效力也及于公司,如果公司不回购,股东也可以请求法院要求公司回购。二是股东会是

---

① 来源于北大法宝,河南省开封市鼓楼区人民法院(2008)鼓民初字第232号民事判决书,孔德让诉开封市市政工程设计研究有限公司公司决议侵害股东权益纠纷案。

否有权决议回购股权的价格。公司回购股权本质是种特殊的股权转让合同，价格应由双方议定，双方没有达成一致，在公司享有回购权利的情形下，回购价格应本着公平原则处理，本案按照净资产价值回购就体现了公平原则。尚未收回的合同价款是公司未实现的利益，判决实际收回后原告另行起诉是正确的。

【相关法律法规】

《公司法》第22条　公司股东会或者股东大会、董事会的决议内容违反法律、行政法规的无效。

股东会或者股东大会、董事会的会议召集程序、表决方式违反法律、行政法规或者公司章程，或者决议内容违反公司章程的，股东可以自决议作出之日起六十日内，请求人民法院撤销。

股东依照前款规定提起诉讼的，人民法院可以应公司的请求，要求股东提供相应担保。

公司根据股东会或者股东大会、董事会决议已办理变更登记的，人民法院宣告该决议无效或者撤销该决议后，公司应当向公司登记机关申请撤销变更登记。

第16条　股东知情权

推荐条款

公司任一股东有权查阅、复印公司章程、股东名册、股东会会议记录、董事会会议决议、监事会会议决议、财务会计报告。如果上述材料涉及公司商业秘密的，股东查阅复印这些材料的同时要遵守公司规定，承担保密义务。

公司任一股东可以要求查阅、□复印公司会计账簿，会计账簿包括原始会计凭证及×××。股东行使查阅权，应当提前×××日向公司提出书面请求，说明目的及查阅范围。公司有合理根据认为股东查阅会计账簿有不正当目的，可能损害公司合法利益的，应当自股东提出书面请求之日起十五日内，以股东会决议□董事会决议拒绝提供查阅并说明理由。

上述权利股东可以委托□不得委托他人或任何专业人士行使。

【实务解析】

一、股东知情权定义

股东知情权有广义和狭义之分。《公司法》第 33 条第 1 款规定的是狭义的股东知情权,即股东了解公司基本信息的权利。实践中狭义知情权不存在大的异议,且公司章程即使不规定,股东也具有这一法定权利,所以本书不加探讨;第 2 款规定的是股东可以查阅复印上述文件资料以外其他的文件的权利,其与上述狭义知情权构成广义的股东知情权范畴。也有学者将《公司法》第 33 条定义为查阅权,而将股东查阅权、质询权和建议权统称为知情权。查阅权为知情权的核心。

事实上,公司制度设立之初,股东的知情权从来没有成为一个问题,只是在公司所有权和经营权逐渐分离,导致董事、经理等经营人员掌握着公司的经营,股东远离公司事务,出现了"内部人控制"后才出现这一问题。股东作为公司的所有权人,享有知晓公司状况的权利,知情权作为股东了解公司的途径,理应是股东的法定权利。

二、对《公司法》第 33 条的理解

首先,《公司法》第 33 条规定有限责任公司股东行使知情权手段是查阅,而不是查询。一般地在股东查询时,针对股东提出查询的文件和目的,公司可以口头或书面答复股东。而根据查阅,股东可以要求亲自阅读公司原始文件,所以查阅权要大于查询权。

其次,为维护公司的合法权益,《公司法》第 33 条对股东知情权的行使又做了一定的限制。这种限制主要表现在以下几点:其一,在赋予有限责任公司股东享有查阅某些公司文件权利的同时,明确地赋予其复制这些文件的权利,但是对于诸如公司账簿等公司文件则没有赋予股东复制权,存在查阅权范围过窄,不利于股东了解公司真实情况的问题;其二,第 33 条对股东知情权的行使设定了一定的约束性条件,即在股东查阅公司账簿时必须向公司递交书面的请求,并且要向公司说明其目的,如果公司有合理的根据认为股东查阅公司账簿有不正当目的、可能损害公司合法利益时,可以拒绝提供查阅。

三、严格把握可以行使知情权的股东资格

股东知情权是一种源于股东资格的个体权利。只要享有股东的身份就享有知情权,出资义务是否履行、持股比例和持股时间不应成为对知情权的限制。反之,如果股东已经退出公司,该退出股东就不能再主张这一请求权,即使对它具有股东资格时的公司相关信息也不得主张知情权。

有些专家认为如果原股东在转让股权后的合理期限内怀疑股权转让价格由于控股股东和管理层操纵公司财务而过低时,仍可授予其知情权。但笔者认为现有法律并没有赋予股东享有此权利,如果公司章程约定股东出让股权后的一定期限内的知情权,则可以查阅,否则不可以查阅。因为原股东有机会维护自己的权利而没有把握,法律就不应再次给予救济机会,同时为了公司的稳定,不建议扩大行使知情权的股东范围。

【条款设计指引】

一、股东知情权条款的必要性

股东知情权不是公司章程的必备条款。股东知情权是股东的强制性法定权利,不得用公司章程予以剥夺或限制,即便公司章程没有约定,股东也拥有该项权利。但公司可以根据自身情况扩大知情权的范围,确认公司认定股东不正当目的标准。

二、章程条款设计

(一)公司章程设计知情权范围参考的因素

首先,公司章程虽然应该保护股东知情权,但给予股东多大程度的知情权的问题,涉及股东与公司之间利益的平衡。如果过于缩小股东的知情权范围,将有可能严重地影响股东权利的行使,对股东合法权益造成侵害,同时也不利于公司经营管理约束机制的形成。而过于扩张股东的知情权范围,则在一定程度上对公司的商业秘密构成极大威胁,最终损害公司的合法利益。因而,公司章程在确定股东知情权范围时,要充分体现股东与公司的利益平衡。

其次,有限责任公司在许多方面更类似于合伙,具有封闭性、人合性的特点,股东人数较少,组成公司是基于其相互间的信任关系,股东往往兼具投资者和经营者的身份,这与股份有限公司形成了鲜明的对照。这些特点决定了有限责任公司股东较股份有限公司股东,应被赋予更广泛的知情权。

(二)股东知情权的范围

法律规定了股东查阅复印的范围为公司章程、股东会会议记录、董事会会议决议、监事会会议决议和财务会计报告,会计账簿只能查阅,至于是否可以复印则是公司章程的设计空间。会计账簿是否包含原始会计凭证一直是理论界争议的问题,[①]为了保障股东了解公司真实经营信息,建议公司在公司章程中直接将原始会计凭证作为可以查阅的内容,如果公司规模较大,还可以选择将公司财务会计报告涉及的主要资料及其数据、高管的薪水、成本预算、重要合同、企业咨询专家的鉴定、企业规划、研发、企业盈利和清偿能力、市场情况和未来经营政策等事项作为可以查阅复印的内容。

(三)公司章程设计"不正当目的"的空间

1. 公司章程可以规定判定"不正当目的"的情形

由于《公司法》第33条并没有给"不正当目的"以准确的定义,如果公司经营者不希望股东了解公司状况,势必会以此为借口阻挠股东行使知情权,尤其是在大股东和小股东普遍对立的现实状况下,小股东提出的查阅几乎被看做敌意和具有威胁性的行为,在大股东的指使下,公司通常会以目的不正当为由予以回绝,《公司法》第33条的限制性规定已沦为大股东或公司反对中小股东查阅的"法律武器",所以有必要在公司章程中对"不正当目的"予以确认。根据国外立法和我国现状,公司章程可以将知情的内容可能被用于公司以外的目的,并由此会给公司和关联企业造成显著的不利益,尤其是股东还经营着竞争性企业,或者股东存在过没有保守秘密的情形,确认为存在不正当的目的。当然公司也可以在章程中抛弃"不正当目的"的限制,赋予股东拥有对会计账簿、原始会计凭证、交易凭证的无条件查阅权。

与公司相比,提出查阅要求的股东无论是从信息上还是从经济实力上都处于弱势地位,因此应在公司章程中明确"不正当目的"实行举证责任倒置的做法,即只要公司不能证明股东知情权目的是恶意的,股东知情权就具有正当性。

2. 公司章程应规定"不正当目的"判定主体

赋予股东知情权目的就是便于股东对经营管理者的行为进行监督,所以为了防止知情权流于形式,笔者认为判断目的是否正当不应由经理来认定,而应由董事会或者股东会以决议形式来判断。在董事会和股东会之间,笔者认为在公司章程中确认董事会来判断更合适,其原因有二:一是股东认为自己的目的正当而公司拒绝时,请求人民法院要求公司提供查阅是股东的一项法定权利,至于是股东会还是董事会通过的决议拒绝查询并不妨碍股东这一权利

① 查阅公司原始凭证是股东行使知情权的主要途径,在符合《公司法》第34条规定的条件下,应当允许股东查阅、复印、摘抄需要的内容;若需要支付必要费用的,股东应当支付。对于股东提出的由他人代为查阅或者对公司进行审计等要求,则应当征得公司同意,因为这些要求可能与公司商业秘密的保护相冲突。参见《加强调查研究 探索解决之道——最高人民法院民二庭庭长宋晓明就全国审批工作中提出的若干疑难问题答记者问》。

的行使，也不影响法院对查询目的定性；二是股东可以随时行使知情权，而公司召开股东会却需要法定的召集、通知等程序，并且法律规定公司应该在15日内给予答复，所以把这一可能频繁发生的、时间紧迫的事项规定由股东会表决是不明智的。如果公司想要兼备公司和股东的利益，可以在公司章程中仿照《外资企业法实施细则》的规定，约定股东有权聘请注册会计师查阅会计账簿、原始会计凭证，公司应给予配合，费用由聘请会计师的股东承担。

（四）公司章程应在程序上增加股东行使知情权可操作性的规定

为增加股东行使知情权的可操作性，不影响公司的正常经营，公司应当规定查阅的地点、查阅的时间、查阅的方式以及提前通知等内容。关于查阅地点宜选择在公司办公场所，如果股东异地查询必须提供一定的担保，以保护账簿的安全；查询时间应当合理，防止无限期的查阅和在不正当时间提出查阅；查阅方式可以是自己查阅，也可以是委托专业人士查阅，可以复制，也可以摘抄；股东要求查阅时，应在5～7个工作日前，以书面形式向公司提出要求，并应在书面申请中，对查阅目的作出合理阐述，还应明确所要查阅的有关文件的范围，以便公司作出合理的安排。

公司也可以制定股东查询公司文件资料的细则，而只在公司章程中规定实质性、原则性的内容。

【案例2－2】　股东知情权应包括原始会计凭证①

2000年9月18日A公司成立。2007年8月1日，A公司向原告签发出资证明，原告成为持有A公司19.75%股权的股东。2010年1月至2010年5月，原告多次致函被告，要求查阅被告相关财务报表、会计账簿、会计原始凭证、股东会议纪要、董事会会议纪要、公司合同、房地产权证等资料，包括被告对外持有股权的相关公司的上述资料。因被告未能按原告的要求提供齐全的相关资料，原告遂诉至法院，请求被告立即提供2006年至今的股东会会议记录、董事会会议决议、监事会会议决议、财务会计报告（包括资产负债表、损益表、财务状况变动表、财务情况说明书、利润分配表）、会计账簿、会计原始凭证等供原告查阅、复制。

一审法院认为，股东知情权是法律赋予股东的一项权利。被告未能提供

① 来源于北大法宝，广东省广州市中级人民法院（2010）穗中法民二终字第2275号民事判决书，广州市番禺莲花山造纸有限公司与广州雍也物业管理有限公司股东知情权纠纷上诉案。

足够证据证实原告查阅公司会计账簿有不正当目的,可能损害公司及其他股东合法利益,不得无故拒绝原告查阅会计账簿的要求,当然更不得以任何理由拒绝原告查阅股东会会议记录、董事会会议决议、监事会会议决议、财务会计报告。股东依法享有知情权的起始时间与股东有权查阅的财务会计资料的范围是两个不同的概念,股东依法有权查阅的公司财务会计等资料的范围,不仅仅限于其成为股东之后的财务会计资料。原告于2007年8月成为被告的股东之后,有权要求查阅2007年8月之前的相关资料。会计凭证包括原始凭证和记账凭证,会计凭证是会计账簿的基础和依据。从立法目的来看,如果不能查阅会计原始凭证则无法正确了解、判断公司的真实财务状况,无法保障股东的经营决策、监督、获得红利等权利。因此,不应当将会计凭证包括会计原始凭证排除在股东可以查阅的范围之外。为平衡股东与公司的利益,股东对公司账簿的知情权限于查阅而不得复制。判决被告提供给原告2006年起至原告起诉之日止的股东会会议记录、董事会会议决议、监事会会议决议、财务会计报告给原告查阅、复制,并提供被告该期间的会计账簿包括会计原始凭证给原告查阅。

被告不服上述判决,提起上诉。

二审法院认为,虽然《公司法》第34条规定为"股东可以要求查阅公司会计账簿",其中并未直接说明股东是否有权查阅原始会计凭证。但会计账簿本身就包括记载公司实际经营活动的原始凭证和票据,且相较于财务会计报告,会计账簿中的原始财会凭证和票据才是最直接、充分地反映公司真实经营管理情况的信息资料,因此,在A公司章程并未作出特别规定的情况下,原告要求对原始会计凭证进行查阅,具有充分的法律依据,亦应予以支持。遂驳回上诉,维持原判。

评析:近年来,有关股东知情权诉讼案件越来越多,由于原始会计凭证能反映公司真实情况,而使股东是否有权查阅原始会计凭证成为这类案件的焦点。法律确立股东知情权的目的是为了保障股东对公司的决策、经营管理的监督,维护股东分红权利,股东只有完整地查阅公司的凭证,包括原始凭证,才能全面、准确判断公司的经营活动状况和财务状况,实现查阅目的,所以原始会计凭证应属股东知情权范畴。在实践中,股东提起有关是否可以查阅原始会计凭证的诉讼也大多获得法院的支持。

【相关法律法规】

《公司法》第33条 股东有权查阅、复制公司章程、股东会会议记录、董事会会议决议、监事会会议决议和财务会计报告。

股东可以要求查阅公司会计账簿。股东要求查阅公司会计账簿的，应当向公司提出书面请求，说明目的。公司有合理根据认为股东查阅会计账簿有不正当目的，可能损害公司合法利益的，可以拒绝提供查阅，并应当自股东提出书面请求之日起十五日内书面答复股东并说明理由。公司拒绝提供查阅的，股东可以请求人民法院要求公司提供查阅。

第17条 股东质询权

推荐条款

任一股东可以在股东会上或者在股东会召开前以书面形式向董事、监事、高级管理人员提出质询，董事、监事、高级管理人员应在股东会上给予答复，重大事项或者不方便立即答复的问题，出席会议的过半数股东同意可以另行指定答复时间。

股东也可以在其他时间向董事、监事、高级管理人员提出书面质询，董事、监事、高级管理人员应于×××日内给予书面答复。

【实务解析】

一、股东质询权

股东质询权，指出席股东会的股东为行使其股东权，而请求董事会或监事会就会议议题和议案中的有关问题进行说明的权利。确认股东质询权，有助于股东在股东会表决之前能够获得充分、有效的有关决议事项的信息，可以提高股东会决议的质量。

二、董事、监事和高管说明义务

根据我国《公司法》，对股东质询予以说明是相关董事、监事和高管的义务。因为董事会和监事会都是集体合议制，所以相关董事、监事的说明应认为代表董事会、监事会。由于法律没有限制股东质询权的范围。股东质询权有可能涉及商业秘密或公共利益，董事、监事和高管可以另行说明或拒绝说明。

【条款设计指引】

一、股东质询权条款的必要性

股东质询权不是公司章程的必备条款。股东质询权是股东的法定强制性权利，不得用公司章程予以剥夺或限制，即便公司章程没有约定，股东也拥有该项权利。公司章程可以增加质询权行使的程序内容。

二、章程条款设计

（一）公司章程可以扩大股东行使质询权的时间

有限责任公司应在公司章程中扩大股东行使质询权的时间，原因有二：一是《公司法》只规定了股东在股东会上的质询权，但很多有限责任公司多年不召开股东会，股东质询权得不到保障，所以有必要在公司章程中扩大股东质询权的范围到任意时间；二是《公司法》规定的质询权对股份有限公司和有限责任公司都适用，但对于人合性的有限责任公司来讲，股东之间比较信任，且多在公司任职，所以有必要赋予有限责任公司股东更广泛、更深入的质询权。

（二）公司章程可以规定股东质询的答复时间

股东在股东会上临时提出的质询，如果是简单问题，董事、监事、高级管理人员应做到立刻回答，重大问题或者需要查找一些相关数据和资料才能回答的问题，就应该给予董事、监事、高级管理人员一定的时间。如果一概要求在股东会上立即答复，答复的质量也没有办法保证。而对事先有准备的重大事情的质询，股东应该通过行使提案权来实现，以提案方式提出的质询应在股东会上给予答复。

（三）公司章程可以考虑质询权表决方式

股东的质询权是股东的法定单个权利，对其答复是董事、监事、高级管理人员的义务，所以在股东会上的有关质询权的程序宜采用一人一票的多决数原则，以保证所有股东的质询权都得到落实。

【相关法律法规】

《公司法》第150条第1款　股东会或者股东大会要求董事、监事、高级管理人员列席会议的，董事、监事、高级管理人员应当列席并接受股东的质询。

第 18 条　股东代表诉讼

推荐条款

股东滥用股东权利或公司董事、监事、高管执行职务时违反法律和公司章程给公司造成损失的，应当按照实际损失额的双倍进行赔偿。

股东依照《公司法》第一百五十一条以个人的名义代表公司向公司董事、高管、控股股东、实际控制人、公司交易方或者其他第三人主张权益，□如股东胜诉，其所支付的诉讼费、律师费及其他必要费用由公司承担；□股东通过此等程序为公司获得的利益，公司应将所得的百分之×××奖励给股东。

【实务解析】

一、股东代表诉讼的含义

股东代表诉讼，又称股东派生诉讼，指当公司拒绝或怠于通过诉讼追究公司董事、监事、高管、控股股东、实际控制人和第三人对公司所负的义务或责任时，具备法定资格的股东有权依据法定程序以自己名义，但为了公司利益而提起诉讼。

我国最早确立股东代表诉讼制度源于最高人民法院对一个案件的答复。该案的基本案情是：张家港吉雄化纤有限公司是张家港市涤纶长丝厂与香港吉雄有限责任公司成立的合资公司。合资公司与香港吉雄大兴工程公司发生购销合同纠纷，因控制合资公司的港方吉雄公司与大兴公司有直接利害关系，因此拒绝起诉大兴公司。就中方股东是否可以代表合资公司提起诉讼的问题，1994 年 1 月 4 日，最高人民法院《关于中外合资经营企业对外发生经济合同纠纷，控制合营企业的外方与买方有利害关系，国营企业的中方应以谁的名义起诉问题的复函》指出："控制公司的股东与合同对方存在利害关系，合同对方违约，而公司不行使诉权，股东得行使本属于公司的诉权。"该司法解释确立了我国股东代表诉讼制度。

二、股东代表诉讼前置条件

法律对股东代表诉讼设置了前置条件：一是必须为公司股东，有限责任公司股东代表诉讼无股权比例和持股时间长短的限制,也无权利瑕疵的限制;二是股东应是善意的,必须是为了公司的利益,所以股东代表诉讼中的原告股东无权放弃诉讼请求。同时为了防止原、被告的私下交易,所以股东代表诉讼一般不适用调解,判决后其他股东不能再基于此提起诉讼。

【条款设计指引】

一、股东代表诉讼条款的必要性

股东代表诉讼不是公司章程的必备条款。股东代表诉讼是股东的法定强制性权利,只要是公司股东,不论股权是什么类别,也不论股权是否受到限制都应享有该权利,不得用公司章程予以剥夺或限制,一切限制股东代表诉讼权利的条款都是无效的。即便公司章程没有约定,股东也拥有该项权利。

二、章程条款设计

股东代表诉讼不同于股东为了维护自身利益向公司或其他人提起的直接诉讼,股东直接诉讼的原告是最终受益人,而股东代表诉讼的原告只是名义上的原告,胜诉后利益归公司,提起诉讼的股东只是由于持有股权而间接受益,所以为了鼓励股东提起股东代表诉讼,扼制公司控制人、董事、高管会损害公司权利,公司章程可采用鼓励措施,明确给予提起股东代表诉讼的股东补偿和奖励,同时加大惩罚控制人、董事、高管的赔偿额度。

【案例2-3】　特殊情况下,股东可以突破代表诉讼的前置程序①

城市通公司于1999年7月8日注册登记成立,某科技公司、林某等七人为公司股东。2002年12月19日,城市通公司被吊销营业执照,后城市通公司未成立清算组。2003年林某起诉要求某科技公司履行对城市通公司的清算义务。该案经一审、二审判定对城市通公司进行清算。在该案执行过程中,法院委托的会计师事务所作出的审计报告确认:1999年10月8日某科技公司抽逃其注册资金70万元,同时侵占城市通公司100万元,该公司应退还城市通公司1,894,465.90元。为此林某提起诉讼,请求判令某科技公司退还1,894,465.90元及其利息。

---

① 来源于北大法宝,北京市海淀区人民法院(2006)海民初字第08927号民事判决书,林某诉某科技有限公司股东损害公司利益案。

法院认为：本案是城市通公司的股东林某起诉城市通公司的另一股东某科技公司，要求某科技公司向城市通公司赔偿损失，案件类型属于“股东代表诉讼”纠纷。城市通公司已被工商行政管理机关吊销营业执照，并经人民法院判决由几位股东对其进行清算，公司的股东通过书面请求监事会或董事会提起诉讼寻求救济已无实际意义和可能，又因城市通公司清算组也未成立，足以说明通过城市通公司内部救济途径无法实现该公司的权益救济，在此情况下，公司的股东林某以自己的名义直接提起诉讼，为城市通公司请求利益保护，符合法律规定，作为本案原告适格。某科技公司在未征得城市通公司全体股东意见的情况下，擅自以收回借款的名目，将170万元从城市通公司银行账户划至本公司银行账户，属于非法占用城市通公司财产的行为，应承担城市通公司相应的赔偿责任。判决被告某科技有限公司偿付给城市通公司1,894,465.9元及其利息，该款项列入城市通公司清算财产范围。

评析：为了防止股东利用代表诉讼干预公司的正常经营，法律对股东提起代表诉讼的权利设置了一些前置程序，要求股东必须在符合这些前置程序的情况下才可以提起代表诉讼，如先向公司的董事会或执行董事、监事会或监事提出请求，请求上述机构代表公司提起诉讼，在上述请求没有结果的情况下股东才可以直接代表公司提起代表诉讼，否则即为越权行为。本案中法院支持了原告林某没有履行上述前置程序而直接提起的代表诉讼，其原因在于本案的特殊性，城市通公司处于清算阶段，公司的董事会和监事会已无权对外行使包括提起诉讼的权利，股东向这些机构提出提起代表公司诉讼的请求没有实际意义，而且公司也没有成立清算组来代表公司实施保护公司利益的行为，在此情况下，赋予公司股东提起代表诉讼来维护公司权利的行为符合股东代表诉讼的立法精神，正是基于此种考虑，法院确认了林某的原告资格。

【相关法律法规】

《公司法》第20条　公司股东应当遵守法律、行政法规和公司章程，依法行使股东权利，不得滥用股东权利损害公司或者其他股东的利益；不得滥用公司法人独立地位和股东有限责任损害公司债权人的利益。

公司股东滥用股东权利给公司或者其他股东造成损失的，应当依法承担赔偿责任。

公司股东滥用公司法人独立地位和股东有限责任，逃避债务，严重损害公司债权人利益的,应当对公司债务承担连带责任。

《公司法》第 149 条　董事、监事、高级管理人员执行公司职务时违反法律、行政法规或者公司章程的规定,给公司造成损失的,应当承担赔偿责任。

《公司法》第 151 条　董事、高级管理人员有本法第一百四十九条规定的情形的,有限责任公司的股东、股份有限公司连续一百八十日以上单独或者合计持有公司百分之一以上股份的股东,可以书面请求监事会或者不设监事会的有限责任公司的监事向人民法院提起诉讼;监事有本法第一百四十九条规定的情形的,前述股东可以书面请求董事会或者不设董事会的有限责任公司的执行董事向人民法院提起诉讼。

监事会、不设监事会的有限责任公司的监事,或者董事会、执行董事收到前款规定的股东书面请求后拒绝提起诉讼,或者自收到请求之日起三十日内未提起诉讼,或者情况紧急、不立即提起诉讼将会使公司利益受到难以弥补的损害的,前款规定的股东有权为了公司的利益以自己的名义直接向人民法院提起诉讼。

他人侵犯公司合法权益,给公司造成损失的,本条第一款规定的股东可以依照前两款的规定向人民法院提起诉讼。

第 19 条　股东直接诉讼权

推荐条款

公司违反法律、行政法规,侵犯股东合法权益的,股东有权向人民法院提起诉讼,并有权要求公司承担聘请律师、会计师的合理费用。

【实务解析】

一、股东直接诉讼定义和类型

股东直接诉讼,是指股东为了自己的利益而基于股权所有人地位向其他侵犯自己利益的人提起的诉讼。

从广义上来讲,股东向公司提起的诉讼都可以认定为股东直接诉讼,其包括以下类型:(1)股东资格之诉;(2)股东请求公司协助办理公司股东名册变更与申请公司登记机关办理公司变更之诉;(3)股东要求公司给付红利之诉;(4)受压榨股东请求法院责令公司分配股利之诉;(5)股东请求公司给付应分配的剩余资产之诉;(6)出资证明书交付之诉;(7)请求公司召开股东会之诉;(8)停止增资之诉;(9)股东会决议无效确认之诉;(10)股东会决议撤销或变更之诉;(11)董事会决议无效确认之诉;(12)董事会决议撤销或变更之诉;(13)监事会决议无效之诉;(14)监事会决议撤销或变更之诉;(15)行使知情权尤其是会计账簿查询权之诉;(16)章程或章程条款无效之诉;(17)请求公司合并、分立停止之诉或确认无效之诉;(18)请求违法减资行为停止之诉或确认无效之诉;(19)解散公司之诉;(20)清算公司之诉。

二、股东直接诉讼和股东代表诉讼的区别

股东诉讼请求有可能同时成立股东直接诉讼和股东代表诉讼,形成两种权利的竞合,所以应对两种权利进行区分:

1. 两种诉的性质不同。股东直接诉讼是股东为了自己的利益提起的诉讼,因而本质上是一种自益权;而股东代表诉讼是股东为公司的利益提起的诉讼,股东利益只是间接受到了损害,因而本质上是一种共益权。

2. 提起诉讼的原因不同。股东直接诉讼原因是公司侵犯了股东法定或者公司章程约定的权利,股东代表诉讼原因是大股东滥用公司控制权损害公司利益,或者高管、董事违反诚信义务,给公司造成了损失。

3. 提起诉讼的权利主体不同。股东直接诉讼是股东以个人名义提起,股东为原告,而股东代表诉讼本应由公司提起,只是由于存在法定的原因,由符合条件的股东代为行使,股东为名义上的原告。

4. 诉讼结果归属不同。股东直接诉讼结果归属于股东,因而股东有权撤诉和解,而股东代表诉讼结果归于公司,所以撤诉和解需向其他股东披露相关情况。

【条款设计指引】

一、股东直接诉讼条款的必要性

股东直接诉讼不是公司章程的必备条款。股东直接诉讼权是股东的法定强制性权利,不得用公司章程予以剥夺,即便公司章程没有约定,股东也拥有该项权利。公司法对公司直接诉讼规定得比较笼统,该条款的意义是在公司章程中设定一个股东向公司提起直接诉讼的兜底条款和弥补股东由此支付的成本损失。

二、章程条款设计

与公司相比,股东处于弱势地位,为了维护中小股东的权益,公司章程可以在法律规定的基础上,设定公司承担股东直接诉讼的成本。如果公司章程不约定,根据我国法律的相关规定,相关费用将不能得到支持。

【案例2-4】 区别股东直接诉讼和股东代表诉讼①

超力公司与易统公司共同出资创立A公司,注册资本为1750万元人民币,超力公司出资1102.5万元,占注册资本的63%;易统公司出资647.5万元,占注册资本的37%。丘某是易统公司的法定代表人,同时也是A公司的总经理。

A公司因经营困难,于2004年12月28日作出董事会决议,将该公司的厂房和生产设备租赁给易统公司,并于次日签订了租赁合同。合同约定:公司的土地、厂房、办公楼、机械设备等资产租赁给易统公司,期限为5年,租金每年30万元。2005年6月5日,易统公司向A公司缴纳租金15万元,但丘某利用职务便利,将15万元占为己有。超力公司认为丘某行为侵犯了公司的资金使用支配权及所有权,造成公司损失。因其拥有公司63%的股份,因此被告应赔偿其的损失本息为107,598元。遂起诉至本院,请求法院判令被告赔偿原告的损失107,598元。

法院审理认为:A公司与易统公司为租赁合同的双方当事人,本案的15万元租金应为A公司所有。因原告不是该笔租金的所有权人,其以原告身份提起本案诉讼要求被告赔偿经济损失,依据《公司法》的相关规定,要求侵权人向公司承担损害赔偿责任,其诉讼所得的利益应归公司所有,故驳回原告诉讼请求。

评析:要区别股东直接诉讼和股东代表诉讼。当公司董事、高管违反法律法规或者公司章程的规定,损害了股东的直接利益时,股东可以依照公司法的规定提起直接诉讼,追究董事、高管的责任;如董事、高管的行为只是损害了公司的利益,则只能在履行一定的前置程序或符合紧急情况的条件下,股东以自己的名义提起股东代表诉讼,诉讼请求应为偿还公司损失。

① 来源于北大法宝,梅州市中级人民法院(2007)梅中法民三初字第7号判决书,超力国际贸易控股公司诉丘济平等董事侵害公司利益纠纷案。

【相关法律法规】

《公司法》第152条　董事、高级管理人员违反法律、行政法规或者公司章程的规定，损害股东利益的，股东可以向人民法院提起诉讼。

第20条　异议股东股权回购请求权

推荐条款

有下列情形之一的，对股东会决议投反对票的股东可以请求公司按照□公司账面价值□采用××××法的评估价格□不高于最近一期审计中每股净资产价值收购其股权：

（一）公司连续五年不向股东分配利润，而公司该五年连续盈利且符合公司法规定的分配利润条件；

（二）公司合并、分立、转让主要财产的；

（三）公司章程规定的营业期限届满或者章程规定的其他解散事由出现，股东会会议通过决议修改章程使公司存续的；

（四）公司转让主要业务；

（五）对股权产生实质性影响的公司章程的变更，如限制股权转让、表决权比例变更、股利分配比例变更、增资扩股决议、增资后打破原来股东持股比例等；

（六）公司的组织形式发生变更；

（七）公司改变经营方式，如变更为租赁、承包形式；

（八）本章程规定的其他情形。

如果没有其他股东或者过×××以上股东同意的第三人认缴该回购的股权，公司应及时办理减资，异议股东在回购价格范围内对回购前公司的债务承担连带责任。

【实务解析】

一、异议股东股权回购请求权含义

异议股东股权回购请求权，是指在特定的情形下，对公司股东会决议持反对意见的股东所享有的一种要求公司以合理公平的价格收购其股权的权利。我国《公司法》确认了有限责任公司与股份有限公司在一定情况下,异议股东均享有股权回购请求权。《公司法》第 74 条规定的有限责任公司异议股东股权回购请求权的三个法定事由是强制性规定,不允许剥夺和限制。

异议股东的股权回购请求权制度起源于 19 世纪的美国,当时的判例法确定凡有关公司结构重大改变、重要财产处分、章程变更等行为,必须由公司全体股东同意方可进行。但随着经济的发展,规模化经营和公司扩张已成为一种趋势,“一致同意”的严格限制使得公司在从事任何重大决定时均可能面临巨大的障碍。为了使公司有效率地从事经营运作,同时又兼顾股东的财产权利与合法利益,出现了股东股权回购请求权,要求获得过半数或 2/3 以上的表决权通过,公司即可实行涉及公司的重大决策,如与其他公司合并、出售全部或大部财产、变更章程等。同时法律赋予反对决议的少数股东以异议股东股权回购请求权,使不愿接受公司重大变化的反对股东,能够在取得合理的金钱补偿后退出公司。该制度现被大陆法系和普通法系的国家普遍采纳。

二、《公司法》第 74 条规定的异议股东股权回购请求权的法定情形

由于异议股东股权回购请求权会实质上造成公司注册资本减少,降低公司偿债能力,侵害债权人的利益,同时大股东也可能会利用股东回购权来抽逃公司资产,损害公司和其他股东的利益,甚至导致公司解体,所以《公司法》第 74 条只规定了三种适用于异议股东股权回购请求权的法定情形。第 74 条第 3 款不是异议股东股权回购请求权情形的兜底条款,只是规定公司章程约定的解散事由出现,且股东会决议公司继续存续时,异议股东可以行使股权回购请求权。

三、提起股权回购请求权的股东

行使股东股权回购请求权的主体是对股东会作出的决议投反对票的股东,这里的股东应是公司确认的股东,其要符合本章程规定的股东资格认定标准,且股东持有股权必须具有持续性,如果从其反对决议至股权被公平收购之前将其股权转让第三人,转让人和受让人均应不再享有回购请求权。

【条款设计指引】

一、异议股东股权回购请求权条款的必要性

异议股东股权回购请求权不是公司章程的必备条款。异议股东股权回购请求权是股东的法定强制性权利,不得用公司章程予以剥夺,即便公司章程没

有约定，股东也拥有该项权利。但该条款是保护股东权利的最后一个利器，我国《公司法》规定的异议股东股权回购的情形却是十分有限的，和其他国家相比少之又少，不能涵盖股东合理预期落空的情形，而法律并没有明确规定禁止公司章程约定异议股东回购请求权的情形，所以笔者认为在维持资本充实的前提下，可以对公司章程中异议股东回购情形做一补充，扩大异议股东股权回购请求权的适用情形。越是强调人合性质的有限公司，就应越要增加适用股权回购的约定事由。

二、章程条款设计

（一）异议股东股权回请求权情形

1. 异议股东回购请求权应考虑中小股东的利益

公司设计异议股东股权回购约定事项时应向中小股东倾斜。中小股东是基于公司设立时的原始公司章程对股东的分红权、增资优先认购权、表决权、股权转让权、股权转让优先购买权等权利的切实保障，而签署原始公司章程并成为股东的。如果日后控制股东依据其表决权优势而通过对公司章程重大修改的决议，剥夺或限制了中小股东依据原公司章程所享有的权利，如对股权转让增加限制、将经全体股东一致同意决议事项变更为特别决议事项甚至普通决议事项，或规定由股东会决定股权转让的数量、时间、价格，则持反对意见的中小股东理应享有股权回购请求权。

2. 公司章程可以约定的异议股东股权回请求权的情形

根据各国法律，一般出现下列情形，也赋予异议股东股权回购请求：(1)公司主要业务转让；(2)对股东产生重大、不利影响的章程变更，如股权转让、增资扩股；(3)公司组织形式变更；(4)租赁或承包经营转变公司经营方式。公司可以根据自身需要选择适用上述情形。非股东会决议事项一定不是重大事项，不会对股东权利造成实质性影响，所以公司章程对股权回购请求权适用范围不应适用股东会决议之外的场合。

3. 公司章程应限制异议股东股权回购请求权情形

异议股东股权回购请求权实质会造成公司资本减少，如果约定范围过宽，允许股东随意行使股权回购请求权，可能会对公司的稳定构成威胁，处理不当，甚至可能招致债权人根据最高人民法院《关于〈中华人民共和国公司法〉若干问题的规定(三)》第 17 条的规定向公司、异议股东提起诉讼。因此为了保护公司的利益，公司章程一方面可以约定增加股权回购的情形，另一方面也应对回购情形进行限制。下面是公司章程可以采用的限制措施：一是公司章程可以约定其他股东有按出资比例认缴该回购股权的义务，否则公司要考虑股权回购要与公司减资相结合;二是公司章程可以约定公司只能用公积金回购股权,公司资产小于或者等于注册资本的情况下不得回购公司股权;三是公司章程可以约定在公司负债大于资产的情况下回购,被回购股东应当提供担保,当公司的债务不能清偿时,被回购的股东对公司的债务在回购价格内承担补充赔偿责任,对公司不能清偿的债务部分承担清偿责任;四是公司章程可以规定回购价格不能超过相应比例的公司净资产。

(二)公司章程可以规定公司"主要财产"的认定标准

由于《公司法》第74条第1款第2项没有界定转让"主要财产"的标准,可能在实践中会引发纠纷,所以有必要在公司章程中明确"主要财产"的衡量标准。笔者认为公司章程可以参照中国证监会于2001年12月10日颁布的《关于上市公司重大购买、出售、置换资产若干问题的通知》第1条规定,上市公司重大购买、出售、置换资产的行为是指上市公司购买、出售、置换资产达到下列标准之一的情形:(1)购买、出售、置换入的资产总额占上市公司最近一个会计年度经审计的合并报表总资产比例50%以上;(2)购买、出售、置换入的资产净额(资产扣除所承担的负债)占上市公司最近一个会计年度经审计的合并报表总资产比例50%以上;(3)购买、出售、置换入的资产在最近一个会计年度所产生的主营业务收入占上市公司最近一个会计年度经审计的合并报表主营业务收入的比例达50%以上。公司可参照这三项标准,在公司章程中确认公司转让"主要财产"的标准。

(三)股权回购价格的确定

建议公司在公司章程中确定回购股权的价格的依据。其原因有四:一是公司法虽然赋予了股东与公司协商不成提起诉讼,请求法院确认回购价格的权利,但毕竟诉讼付出的经济成本、时间成本过大;二是公司的财产价值是随时变动的,事先约定的价格可能会高于,也可能会低于股东退股时的实际价格,所以在公司章程中事先约定计算回购股权价格的方法是比较灵活的做法;三是如果在回购价格上没有任何限制,小股东可能会借回购请求权要挟公司大股东;四是如果双方对于回购价格有一个共同的预期标准,可加大达成协议的概率。所以建议股东在公司章程中规定,回购价格由双方协商,如协商不成选择以收益现值法、重置成本法、市场比较法、清算价格法和综合法方法对股权进行评估后的价格进行回购,或者规定回购价格不得高于上年度审计报告中的每股净资产的价值。

(四)股权回购请求权行使程序

我国《公司法》没有规定异议股东行使股权回购权的程序,由于异议股东回购请求权程序较为复杂，所以公司章程可以选择适用下列行使程序，也可将该程序制定为一个单独文件，并约定该文件修订的程序，作为公司章程的一个附件。

1. 公司通知股东享有股权回购请求权

公司有义务通知股东享有股权回购请求权，公司是回购股权的义务人和回购情形的确认人，所以如公司认为拟召开的股东会将对符合股权回购情形的决议进行表决而进行事先通知，则可以使股东知悉自己享有该权利并为此进行准备。该通知可以在召开股东会通知中一并列明，不作另行通知。

2. 股东应在股东会召开前3天向召集人做出书面的反对通知

股东提前做出书面反对通知能够起到向公司预告的作用，使公司提前了解异议的情况，以便召集人做好股东会的准备和公司提前做好回购准备。

即便召开股东会通知中没有异议股东拥有股权回购权的通知，但如果股东接到股东会通知后，认为股东会决议事项对其股东权利有实质性损害，也可向召集人提示拟决议事项符合股权回购的情形，异议股东拥有股权回购请求权。

前二款为非必要程序，主要是使公司和股东都有足够的心理准备，便于异议股东股权回购请求权的确认。

3. 股东在股东会表决时投反对票

只有在股东会上投反对票的股东，才享有了异议股东股权回购请求权，股东会会议记录可以作为股东投反对票的依据。应该注意的是，作出书面反对通知的股东可以投反对票，也可以投赞成票或者弃权；在股东会上投反对票的股东没有必须履行股权回购请求权的义务，即使对公司期望落空，异议股东也有选择是否退出公司的权利。

4. 异议股东向公司提出书面回购请求

异议股东可以自股东会作出决议之日起10日内，向公司提交书面的股权回购请求申请书，并提交记载其持有股权的种类和数量的文件，请求公司回购其股权。为了维护公司的稳定，体现股东会的严肃性及督促异议股东慎重考虑其回购权的行使，应明确一旦正式提出回购申请，如果得不到公司的允许，不得撤回。

5. 异议回复通知

如果公司在召开股东会前没通知异议股东享有股权回购权，则公司可以拒绝异议股东申请。如果公司在召开股东会前通知了异议股东享有股权回购权，则公司无权拒绝异议股东申请，公司必须在接到异议股东回购申请后的

20 天内,向异议股东发送异议回复通知。该通知应载明回购价格及其确定依据。

如异议股东在 20 日内没有收到异议回复通知,应视为公司确认异议股东股权回购请求权成立。

6. 股权回购价格的确定及价款的支付

回购价格按照公司章程事先规定的方式确认,异议股东如果对公司提出的回购价格有异议,双方可以协商确立。

7. 异议股东回购请求权撤回

已经提出回购请求的异议股东,在得到公司的同意之后,可以撤回其股权回购请求。

8. 在法定期限内起诉

如果公司拒绝异议股东的回购请求权申请或者双方对于回购价格不能达成一致,异议股东可以起诉请求法院判决公司回购其股权或确认其回购价格。需要注意的是,股东与公司不能达成股权回购协议的,异议股东应自股东会会议决议通过之日起 60 日内提起诉讼,该权利适用特殊时效,即异议股东必须自股东会会议决议通过之日起 60 日内提起诉讼,过期法院不予受理。

9. 对回购股权的处理

《公司法》第 74 条并未专门规定有限责任公司回购自身股权后的处理方式,但是如果公司长期持有自己的股权与公司资本维持原则相冲突,故而有限责任公司异议股东行使其股权回购请求权后,其他股东或半数以上(或公司章程规定的比例)股东同意的第三人及时认缴公司所回购的股权,否则应做减资处理。

(五)公司章程应防范公司恶意规避股权回购的问题

《公司法》第 74 条规定出现三种法定情况后,异议股东才享有股权回购请求权,所以现实中就出现了两种规避异议股东行使回购请求权的法律对策:一是精心策划的财务造假,故意把公司包装成并非五年连续盈利的财务状况。例如,公司财务会计报告显示公司在第一年、第二年、第三年和第四年连续盈利,但公司第五年亏损,因此股东在此时不具备股权回购条件。二是采取象征性的分红手段,致使公司不具备连续五年不向股东分配利润的情形。为了防止恶意规避法定回购权情形,股东可在公司章程中将法律规定的连续五年变更为累积五年。

制约公司少分配股利措施参见股利分配请求权。

【案例2-5】 公司转让主要财产,异议股东有权要求公司回购股权①

2007年2月10日华商公司成立,公司注册资本3500万元,A公司出资2480万元,占出资比例的70.86%,B公司出资500万元,占出资比例的14.28%,C公司出资100万元,占出资比例的2.86%,郭某出资420万元,占出资比例的12%。公司经营范围为房地产开发、房屋租售。

2007年11月21日,A公司、B公司签署了华商公司股东会议决议,"经研究决定应出售部分厂房偿还贷款以缓解资金压力;TOWNFACTORY厂房每平方米3200元,标准厂房每平方米2800元"。2007年11月22日,华商公司与金海虹公司签订《厂房租售合同》,约定金海虹公司购买华商公司标准厂房北楼。在该次股东会召开之前,郭某未有效地收到华商公司向其发出的在2007年11月21日召开股东会研究出售房产偿还贷款等问题的通知。郭某认为,华商公司出售作为公司主要资产的厂房,股东异议请求权成立,故诉至法院,请求判令华商公司以人民币501万元收购郭某持有的股权。

法院审理认为:华商公司没有有效地通知郭某参加股东会会议,其无法在股东会议上行使自己的权利,故郭某在其知道或应当知道股东会决议内容的法定期间内以诉讼方式表示其反对此次股东会决议内容,法院予以支持。华商公司经营范围为房地产开发、房屋租售。标准厂房和TOWNFACTORY房屋是华商公司进行日常经营活动所必需的物质基础,属于华商公司的主要财产。华商公司依据股东会决议将公司主要财产中的一部分进行了转让,异议股东郭某丧失了继续留在公司的理由,其有权以此为由要求华商公司按照合理的价格收购其股权。但郭某有关"被告华商公司以人民币501万元的价格收购其持有的股权"的诉讼请求缺乏证据支持,故判决被告华商公司应按照合理价格收购原告郭某的股权,驳回原告郭某的其他诉讼请求。

评析:在本案中,存在三个问题:

1. 郭某是否为本案适格原告,其能否依据《公司法》第74条的规定提起股权回购之诉。郭某之所以未在股东会上对出售公司厂房决议投反对票,责任不在郭某,且由于A公司和B公司持有的华商公司股权超过85%,华商公

---

① 来源于北大法宝,北京市第一中级人民法院(2008)一中民初字第2959号民事判决书,郭新华诉北京华商置业有限公司股权回购请求权案。

司重新召开股东会也不能改变决议最终结果,只会增加当事人的诉累,故法院认为,郭某对股东会决议的异议,已经以要求公司回购其股权的形式表现出来,故认定郭某可以成为本案股权回购之诉的合格原告。

2. 华商公司的转让行为是否构成转让公司主要财产。虽然华商公司所售标准厂房不足公司当年总资产比例的16%,但华商公司作为房地产开发租售企业,厂房是公司出租盈利的资本,没有了厂房,公司就失去了经营的基础。最为关键的是,股东会决议是一种概括性授权,剩余的标准厂房、TOWNFACTORY 厂房还可以择期出售,两项厂房面积已经占到了华商公司厂房面积的85%以上。有理由认为,华商公司股东会决议将导致转让公司主要财产。

3. 关于股权回购价格的确定问题。《公司法》第74条未对回购价格以及依据什么确立回购价格,建议在公司章程中约定股权回购价格的确定标准。

【相关法律法规】

《公司法》第74条　有下列情形之一的,对股东会该项决议投反对票的股东可以请求公司按照合理的价格收购其股权:

(一)公司连续五年不向股东分配利润,而公司该五年连续盈利,并且符合本法规定的分配利润条件的;

(二)公司合并、分立、转让主要财产的;

(三)公司章程规定的营业期限届满或者章程规定的其他解散事由出现,股东会会议通过决议修改章程使公司存续的。

自股东会会议决议通过之日起六十日内,股东与公司不能达成股权收购协议的,股东可以自股东会会议决议通过之日起九十日内向人民法院提起诉讼。

第21条　股东会召集请求权、自行召集主持权

推荐条款

代表×××表决权的股东或者×××名股东联名有权请求公司召开临时股东会;董事会、监事会不召集和主持股东会的,上述股东可以自行召集和主持。如果公司没有按照公司章程规定,召开定期股东会,则任一股东都有权请求董事会召开股东会,董事会不召

集的，适用临时股东会召集和主持程序。

【实务解析】

参见第四章股东会召集和组织条款。

【条款设计指引】

一、股东会召集请求权、自行召集主持权条款必要性

股东会召集请求权、自行召集主持权不是公司章程的必备条款。股东会召集请求权、自行召集主持权是少数股东的强制性法定权利，公司章程不可限制和剥夺，但可以扩大该权利，尤其是可以扩大行使该项权利的股东范畴，赋予更多的股东提议召开临时股东会的权利。该条款应与股东会召集和组织条款相结合。

二、章程条款设计

公司根据自身人合性的强弱，可以在公司章程中从两个方面扩大提议召开股东会的主体：一是降低法定的代表 1/10 表决权比例；二是摒弃表决权标准，以股东人数作为权利主体，直至赋予每个股东都享有提议召开股东会的权利。需要注意的是，由于《公司法》第 39 条规定，代表 1/10 表决权的股东就可提议召开临时股东会，所以公司章程规定临时股东会提议主体只能低于 1/10的法定要求，否则为无效。

根据《公司法》第 40 条、第 41 条的规定，在股东提议召开临时股东会后，董事会负有召集主持股东会的义务，而没有否决股东召开股东会的提议。为了使股东召开临时股东会提议能够得到实现，应在公司章程中赋予任一股东在董事会、监事会不履行召集股东会职责的情况下召集主持股东会的权利。

参见股东会召集和组织条款。

【相关法律法规】

《公司法》第 39 条　股东会会议分为定期会议和临时会议。

定期会议应当按照公司章程的规定按时召开。代表十分之一以上表决权的股东，三分之一以上的董事，监事会或者不设监事会的公司的监事提议召开临时会议的，应当召开临时会议。

《公司法》第40条　有限责任公司设立董事会的,股东会会议由董事会召集,董事长主持;董事长不能履行职务或者不履行职务的,由副董事长主持;副董事长不能履行职务或者不履行职务的,由半数以上董事共同推举一名董事主持。

有限责任公司不设董事会的,股东会会议由执行董事召集和主持。

董事会或者执行董事不能履行或者不履行召集股东会会议职责的,由监事会或者不设监事会的公司的监事召集和主持;监事会或者监事不召集和主持的,代表十分之一以上表决权的股东可以自行召集和主持。

第22条　申请公司解散权、申请公司清算权

推荐条款

公司存在下列情形之一的,可以确认为《公司法》一百八十二条规定的公司经营管理发生严重困难,持有公司×××以上表决权的股东,有权请求人民法院解散公司:

(一)公司持续两年以上无法召开股东会,公司经营管理发生严重困难的;

(二)股东表决时无法达到法定或者公司章程规定的比例,持续两年以上不能作出有效的股东会决议,公司经营管理发生严重困难的;

(三)公司董事长期冲突,且无法通过股东会解决,公司经营管理发生严重困难的;

(四)公司经营管理发生严重困难,公司继续存续会使股东利益受到重大损失的。

股东的该项权利不受出资瑕疵的影响。

【实务解析】

一、公司僵局定义

公司僵局是指公司在存续运行中由于股东、董事之间矛盾激化而处于僵持状况,导致股东会、董事会等公司机关不能按照法定程序作出决策,从而使

公司陷入无法正常运转,甚至瘫痪的状况。

二、公司出现僵局的原因

公司僵局的出现,究其根本原因,在于股权结构的不合理,从而导致公司治理机制的不完善。大股东持有的股权比例达到或超过公司注册资本的50%,中小股东由于长期无法有效表达自己的意愿,自己的利益确实受损或感到自己的利益受损,就会逐渐产生抵触和不合作的对抗情绪。虽然大股东可以因为“一股独大”通过股东会决议,但决议在公司组织机构具体执行中或多或少、或强或弱地遭到中小股东的抵制对抗,这就极易形成公司僵局。当然如存在股权对等的情况,更易形成股东会和董事会决议,造成公司僵局。

总之,合理的股权比例是防止公司僵局的根本,在合理设置了公司股权结构的情形下,公司的法人组织机构、监督制衡机制也要同步并举,这样才能形成和谐完善的公司治理机制。

三、确定公司僵局的条件

《公司法》第182条确定了公司僵局必须同时具备三个条件。

(一)公司经营管理发生严重困难

最高人民法院《关于〈中华人民共和国公司法〉若干问题的规定(二)》第1条从股东会和董事会的角度确定了四种“公司经营管理发生严重困难”的情形。具体分为股东会僵局和董事会僵局。股东会是公司权力机关,决定着公司重大事项,董事会是公司决策机关和股东会决议执行机关,对公司正常运营起着至关重要的作用。一旦股东之间由于利益、感情上的纠纷或者董事之间对于公司经营理念不一致而导致股东会和董事会无法召集,或者召集以后由于双方所持表决权数额或者人数相当而不能作出决议,将会导致公司的经营决策无法进行,公司的运营陷入瘫痪状态,这是典型的公司僵局。由于股份有限公司股份自由转让,如遇到公司僵局,一般股东都选择“用脚投票”退出公司,所以实践中有限责任公司僵局占了绝大多数。

在认定经营管理困难时,还要注意区分不同有限责任公司的公司治理结构的不同。如果公司股东和董事重合度高,则发生严重困难只是指股东会层面上的困难。

(二)公司继续存续会使股东利益受到重大损失

公司继续存在是否会使得股东利益受到重大损失是一个经营判断标准,法官的司法裁判毕竟和商业决策是两个领域,所以法官一般应采取谨慎态度。从字面上理解,重大损失既包括公司经营状况由好变坏,也包括经营状况日趋恶化。在作出判断时,既可以从公司历史角度观察,也可以根据现实状况得出趋势性的结论。

(三)通过其他途径无法解决

"其他途径无法解决"即穷尽公司内部救济。具体而言,起诉前"其他途径"是指股东是否自行召集过临时股东会、临时董事会,是否形成股东会决议、董事会决议,股东是否请求过股权回购、是否提出公司解散提案并表决。根据最高人民法院《关于〈中华人民共和国公司法〉若干问题的规定(二)》第5条的规定,起诉后"其他途径"主要是合议庭是否进行过调解,试图以股权转让、公司分立、公司托管、减资等措施解决问题,也可以包括强制磋商、竞价收购、强制收购等。

四、公司僵局与公司压迫的区别

公司僵局与公司压迫是两个完全不同的概念,将控股股东对小股东的强制和严重的不公平也视为公司呈僵局状态的表现是错误的理解,最高人民法院《关于适用〈中华人民共和国公司法〉若干问题的规定(二)》第1条第2款对此也进行了确定。一般来说,公司僵局只有以下三种情况:(1)在股东层面,公司股东中两派或数派持有相同数量的表决权,而每一派对对方的意见均不同意。例如,两派(每派可能有一个或多个股东)各持有50%,或三派各持有33.33%,从此类推。(2)在董事会层面,公司董事数量为偶数,两派或数派持有相同数量的表决权,而每一派对对方的意见均不同意。(3)公司章程规定涉及公司正常经营所需的某类股东会或董事会决议须经全体一致同意或赋予小股东一票否决权,而决议无法达成一致或小股东行使一票否决权。而公司压迫是指控制股东利用其表决权优势对小股东施以不公平对待的情形。公司僵局和公司压迫的主要区别在于:在公司僵局下,每一派的股东都不能获得可使决议通过的表决权,导致决议根本无法通过,公司无法正常经营;而公司压迫下,控制股东拥有可使决议通过的表决权,尽管小股东反对决议,但决议仍可通过,公司仍能够照常运转。当然一个公司因表决事项的不同,可能出现公司僵局与公司压迫并存的情况。

《公司法》第182条仅指公司僵局,不包括公司压迫。因为公司压迫通常不会导致公司经营管理发生严重困难、继续存续会使全体股东利益受到重大损失之情形。在公司压迫情形下,公司照常经营没有问题,也不会使控制股东利益受损,受损的只是小股东。

【条款设计指引】

一、申请公司解散权、申请公司清算权条款的必要性

申请公司解散权、申请公司清算权不是公司章程的必备条款。申请公司解散权、申请公司清算权是少数股东的强制性法定权利,不得用公司章程予以剥夺,即便公司章程没有约定,股东也拥有该项权利。股东是公司最终所有者,解散、清算公司是股东应该享有的权利,所以建议公司根据自身的情况在公司章程中设定该条款,尤其应注重在法定解散情形之外增加公司解散原因,解散的理由应反映股东设立公司的预期。

二、章程条款设计

(一)公司章程可以设计有权提起解散公司之诉的股东

国外法律对于提起公司之诉的股东资格一般都设定了持股比例和持股时间的限制,我国《公司法》第 182 条只对持股比例进行了限制,即占累计持有 10% 表决权以上股东才有提起解散公司之诉的权利。解散公司之诉是 10% 以上表决权股东的法定权利,不允许公司章程予以排除,如果公司章程加大限制可以提起解散诉讼的股东范围也是无效的。但公司章程可以扩大提起解散公司之诉的股东范围及降低 10% 的标准,或者进一步规定公司任一股东都有权在出现公司僵局时提起解散公司之诉。

由于公司解散不仅关系到少数股东的权益,更关系到其他股东、债权人和公司整体利益,为了防止股东滥用解散请求权,增加公司的负担,提起解散之诉的股东资格也不是越宽松越好,公司还要根据自身特点、股东人数、持股比例进行确定。

(二)公司章程可以约定公司经营管理发生严重困难的其他情形

除了最高人民法院《关于〈中华人民共和国公司法〉若干问题的规定(二)》第 1 条规定的法定情形外,公司章程可以约定公司经营管理发生其他严重困难时,股东可以申请解散公司。对于有限责任公司来说,其他情形指的是股东之间存在不可调和的矛盾,已经丧失"人合性"基础的情况。有限责任公司,"人合性"可谓公司成立和存续的必要前提条件,因为公司是因出资者相互间的信任而连接于同一经营实体中,形成了具有独立意志的法人。而股东之间的摩擦往往造成公司运作失灵,当公司运作机制的失灵无法完全在公司内部解决时,便会出现整个公司运作的瘫痪,造成"公司僵局"。根据国外立法,下列情形可以作为认定公司僵局的参考:公司虽尚未达到资不抵债宣告

破产的程度,但股东之间失去信任基础或者股东之间、公司管理人员之间发生利益冲突和矛盾,以致公司运行的机制失灵;公司经营陷入显著困难境地如财务陷入困境,业务不容易开展,继续经营会使公司财产减少。

公司章程约定公司经营管理发生严重困难的其他情形也不能过于宽泛,如果适用情形过多,有的股东为达到个人目的,可能会以解散公司来要挟,影响公司的稳定。

(三)公司章程设定合理的股权结构预防公司僵局

出现公司僵局的公司,可以通过限制大股东按照出资比例行使表决权来解决,即可以在公司章程中规定某些事项不按股东出资的比例行使表决权,而确定一个固定的表决权比例,股东也可以在章程中约定某些事项排除"资本多数决",而启用"人数多数决"表决方式。但这种约定也必须通过股东博弈,以在股东会的有效通过和权利被限制股东同意为前提。所以解决该弊端最根本的方法还是要防患于未然,从股权这个根本原因上入手,在有限责任公司成立之初,就应该创设合理的股权结构比例,使股东会决议最大可能地兼顾公司所有股东的利益。同时公司章程也可以规定限制大股东的持股比例,即除非全体股东同意,股东受让后的股权不得超过总股本的一定比例。需要注意的是,预防公司僵局的措施应设定在股东出资、股东表决权等相关条款,而不在于本条款。

【案例2-6】 公司发生僵局,股东可申请解散公司①

A公司于2000年2月29日设立,注册资本为75万元,某研究院为创始股东,持有50%的股权,2004年12月,华电公司通过受让方式成为持有A公司50%股权的股东。A公司董事成员为5人,其中某研究院代表3人,华电公司代表2人,胡某受研究院委派担任法定代表人,贾某受华电公司委派担任总经理。A公司章程第17条规定:股东会会议应对所议事项作出决议,决议应由代表1/2以上表决权的股东表决通过,但股东会对公司增加或减少的注册资本、分立合并、解散或者变更公司形式、修改公司章程所作出的决议,应由代表2/3以上表决权的股东表决通过;第20条规定:董事会对所议事项作出的决定由2/3以上的董事表决通过方为有效。

① 来源于北大法宝,上海市第二中级人民法院(2007)沪二中民三(商)终字第497号民事判决书,上海市教育科学研究院诉北京华电日生能源设备有限公司强制解散公司案。

2006年7月13日，贾某借用A公司营业执照副本、公章、法定代表人章和财务专用章，并于同月14日以总经理名义出具通知，将研究院委派的陈某、刘某（副总经理）、何某（会计）予以调岗、停职、开除等处理，该通知加盖公司公章。同月28日，胡某以A公司法定代表人的名义登报声明，公章、法定代表人章、财务专用章和合同章因遗失作废，即日起启用新印章。同年8月3日，上海市教育委员会责令A公司限期整改。同月15日，胡某以法定代表人的名义登报声明，即日起暂停签订新的留学中介服务合同。2006年7月至12月，两股东的人员多次发生肢体冲突。2006年7月13日至2007年4月28日，A公司五次召开董事会、股东会，商议解决股东矛盾、证章管理、整改措施和经营亏损等问题，没有形成有效决议。2005年7月至2006年12月，A公司共计亏损人民币147万元。研究院认为A公司陷入表决僵局和经营僵局，以华电公司为被告，A公司为第三人，请求法院判令解散A公司。

审理中，法院责成原、被告召开A公司董事会、股东会，均未形成有效决议。审理中，原、被告均表示不转让自己的股权。

法院审理认为：根据《公司法》第182条的规定，解散公司的条件有三：第一，公司经营管理出现严重困难。A公司股东的持股比例和董事会成员构成比例以及公司章程对议事规则的规定，从一开始就留下了隐患，即当原告与被告利益发生冲突，则第三人股东会、董事会就无法形成有效决议，不可避免地形成僵局。本案第三人的僵局表明，股东、董事之间的利益冲突或者权利争执以及情感的对抗发展到了严重程度，股东之间已经丧失了最起码的信任，相互合作的基础已经完全破裂。第二，公司继续存续会使股东利益受到重大损失。本案第三人在原、被告股东的矛盾冲突中，已经造成严重亏损，而且双方不能有效地遏制，亏损正在进一步扩大。第三，通过其他途径不能解决。法院责成召开的董事会、股东会均未形成有效决议，而且原、被告均表示不转让自己的股权。综上，A公司已经符合法律规定解散的条件，判决解散A公司。

评析：该判例很典型，完全符合《公司法》第182条规定的公司解散的三个条件，形成股东会、董事会僵局，且公司已经造成巨大损失，已无其他解决僵局的途径，所以法院判决解散A公司。该案受理时间为最高人民法院《关于适用〈中华人民共和国公司法〉若干问题的规定（二）》颁布前，当时公司解散案件中被解散公司的诉讼地位有很大争议，本案将被解散的A公司列为第三人。根据上述司法解释第4条的规定，股东提起解散公司诉讼应当以公司为被告，其他股东为第三人。解散公司诉讼案件性质上属于变更之诉，系变更股东和公司之间的出资与被出资的法律关系,属有关公司组织方面的诉讼,因此,股东请求解散公司诉讼的被告应当是公司。

【相关法律法规】

《公司法》第 182 条　公司经营管理发生严重困难,继续存续会使股东利益受到重大损失,通过其他途径不能解决的,持有公司全部股东表决权百分之十以上的股东,可以请求人民法院解散公司。

最高人民法院《关于适用〈中华人民共和国公司法〉若干问题的规定(二)》第 1 条　单独或者合计持有公司全部股东表决权百分之十以上的股东,以下列事由之一提起解散公司诉讼,并符合公司法第一百八十三条规定的,人民法院应予受理:

(一)公司持续两年以上无法召开股东会或者股东大会,公司经营管理发生严重困难的;

(二)股东表决时无法达到法定或者公司章程规定的比例,持续两年以上不能做出有效的股东会或者股东大会决议,公司经营管理发生严重困难的;

(三)公司董事长期冲突,且无法通过股东会或者股东大会解决,公司经营管理发生严重困难的;

(四)经营管理发生其他严重困难,公司继续存续会使股东利益受到重大损失的情形。

股东以知情权、利润分配请求权等权益受到损害,或者公司亏损、财产不足以偿还全部债务,以及公司被吊销企业法人营业执照未进行清算等为由,提起解散公司诉讼的,人民法院不予受理。

《公司法》第 183 条　公司因本法第一百八十一条第(一)项、第(二)项、第(四)项、第(五)项规定而解散的,应当在解散事由出现之日起十五日内成立清算组,开始清算。有限责任公司的清算组由股东组成,股份有限公司的清算组由董事或者股东大会确定的人员组成。逾期不成立清算组进行清算的,债权人可以申请人民法院指定有关人员组成清算组进行清算。人民法院应当受理该申请,并及时组织清算组进行清算。

最高人民法院《关于〈中华人民共和国公司法〉若干问题的规定(二)》第 7 条　公司应当依照公司法第一百八十三条的规定,在解散事由出现之日起十五日内成立清算组,开始自行清算。

有下列情形之一,债权人申请人民法院指定清算组进行清算的,人民法院

应予受理:

(一)公司解散逾期不成立清算组进行清算的;

(二)虽然成立清算组但故意拖延清算的;

(三)违法清算可能严重损害债权人或者股东利益的。

具有本条第二款所列情形,而债权人未提起清算申请,公司股东申请人民法院指定清算组对公司进行清算的,人民法院应予受理。

最高人民法院2009年11月4日法发〔2009〕52号《关于审理公司强制清算案件工作座谈会纪要》

第23条　公司剩余财产分配请求权

见第六章剩余财产分配条款。

第24条　股东提案权

推荐条款

任一股东可以在定期股东会召开×××日以前、临时股东会召开×××日以前向召集人提出书面提案,召集人应将该提案送达各股东,并提交股东会决议。如果召集人不予提交的,该股东有权直接在股东会上提出。

股东也可以在股东会上提出临时提案,但是否需要在该次股东会上审议表决由股东会决议。

股东提案不应超越股东会职权范围。

【实务解析】

一、股东提案权

股东提案权是指符合条件的股东有提出议案并交股东会审议的权利。提案权是股东行使公司重大决策权的一种基本形式,也是股东的基本权利。赋予中小股东对公司事务广泛的提案权,使中小股东能够在股东会上发表自己的意见,向大股东和董事会提出对于公司管理的观点和建议,可以在一定程度上实现中小股东利益的保护。

二、股东会提案主体

参见股东会提案条款。

【条款设计指引】

一、股东提案权的必要性

股东提案权不是公司章程的必备条款。《公司法》规定了股份有限公司股东拥有临时提案权的条件,对于有限公司的股东的提案权利,《公司法》没有规定。但有限责任公司股东提案权是实现《公司法》第 4 条股东参与公司重大决策的必要手段,而且作为人合性较强的有限责任公司,相比股份有限公司,更应该扩大股东管理公司事务的权利,所以应将提案权认定为股东的法定权利,但公司章程可以剥夺干股等特殊股东的提案权。

二、章程条款设计

一般的公司章程范本将股东会的提案权赋予董事会,股东的提案应通过董事会提出。但这在实践中往往存在问题,即当股东将提案提交董事会后,董事会未必一定将该提案提交股东会,导致部分股东的提案权受到损害。因此,有必要在公司章程中明确赋予股东提案权及设置相应的救济方式。

参见第四章股东会提案条款。

【相关法律法规】

《公司法》第 4 条　公司股东依法享有资产收益、参与重大决策和选择管理者等权利。

《公司法》第 102 条　召开股东大会会议,应当将会议召开的时间、地点和审议的事项于会议召开二十日前通知各股东;临时股东大会应当于会议召开十五日前通知各股东;发行无记名股票的,应当于会议召开三十日前公告会议召开的时间、地点和审议事项。

单独或者合计持有公司百分之三以上股份的股东,可以在股东大会召开十日前提出临时提案并书面提交董事会;董事会应当在收到提案后二日内通知其他股东,并将该临时提案提交股东大会审议。临时提案的内容应当属于股东大会职权范围,并有明确议题和具体决议事项。

股东大会不得对前两款通知中未列明的事项作出决议。

无记名股票持有人出席股东大会会议的,应当于会议召开五日前至股东大会闭会时将股票交存于公司。

第 25 条　股东表决权

推荐条款

在公司章程没有特别规定的情况下，股东按照 □认缴的出资比例 □实缴的出资比例 □一人一票 □×××方式对公司重大事项行使表决权；

不适当履行出资义务、抽逃出资的股东按照实际履行出资部分所代表的股权比例行使表决权。

【实务解析】

一、股东表决权定义

股东表决权是指股东基于股东地位享有的，就股东会的议案做出一定意思表示的权利。一般采用"一人一票"和"按出资比例"方式行使表决权。

二、"资本多数决"原则

（一）"资本多数决"的含义

"资本多数决"是指在符合法定人数或表决权数的股东会上，决议以出席股东会的股东所代表表决权的多数通过才能生效，法律则将股东会中表决权多数股东的意思视为公司的意思，并对少数派股东产生拘束力。资本多数决的基础是"一股一权"，其宗旨是维护股东平等（实质是股份平等）和股东会运营的效率。

（二）有限责任公司章程对"资本多数决"限制的理论基础

"资本多数决"导致中小股东无论在何种情况下均不得不遵从大股东的意愿，产生事实上的不平等：一方面，基于"资本多数决"表决方式，中小股东行使表决权所体现的意志往往为大股东所压制或吞没，导致中小股东的意志与中小股东的财产利益的实际脱离。而大股东通过表决权的优势能控制股东会，进而控制董事会，使公司的决策服从自己的意志，追求和实现"超额"和"优越"的财产利益。另一方面，基于"资本多数决"原则的运作，拥有控制权的大股东还有可能以法律所预见不到的方式，不正当地行使法律基于正当目的赋予他们的权利，如通过投资、资产置换、效益分配、股权转让等环节将公司的利益转移至自己手中,使公司成为违背公平与正义、满足一己私利的工具。所以为了保护中小股东的利益,各国都设有限制"资本多数决"的制度,同时也允许公司章程做进一步的限制。

有限责任公司兼具资合和人合双重属性,而"资本多数决"原则是现代公司"资合"的体现,由此更多人合性的有限责任公司可以在公司章程中排除资本多数决的表决方式,自行确定表决权行使方式。

三、表决权能否单独转让问题

股东表决权不能单独转让,原因有二:一是如果允许表决权自由转让,则公司重大活动的决策内容和价值取向极易走向广大股东利益的反面,最终损害公司甚至出卖表决权的股东的利益;二是表决权作为共益权,其行使既涉及股东自身利益,又涉及公司整体利益,如果允许表决权在股权之外自由转让,也可能导致在公司持有很少股权甚至根本不持有股权的人操纵公司重大决策,任意摆布公司广大股东的投资利益,这显然有违表决权的共益权本质,不符合资本多数决原则。所以表决权是股东实现其权利的主要手段,股东不得将表决权和股权分开而进行转让。许多国家法律都禁止股东表决权的单独转让。

四、表决权拘束协议①

股东表决权拘束协议,是指股东之间或者部分股东之间以某种确定的方式,就特定事项达成的股权表决契约。股东之间订立表决权拘束协议的目的多种多样,对于已经拥有公司控制权的股东来说,可能是为了保持控制权;对尚未取得控制权的人来说,可能是为了使表决权最大化实现,从而有机会最大限度地影响股东会的决议结果,决定或影响公司董事、监事的人选及公司的经营管理活动。在我国,《公司法》对表决权协议没有明文约定。笔者认为,表决权拘束协议的内容不违反强制性法律规范,不侵害公司和其他股东利益就应为有效。

【条款设计指引】

一、表决权条款的必要性

股东表决权是公司机构议事规则的必备条款,所以也是公司章程的必备条款。该条款应与第四章股东会表决条款相结合。法律允许公司章程自由确

① 王义松:《私人有限公司视野中的股东理论与实证分析》,中国检察出版社2006年版,第263页。

定按何种方式行使表决权,但是在公司章程没有约定的情况下,应按照出资比例行使表决权。

二、章程条款设计

(一)公司章程应确定股东表决权行使方式

股东表决权行使方式有“一人一票”和“按出资比例”两种,公司章程应选择其一作为股东行使表决权方式,体现人合性公司章程适宜以“一人一票”来行使表决权,体现资合性的公司章程适宜“按出资比例”行使表决权。由于公司法允许股东分期缴纳出资,且实践中还存在瑕疵出资可能,所以选择按出资比例行使表决权方式的公司章程,还要注意是按实缴的出资比例还是按认缴的出资比例行使表决权。如果所有事项都以认缴的出资比例行使表决权势必会对某些股东造成不公,所以建议分期缴纳出资的公司在公司章程中规定“本章程没有规定的,按照实缴的出资比例行使股东表决权”作为股权行使的一个兜底条款,防止在分期缴纳出资情况下,股东权利的行使出现无据可依。

在公司章程已经确定股东以“一人一票”还是以“出资比例”行使表决权的情况下,公司章程仍可以规定某项特定事项不按确定的原则行使,如在确定按“出资比例”行使表决权的公司,因股权外部转让会导致第三人加入公司,所以其他股东的同意权可以采用“一人一票”方式表决。

(二)章程条款对表决权限制方式

公司章程除了对表决权行使方式进行约定,还可以对特殊情况的表决权进行限制。下面是一些限制股东,尤其是大股东表决权的方法,股东在制定公司章程中可以选择适用。

1. 公司章程可直接确定股东拥有的表决权比例

表决权与出资比例相对应体现了“资本多数决”原则,但是“资本多数决”并不是有限责任公司必须遵循的原则,所以只要全体股东同意,公司章程完全可以根据自身的需要确定各股东拥有的表决权比例。

2. 公司章程可以直接确认各个股东拥有的董事提名名额

由于董事会是公司经营决策机构,所以董事的选举对公司特别重要。虽然选举董事是股东会的职权范围,但股东可以凭借董事提名权保证自己心仪之人入选董事会,尤其是中小股东可以利用该项权利在董事会安排自己的代言人。公司章程在确认董事人数时,还需要考虑公司股权结构,以防出现公司僵局。

3. 累积投票方式选举董事

累积投票制度是指在股东会选举董事会的董事时,将股东所持的每一股份赋予与拟选举的董事总人数相等的投票权,股东所拥有的投票权只能一次性使用,这就使得少数股东可以把他们持有的投票权集中于特定的候选人以使其当选。由此,累积投票可以改变普通选举中由控制股东包揽全部董事当选的局面发生,使中小股东能够将自己的代理人推举到董事会中,从而改变大股东对董事会一统天下的控制状况。累积投票制度是股份有限公司选举董事的方式,股东人数较多的有限责任公司也可以借鉴。采用累积投票制度的公司,应当在公司章程或股东会议事规则中规定董事提名的方式和程序以及累积投票制的相关事宜。

监事的选举也可以采用累积投票制。

4. 设定表决权的上限

公司章程可以对一个股东拥有的表决权最高数额进行限制,其作用有二:一是限制大股东对企业的影响,对公司的控制权进行重新分配;二是为了防止企业为第三者所收购。需要注意的是该项限制应在公司设立时就载入公司章程,否则必须得到受限制股东的同意才能有效。

5. 公司相互持股及其表决权的限制

相互持股公司的经营者互相在对方公司的股东会上行使表决权,如果相互所持股权能充分控制对方公司的规模,那么双方经营者的地位取决于对方的意思,双方经营者在连任问题上相互协力,完全有可能永久性控制公司。所以相互持股达到一定的比例会存在很多弊端:(1)有可能在一公司的控制股东、董事与他公司的控制股东、董事之间形成不正当利益,将真正的出资者排除,即使不是股东也可以间接地控制自己公司的股东会,改变公司股东会的独立运作状况;(2)双方经营者相互串通在对方公司的股东会上投票支持"暗箱"利益,却不需要承担责任。

虽然相互持股有诸多损害中小股东和公司的利益弊端,但在现代公司股权结构中,相互持股已经是一种非常普遍的事实存在,由于公司的经营需要,绝对禁止公司之间的相互持股是不现实的,国际上通行的做法是:第一,对有关表决权进行限制,规定甲公司持有乙公司的股权达到乙公司股权的一定比例时,该乙公司所持的甲公司股权不得在甲公司的股东会上行使表决权。第二,对反向持股的进行限制,当甲公司持有乙公司股权达一定比例时,乙公司不能持有甲公司的股权,已经持有的则应当在法定期限内卖出。

6. 存有利害关系股东的表决权的限制

股东会议决的事项有时会与公司的个别股东的利益发生关联,从而影响到该股东在股东会上行使投票权时立场的公正性,如股东把自己的一块土地卖给公司，或者股东向公司供应必要的原料或半成品时，这时应排除与表决事项有利害关系的股东的表决权。我国《公司法》第 16 条有表决权限制的规定，但公司章程可以将限制扩大到其他情形。

7. 委托投票权

股东可以自行投票，也可以委托他人代理投票，有限责任公司的股东相互认识，可按照普通的授权委托方式办理委托手续即可。某些中小股东也可以在有限责任公司设立时采取集体一致的行动，捆绑一起，即可以在公司章程中确认某一股东在公司运营期间代表其他几名股东行使投票权，参与公司重大事务的决策。受托股东不得以表决权协议出卖自己的表决权获得对价，因为有偿表决协议不利于公司经营运作，有损害公司利益之虞。

8. "表决权双多数制"

人合性较强的有限责任公司的章程可以规定股东会决议由参会的股东人数和股权表决权数均超过多数才能形成。股权高度集中型有限责任公司应该重视"用手投票"的内部治理机制。

公司章程对表决权限制过多，如采用资本多数决和人数多数决双重标准通过股东会特别决议，会使企业失去灵活性，不适应瞬息万变的市场经济环境。所以表决权设计在兼顾小股东的利益的同时，也要使大股东对公司有利的经营思路得以实现，在公司利益和股东利益之间寻找平衡。

【案例 2－7】　表决权比例可以独立于出资比例①

某房产公司手中有一高收益项目，但是由于存在对于房地产开发项目贷款的限制，无法向银行融资。某投资公司有结余资金，希望投资该项目，但是对于房地产开发没有经验，无法判断项目价值，同时房产公司也担心丧失公司控制权，并且不希望将高额利润中的很大一部分让给该投资公司。

解决方案：房产公司可以同投资公司约定，投资公司以固定金额加上一定比例的公司收益作为红利，同时不享有股东表决权，仅仅享有公司财务的监督权，而房产公司则享有项目公司的控制权以及公司剩余收益权。

评析：公司章程是股东之间的合意，约定表决权比例不按出资比例行使也是股东间的合意，该条款未违反法律法规的强制性规定，应为有效条款。法律

① 来源于笔者实际操作案例。

授予公司章程在表决权上享有自治权,通过表决权和利润分配权的不同组合,吸引更多的投资者,有利于公司的发展。

【相关法律法规】

《公司法》第16条　公司向其他企业投资或者为他人提供担保,按照公司章程的规定由董事会或者股东会、股东大会决议;公司章程对投资或者担保的总额及单项投资或者担保的数额有限额规定的,不得超过规定的限额。

公司为公司股东或者实际控制人提供担保的,必须经股东会或者股东大会决议。

前款规定的股东或者受前款规定的实际控制人支配的股东,不得参加前款规定事项的表决。该项表决由出席会议的其他股东所持表决权的过半数通过。

《公司法》第42条　股东会会议由股东按照出资比例行使表决权;但是,公司章程另有规定的除外。

第26条　新股优先认购权

推荐条款

公司新增资本时,公司任一股东有权按照□认缴的出资比例□实缴的出资比例 □×××的方式优先认缴出资。

【实务解析】

参见总则中的增资条款。

【条款设计指引】

一、新股优先认购权条款的必要性

新股优先认购权不是公司章程的必备条款。法律允许经全体股东同意,公司章程可以自由确定按何种方式行使新股优先认购权,但在公司章程没有约定的情况下,应按照实缴出资比例行使优先认购权。公司成立以后,为了扩大生产规模,往往需要增加公司注册资本,这时股东享有优先认购权。如果公司对增资后股权比例有自身考虑，应设置排除股东优先认购权的内容。

二、章程条款设计

参见公司增资条款。

【相关法律法规】

《公司法》第 34 条　股东按照实缴的出资比例分取红利；公司新增资本时，股东有权优先按照实缴的出资比例认缴出资。但是，全体股东约定不按照出资比例分取红利或者不按照出资比例优先认缴出资的除外。

第 27 条　股权转让、继承、赠与权

见股权转让章节。

第 28 条　股东优先购买权

见股权转让章节股东优先购买权条款。

第 29 条　股利分配请求权

推荐条款

股东有权根据股东会决议请求公司按照□认缴的出资比例 □实缴的出资比例 □×××方式分配公司税后的利润和其他形式的利益。

股利分配请求权不能单独转让，但股东根据股东会决议而享有的请求公司支付特定股利的权利可以转让。

【实务解析】

一、股利分配请求权的定义

股利分配请求权，是指股东基于其公司股东的资格和地位依法享有的请求公司向自己分配股利的权利。其从性质上可分为抽象股利分配请求权和具体股利分配请求权两个层面。抽象的股利分配请求权，指股东基于公司股东

的资格和地位而享有的一种股东权能。具体的股利分配请求权,指当公司存在可供分配的利润时,股东根据股东会决议而享有的请求公司按其持股类别和比例向其支付特定股利的权利。抽象的股利分配请求权是一种期待权,利润分配方案经股东会决议通过才能转化为具体的股利分配请求权,即债权,具体的股利分配请求权才是股东对经股东会决议认可的实实在在的可分配金额享有的给付请求权。股利分配是股东追求的最终目标。

二、公司分配股利的条件

(一)实体条件:公司有实际可供分配的利润

公司分配股利不能来源于公司注册资金,只能来源于公司的利润。根据《公司法》第 166 条的规定,公司用作分配的股利必须是公司利润扣除一定款项后的余额,其扣除顺序如下:

1. 所得税,公司用于分配的股利必须是"税后利润",公司利润首先应当扣除所得税。

2. 弥补亏损,公司的法定公积金不足以弥补以前年度亏损的,应先用当年利润弥补亏损。

3. 提取法定公积金,公司分配当年税后利润前,应当提取利润的 10% 列入法定公积金,累计提取额为公司注册资本的 50% 以上的,可以不再提取。

4. 提取任意公积金,经股东会决议,公司可提取任意公积金。

公司依以上顺序,缴纳税费、弥补亏损、提取公积金后,方可按照《公司法》第 34 条的规定向股东分配利润。

(二)程序条件:公司的利润分配方案要得到股东会的通过

公司具备利润分配的实体条件并不意味着股东就能获得股利,其还停留在股利的抽象请求权层面,这一抽象请求权要转化成针对公司的具体请求权,还必须经过股东会的专门决议。即股东要获得股利,除了公司必须有可分配利润这个实质前提外,还必须有公司股东会已经作出利润分配决议这个程序前提,只有经过法定决策程序,形成利润分配决议后,利润才能转化为股利。

《公司法》第 46 条规定,公司的利润分配方案由董事会制定,第 37 条规定公司的利润分配方案由股东会或股东大会审议批准。股东会可以根据公司自身需要授权(如果直接规定董事会审议批准则违反了《公司法》第 37 条)董事会在一定权限内有决定是否分配利润、如何分配利润的权利。《公司法》利润分配决定权划分比较合理,因为单纯由董事会或股东会决定公司股利分配都容易因缺乏制约而走向极端:如果单纯由董事会来决定股利分配,虽然董事会相比股东会而言,更加了解公司的经营和财务,可以照顾到公司未来发展对资本的需求，但董事会可能借口公司发展需要而拒绝对股东分配股利；如果单纯由股东会决定股利分配，虽然可以强化股东权益，但缺点是与董事会相比，股东对公司的经营可能并不了解，特别是股东人数众多时，往往难以形成一致而合理的分配方案，而且股东可能较少考虑公司的未来发展，而更注重眼前利益。因此，我国《公司法》规定由董事会提出股利分配方案、股东会决定是否通过是较为合理的，股东会和董事会相互制约，有利于保护股东的股利分配权，限制董事会滥权。

三、强制分配股利制度

强制分配股利是指公司章程约定如果公司过分提起任意公积金，滥用私法自治导致股东的权益严重受损时，股东可以请求公司分配股利。

（一）强制分配股利的法理基础

1. 公司主要是为股东的营利目的而组织和运营的，董事会的权利应当为达此目的而运用，所以董事会的股利分配自由裁量权应当被限定于选择实现股东目的的手段，而无权变更股东目的，更无权将公司利润用于其他目的而不在股东间分配。

2. 投资回报比投资本身更重要。股东进行投资的目的就是要求回报，如果一个股东事先知道所投资的公司不能给他提供回报，他绝不会去投资。没有哪一个人会将自己的投资当成他人的福利，让他人无偿占有和使用自己的投资。如果法律不建立确保小股东投资回报的制度，当小股东投资回报屡遭“滑铁卢”并成为一种普遍现象之时，也就是投资制度全面崩溃之时。

3. 权利与义务一致的法律原则要求必须给予小股东以实现投资回购的救济。“资本多数决”原意是尊重资本，是资本民主原则的体现，但资本民主绝不是大资本的专制，绝不是建立在掠夺小资本的基础上的民主。小股东履行了投资义务后，他应当享受到相应的权利，仅有义务而没有权利是不公平的。

（二）强制分配股利前提

强制分配股利的前提是公司有足够的合法盈余，却存在过分提取任意公积金，恶意不分配股利的情形。

1. 公司过分提取任意公积金的行为应同时具备以下条件：(1)对公司利益缺乏相当的必要性。此种必要性应综合考虑公司的经营状况、财务状况、证券市场和金融市场状况、产品或服务市场状况和国民经济总体形势等因素，判断公司提取一定数额的公积金是否为公司的存在与发展所必需。(2)对股东利益缺乏合理性。此种合理性，应以普通股东为标准进行衡量。如果公司多年（如3年以上）连续提取巨额任意公积金，而不分或少分股利，即对股东利益之实现不具有合理性。(3)违反股东平等原则。如公司不分股利,大股东却通过为自己开高薪获利,就构成对股东平等原则的违反。

2.“恶意”的认定。股东如能够证明控股股东存在逼走少数股东的意图,则可以认定存在“恶意”。如果存在利益冲突、过分的任职福利和薪金等情形,则可进一步认定存在“恶意”。

四、司法介入股利分配请求权要尊重公司自治权利

法院在介入公司内部法律关系时,应当审慎而为,给公司自治留有足够的空间。法院不能以司法权取代公司正常的商业行为。对于公司内部的事务主要应由公司根据章程进行公司自治,只要公司自治的内容无碍于交易安全、社会稳定,即应尊重其依据商业考虑独立决定自己的事务,尊重他们的意思表示自由和民事行为自由,承认公司自治的效力。股利分配取决于公司是否有可分配的利润,其具体数额则取决于股东在股东会上的自由判断。这种判断往往受股东近期财富最大化和远期财富最大化两种分配理念的支配,其本身并无合法与违法之别。此外,股利分配还受制于公司的类别、公司的经营现状与发展前景、国内外市场的状况与税率的变化等因素,同时很多公司的股东们可能更倾向于以工资、利息、租金等形式分取股利。可见,公司股利分配的时间、数额,原则上属于公司自治和股东自治的范围,人民法院不宜越俎代庖,造成司法专横。

五、巨额奖金的认定

从法律上分析,公司向董事、监事、经理和职工所分配的奖金,性质虽然属于经常支出事项,但它确实在实际上减少了股东分配的利润,所以异议股东可以向法院申请撤销股东会、董事会的相关决议,如果奖金的数额没有超出一定范围,则撤销之诉不会得到支持;相反,过高的奖金会被视为隐形利润分配而被撤销,如奖金影响公司资本充实原则,则为无效。在此问题上,董事、高管也涉嫌违反忠实义务。

【条款设计指引】

一、股利分配请求权条款的必要性

股利分配请求权不是公司章程的必备条款。经全体股东同意,法律允许公司章程自由确定股东按何种方式分取红利,但是在公司章程没有约定的情况下,应按照实缴的出资比例分取红利。股利分配请求权是股东投资公司的最终目的,所以建议公司章程设置反映股东意愿的股利分配条款,该条款可以

包含制约公司长期不分配红利的内容。

二、章程条款设计

公司章程可以对股利分配方式进行约定

很多规模小的公司股东在选择合作伙伴时，不单单看资本实力，往往看重的是对方领先的技术、先进的管理技术、广泛的客户群和人际关系，而根据《公司法》的规定，这些是不能用来作为出资的。所以有资金实力的一方为了与这些资金少的“人才”股东合作，可以在公司章程中约定特殊的股利分配方式，调动各方面的积极性。当然股东也可以通过赠与方式扩大这些“人才”的股权，但从公司控制权的角度看，约定特定的股利分配比赠与干股风险小得多。

具体而言，公司股东在制订公司章程时可以采取如下方式进行约定：(1)公司章程抛开(实缴的)出资比例，直接规定股东甲分取股利的比例为×××%，股东乙分取股利的比例为×××%，股东丙分取股利的比例为×××%，股东丁……(2)公司章程约定股东甲和股东乙按照实缴的出资比例分取股利，股东丙和股东丁按照认缴的出资比例分取股利，股东丙分取股利的比例为×××%，股东丁分取股利的比例为×××%；(3)公司章程约定甲股东放弃利润的分配，但这种排除个别股东的分红请求权要经过该股东明示同意，不得违反该股东意愿；(4)公司章程可以规定，公司结算利润或其中的一部分划拨给第三者，该约定对于以第三人的名义隐名参股股东具有重要的现实意义。

三、公司章程可以设置制约公司长期不分配股利条款

我们经常发现一个奇怪的事实，大股东不在乎股利的分配。事实上，大股东并不是不在乎股利分配，而是大股东通过隐蔽的渠道获取了更高的利益，不仅将自己应得的那部分利益如数拿走，而且还越界侵吞了小股东应得的那部分利益。大股东常用的“盗窃技术”有：利用控制公司的优势，获取公司董事、经理等重要职位，大幅度提高工资待遇和奖金，变相取得公司利益；在原材料采购、产品销售、资产处置时与公司进行关联交易；通过承包租赁掠夺公司的利润；通过资产置换、委托理财、为关联公司提供担保侵蚀公司的利润；直接向公司借款长期不还。

股利分配是属于商业判断的范畴，公司是否分配股利、如何分配股利取决于公司的经营状况与发展前景、国内外市的现状以及税法的影响等诸多因素，只要符合正常的商业判断，无论其最终执行的结果如何，没有对错之分，都会受到法律的保护，大股东正是在这种合法的外衣保护下，滥用控制权决定不分或少分股利，同时又以上述手段攫取高额收益。为了保护中小股东的利益，公

司章程可以从股利分配的时间、分配股利与公司留存的比例、分配的方式、分配的顺序、分配的对象等角度设置公司股利分配制度,以削弱大股东、董事会股利分配的控制权,可供选择的方式有:

1. 公司章程直接规定公司一个会计年度的利润达到一定数额,公司应该分配一定数额或比例的股利。

2. 鉴于公司享有的自由积累的权利会危及少数股东的利益,所以建议无论如何应在公司章程中规定一个最低股息率,公司章程约定如果有可供分配利润,则公司至少每年以银行贷款利息的标准分配给股东股利。

3. 在公司章程中可以约定对重大事项,如对人事任免及薪水事项制定适用特别表决权规则,使管理层在缺乏少数股东同意的情况下,很难利用股东会通过给自己或其代理人支付过高薪酬的决议。同时应注意薪酬支付方式要确保涵盖所有的股东,以实现对中小股东的公平。

4. 股东的利益分配有的就直接体现在董事的报酬中,小股东失去董事的资格也就会丧失利益回报。公司章程可以选择以累积投票方式选举董事,以避免将担任董事的中小股东不公平地排挤出董事会。

5. 股东可以通过公司章程来约定,某一职位由某一股东提名或所派代表担任,这使得即使小股东没有控制公司,仍然可以获得一些投资回报。

6. 公司章程可以借鉴国外强制分配股利的理论。理论上一般认为,法官不具备商业判断的专业能力,法官不适宜参与公司商业行为的是非判断。因此,在利润分配问题上,是否分配利润、如何分配利润还需公司自行解决,设置公司强制分配股利制度,即在符合章程约定的强制分配股利的条件时,董事会应作出方案,股东会进行决议。该理论本应是《公司法》的内容,但很遗憾,我国《公司法》缺乏这方面的规定,对于一般投资者来说,要求其掌握确实存在一定的难度,如果公司章程采用,应越具体越好,否则就成为一种摆设。

【案例2-8】　股东会通过利润分配决议,股东才拥有具体的股利分配请求权①

华新公司于1998年9月25日注册成立,袁某于2007年4月成为华新公司股东。2007年9月华新公司增资至1500万元,袁某出资75万元,占华新公

① 来源于北大法宝,北京市石景山区人民法院(2010)石民初字第5553号民事判决书,袁煜飞诉北京华新电工设备有限公司公司盈余分配纠纷案。

司股份的5%,其中25万元为货币,另外50万元为无形资产。华新公司于2009年12月23日召开股东会,通过2008年未分配利润300万元作为2008年现金红利,对2008年在职在股的股东进行分配,2009年利润作为增资款不再进行现金红利的分配的决议。2009年12月30日起华新公司将红利发放给其他股东。袁某按其所占华新公司股份应得税前红利15万元,但至今华新公司尚未将红利发放给袁某。故诉至法院,请求判令华新公司按袁某所占股份比例发放2008年红利12万元。

法院审理认为:袁某作为华新公司的股东有权取得其所占股份的红利。华新公司股东会于2009年12月23日作出决议对2008年未分配利润进行分配,华新公司理应按袁某所占公司股份比例及时给付其相应的红利,而不能以其他理由拖延给付,因此袁某要求华新公司给付2008年红利12万元及利息损失合理部分的请求,本院予以支持,判决被告华新公司于本判决生效后15日内给付原告袁某2008年红利12万元及利息损失。

评析:股东作为公司的投资人,其投资的目的就是获得利润。公司的利润,在缴纳各种税款及依法提取法定公积金、法定公益金之后的盈余,可以向股东分配红利。股东应当按照实缴的出资比例分取红利的权利,任何人都不得非法限制或者剥夺。但股东并不具有确定性的股利分配请求权,只有股东会决议批准分配方案后,才能使抽象的股东的分配请求权得以现实化,其股利分配请求权才能得到法院支持。

【相关法律法规】

《公司法》第34条　股东按照实缴的出资比例分取红利;公司新增资本时,股东有权优先按照实缴的出资比例认缴出资。但是,全体股东约定不按照出资比例分取红利或者不按照出资比例优先认缴出资的除外。

《公司法》第37条　股东会行使下列职权:

……

(六)审议批准公司的利润分配方案和弥补亏损方案;

……

《公司法》第46条　董事会对股东会负责,行使下列职权:

……

(五)制订公司的利润分配方案和弥补亏损方案;

……

《公司法》第166条　公司分配当年税后利润时，应当提取利润的百分之十列入公司法定公积金。公司法定公积金累计额为公司注册资本的百分之五十以上的，可以不再提取。

公司的法定公积金不足以弥补以前年度亏损的，在依照前款规定提取法定公积金之前，应当先用当年利润弥补亏损。

公司从税后利润中提取法定公积金后，经股东会或者股东大会决议，还可以从税后利润中提取任意公积金。

公司弥补亏损和提取公积金后所余税后利润，有限责任公司依照本法第三十五条的规定分配；股份有限公司按照股东持有的股份比例分配，但股份有限公司章程规定不按持股比例分配的除外。

股东会、股东大会或者董事会违反前款规定，在公司弥补亏损和提取法定公积金之前向股东分配利润的，股东必须将违反规定分配的利润退还公司。

公司持有的本公司股份不得分配利润。

第30条　特殊股东的特殊权利

【实务解析】

一、特殊股东的特殊权利定义

特殊股东的特殊权利是公司章程赋予少数股东的特别权利。公司章程是股东在协商一致基础上形成的合意，所以其对特殊股东的特权权利约定，只要侵犯其他股东的强制性法定权利，都应为有效。

二、特殊股东的特殊权利与股东其他权利的关系

特殊股东的特殊权利和股东的约定权利是可以相互转化的，公司将该权利授予所有股东时就是约定权利，授予个别股东时就是特殊权利，所以特殊股东的特殊权利和全体股东的约定权利一样，也体现为扩大的法定权利。完全脱离股东法定权利类型，可以独立的特殊权利很少。

【条款设计指引】

一、特殊股东特殊股权条款必要性

特殊股东的特殊权利不是公司章程的必备条款。由于各个有限责任公司

各有其不同特点，基于不同考虑，给予公司某些特殊股东的特殊权利会有很大的不同，但只要不违反法律的强制性规定应为有效，可以任意设计规范，笔者在此不做推荐条款设计。

二、章程条款设计

（一）特殊股东特殊权利条款的安排和变更

特殊股东的特殊权利一般只能在公司成立时安排，但如果对公司来说有重大意义，也可以考虑以修改公司章程的方式来确定，但这种影响其他股东利益的章程修改，在排除拟拥有特殊权利的股东表决权外，至少需要得到代表三分之二有表决权股东的通过，直接利益受侵害者还要明确对其表示同意，否则有被提起股东诉讼的风险，而这种直接受害人，可能是全部普通股股东，所以更需要谨慎处理。

即便是特殊权利，只要公司章程进行了规定，法律就要对其特别权利提供很好的保护，任何有关废除或改变特别权利的建议，不仅需要修改章程，而且必须得到权利人的同意。当然公司章程可以约定，如果这种权利的行使出现了对于其他股东无法承受的重大事由，就可以不顾权利人的意见，限制或剥夺权利人的特别权利，因为股东相互之间的关系以及所有股东的共同目标是公司章程优先考虑的。

（二）特别权利的转让问题

特别权利是股东权利的组成部分，是股东资格的体现，如无特别规定，特别权利很有可能会随股权的出让而转让给股权的受让人。并且由于特别权利与股权捆绑在一起会使转让价格大于其余股权的转让价值，则加大了持有该特别权利的股东将其权利转让的愿望，所以为了避免公司陷入这种不可预知的窘境，公司章程可以约定将特别权利与特定的权利人捆绑在一起，随着股权的转让，特别权利也就随之消失。尤其是在某一股东拥有经营管理权等特别权利的情况下，为了留住对公司有重要影响的股东，公司章程更应该如此规定。

（三）特殊股东的特殊权利类型

常见的公司章程赋予特殊股东的特别权利有三类：

第一，表决权方面。在某些大股东控制董事会的有限责任公司中，小股东并不对公司所有事项都关心，其可能只对关系到自己切身利益某一事项特别关注，对此公司章程可以进行表决权的安排，规定某些事项必须由股东会决策，同时辅助以全票通过以保障小股东利益，小股东事实上拥有了对某些事项同意和否决的权利。

第二,财产权方面。财产权利是股东的最终权利,属于股东自益权。股东完全有权利自由处分,所以修改后的《公司法》对其留有的自治权很大,满足不同股东对股利和公司资产的不同要求。具体而言,可以借鉴中外合资企业,规定某些股东拥有优先分得红利请求权,另一些股东拥有分得更多剩余资产的请求权,即在公司章程规定在一段时间或者在一定总金额范围内将公司收益全部授予某些股东(风险投资者),使其早日拿回出资取得收益后退出公司,而另一些股东在其后的时间里拥有了对公司的经营权。对于一些设立公司目的就是取得高于银行存款利息的固定收益的股东,可以在公司章程中规定给予其在公司债权人的固定收益权之后,而在其他股东的收益权之前的固定收益权。此外,还包括给予某些股东以优惠的形式购买公司所生产的商品、所提供的服务以及使用公司设施的权利。

第三,在共同管理权方面,给予某一股东拥有同意和否决股东会决议的权利,担任公司经理或任命公司经理的权利以及董事、监事提名的权利。

【相关法律法规】

《公司法》第4条　公司股东依法享有资产收益、参与重大决策和选择管理者等权利。

第二节　股东义务

股东义务分为法定义务和约定义务。法定义务是股东依照公司法或其他有关法律规定应尽的义务,一般情况下,公司章程可以扩大却不能缩小或排除股东或个别股东的这些义务,缩小或排除这些义务等于是侵害了公司和其他股东的权利。

第31条　股东出资义务

推荐条款

股东有按照公司章程的约定缴纳出资、续缴出资的义务。

【实务解析】

为了保护债权人利益,法律规定缴纳出资是股东最重要的义务。股东出资义务包括股东出资义务和出资填补义务。

一、股东出资义务

股东出资义务既包括公司设立时缴纳、出资义务,也包括公司增资时续缴出资的义务,但增资时的续缴出资却是约定义务,如公司章程没有规定,股东有权拒绝续缴。

参见瑕疵出资股东、抽逃出资股东责任、股东间出资填补责任条款、公司增资条款。

二、股东出资填补义务

(一)股东出资填补义务的定义

股东的出资填补义务是指公司设立时的股东(原始股东)或者发起人共同承担的相互担保出资义务履行的民事责任。根据最高人民法院《关于适用〈中华人民共和国公司法〉若干问题的规定(二)》第22条的规定,公司解散时,股东尚未缴纳的出资均应作为清算财产。股东尚未缴纳的出资,包括到期应缴未缴的出资,以及依照《公司法》第26条和第80条的规定分期缴纳尚未届满缴纳期限的出资。公司财产不足以清偿债务时,债权人主张未缴出资股东,以及公司设立时的其他股东或者发起人在未缴出资范围内对公司债务承担连带清偿责任的,人民法院应依法予以支持。

承担法定出资填补义务的股东应仅限于公司设立时的发起人股东,而不应将其扩大到所有股东。

(二)股东出资填补义务的法理依据

股东出资填补义务的法理依据有三点:

第一,发起人股东之间相互熟悉并通常密切联系,具备对出资的真实性、有效性和充分性相互监督的条件,只有明确规定这样的监督义务,才能防止他们相互串通逃避出资义务,进而保障资本的充实。

第二,发起人股东往往能从公司设立中获得诸如取得报酬权、实物出资权、创立大会召集权等特殊的利益,其有机会利用其特殊地位,把公司当作自己谋利的工具,根据权利义务相一致原则,有必要对他们规定较重的责任,从而平衡公司设立过程中各方当事人的利益,维护交易安全。

第三,出资担保义务可促使发起人股东在公司设立过程中尽心尽力,提高公司设立的效率,减少社会资源的浪费。

(三)股东出资填补义务的适用范围

我国《公司法》第30条只规定了发起人股东间非货币出资相互监督的义务,没有规定货币出资的相互监督义务。一般而言,货币出资不像非货币出资那样需要价值评估,对货币出资真实性、有效性和充分性的监督要比对非货币出资的监督容易得多。

【条款设计指引】

一、股东缴纳、续缴出资条款的必要性

股东缴纳、续缴出资义务条款不是公司章程的必备条款。股东缴纳、续缴出资义务是股东的法定义务,即便公司章程不规定,股东仍负有该项义务,且在瑕疵出资股东、抽逃出资股东责任条款、股东间出资填补责任条款、公司增资条款中,已经设置了很多股东违反出资的责任,所以公司章程可以不再另行约定。

二、章程条款设计

参见瑕疵出资股东、抽逃出资股东责任、股东间出资填补责任条款和公司增资条款。

【案例】

参见案例1-11 未办理过户手续的专利技术出资是瑕疵出资。

【相关法律法规】

《公司法》第28条 股东应当按期足额缴纳公司章程中规定的各自所认缴的出资额。股东以货币出资的,应当将货币出资足额存入有限责任公司在银行开设的账户;以非货币财产出资的,应当依法办理其财产权的转移手续。

股东不按照前款规定缴纳出资的,除应当向公司足额缴纳外,还应当向已按期足额缴纳出资的股东承担违约责任。

《公司法》第30条 有限责任公司成立后,发现作为设立公司出资的非货币财产的实际价额显著低于公司章程所定价额的,应当由交付该出资的股东补足其差额;公司设立时的其他股东承担连带责任。

最高人民法院《关于适用〈中华人民共和国公司法〉若干问题的规定(二)》第22条　公司解散时,股东尚未缴纳的出资均应作为清算财产。股东尚未缴纳的出资,包括到期应缴未缴的出资,以及依照公司法第二十六条和第八十条的规定分期缴纳尚未届满缴纳期限的出资。

公司财产不足以清偿债务时,债权人主张未缴出资股东,以及公司设立时的其他股东或者发起人在未缴出资范围内对公司债务承担连带清偿责任的,人民法院应依法予以支持。

第32条　股东忠诚义务

推荐条款

股东应该忠诚地对待公司,积极促进公司目标的实现,并避免给公司造成损失。股东滥用股东权利给公司造成损失的,应当按照实际损失额的双倍进行赔偿,并承担公司支出的律师费和会计审计费。

【实务解析】

一、股东忠诚义务的概念

股东忠诚义务是指股东忠诚地对待公司,积极地促进公司目标的实现,并避免给公司造成损失的义务,包括股东对公司、股东对股东的忠诚。传统理论认为股东对于公司除了出资义务外,没有别的义务。随着大股东、控股股东损害公司现象的频繁出现,股东对公司及其他股东的忠诚义务得到普遍的认同。由于有限责任公司股东之间的关系并不仅仅限于财产关系,他们是建立在长期合作的基础上的,所以应对有限责任公司股东提出了更高的诚实信用要求。

二、忠诚义务要求股东在行使权利时要忠诚地对待公司

一般地,股东在行使共益权时,应符合公司利益,但在他行使自益权时,却无须把公司利益置于个人利益之上。但现代理论认为,股东自益权的行使也要有适当的限制,要符合适当的原则,即股东必须忠实地对待公司,使用最恰当的手段,既不能够加重公司的负担,也不能使这种负担远远超出其获得的利益。

【条款设计指引】

一、股东忠诚义务条款的必要性

股东忠诚义务不是公司章程的必备条款。股东忠诚义务是贯穿《公司法》的原则性规定,在股东侵害公司利益,公司却无法在法律或者公司章程找到相应的规定时,该条款可作为追究侵权股东责任的依据,所以建议在公司章程中设置该条款。

二、章程条款设计

《公司法》对股东的忠诚义务规定得比较笼统,对董事、高管的忠实义务和勤勉义务规定得比较具体,所以公司章程可以参照董事、高管的忠诚义务,设计股东的忠诚义务。竞业禁止义务一般被看作忠诚义务的延伸,但有限责任公司的股东一般不受竞业禁止的约束,公司章程应规定对企业政策有决定性影响的大股东才负有竞业禁止的义务,即便其没有参与公司具体经营管理也应承担该义务。

为了增加股东对公司的忠诚感,并弥补公司维护权利所支出的成本,公司章程可以选择加重股东违反忠实义务的责任,设计违反忠诚义务的股东向公司双倍赔偿损失,并向胜诉的公司支付聘请律师、会计师的费用。

参见董事忠实义务。

【相关法律法规】

《公司法》第20条　公司股东应当遵守法律、行政法规和公司章程,依法行使股东权利,不得滥用股东权利损害公司或者其他股东的利益;不得滥用公司法人独立地位和股东有限责任损害公司债权人的利益。

公司股东滥用股东权利给公司或者其他股东造成损失的,应当依法承担赔偿责任。

公司股东滥用公司法人独立地位和股东有限责任,逃避债务,严重损害公司债权人利益的,应当对公司债务承担连带责任。

第 33 条 控股股东(实际控制人)诚信义务

推荐条款

公司的控股股东不得作出有损于公司和其他股东合法权益的决定,控股股东侵害公司和其他股东权利的,应按公司和其他股东实际损失的双倍赔偿,并承担公司和其他股东支出的律师费、会计审计费。

【实务解析】

一、控股股东特殊诚信义务的法理基础

传统公司法理论认为,只有董事才是股东的受托人,对股东负有诚信义务,股东与股东之间并不存在信托关系,股东对其他股东不必负有诚信义务,股东向公司出资的目的是营利,所以股东在行使权利时,只需考虑自己的利益,而不必考虑其他股东利益。股东也只以其出资额为限对公司承担有限责任,除此别无其他责任。正因为如此,出现了个别控股股东出于自己利益行使的股东权利却决定了包括其他股东利益在内的全部股东利益,这就可能损害其他股东的利益,而控股股东对此并不承担责任显然有失法律的公允。

就一般情况而言,股东通过投资组建公司的形式将财产以信托的方式委托给董事和经理经营管理,但是由于控制股东能够通过董事和经理的选任,操纵和支配董事和经理,从而控制公司的财产,因而事实上成了公司财产的受托人。由于控股股东享有并行使了董事和经理的权利,按照权利和义务相一致的原则,控股股东也应该像董事和经理一样对其他股东承担诚信义务。

二、应适用"商业判断规则"来判断控股股东诚信义务

判断控股股东是否履行诚信义务同样可以适用"商业判断规则"。该规则要求:(1)控制股东在决策、经营时已尽相应之注意;(2)控股股东本身无利害关系;(3)控股股东有充分的理由确信,这是对公司最有利的商业判断。控股股东如果能证明其商业判断符合上述要求,即便给公司造成损害,也将认为没有违背诚信义务而免予追究法律责任。该规则既可以保证控股股东在谨慎行使决策权后仍致使公司损失时,免予承担赔偿责任;又能督促控股股东谨慎行使控制权,维护公司和少数股东的利益。

【条款设计指引】

一、控股股东诚信义务条款的必要性

控股股东诚信义务不是公司章程的必备条款。在实践中,控股股东控制公司,损害中小股东利益的案例还是很多,建议公司应该根据自身的股权结构评估控股股东风险后选择适用。保障中小股东利益是公司章程的宗旨之一,该宗旨的实现需要一系列相互配套的措施来实现,而不能只寄希望于一个条款。

二、章程条款设计

公司章程可以从两个方面确立控股股东的诚信义务:其一,行使表决权时的诚信义务。控股股东在为了自己的利益行使表决权时,不得损害公司及少数股东的利益。当决议事项直接关系到公司业务执行时,控股股东必须把公司利益放在首位,其自身利益服从公司利益。当决议事项涉及股东利益时,不得损害少数股东的利益。其二,公司业务执行时的诚信义务。如果控股股东可以对公司董事会发号施令,甚至直接决定公司的经营目标和决策时,控股股东非常类似于董事,或者说是事实上的董事。因此,影响公司业务执行的股东应与董事负相同的责任,对控股股东可以适用董事的诚信义务,其不得将自身利益放到首位。

为了增强控股过多股东的诚信感,公司章程对此可以选择加重控股的责任,即向公司和其他股东支付双倍的赔偿金,并支付聘请律师、会计师的费用及其他的合理费用。

【相关法律法规】

《公司法》第 21 条　公司的控股股东、实际控制人、董事、监事、高级管理人员不得利用其关联关系损害公司利益。

违反前款规定,给公司造成损失的,应当承担赔偿责任。

《公司法》第 216 条

本法下列用语的含义:

……

(二)控股股东,是指其出资额占有限责任公司资本总额百分之五十以上或者其持有的股份占股份有限公司股本总额百分之五十以上的股东;出资额或者持有股份的比例虽然不足百分之五十,但依其出资额或者持有的股份所享有的表决权已足以对股东会、股东大会的决议产生重大影响的股东。

（三）实际控制人，是指虽不是公司的股东，但通过投资关系，协议或者其他安排，能够实际支配公司行为的人。

……

第34条　股东清算义务

推荐条款

公司解散事由出现之日起15日内，由股东组成清算组对公司进行清算。清算股东对公司负有忠实义务和勤勉义务。

【实务解析】

一、大量被吊销营业执照的公司垂而不死的原因

公司作为市场经济的主体，对其自身利益追求最大化是不二选择，如果不遵守法律的成本低于遵守法律的成本，那么公司自然也会选择不遵守法律而获得利益。有限责任公司清算主体是股东，由于《公司法》没有规定公司解散时股东不及时履行清算义务的制裁措施，导致公司解散后不清算对股东既得利益丝毫无损，所以不再继续经营的公司股东为了逃废债务、银行贷款或税款，往往采取不年检的"自行冷却"的方式，希望或者放任公司被吊销营业执照成为最经济的选择。

二、股东的法定清算义务

根据最高人民法院《关于〈中华人民共和国公司法〉若干问题的规定（二）》的规定，在解散事由出现之日起15日内成立清算组，开始自行清算，如果股东不履行清算义务，导致公司财产贬值、流失、毁损、灭失，或公司账册、重要文件灭失，则意味着其失去了有限责任的保护，对公司债权人承担连带清偿责任、赔偿责任。

最高人民法院《关于〈中华人民共和国公司法〉若干问题的规定（二）》还赋予了公司股东提起清算之诉的权利。在股东间矛盾导致公司经营发生严重困难被法院判决强制解散，或者出现公司章程规定的其他解散事由的情形下，公司往往拖延不清算。上述规定使那些试图通过清算而分配剩余财产，以便从公司脱身的部分股东可以依法责令其他股东在法定期限内组成清算组，赋

予这些股东提起清算的诉权是使其彻底摆脱“公司困境”的保障。

【条款设计指引】

一、股东清算义务条款的必要性

股东清算义务不是公司章程的必备条款,但却是股东法定义务。公司章程重申该条款只是引起股东的重视,公司章程不选择,股东也仍然承担清算义务。现大多不再继续经营的公司对清算重视不够,但最高人民法院《关于〈中华人民共和国公司法〉若干问题的规定(二)》的颁布,使未在法定期限内成立清算组开始清算,导致公司财产贬值、流失、毁损或者灭失,或者因怠于履行义务,导致公司主要财产、账册、重要文件等灭失,无法进行清算的股东对公司债务承担连带责任的风险加剧,所以建议公司在停业后及时清算。

二、章程条款的设计

法律规定公司股东的清算义务是为了保护债权人利益,所以不建议公司章程中给股东设置多于法定义务以外的义务。

【案例2-9】　股东不履行清算义务应对债权人承担责任①

1997年9月,华龙公司成立,股东为A、B、C、D、E公司。2002年12月4日,华龙公司被吊销营业执照,该公司的股东未对华龙公司进行清算。2005年12月20日,某市法院判决华龙公司给付中色公司100万元;A、B、C、D、E公司对华龙公司进行清算,六个月内清算完毕,以清算的财产清偿上述债务。但华龙公司未按时间进行清算,致使中色公司的债权没有得到清偿。故中色公司诉至法院,请求判令A、B、C、D、E公司对华龙公司债务承担连带清偿责任,清偿额为1,030,020元并加倍支付延期付款的利息。

法院审理认为,有限责任公司股东是公司的法定清算义务人,该义务履行的依据并不是基于其参加公司的经营管理或实际控制公司的财产、账册等重要文件,故不参与华龙公司经营管理、不掌控公司账册,并不能免除公司股东的清算义务。结合本案事实,四被告作为华龙公司的清算义务人,在华龙公司被吊销营业执照后,其理应依法组成清算组对公司进行清算,但其均未及时履

① 来源于北大法宝,北京市海淀区人民法院(2008)海民初字第22652号民事判决书,北京中色建设工程有限公司诉北京中华建规划设计研究院有限公司等公司清算赔偿纠纷案。

行清算义务;经法院判决,各股东仍未积极履行清算义务,导致中色公司的债权无法实现,故其上述行为足以构成怠于履行清算义务。现有证据材料表明华龙公司已无力偿还债务,各股东亦未依据生效判决履行对华龙公司的清算义务,中色公司作为债权人起诉要求各股东承担相应的民事责任,于法有据。中色公司此前所诉是以各股东出资不到位为由,要求各股东对华龙公司债务承担连带责任,与本案所诉事实及理由均不相同,故中色公司提起本案诉讼,不违反一事不再审原则。判决中 A、B、C、D、E 公司共同给付原告中色公司 1,030,020 元并赔偿其中 100 万元的利息损失。

评析:股东清算义务是法定义务,清算义务人不履行清算义务应承担相应责任。本案四被告以无法单独组织清算或不掌握公司状况等为由推诿责任,未设立清算组,更未积极查找公司资产及账目下落,构成怠于履行清算义务,导致账册灭失、财产损失,应对公司债务向债权人承担连带责任。

【相关法律法规】

《公司法》第 183 条 公司因本法第一百八十条第(一)项、第(二)项、第(四)项、第(五)项规定而解散的,应当在解散事由出现之日起十五日内成立清算组,开始清算。有限责任公司的清算组由股东组成,股份有限公司的清算组由董事或者股东大会确定的人员组成。逾期不成立清算组进行清算的,债权人可以申请人民法院指定有关人员组成清算组进行清算。人民法院应当受理该申请,并及时组织清算组进行清算。

最高人民法院《关于〈中华人民共和国公司法〉若干问题的规定(二)》第 7 条 公司应当依照公司法第一百八十三条的规定,在解散事由出现之日起十五日内成立清算组,开始自行清算。

有下列情形之一,债权人申请人民法院指定清算组进行清算的,人民法院应予受理:

(一)公司解散逾期不成立清算组进行清算的;

(二)虽然成立清算组但故意拖延清算的;

(三)违法清算可能严重损害债权人或者股东利益的。

具有本条第二款所列情形,而债权人未提起清算申请,公司股东申请人民法院指定清算组对公司进行清算的,人民法院应予受理。

最高人民法院《关于〈中华人民共和国公司法〉若干问题的规定(二)》第

18 条 有限责任公司的股东、股份有限公司的董事和控股股东未在法定期限内成立清算组开始清算,导致公司财产贬值、流失、毁损或者灭失,债权人主张其在造成损失范围内对公司债务承担赔偿责任的,人民法院应依法予以支持。

有限责任公司的股东、股份有限公司的董事和控股股东因怠于履行义务,导致公司主要财产、账册、重要文件等灭失,无法进行清算,债权人主张其对公司债务承担连带清偿责任的,人民法院应依法予以支持。

上述情形系实际控制人原因造成,债权人主张实际控制人对公司债务承担相应民事责任的,人民法院应依法予以支持。

最高人民法院《关于〈中华人民共和国公司法〉若干问题的规定(二)》第19 条 有限责任公司的股东、股份有限公司的董事和控股股东,以及公司的实际控制人在公司解散后,恶意处置公司财产给债权人造成损失,或者未经依法清算,以虚假的清算报告骗取公司登记机关办理法人注销登记,债权人主张其对公司债务承担相应赔偿责任的,人民法院应依法予以支持。

最高人民法院《关于〈中华人民共和国公司法〉若干问题的规定(二)》第20 条 公司解散应当在依法清算完毕后,申请办理注销登记。公司未经清算即办理注销登记,导致公司无法进行清算,债权人主张有限责任公司的股东、股份有限公司的董事和控股股东,以及公司的实际控制人对公司债务承担清偿责任的,人民法院应依法予以支持。

公司未经依法清算即办理注销登记,股东或者第三人在公司登记机关办理注销登记时承诺对公司债务承担责任,债权人主张其对公司债务承担相应民事责任的,人民法院应依法予以支持。

最高人民法院 2009 年 11 月 4 日《关于审理强制清算案件工作座谈会纪要》

第 35 条 股东约定义务

【实务解析】

一、股东约定义务

约定义务是在法定义务之外,公司章程规定由股东承担的义务,股东的约定义务常常也表现为股东的权利。约定义务的改变,只能通过修改公司章程的办法进行,如果要增加这种义务,则必须得到履行该义务的股东的同意。约定义务可能涉及全体股东,也可能仅仅牵涉其中几个股东,后者则被称为特别义务。约定义务既可能是有偿的，也可能是无偿的。如果这种义务是与股权联系在一起的，就可以约定随股权转让而转让；如果这种义务是和某一特定股东联系在一起的，就是某一股东的专属义务，则不能随股权的转让而转让。

二、公司章程中股东约定义务与保护债权人利益关系

虽然《公司法》赋予有限责任公司可在章程条款的设置上享有更多的自由，但公司没有在法律规定及公司本身的需要之外，给股东加重保护债权人利益的义务。因为股东设立公司首要目的是取得投资回报，不可能存在为了债权人的利益，最多只能是为了公司更好的发展，照顾到债权人的有限利益。基于此，除了法定义务外，公司章程中股东约定义务表现更多的是股东对股东的义务和股东对公司的义务，而无约定股东对债权人承担任何义务的必要。

【条款设计指引】

一、股东约定义务条款的必要性

股东约定义条款不是公司章程的必备条款。由于各个有限责任公司各有不同的特点，基于不同考虑，对股东的需要也不同，所以对某些股东有特别要求的公司，为了保障公司的权利，应设置该条款。股东约定义务是各个公司仁者见仁、智者见智的事情，各个公司情况不同，需要约定的股东义务也不同，所以笔者在此不做推荐条款的设定。

二、章程条款设计

常见的公司章程可以借鉴的股东约定义务有：股东增资义务；给公司提供贷款的义务；不分配应得利润的义务；承担公司债务或者补偿公司损失的义务；向公司供货义务；购买公司产品义务；允许公司有偿或者无偿使用特定物的义务（地产、机器、专利和工业产权）等。

第三章 股权转让

一、股权转让章节的必要性

所谓股权转让，是指公司股东依照法定条件和程序，将向公司投资而产生的权利和义务一部或者全部转移给其他股东或者股东以外投资者的行为。我国《公司法》第71条第1款至第3款对有限责任公司的股权转让条件进行了明确的规定，但其第4款又指出“公司章程对股权转让另有规定的，从其规定”。由此可见，无论是股东之间还是股东与非股东之间股权转让都不是公司章程的必要记载事项，而是任意记载事项，有约定从其约定，无约定按法定。

股权转让条款对于股东和公司都极其重要：(1)公司是法人，一般设定很长的经营期限，如果不是经营期限到期或代表2/3表决权的股东同意，公司不可能主动解散，所以对股东来说，股东退出公司，收回投资收益的主要方式就是股权转让；(2)股权转让，公司的“壳”虽然没变，但“瓤”已经发生变化，这种变化可能会引起公司管理层的变动、公司治理结构的调整，甚至公司主营业务的改变，这些变动势必会增加公司的不稳定因素，所以对公司来说，公司章程股权转让条款的设置可以保障既有股东的利益，维持公司的稳定性；(3)股权转让有很多模式，《公司法》第71条只是其中的一种，对股权转让有特殊要求的公司及股东完全可以设计符合自身特点的股权转让模式；(4)《公司法》第71条对股权转让内容规定得不够完善，异议股东购买价格、特殊身份的股权转让、瑕疵股权转让等重要内容需要公司章程予以设定。基于以上原因，即便公司章程不能单独设立股权转让章节，也强烈建议公司章程设置股权转让条款，尤其是对于人合性较强，对股权转让有自己想法的有限责任公司更应如此。

二、公司章程设置股权转让条款的自由范畴

公司出于维护有限责任公司人合性的目的，往往会在公司章程中对股权转让作出严于《公司法》的约定；出于吸引更多的投资者的角度，往往又会在公司章程中对股权转让作出宽于《公司法》的约定。但公司章程的这种约定

是不是有限度的？如果是有限度的，那么股权转让的自由幅度到底可以有多大？[①] 这是制定公司章程股权转让章节首先需要解决的问题。

（一）有限责任公司的人合性特点决定了公司章程可以对股东股权转让进行限制

虽然有限责任公司本质上是一个资合公司，其与股份有限公司相比，最大的特点是人合性，因为它的人合性，所以资金的大门并不是向所有投资者敞开，只有那些志同道合的人才能走到一起，成为公司的股东。而且股权变动的同时势必会影响公司治理结构及其经营管理模式的稳定性与可持续性，所以法律赋予有限责任公司章程可以对新加入的股东进行限定。公司章程通常采用其他股东的同意权和优先购买权两种方式对股东向非股东转让股权进行限制。出于股权结构稳定性考虑，公司章程也可以对股东之间股权转让设置限制，但由于股东之间股权转让只影响到股权结构，不影响到有限责任公司人合性，所以对于某一具体有限责任公司来说，股东之间的股权转让一般比股东与非股东之间股权转让适用更宽松的标准。需要注意的是这种限制设定本意不应针对股权转让本身的限制，设计限制条款应以维护公司的内部稳定及公司良好运转为目的。

（二）有限责任公司的资合性决定其股权必须具有可转让性（流动性）

有限责任公司作为现代企业制度的形态，本质上是资合公司，资合公司最大的特征是股权具有天然的可转让性。投资者向公司出资后，出资财产归公司所有，公司给予投资者以股权作为对价，使之成为公司股东，在公司存续期间，股东不能抽回自己投入公司的财产。为使投资者能随时收回资本，立法者

---

① 国外对股权外部转让的立法例：《德国有限责任公司法》第 15 条第 5 款规定："可以通过公司合同为出资额的让与规定其他的要件，特别是可以规定，出资额的让与需得到公司的承认"，即公司章程可以作或松或严的规定。《法国商事公司法》第 45 条第 7 款规定："任何违反本条（股权转让）规定的条款，均视为未作订立"，即公司章程无权对股权外部转让限制作任何缓和规定，但可以作出更加严格的限制。《意大利民法典》第 2469 条规定，除公司章程另有规定外，股权可自由转让，也可因死亡而继承，若章程禁止股权转让，或者要求得到公司、股东或者第三人同意等条件，则按照法定退出权转让股权或退出公司。《韩国商法典》第 556 条规定"社员，只有在依第 585 条（特别决议）规定的社员大会的决议时，方可以将其持有的股份的全部或者一部分转让给他人。但是，可以依章程规定更严格其转让的限制条件"，以此，章程只能加重而不能缓和股权外部转让之限制。《美国示范公司法》第 6.27（a）条规定："公司章程、内部细则、股东协议或者股东与公司之间的协议可以对公司股票的转让或者转让登记加以限制"，除非公司章程等形式作了限制性规定外，有限公司的股份可以自由转让。从以上立法例考察，可以发现，各国都允许公司章程对股权转让作严于法定限制，也大多允许放松法定限制。但该规定本身的性质不同，有的属于任意性规定，有的属于强制性规范，前者赋予章程充分的自主权，后者因其强制性而不得放松限制。

设计一套替代方案——转让股权,当股东投资预期利益难以实现或者风险程度超出控制范围时,应允许投资者通过股权转让而使其从公司中抽身而退的权利和自由。股权转让速度即为股权流动性,股权的流动性越高,其体现的价值就越高,就越能吸引大量资金投入,股权的流动性是资合性公司生命力之所在。

基于可转让性是股权的天然属性,所以公司章程对股权转让限制的约定应以股权能够流动为标准,即限制转让的约定以股权能够得到受让、股东能够退出为原则,当公司章程这种限制的实际执行可能会导致股权转让极度困难或者根本无法转让时,应认定该限制转让已演变为禁止转让,该条款因从根本上动摇股权流动性,有悖于有限责任公司本质属性,应认定为无效。当然如果禁止转让的条款与异议股东股权回购请求权相结合,因其未实质禁止股权流动,也应是有效的。

三、有限责任公司股权转让方式

有限责任公司股权转让方式有两种:一是股东将股权转让给其他现有的股东,即公司内部的股权转让;二是股东将其股权转让给现有股东以外的其他投资者,即公司外部的股权转让。这两种形式因对公司人合性影响不同,在转让条件和转让程序上存在很大差异,本章对此将分别予以讨论。股权继承、赠与、析产虽属于股东外部的股权转让,但其股权变动的原因有特殊性,本章将其从股东外部转让分离出来,作为特殊形式的股权转让单独讨论。

【案例3-1】　禁止股权转让的公司章程条款无效①

李某与张某、王某、黄某系本科大学同学,四人于2003年共同投资设立了一家有限责任公司。公司章程规定:除继承以外,股东不得转让其所持有的公司股权。2006年5月,股东李某因急需资金而欲将其持有的股权转让给董某,王某等三人则坚决反对。双方在协商未果的情况下诉至法院。原告李某诉称:依据《公司法》第72条的规定,既然张某、王某和黄某三人不愿意出资购买其欲向董某转让的股权,那么其就有权向董某转让其持有的股权。被告三人则辩称:在设立公司时,为了保持公司的人合性和防止出现个别股东利用《公司法》第72条的规定来逼迫其他股东收购其持有股权达到提前收回投资,公司章程约定“除继承以外,股东不得转让其所持有的公司股权”,该条款应对李某具有法律

---

① 根据笔者代理的案例整理。

约束力。原告李某现在依据《公司法》的规定要求转让其所持有的公司股权，不仅违反了公司章程，也违背了民法的基本诚信原则。法院认定本案公司章程"以股东不得转让其所持有的公司股权"为变相禁止股权流动，该条款因违反了资合公司股权流动性原则而应为无效，支持了原告李某的诉讼请求。

评析：本案公司章程禁止股权转让，包括股权内部转让，同时又未给股东其他方式进行救济，所以该公司股权完全失去流动性，违反了资合性公司的本质属性，法院认定公司章程相关条款无效显属正确。

第36条　股东之间股权转让（股权内部转让）

根据公司对股权内部转让的态度，公司章程可以选择下列一种推荐条款作为股权内部转让模式：

□股东之间可以相互自由转让其全部股权或者部分股权，其他股东的异议不影响股权转让协议的效力。

□股东之间转让其全部股权或者部分股权时应当书面通知其他股东，该书面通知应该包含股权转让价格，以及股权转让价格之外对该股权转让行为存在影响的其他所有因素。其他股东应当在接到转让通知之日起×××日内给予是否也要求购买的答复，逾期未答复者视为放弃。

多个股东要求购买的，应按各自的持股比例受让。经□全体股东□半数以上股东□具有三分之二表决权的股东同意，可以不受出资比例限制。其他股东应在请求答复期限届满之日起×××日与拟转让股东签订股权转让合同，该期限届满未签订合同的，拟转让股权的股东有在其他股东中选择转让对象的权利。

□股东之间转让必须经股东会决议通过，如果股东会不同意，公司应回购该股权。

【实务解析】

一、股权内部转让概念

所谓股权内部转让，即公司内部股东之间转让股权，是指股东将自己的股权全部或部分转让于公司的其他股东。在部分转让股权的情况下,公司股权结构会发生变化,但股东人数不会因该转让而改变;在全部转让股权的情况下,股东人数会相应减少,受让股东股权比例会增加,导致股权结构变化。

二、股东内部转让时其他股东的优先购买权

如果公司章程无特别约定,股东之间股权转让,无须征得其他股东同意,其他股东不享有优先购买权。理由为:(1)优先购买权是相对于股东以外的第三人而言的,目的是保证公司的人合性不被破坏,而公司内部股东之间的股权转让没有外人加入,不涉及人合问题,故不存在一个优先购买权的问题;(2)股东内部股权转让,对未受让之股东来说,没有改变其在公司的持股比例,不对其产生影响。

【条款设计指引】

一、股权内部转让条款的必要性

股权内部转让条款不是公司章程的必备条款。公司章程对股权内部转让有约定的按约定,无约定的按法定,即可以自由转让。由于股东之间的股权转让毕竟会改变股权结构,影响公司的治理,所以公司章程可以对股东之间股权转让作出规定来限制股东之间股权转让,但该限制必须合法,不能导致禁止或者变相禁止股权流动。

二、章程条款设计

(一)公司章程对股权内部转让限制应遵循的原则

公司章程对股东之间转让股权的限制一般应遵循下列原则:(1)应当允许公司股东基于对公司控制权争夺的担忧、风险防范或者股权结构的考虑,通过公司章程约定,对股权内部转让作出相应的限制,即肯定并尊重公司自治权;(2)公司章程对股权内部转让的限制条件不得高于公司章程规定股权对外转让的限制条件,这是建立在公司人合性因素上的一个基本判断标准;(3)公司章程对股权内部转让的限制条件不得违反股权流动性原则。

法律不禁止股东之间转让股权,但是根据我国的产业政策,必须由国有股控股或相对控股的交通、通信、大中型航运、能源工业、重要原材料、城市公用事业、外经贸等有限责任公司,其股东之间转让出资不能使国有股丧失控股或相对控股地位,如果公司的情形确有转让的必要,必须报国家有关部门审批方可。

(二)可供公司章程选择的影响股权内部转让的方式

根据公司对股东间股权转让自由度的态度,公司章程通常采纳以下四种模式：

一是股东之间可以自由转让其股权的全部或部分，无须经其他股东的同意。如果公司章程无约定，则自动适用该种方式。但绝对的股权自由转让缺乏应有的灵活性，特别是不能适应公司治理结构稳定性的要求。

二是原则上股东之间可以自由转让其股权的全部或部分，但约定其他股东同等条件下均享有受让权。因为在多个股东有购买意愿的情况下，选择按各自的持股比例受让，不会造成股权结构变动，有利于公司稳定。如果股东会决议不按持股比例受让，这应视为股东间的意思自治，是对股权结构变动的自愿认可，不会影响股东之间的合作，应该提倡该形式。但需在公司章程中确定通过该项股东会决议的表决权比例，这一比例不宜损害中小股东的利益。若其他股东表示了购买意愿后，却违约不与出让股东签订股权转让合同，这是否需要重复股权内部转让程序？因为无限制的重复受让权程序，实质是否定了股东之间自由转让股权的权利，建议在公司章程中约定，如果其他股东违约没有与拟转让股东签订股权转让合同，那么拟转让股东应有在其他股东间自由选择转让对象的权利，为了防止其他拟受让股东故意违约帮助拟转让股东有选择转让对象的权利，可以在协商受让比例股东会决议中，确定第一受让人违约后跟进的第二顺序的受让人。

三是规定股东之间转让股权必须经股东会同意。应该说很少有公司章程选择适用，这不但是因为在大股东控制下的股东会很可能损害中小投资者利益，而且可能因为股东会转让股权决议没通过，事实造成股权无法流动而导致该条款无效的风险。

四是禁止股权转让，由公司回购。如果公司章程选择公司以回购拟转让股权的方式，则或者需要公司有足够充裕的资本公积金，或者公司必须履行烦琐的减资程序，这都会使公司陷入麻烦之中，所以笔者不建议公司章程选择公司回购方式。

如果公司的人合性确实需要，可以考虑将第三种方式作为第四种方式的"但书"条款，排除公司回购，这样公司可以在允许股权转让和准备足够的资金保证金、履行烦琐的程序之间作出选择，但此时应同时约定股东会决议通过的表决权比例和回购价格确定依据。股东回购价格参阅异议股东股权回购请求权。

（三）公司章程可以规定股权内部必须按"比例转让"

"比例转让"是指转让方在内部转让股权时，其他股东有权依照各原有出资比例购买转让方所转让的股权。"比例转让"使公司股权结构不发生重大变化,可以维护公司内部关系的稳定。但一些学者也提出了质疑,认为“比例转让”会引起严重问题:(1)必然加剧与转让自由原则的冲突,强行采用“比例转让”,不仅可能损害转让方利益,还可能促使外部转让,从而背离有限责任公司的人合性特征;(2)强行采取“比例转让”规则,将加大转让方的交易成本。公司章程根据自身的考量选择适用。

【案例3-2】 股东会强制股权转让决议无效①

甲公司召开股东会议,会议通过修改公司章程的决议:“股东因辞职、除名、开除或根据《劳动法》第25条的规定被解除劳动合同关系的,股东会可以决定其股权由其他股东受让,股权转让价格不论公司到时盈亏状况,一律以实际认缴出资的原值结算,转让人拒收股权转让金的,受让股东可将其提存至公司。”李某投了反对票。随即甲公司将修订后的章程在工商部门进行了备案。2个月后,李某起诉至法院,要求确认强行转让其股权的股东会决议无效和公司章程部分条款无效。法院认为通过修改公司章程来剥夺股东资格和股东权利,必须在股东同意的基础上,而不适用表决权多数原则。在没有事先约定的情况下,股东会无权强制剥夺股东资格,判决支持了李某的请求。

评析:当股东之间产生股权之争时,大股东容易想到的一个撒手锏是运用其控制下的股东会或者董事会作出决议,由公司或者第三人强制取得(含有偿取得与无偿取得)小股东持有的股权。股权作为财产权利的一种,受到法律保护,无论是股东会决议,还是董事会决议都无权强制股东将其合法拥有的股权转让给其他股东或者第三人。强制小股东转让股权的行为严重违反了契约自由原则和股权转让自由原则,即使完成强行转让过户手续,也属于无效民事行为,小股东可以提起确认决议无效之诉。

本案涉及的另外一个问题是股权转让价格约定。本案甲公司通过修改章程,约定“股权转让价格不论公司到时盈亏状况,一律以实际认缴出资的原值结算”,将股东的股权转让价格限定在出资原值。公司章程可以约定股权转让的价格限制,但如果转让价格与公司净资产价值或评估价值相去甚远,股东可以参照“显失公平”原则,请求法院认定股东会决议或者公司章程相关条款无效。

---

① 根据笔者代理案件整理。

【相关法律法规】

《公司法》第 71 条第 1 款　有限责任公司的股东之间可以相互转让其全部或者部分股权。

《外商投资企业投资者股权变更的若干规定》

第 37 条　股东向非股东转让股权(股权外部转让)

根据公司对股权外部转让的态度,公司章程可以采用下列一种推荐条款作为股权外部转让模式:

□股东不得向股东以外的人转让股权,如其他股东不购买,则公司应回购该部分股权。

□股东向股东以外的人转让股权,无须经公司和其他股东同意,其他股东也不享有同等条件下的优先购买权。

□股东向非股东转让股权,该股东应就其股权转让事项书面通知其他股东□和公司征求意见。该书面通知应该包含股权转让价格,以及股权转让价格之外对该股权转让行为存在影响的其他所有因素。

公司应当自接到通知之日起×××日内发出召集股东会通知以征求其他股东的意见。如公司未发出召开股东会通知的,其他股东应当在接到转让通知之日起×××日内给予答复,逾期未答复者视为同意。

【实务解析】

一、股权外部转让概念

股权外部转让,是指股东将自己的股权全部或部分转让给股东以外的人。如果公司章程没有排除其他股东的优先购买权,则拟转让股东应向其他股东发出通知,对此有两种方式:一是“先签约,后通知”,即转让双方签订股权转让协议后,再将该签约事实告知公司或其他股东;二是“先通知,后签约”,即转让双方签订股权转让协议前,将拟签订转让股权协议的事实告知公司和其他股东。因为转让双方未正式签订协议前,各方均无法准确确定转让价格,因此"先通知,后签约"几乎无法成为实践中采用的做法。

二、《公司法》第 71 条的完善

相比 2005 年《公司法》修改前,第 71 条在股权转让问题上有三点变化:(1)删除了 1993 年《公司法》股东会"对股东向股东以外的人转让出资作出决议"职权,说明股东会享有股权转让的集中统一决策权由此转变为股东个别同意权。(2)现行《公司法》将 1993 年《公司法》股权转让"经全体股东过半数同意"改为"经其他股东过半数同意",排除了拟转让股东的表决权,更加合理。(3)现行《公司法》第 71 条第 2 款还建立了出让股东向其他股东个别发函征求意见以及受通知股东默示同意推定制度。《公司法》第 71 条的变化表现了立法对有限责任公司自治权的尊重和对实务操作的重视。

【条款设计指引】

一、股东向非股东转让股权条款的必要性

股东向非股东转让股权条款不是公司章程的必备条款。但该问题是公司在存续期间必然遇到的问题,也是股东的一项重要权利,所以公司章程应选择其中的一个模式,否则将自动适用《公司法》第 71 条的规定。

二、章程条款设计

(一)公司章程选择股东向非股东转让股权模式的考虑因素

有限责任公司带有人合特点,但人合性在各个有限责任公司表现强弱不同。在一个有限责任公司人合性会表现得很强烈,等同于合伙企业,在另一个有限公司可能就看不到多少人合性因素,等同于股份有限公司。所以较强人合性、资金雄厚的有限责任公司可以采用第一种推荐条款模式,即如果其他股东无购买意愿,则公司应回购股权,回购价格参阅异议股东股权回购请求权。因该种方式应考虑到公司资金的情况,并且公司回购要与公司减资结合,所以并不适合大多数公司。较少人合性的有限公司可以采用第二种推荐条款模式,股东只要与其他第三人签订股权转让协议,向公司履行告知义务,即可完成有关股权转让手续。股权自由转让,未违反法律强制性规定和法律基本原则,该约定可以视为股东预先放弃公司优先购买权,应为有效。兼顾人合性与资合性的公司宜选择第三种推荐条款模式,此模式与《公司法》第 71 条规定的股权外部转让条款基本相同,只是增加了部分细节。

（二）股东会关于股权转让决议的实际意义

虽然修改后的《公司法》将股东会“对股东以外的人转让出资作出决议”职权删除，但以召开股东会形式来讨论股权转让并非毫无价值，采取召开股东会方式不但可以提高股权转让效率，尤其是在股权不能向非股东转让的情况下，股东会能据此确定各异议股东需购买转让股权的比例，而且股东间还容易就股权结构达成新的一致。但控股股东不赞同股权转让时，公司就有可能消极对抗，怠于履行召开股东会的权利，反而不利于股权转让效率的提高，所以公司章程如选择股东会参与股权转让，应同时设计及时召开股东会，保障转让效率的内容。

（三）第三种模式条款层次设计说明

第一种模式交由公司回购，第二种模式赋予股东完全自由权，排除了其他股东同意权、股东优先购买权，所以章程条款内容比较简单，单单一条就可以说明问题，而第三种模式如果没有其他条款配合，在操作过程中会引起纠纷。所以下面两个条款适用于选择第三种模式的公司章程，选择第一种、第二种模式的公司章程就不必选择下面两个条款。

【相关法律法规】

《公司法》第 71 条　有限责任公司的股东之间可以相互转让其全部或者部分股权。

股东向股东以外的人转让股权，应当经其他股东过半数同意。股东应就其股权转让事项书面通知其他股东征求同意，其他股东自接到书面通知之日起满三十日未答复的，视为同意转让。其他股东半数以上不同意转让的，不同意的股东应当购买该转让的股权；不购买的，视为同意转让。

经股东同意转让的股权，在同等条件下，其他股东有优先购买权。两个以上股东主张行使优先购买权的，协商确定各自的购买比例；协商不成的，按照转让时各自的出资比例行使优先购买权。

公司章程对股权转让另有规定的，从其规定。

《外商投资企业投资者股权变更的若干规定》

第 38 条　异议股东购买义务

选择上一推荐条款中第三种模式的公司章程可选择下列一种推荐条款，

作为异议股东履行购买义务的程序条款:

□ 公司半数以上□具有三分之二表决权的其他股东不同意向非股东转让股权的,异议股东应该在请求答复期限届满之日起三十日内与拟转让股权的股东签订股权转让协议。异议股东未在请求答复期限届满之日起三十日内与拟转让股权的股东签订股权转让协议,则视为同意转让,拟转让股权的股东可以向非股东转让股权。

□公司半数以上□具有三分之二表决权的其他股东不同意向非股东转让股权的,公司应当在股东会议结束之日或者请求答复期限届满之日起十五日内指定异议股东购买拟转让的股权。公司在股东会议结束之日或者请求答复期限届满之日起十五日内未指定受让股权,或者被指定受让的股东在公司指定三十日内不与拟转让股权的股东签订协议的,拟转让股权的股东可以向非股东转让股权。

异议股东购买价格应为□转让价格□按最近一期审计的公司净资产确定。如果拟转让股东或异议股东对该价格存在异议的,可以请求以□收益现值法□重置成本法□现行市价法□清算价格法进行评估,评估费用应由异议方预缴。在评估结果产生后,若该价格严重偏离评估价值的,则拟转让股东应承担评估费用,并有权选择是否撤回股权转让通知;若该价格与评估价值基本一致,则异议方应承担评估费用,并承担因评估而对转让股东和第三人造成的损失。评估期间期限中止。

【实务解析】

一、股东对股权转让事项的表决

有限责任公司股东向股东以外的人转让其出资时,需要一定比例的股东同意,但股东是按照出资比例来行使表决权,还是按照股东人数行使表决权?有限责任公司既有资合的性质,也有人合的性质。从资合的性质来讲,股东应当按照出资比例来行使表决权;而从人合的性质讲,股东应按照股东人数行使表决权。要确定在某一具体事项上如何行使表决权,关键在于该事项涉及公司的资合性质还是人合性质。股东向股东以外的人转让出资涉及合作人的变化,合作之人的变化显然应属于人合性质的事项,人合性质的事项,应当由全体股东按照股东人数行使表决权。每一股东无论出资多少,在设立公司时均有同等的权利选择其认为适当的合作伙伴。在设立公司后股东发生变化时,同样应有同等的权利选择是否接受新的合作伙伴,若不同意则应购买被转让的股权来救济。此项权利的性质与股东持股多少无关,当然也就不宜采取按照出资比例行使表决权的方式决定。当然公司基于自身考虑,尤其是资合性质较强的公司,也可以按出资比例来行使表决权,或者采用股东人数和出资比例双重标准,只要效果上不至演变为禁止或者变相禁止股权流通,都是有效的。

二、异议股东购买义务和其他股东优先购买权区别

异议股东购买义务是指股东向股东以外的人转让股权,不同意的股东人数或者代表的表决权超过公司章程规定的比例,则不同意的股东应当购买该转让的股权。

根据《公司法》第 71 条的规定,不同意股权外部转让的异议股东购买义务与同等条件下其他股东优先购买权不是同一概念。异议股东人数或者代表的表决权超过公司章程规定的比例,表明股权只可流转于内部,产生阻止非股东"入伙"的效果,但为了不影响出让股东转让股权的目的,为此异议股东(不包括同意股东)负有购买该股权的义务,如果异议股东不履行该义务,就会产生同意的后果。异议股东未超过公司章程规定的比例,表明转让对象被解禁,此时其他股东(包括不同意股东和同意股东)享有优先购买权。二者的具体区别为:(1)适用阶段不同。前者是股权向非股东转让得到否定时产生的义务,后者是股权向非股东转让得到肯定时产生的权利;(2)适用的对象不同。前者适用异议股东,即不同意向非股东转让股权的股东的义务,后者是除拟转让股东之外的所有股东;(3)前者是义务,后者是权利。

三、异议股东购买价格

对于异议股东购买价格实践中存在两种观点:一种观点认为,应当按照内部转让股权处理,转让价格首选协商,协商不成按评估作价,不受出让股东开价条件的限制,此方式能防止转让股东与拟受让的非股东在转让价格问题上作假,损害其他股东的优先购买权。但应承认该观点以损及出让股东利益为代价来维系公司的人合要素,对出让股东是不公平的。另一种观点则相反,主张"同等价格"说,不同意的股东应以转让通知列出的条件购买,不购买就视为同意,没有讨价还价的余地。该说法以出让股东的利益为先,兼顾公司人合性的维护。但如果出让股东人为抬高转让价格,会架空其他股东的优先购买

权。现很多法院倾向于"同等价格"说,如上海市高级人民法院《关于审理涉及有限责任公司股东优先购买权案件若干问题的意见》第2条就规定,不同意对外转让股权的股东,应当在合理期限内向出让股东购买该部分股权。购买条件与行使优先购买权相同。基于存在以上的分歧,建议公司根据自身需要在公司章程中补充异议股东以什么价格购买拟转让的股权。

四、异议股东购买期限

《公司法》第71条第2款并未规定异议购买股权的期限。如果公司章程没有约定一个期限,出让股东可在书面通知中确定异议股东行使购买权的合理期限。异议股东超过合理期限未与出让股东签订股权转让协议的,可参照《合同法》第94条第4项有关迟延加催告的解除合同的规则,出让股东应催告异议股东在合理顺延的期限内(如7日内)与其签约,若后者仍拒绝或怠于签约,则出让股东有权向非股东转让股权。

【条款设计指引】

一、异议股东购买义务条款的必要性

异议股东购买义务条款不是公司章程的必备条款。该条款是上一条款第三种模式的延续条款,在该种模式下,不同意对外转让的异议股东,负有购买的义务,如不购买视为同意。由于不同意就需承担购买的义务,而在购买价格没有法律规定和公司章程约定的情况下,异议股东很难作出是否同意的决定,同时如果没有购买标准,出让股东与异议股东间也会为此产生分歧,甚至引起纠纷,所以建议在上一条款中选择第三种模式的公司章程,设定该条款。

二、章程条款设计

(一)可以股东会决议方式确定购买股权的异议股东

股东向非股东转让股东,会有不止一个股东提出异议,所以为了维持公司原有的股权结构和公司的稳定,公司章程可以采用以股东会决议的方式指定受让的异议股东,即公司在通知答复期召开股东会,如股东会决议不同意转让,则该决议应同时指定受让股东和购买价格。如受让股东在股东会决议通过之日起30日内未与拟转让股东达成协议,则拟转让股东可以向非股东转让股权。这种约定要与股东向非股东转让股权时要履行书面通知公司和公司应在限期内召开股东会的程序相配套。

(二)公司章程应确定异议股东购买拟转让股权的价格

对于异议股东购买拟转让股权的价格,公司章程可以采用两种方式确定:

从拟转让股东的角度考虑，公司章程可选择转让价格为异议股东购买价格；从异议股东角度考虑，公司章程可选择购买价格由上年度末审计后的公司净资产确定。这两种方式的好处是价格明晰，买卖双方对购买价格都有预期，缺点是不能兼顾双方的利益。为此，公司章程应同时赋予对购买价格有异议的买卖双方提出评估的权利，以给予对购买价格有异议的股东以救济。

拟转让股东对是否转让股权应有自由决定权，如果评估价值与其预期相去甚远，拟转让股东对价格预期落空，法律不宜强制其出让股权，拟转让股东有权决定不再出让股权，撤回转让通知。

【相关法律法规】

《公司法》第71条　有限责任公司的股东之间可以相互转让其全部或者部分股权。

股东向股东以外的人转让股权，应当经其他股东过半数同意。股东应就其股权转让事项书面通知其他股东征求同意，其他股东自接到书面通知之日起满三十日未答复的，视为同意转让。其他股东半数以上不同意转让的，不同意的股东应当购买该转让的股权；不购买的，视为同意转让。

经股东同意转让的股权，在同等条件下，其他股东有优先购买权。两个以上股东主张行使优先购买权的，协商确定各自的购买比例；协商不成的，按照转让时各自的出资比例行使优先购买权。

公司章程对股权转让另有规定的，从其规定。

第39条　股东优先购买权

推荐条款

公司半数以上□具有三分之二表决权的其他股东同意向非股东转让股权的，在同等条件下，其他股东享有优先购买权，两个以上股东主张优先购买权的，协商确定各自的购买比例，协商不成的，按照转让时的持股比例行使优先购买权。

主张优先权的股东应在请求答复期限届满之日起三十日或股东会决议之日起十五日内与拟转让股东签订股权转让合同，该期限届满未签订合同的，拟转让股权的股东可以向非股东转让股权。如

果该股权已经过评估,则行使优先购买权的股东有权按评估价格优先受让。

【实务解析】

一、股权转让合同的效力

如果公司章程约定或未排除股东向非股东转让股权需要其他股东同意,其他股东享有优先购买权,但拟转让股东未经其他股东同意,或者虽经其他股东同意,但在同等条件下,其他股东未明确是否放弃优先购买权的情况下,该股权转让协议的效力如何?这一直是学者和实务界争论的焦点问题,各级人民法院的相关判例的认定也不一致。有观点认为,该合同为效力待定合同,换言之,是附生效条件的合同,这个条件就是过半数的其他股东同意其对外转让;有观点认为,该合同因违反《公司法》第71条的规定,侵犯了其他股东的优先购买权,该合同应为无效合同;有观点认为,该合同如果是双方的真实意思表示,不违反相关法律法规的禁止性规定,应认定为有效,如其他股东行使优先购买权,则可以撤销该合同;有观点认为,该合同是附履行条件的合同,合同成立后就生效。至于其他股东过半数同意的规定,仅仅是对合同履行所附的条件。

股权转让协议是否有效,应根据行为时的法律和行政法规加以判断,而不能根据股权转让协议成立后的变动情况来确定股权转让协议的效力。股权转让协议成立后的变动情况,可能导致股权转让协议的嗣后不能履行,而非导致协议的自始不能履行。自始不能导致合同无效,嗣后不能导致违约。最高人民法院法官也认为侵犯其他股东优先购买权的股权转让合同既非效力待定合同,也非附履行条件的合同,其效力始于成立之时。股东对外转让股权,签订合同就应当履行,转让人有义务向公司的其他股东征求意见,为合同的履行创造条件,如果合同不能履行,转让人应承担违约后果,除非合同约定免除其责任。①

二、股权转让合同的履行

(一)转让方履行交付股权的义务——股权转让生效

股权转让的生效是指股权何时发生实际转移的问题,转让方履行交付股

① 宋小明、张勇健、张雪梅:“民商事审判若干疑难问题——公司法”(上),载《人民法院报》2006年8月9日。

权的义务,意味着转让合同履行完毕。因股权具有身份属性,所以股权转移事实具体体现为转让方将股权转让的事实以书面方式通知公司,受让方向公司发出请求办理股东变更登记手续的意思表示,公司履行股东名册和工商登记变更手续。从公司变更股东名册时股权转让生效,从公司向工商行政部门登记备案时,股权转让得以向社会宣示。股权转让行为同物权变动相同,其亦卓然独立于股权转让合同。

应注意股权转让的生效不同于股权转让合同的生效,股权转让合同的生效是指转让方与受让方的合同约定对双方产生法律约束力的问题。一般来说,如无特殊约定,股权转让合同自转让方与受让方签字盖章后生效。生效的股权转让合同仅产生卖方将其所持股权让渡给买方的合同义务,而非导致股权的自动、当然的变动。纵使股权转让合同生效,倘若卖方拒绝或怠于协助买方将合同项下的股权过户给买方,股权仍属于卖方,只不过买方有权根据《合同法》追究卖方的违约责任,如继续履行合同或解除合同、赔偿损失等。

(二)受让方支付对价的义务

受让方在交易的过程中可能不履行或不完全履行支付股权转让对价的义务,为了防范受让方不履行支付股权转让对价的风险,股权转让合同应明确约定定金罚则或违约赔偿的范围、违约赔偿的计算方法,转让方也可要求受让方做出保证或提供担保。

三、股东优先购买权

(一)股东优先购买权的概念

股东优先购买权是指有限责任公司股东向股东以外的第三人转让其股权时,公司其他股东在同等条件下,对该股权享有优先购买的权利。有限责任公司具有强烈的人合性,公司的基础在于股东彼此的信赖与合作。股权转让会导致“外人”进入公司,进而可能影响股东之间的团结合作,因此法律设置股东优先购买权的目的就是尽量减少“外人”进入公司的机会和可能性。

(二)优先购买权的法理基础

有限责任公司的人合性质是优先购买权最重要的法理基础。(1)当股东向股东以外的人转让股权时,在新老股东间能否建立起良好的合作关系,将对老股东的利益产生重大影响。为维持公司股东紧密关系,立法赋予老股东优先购买权,以便其选择是否接受新股东的合作,避免股东变动影响公司经营。(2)公司设立目的在于追求投资权益,而这种权益的保障需要以公司稳定为基础,因此股权转移受阻风险必须屈就于公司和其他股东追求效益和成员关系确定性要求。(3)优先购买权也是对老股东对公司贡献的认可,是保护老股东在公司既得利益的需要。公司是老股东经营发展的,当股东发生变化时,应当优先考虑对老股东既得利益的维护,其中便包括对公司的控制权利。

共有人的优先权也是股东优先购买权的另一法理基础。公司是股东各种权利义务指向的对象,所以公司属于股东共有,股东对公司的该种共有属于按份共有。在同一共有物上发生冲突,为了物尽其用,法理规定了共有人之间相互协调和相互制约的关系,同样处于共有关系中的股东之间也需要以优先购买权来维持这种相互协调和制约关系。

(三)股东优先购买权的性质

在其他股东已经可以行使优先购买权的情况下,出让股东是否可以"反悔",拒绝出让股权?法院是否可以判令出让人与优先购买权人签订合同?

这一问题涉及优先购买权的性质,如果认为其是一种形成权,权利人依其单方的意思表示,就会产生法律关系发生、变更或消灭的效力,即只需享有优先购买权的股东自己一方的购买意思表示,即可形成与出让股东之间的买卖关系,无须征得出让股东的同意。形成权赋予优先购买权"强制契约"的法律效力。[①] 如果认为形成权违背了合同自由原则,其应是一种请求权,那么即便优先权人在同等条件下愿意购买,也必须与出让人就合同的内容具体协商,股东行使优先购买权的请求仅仅是一种要约,是否承诺取决于出让股东。优先购买权的法律意义是阻止外人的购买,出让股东停止出售股权,则有限责任公司人合关系得以维持,股东优先购买权阻止外人购买股权的法律目的就会达到,所以多数观点认为优先购买权的性质应为请求权。

(四)"同等条件"的认定

优先购买权以"同等条件"为前提,但"同等条件"并不是"同等价格"的同义语,其至少包括以下几个实质条款的同等:第一,价格相等。同等价格应以出让股东与第三人达成的意向书或者签订的合同所记载的价格为准。第二,付款时间应当相同。在不构成对出让人实质影响的改变,仍可视为相同的付款时间。第三,付款方式相同。分期付款与一次付清属不同付款方式,现金付款与实物抵偿属于不同付款方式。第四,购买的标的等同。整体购买和部分购买视为不同标的。此外,价格因素外的其他对价如果对公司产生影响,也可列入同等条件内容,如职工的安置、高管的聘用、资本投入的增加等。

---

① 形成权将赋予股东优先购买权"强制契约"的法律效力,这与契约自由原则的精神形成了严重的冲突。根据契约自由原则,即便优先权人在同等条件下愿意购买,也必须要与出卖人就合同的内容具体协商,就是否出让,还需要出卖人承诺。

（五）行使部分优先购买权

依优先购买权的请求权性质，只有享有优先权的股东和出让股东达成一致，才能产生购买股权部分的法律效果。对出让股东而言，其提出转让股权行为符合要约要件，是要约行为，其他股东完全同意的意思属于承诺，双方合同成立。如其他股东提出只购买部分出让股权，则该意思不是承诺，而是新要约或反要约，仅有新要约，而没有承诺，合同不成立。从实践角度来看，其他股东主张优先购买部分股权，可能导致第三人因份额减少而放弃购买，出让股东的利益会必定受到损害，所以拒绝受让全部股权的，视为其放弃优先购买权，除非转让股东同意。但公司章程明确规定了股东可以部分行使优先购买权情况下，我们应当尊重公司章程的规定。

（六）善意取得与优先购买权的法律冲突

如果股权外部转让已经按照公司章程或《公司法》的规定履行了其他股东同意手续，且变让人已经支付了转让款，甚至已经行使了股东权利，但出让股东却并没有履行向全体股东的告知义务，这将导致变让人的善意取得和其他股东优先购买权的冲突。最高人民法院《关于贯彻执行〈中华人民共和国民法通则〉若干问题的意见（试行）》第 89 条规定，善意取得制度通常适用于不动产，因股权转让也需要变更登记，所以与不动产没有本质差别的股权也应适用善意取得制度。如果股权转让未登记，则此时其他股东可以行使优先购买权购得该股权，出让股东对股权转让合同中的受让人承担违约责任。如受让人已经办理股权登记的，则依法产生对抗其他股东的优先购买权的效力，受到侵害的股东可以通过侵权诉讼的方式获得赔偿。当然其他股东有证据证明受让人知道或者应当知道出让股东未履行通知义务时，则受让人不构成善意取得，股权转让行为应被否定。

四、以信托方式变相转让股权

在股权外部转让中，为规避老股东的同意权与优先购买权的限制，一些股东有可能在其股权转让受挫时，以股权信托方式来达到股权实质转让的目的。从表面上看，出让股东依然为公司股东；但从实质法律关系看，该“股东”已经变为受让股权的名义股东，受让股东成为隐名股东。虽然此类股权信托合同在转让双方内部有效，但不能用于对抗第三人，包括公司和其他股东。股权信托毕竟在实质造成了对公司人合性的侵害，所以为了防止此类情况的出现，投资者可以在章程中约定排除信托方式行使表决权。

五、转让股权中的“阴阳合同”的处理

“阴阳合同”又称“黑白合同”，是指股权转让时，出让方与受让方同时签订两份合同,除了价格条款存在差异外,两份合同的内容完全一致。此类合同出让方和受让方人为地抬高了股权转让的"同等条件",从而迫使其他股东知难而退,放弃优先购买权,该行为属于恶意串通,即合同当事人在明知或者应当知道某种行为将会损害国家、集体或者第三人利益的情况下,共同实施该行为。其他股东是根据"阳合同"价格标准作出放弃优先购买权的决定,弃权的意思表示是基于股权出让方和受让方的欺诈行为而作出,其他股东可以根据《合同法》第52条的规定诉请法院确认"阳合同"无效,并按照"阴合同"的价格行使优先购买权。

【条款设计指引】

一、股东优先购买权条款的必要性

股东优先购买权条款不是公司章程的必备条款。根据《公司法》第71条的规定,公司章程对股权转让有约定的按约定,无约定的按法定。股东优先购买权是股东非强制性法定权利,如果公司章程选择股权向非股东转让股权条款中的第一种模式,禁止股东向非股东转让股权,或者第二种模式,不限制股东向非股东转让股权,则应视为股东预先放弃了优先购买权。只有在公司章程选择股东向非股东转让股权第三种转让模式时,股东优先购买权才成为股东的法定权利。

二、章程条款设计

股东优先购买权是股权外部转让第三种模式下股东的法定权利,所以公司章程没有太多的自治空间,只是应在程序上保障股权转让的效率,同时应注意与异议股东购买义务条款中的评估程序结合,以防止拟转让股东与第三人签订"阴阳合同"。

【案例3-3】 股东向非股东转让股权要保障其他股东的优先购买权①

2002年6月28日,华融公司与比特科技、新奥特集团签订股权转让协议,约定:比特科技、新奥特集团收购华融公司持有的北广集团55.081%的股权,最终价格不低于3亿元。协议签订起3日内支付1亿元,余款在协议签订

① 来源于最高人民法院民事判决书(2003)民二终字第143号判决书,北京新奥特集团有限公司与中国华融资产管理公司股权转让合同纠纷上诉案。

起3个月内付清。受让方完全知悉其他股东不配合办理股权变更工商登记手续的风险,并承诺不为此向出让方提出任何抗辩,出让方已经收到的股权转让价款不予返还。同年6月28日,北广集团2002年度第一次临时股东会会议,北广集团的另一股东电子公司未在上述股权转让的相关决议上签章认可。2002年9月23日,电子公司作为申请人,以华融公司为被申请人,申请裁决。同年12月9日,仲裁委员会作出裁决:"2002年12月31日前,电子公司有权行使北广集团55%股权的优先购买权,将转让的总价款3亿元付给华融公司。"依据上述裁决,同年12月20日,电子公司与华融公司签约;同年12月23日,电子公司向华融公司付款。新奥特集团于同年12月19日向法院提起诉讼,请求判令华融公司继续履行股权转让协议;赔偿因违反股权转让协议造成的损失19,816,077元。

一审法院认为:本案股权转让协议为各方当事人的真实意思表示,签约各方本应依约履行。因生效裁决书裁决电子公司对拟转让的股权享优先购买权,且电子公司与华融公司已就此在仲裁裁决指定的时间内,签订了协议并给付款项,故本案股权转让协议目的已不能实现,履行合同的基础条件已经不具备,该合同应终止履行,故对新奥特集团要求继续履行股权转让协议的诉讼请求不予支持。华融公司明知股权转让协议可能发生履行不能的后果,其对造成本案纠纷负有主要责任。新奥特集团在与华融公司签约过程中对其所购股权处于不确定状态及风险已经知悉,亦应对形成的部分损失承担相应责任。判决股权转让协议及相关协议终止履行;华融公司赔偿新奥特集团损失300万元。

华融公司、新奥特集团均不服,向最高人民法院提起上诉。

最高人民法院认为:本案股权转让协议是当事人的真实意思表示,且不违反法律法规的禁止性规定,属有效合同。股权转让协议未能继续履行的原因在于仲裁委员会生效的裁决书裁决案外人电子公司享有优先购买权,且电子公司与华融公司已在仲裁裁决指定的时间内,签订协议并向华融公司给付了3亿元股权转让款。电子公司实际行使优先权的行为,使股权转让协议的标的不复存在,继续履行已不可能,维持股权转让协议及相关协议终止履行的判决。华融公司与新奥特集团在签约时,应当预见该合同可能因电子公司行使优先权而终止,但没有预见,造成合同终止履行,对此双方均有过错。新奥特集团因准备合同履行及实际履行中产生的损失应由华融公司、新奥特集团各自承担50%。

评析:股权转让协议是否有效,应根据行为时法律和行政法规加以判断,而不能根据股权转让协议成立后的变动情况来确定股权转让协议的效力。华融公司在与新奥特集团等签订股权转让协议时,并无违反法律或者行政法规的禁止性规定,自不应将此股权转让协议定为无效协议。且股权转让协议的成立具有独立性,即使转让方未告知优先权人或者征得优先权人同意时,股权转让协议依然具有确定的法律效力。

股权转让合同为有效合同下,在签合同时往往处于两难境地:一方面,在公司章程没有特别规定的情况下,股东向非股东转让股权时,其他股东有权行使的优先购买权;另一方面,因为转让合同签订之时就为有效合同,如其他股东行使优先购买权,则转让方必然因违反股权转让协议而要承担违约责任,即转让方履行股权转让协议,有赖于优先权人放弃股权优先购买权。所以为了避免其他股东行使优先购买权而使转让方承担违约责任,股权转让协议可以将其他股东放弃优先购买权作为合同生效的条件。

【案例3-4】　股权转让中的善意取得制度①

A公司注册资本金为200万元,原告洪某出资80万元,被告陈某出资120万元,被告陈某系A公司的法定代表人。2011年1月31日A公司作为甲方(出让方)、黄某作为乙方(受让方)签订公司转让协议书一份,约定甲方将其所属的占100%A公司股权转让给乙方,转让价款为82万元。甲方收到乙方100%转让价款后,A公司相关权利义务归乙方所有,甲方不再承担任何权利义务。协议末尾加盖了A公司的公章,并由被告陈某、被告黄某签字。为此,洪某向三被告提出了异议,并要求撤销二被告签订的所谓公司转让协议,但未果。故诉请法院判令二被告于2011年1月31日签订的公司转让协议书无效。

一审法院认为,虽然公司转让协议书中加盖了A公司的公章及A公司法定代表人陈某的签字,但陈某实际是以股东的身份签订该份转让协议书,该份公司转让协议书系由被告陈某作为股权出让方,被告黄某作为股权受让方签订的股权转让协议。被告陈某仅有权处分其所持有的股份,对于原告所持有的股份,被告陈某无权擅自进行处分,故被告陈某在股权转让协议中处分原告

---

①　来源于上海市闵行区人民法院(2011)闵民二(商)初字第424号民事判决书,洪某诉陈某等股权转让纠纷案。

所享有股份的行为属于无权处分行为。本案中原告明确表示要求确认无权处分人与相对人所签订的股权转让协议无效,也即表明其对无权处分人的行为拒绝追认。从维护交易安全和秩序的目的出发,权利人的拒绝追认不得对抗善意第三人。本案所涉的股权转让的标的系A公司的股权,对于有限责任公司的股权的权利表征为公司章程或者股东名册的记载,相对人完全可以通过查阅工商登记的股东名册或者登记的公司章程核实清楚A公司的股权结构情况,而不能仅凭陈某的行为即相信被告陈某有权完全处分A公司的股权,故法院难以认定被告黄某在与被告陈某缔约过程中存在善意,判决被告陈某与被告黄某于2011年1月31日所签订的公司转让协议书无效。

评析:善意取得是指无权处分人在不法将其受托占有的他人的财物转让给第三人时,如受让人在取得该财物时系出于善意,则受让人取得该财物的所有权,原权利人丧失所有权,而只能要求无权处分人赔偿损失。本案陈某出卖了原告洪某股权,属无权处分行为。因有限责任公司的股权以工商登记形式公示,任何人都可以查询,所以对于黄某主张其不清楚A公司股东情况,法院没有采纳,该案黄某不构成善意第三人。实践中,名义股东出卖隐名股东的股权,法院认定受让人为善意第三人的情况比较常见。

【相关法律法规】

《公司法》第32条　有限责任公司应当置备股东名册,记载下列事项:

(一)股东的姓名或者名称及住所;

(二)股东的出资额;

(三)出资证明书编号。

记载于股东名册的股东,可以依股东名册主张行使股东权利。

公司应当将股东的姓名或者名称及其出资额向公司登记机关登记;登记事项发生变更的,应当办理变更登记。未经登记或者变更登记的,不得对抗第三人。

《公司法》第71条　有限责任公司的股东之间可以相互转让其全部或者部分股权。

股东向股东以外的人转让股权,应当经其他股东过半数同意。股东应就其股权转让事项书面通知其他股东征求同意,其他股东自接到书面通知之日起满三十日未答复的,视为同意转让。其他股东半数以上不同意转让的,不同意的股东应当购买该转让的股权;不购买的,视为同意转让。

经股东同意转让的股权,在同等条件下,其他股东有优先购买权。两个以上股东主张行使优先购买权的,协商确定各自的购买比例;协商不成的,按照转让时各自的出资比例行使优先购买权。

公司章程对股权转让另有规定的,从其规定。

上海市高级法院民二庭沪高法民二〔2008〕1号《关于审理涉及有限责任公司股东优先购买权案件若干问题的意见》

第40条　特殊身份股东转让股权的限制

推荐条款

发起人于公司成立后×××年内不得转让其股权。

公司董事、监事、高管股东转让股权时,必须经全体股东同意。

因公司股权激励而获得的股权按公司规定进行转让和继承。

当股东转让全部注册资金×××(比例)以上的股权时,其他股东享有请求受让人以相应价格收购其股权的权利。

【实务解析】

一、公司发起人

(一)公司发起人概念的区别:

根据最高人民法院《关于适用〈中华人民共和国公司法〉若干问题的规定(三)》第2条,公司发起人为设立公司而签署公司章程、向公司认购出资或者股份并履行公司设立职责的人。公司如期成立后,发起人因签署章程、缴纳出资而成为发起人股东。

(二)发起人的权利义务

发起人的权利为:(1)在设立阶段,发起人对外代表公司,对内执行设立任务,各发起人之间承担连带责任;(2)公司成立后,从公司获得发起行为的报酬和设立费用权;(3)发起人股东享有公司股东的权利。

发起人的义务分为在设立公司的过程中承担的特殊义务和公司成立后承担的义务。设立公司过程中承担的义务主要有:组织对所设立的公司的前景进行可行性研究和论证、制定章程、申请审批、认缴出资、选择住所,召集创立大会等,有的公司还需要搞基本建设、预购原材料或商品等,这些行为都是会产生法律后果的。如果公司合法成立，而发起行为的正当性又经公司创立会确认，发起行为则视为公司本身的行为，由此产生的权利义务，自始由公司承担；如果公司虽然合法成立，但公司创立会拒绝承受发起行为所生的部分权利义务，发起人对公司拥有诉权，最后的结果由法院裁定；如果公司设立不成功，发起人对第三人负连带责任，即就发起行为所产生的，并非专属于成立后公司的权利对第三人承担责任。公司成立后，发起人还负有资本充实责任，即发现作为出资的实物等的实际价额显然低于公司章程所定价额的，应由交付该出资的股东（应为发起人）补交其差额，公司设立时的其他股东（同样应为发起人）对其承担连带责任。此外，发起人股东还承担公司股东的义务。

二、经理激励机制和制约机制

参见经理的职权。

【条款设计指引】

一、限制发起人转让股权条款的必要性及章程设计

限制发起人转让股权不是公司章程的必备内容。但根据《公司法》和最高人民法院《关于适用〈中华人民共和国公司法〉若干问题的规定（三）》的规定，公司的发起人应对公司承担更多的义务，公司设立的瑕疵，不会在公司成立后立即暴露出来，所以为了保障公司成立后正常有效运营，可以限制发起人在公司成立后的一段时间退出公司。公司设立瑕疵一般应在2年内会暴露无遗，公司章程以设置2年的限制转让期限为宜。

二、限制董事、监事、高管股东转让股权条款的必要性及章程设计

限制公司董事、监事、高管转让股权不是公司章程的必备内容。有限责任公司的董事、监事、高管均可能由股东出任，担任此职位的股东将会比普通股东享有更多的权利，他们也应对公司具有更强的忠诚度，如果他们转让股权，必将对公司产生更大的负面影响，为了使其尽职尽责，应对其股权转让加以严格限制。我国台湾地区就对董事股东实行“双轨制”的规定，即不担任董事的股东转让股权时，须经全体股东过半数同意；而公司的董事转让出股权时，则必须经过全体股东同意。我国《上市公司董事、监事和高级管理人员所持本公司股份及其变动管理规则》对上市公司董事、监事、高级管理人员转让其所持有的本公司股权作出限制性规定，公司章程可以对此进行借鉴。

三、限制转让股权激励取得股权条款的必要性及章程设计

限制转让股权激励取得股权不是公司章程的必备内容。很多公司将其少

量股权赠与对公司具有特殊贡献的高管或技术骨干,此种赠与行为虽然使受赠人取得了股东身份,但是赋予的股东权利却是有限的,主要是分红权,股权中的其他权能仍然掌握在赠与人之手。附有条件的赠与属于契约自由,在法律上应属有效,但附加的条件必须明示,该明示的条款应在公司章程中体现。如很多企业在公司章程中还明确此种股权的受赠人只能行使分红权,但不得享有表决权、转让权,在其调出、辞职、除名、退休、死亡等情况发生时,由公司按约定价格回购。当然如果公司赋予激励的股权与普通股权同等的权利,而不需要规定该条款。

另外如果公司章程选择公司回购激励所得的股权,回购后应由他人认购,否则应按减资处理。

四、限制大股东转让股权条款的必要性及章程设计

限制大股东转让股权不是公司章程的必备内容。但当大股东转让股权时,由于资金的限制,事实上小股东的优先购买权必然要受到侵害。如果小股东不愿意接受通过购买股权而进入公司的新的大股东时,可以赋予小股东强制购买请求权,小股东可以强制新的大股东以同等价格购买其股权,使小股东成功退出公司。

【相关法律法规】

《公司法》第141条　发起人持有的本公司股份,自公司成立之日起一年内不得转让。公司公开发行股份前已发行的股份,自公司股票在证券交易所上市交易之日起一年内不得转让。

公司董事、监事、高级管理人员应当向公司申报所持有的本公司的股份及其变动情况,在任职期间每年转让的股份不得超过其所持有本公司股份总数的百分之二十五;所持本公司股份自公司股票上市交易之日起一年内不得转让。上述人员离职后半年内,不得转让其所持有的本公司股份。公司章程可以对公司董事、监事、高级管理人员转让其所持有的本公司股份作出其他限制性规定。

最高人民法院《关于适用〈中华人民共和国公司法〉若干问题的规定(三)》第2条　发起人为设立公司以自己名义对外签订合同,合同相对人请求该发起人承担合同责任的,人民法院应予支持。

公司成立后对前款规定的合同予以确认,或者已经实际享有合同权利或者履行合同义务,合同相对人请求公司承担合同责任的,人民法院应予支持。

最高人民法院《关于适用〈中华人民共和国公司法〉若干问题的规定(三)》第1条 为设立公司而签署公司章程、向公司认购出资或者股份并履行公司设立职责的人,应当认定为公司的发起人,包括有限责任公司设立时的股东。

最高人民法院《关于适用〈中华人民共和国公司法〉若干问题的规定(三)》第3条 发起人以设立中公司名义对外签订合同,公司成立后合同相对人请求公司承担合同责任的,人民法院应予支持。

公司成立后有证据证明发起人利用设立中公司的名义为自己的利益与相对人签订合同,公司以此为由主张不承担合同责任的,人民法院应予支持,但相对人为善意的除外。

最高人民法院《关于适用〈中华人民共和国公司法〉若干问题的规定(三)》第4条 公司因故未成立,债权人请求全体或者部分发起人对设立公司行为所产生的费用和债务承担连带清偿责任的,人民法院应予支持。

部分发起人依照前款规定承担责任后,请求其他发起人分担的,人民法院应当判令其他发起人按照约定的责任承担比例分担责任;没有约定责任承担比例的,按照约定的出资比例分担责任;没有约定出资比例的,按照均等份额分担责任。

因部分发起人的过错导致公司未成立,其他发起人主张其承担设立行为所产生的费用和债务的,人民法院应当根据过错情况,确定过错一方的责任范围。

最高人民法院《关于适用〈中华人民共和国公司法〉若干问题的规定(三)》第5条 发起人因履行公司设立职责造成他人损害,公司成立后受害人请求公司承担侵权赔偿责任的,人民法院应予支持;公司未成立,受害人请求全体发起人承担连带赔偿责任的,人民法院应予支持。

公司或者无过错的发起人承担赔偿责任后,可以向有过错的发起人追偿。

第41条 瑕疵出资股东、抽逃出资股东转让股权的限制

推荐条款

股东在瑕疵出资、抽逃出资的情况下可以转让股权,但公司有权要求转让人、受让人将转让款用于优先补足出资,转让款不足以补足出资的,转让人与受让人在补足出资范围内对公司承担连带责任。

【实务解析】

一、瑕疵出资股东、抽逃出资股东签订的转让股权协议的效力

根据《公司法》和最高人民法院《关于〈中华人民共和国公司法〉若干问题的规定(三)》的规定,股东未履行、未全面履行出资义务或抽逃出资,并不必然影响其股东地位,其股权虽有瑕疵,但仍然可以转让。但该类转让合同的效力分为两种情况:如果卖方在签约时将瑕疵出资、抽逃出资事实如实告知买方,买方知道或应知这一事实,却仍然受让股权,则股权转让合同有效,买卖双方应就瑕疵出资、抽逃出资导致的民事责任对公司和债权人负连带责任。如果卖方在签约时隐瞒了出资瑕疵、抽逃的事实,致使买方签约时一无所知,则买方有权以被欺诈为由请求法院或仲裁机构撤销或变更股权转让合同。

二、瑕疵出资股东、抽逃出资股东对公司的责任

参见第一章瑕疵出资、抽逃出资股东的责任、股东间的出资填补责任条款。

【条款设计指引】

一、瑕疵出资股东、抽逃出资股东转让股权限制条款的必要性

瑕疵出资股东、抽逃出席股东转让股权的限制条款不是公司章程的必备条款。由于股东瑕疵出资、抽逃出资并不必然影响其股东地位,其股权虽有瑕疵,但仍然可以转让,收取股权受让款,而公司却没有任何法律依据直接扣押转让款,要求受让人将转让款抵偿未出资,只能通过诉讼要求瑕疵股东、抽逃出资股东和受让人对公司承担连带责任。且很多瑕疵出资股东、抽逃出资股东转让股权的目的也是为了逃避补足出资责任,所以为了确保资本充实,维护公司利益,公司章程有必要对瑕疵出资股东、抽逃出资股东转让股权进行限制约定,避免增加公司不必要的诉累。

二、章程条款设计

公司章程可以约定公司有要求转让人、受让人将转让款首先用于补足出资的权利,且转让人和受让人在补足出资范围内对公司承担连带责任。虽然股权转让合同有相对性,但是受让人加入公司的行为即表明其对公司章程的接受,所以该条款对于受让人也具有约束力,公司在股权变更登记之前,有权要求转让股东和受让股东承担补足出资的义务,否则不予变更。

【案例3-5】 瑕疵出资股东、抽逃出资股东转让股权后仍承担补缴出资义务[①]

虹心公司于2005年3月28日成立,田某出资5万元,占10%,裴某出资45万元,占90%。丰成公司汇入虹心公司的验资账户50万元作为两股东认缴的公司注册资金。2005年3月23日的验资报告表明,公司已收到裴某缴纳注册资金45万元,田某缴纳注册资金5万元。同年4月4日,虹心公司将注册资金50万元归还给丰成公司。2008年3月2日,裴某、田某与钟某、沈某订立出资转让协议书,约定:裴某将其在虹心公司的45万元股权中的37.5万元转让给钟某,7.5万元转让给沈某,田某将其在虹心公司中的5万元股权转让给沈某。同年3月4日,双方到工商部门办理了股东变更登记手续。2008年8月26日裴某因钟某未支付转让款向法院起诉,双方达成钟某支付裴某转让款25万元的调解协议。2009年4月28日,工商局认定虹心公司登记注册后又将50万元注册资金归还给丰成公司,构成了虚报注册资本50万元的违法行为,责令其改正。为此虹心公司诉请裴某履行出资义务45万元。

法院另查,裴某在上述调解案件中陈述,股权转让时,其应认缴的出资额已足额缴纳。2009年9月11日,田某向虹心公司补缴了出资额5万元。

一审法院认为:股东应当按期足额缴纳公司章程中规定的各自所认缴的出资额,公司成立后,股东不得抽回出资。裴某作为虹心公司的原始股东,在公司成立后,将其认缴的注册资金抽回,并将其股权转让给他人,现虹心公司要求裴某履行出资义务的请求,符合法律规定,予以支持,判决:裴某支付虹心公司出资额45万元。

裴某不服一审判决,提起上诉。

二审法院认为:出资人的出资是公司成立后对外承担责任的基础,法律禁止出资人出资不实或在公司成立后抽回出资。裴某在虹心公司成立后,将出资抽回,违反了对虹心公司的法定出资义务,应当承担补缴出资的责任。该责任不能因裴某已经将股权转让给他人而免除,除非受让股东愿意代其补缴且已实际补缴,但某并未举证证明受让股东已替其实际补缴了该出资。故裴某以其已将股权转让为由,主张自己无须再承担补缴出资义务的主张,不予支持,判决维持原判。

---

① 来源于北大法宝,浙江省杭州市中级人民法院(2010)浙杭商终字第779号民事判决书,裴永芳与杭州虹心绣品服饰有限公司股东出资纠纷上诉案。

评析:本案涉及两个法律问题。一是瑕疵出资股东、抽逃出资股东的股权能否转让:因股东资格认定与出资不是一一对应的关系,即便是出资瑕疵、抽逃出资,其在公司中的股东资格也不必然受到影响;而转让股权是股东对财产权利的处分,所以只要没有被剥夺股东资格的股东,包括瑕疵出资股东、抽逃出资股东都可以转让。二是瑕疵出资股东、抽逃出资股东转让股权后是否会免除补缴出资义务。股东出资义务是股东法定义务,在没有法律明文规定和公司章程约定的情况下,其法定义务不能因股权转让而免除。所以本案不能免除裴某履行出资义务。

【相关法律法规】

最高人民法院《关于〈中华人民共和国公司法〉若干问题的规定(三)》第18条第1款　有限责任公司的股东未履行或者未全面履行出资义务即转让股权,受让人对此知道或者应当知道,公司请求该股东履行出资义务、受让人对此承担连带责任的,人民法院应予支持;公司债权人依照本规定第十三条第二款向该股东提起诉讼,同时请求前述受让人对此承担连带责任的,人民法院应予支持。

第42条　特殊形式的股权转让

公司章程可以选择下列一种推荐条款作为特殊形式的股权转让模式:

□股权因为继承(遗赠)、赠与、析产原因发生变动的,其合法继承人(受遗赠人)、受赠人、财产析得人继受股东资格,其他股东不享有优先购买权。继承人(受遗赠人)、受赠人、财产析得人将股权对外转让的,其他股东在同等条件下享有优先购买权。

□股权因为继承(遗赠)、赠与、析产原因发生变动的,其合法继承人(受遗赠人)、受赠人、财产析得人获得股权中的财产性权利。如果过半数以上□代表三分之二表决权的其他股东同意,则合法继承人(受遗赠人)、受赠人、财产析得人取得股东资格,否则,不能取得股东资格。

没有取得股东资格的继承人(受遗赠人)、受赠人、财产析得人

应按股东向非股东转让股东程序转让该股权，其他股东在同等条件下享有优先购买权。如股权变动原因发生之日起×××个月内，继承人（受遗赠人）、受赠人、财产析得人没有转让股权，则公司有义务按照该股权所对应的最近一期审计的净资产价格回购，如公司不履行回购义务，则继承人（受遗赠人）、受赠人、财产析得人取得股东资格。

□股权因为继承（遗赠）、赠与、析产原因发生变动的，公司应当指定受让股东，如受让股东在股权变动发生之日起×××日内没有与合法继承人（受遗赠人）、受赠人、财产析得人签订股权转让合同，则公司有义务收购其股权。如公司在×××日内没有签订回购协议，则合法继承人（受遗赠人）、受赠人、财产析得人取得股东资格。上述转让、回购价格□为该股权所对应的最近一期审计的净资产价格□不能协商一致，价格可以按照×××法评估确定。

【实务解析】

一、股权继承（遗赠）

（一）公司章程可以限制继承人股东资格

公司章程可以限制合法继承人（受遗赠人）成为股东，理由是：(1) 即便是合法继承人（受遗赠人），相对于公司其他股东来说，也是陌生人，并不一定存在相互信任的关系，其他股东可能不愿意继承人成为自己的合作伙伴。(2) 股东身份不能继承。股东资格表明的是公司与股东之间的法律关系，被继承人的股东资格，随着死亡事实的发生已经归于消灭，继承人（受遗赠人）不可能继承股东资格，即股东资格不能成为继承权的客体。(3) 股东身份是公司对其成员资格的确认，只有公司才有资格确认股东资格。

（二）继承人（受遗赠人）的财产权应予以保护

合法继承人（受遗赠人）的财产权益应该受到保护（无法转让的救济方式）。股权能通过转让所有权换取交换价值，给所有者带来收益，所以股权作为财产虽然有它的特殊性，但它的财产权属性决定它必然是遗产。在被继承人死亡时，只要继承人（受遗赠人）不表示放弃继承权，股权中的财产权利将在被继承人死亡时瞬间由被继承人转移到继承人（受遗赠人），不需要其他股东的同意。由于人合性和股东身份资格不可继承性，公司章程可以排除继承人(受遗赠人)股东身份的继承,但不能排除股权中财产性权利的继承,不能否认股东合法继承人(受遗赠人)继承财产性权利的资格。

二、股权赠与

赠与是一种无偿转让行为,因为受赠人不需要支付对价,而不存在"同等条件",但从维护公司内部股东之间信赖关系的目的出发,应当允许其他股东行使股东优先购买权。赠与股东获得了行使优先权股东支付的对价后,可将对价转手赠与受赠人。当然此时对价的确定是个复杂而重要的问题,可由当事人协商确定,或由市场评估确定。

三、共有股权的分割

共有股权人对共有股权进行分割是对财产性权益的处置,民法上应该允许,但股权分割会涉及共有人股东资格认定,导致新股东增加,必然破坏有限责任公司人合性特征,所以公司章程可以对共有股权分割后的共有人股东资格进行限制;同时共有股权的分割是共有人对共有财产的处分权,对分割后共有人股东资格的限制不能侵犯共有人财产性权益。

参见总则股权共有条款。

【条款设计指引】

一、特殊形式股权转让条款的必要性

特殊形式的股权转让条款不是公司章程的必备条款。但作为本条款涉及的几种特殊形式的股权转让是公司必然会遇到的问题,如果公司对此有自身考虑,应在公司章程中体现。

二、章程条款设计

(一)特殊形式股权转让的三种模式

根据公司对股东间人合性的态度,可以设定三种特殊形式股权转让模式供公司章程选择:一是如果公司人合性较弱,公司章程可以选择股权继承人(遗赠人)、受赠人、财产析得人无条件取得股东身份;二是如果是股东之间人身依赖性较强的公司,可将股权继承人(遗赠人)、受赠人、财产析得人成为股东看作第三人加入公司,应征得半数以上或者代表2/3 表决权股东同意;三是如果是股东间依赖性较强,并且公司资金实力比较雄厚,则可以选择由公司回购或者公司指定受让股东。

(二)公司章程应保护特殊身份股东的财产权

选择第二种模式的公司章程,如果公司其他过半数股东不同意股权继承人（遗赠人）、受赠人、财产析得人成为股东，则股权继承人（遗赠人）、受赠人、财产析得人必须将股权转让于半数股东或者代表2/3表决权的股东同意的受让人。但与一般的股权外部转让不同，股权继承人（遗赠人）、受赠人、财产析得人已经取得了股权中的财产权，所以公司章程应考虑到股权继承人（遗赠人）、受赠人、财产析得人转让股权的努力无法完成情况下如何处理该项财产权。从维护公司人合性角度考虑，这时公司应进行回购，如果公司不回购，说明公司放弃了人合性的救济手段，此时就应救济股权继承人（遗赠人）、受赠人、财产析得人的财产权益，公司章程应强制公司赋予股权继承人（遗赠人）、受赠人、财产析得人股东身份。公司章程对回购价格的确定可以加大股权继承人（遗赠人）、受赠人、财产析得人主动寻找受让人的动力。

（三）公司章程可以直接确定股权继承人、财产析得人为公司股东

家族企业人合性较强，股东的法定继承人和配偶也为其他股东所熟悉，所以这样的公司可以在公司章程直接确定股东的某位继承人继承股权时成为公司股东。据此，该继承人取得股东资格，不必经过其他股东同意程序。这种做法从被继承的股东来讲，更有动力来发展扩大公司，对其他股东来说，对公司的稳定和未来有了一个合理的预期。同理，由于夫妻双方相对于其他股东来说，在一定程度上也是熟人，所以公司可以排除法律适用，根据自身需要在公司章程中约定夫妻以夫妻共同财产共同认购股权的，在夫妻离婚时共有人一方通过析产获得股权，可以直接成为公司股东，获得包括财产性自益权和非财产性共益权的所有权权能。

与股权继承不同，股权的赠与对象不受限制，赠与时间不好控制。如果对赠与不加限制，有可能成为排除其他股东优先购买权的工具，也有可能成为股东掏空公司后脱身，损害小股东利益的手段，所以公司章程应严格控制股权赠与。

【案例3－6】　夫妻离婚时的共有股权分割①

李某与詹某系母子关系，二人于2006年8月依法设立A公司，注册资本10万元，李某出资8万元，詹某出资2万元。A公司章程规定股东向股东以外的人转让股权，应当经其他股东过半数同意。经股东同意转让的股权，在同

---

① 来源于北大法宝，北京二中院（2009）二中院终字第06645号判决，韩锁玲与李爱珍等股权转让纠纷上诉案。

等条件下,其他股东有优先购买权。詹某与韩某于2006年4月结婚,于2006年11月30日协议离婚,韩某分得A公司10%股份。2008年3月,李某得知詹某在未经其同意的情况下,擅自将A公司10%的股权转让给韩某,侵犯了李某的优先购买权,故请求人民法院确认詹某与韩某的离婚协议书中关于"女方分得A公司股份10%"的约定无效。

一审法院认定:A公司系依法设立的有限责任公司,股东向股东以外的人转让股权时,其他股东享有优先购买权。在无证据证明李某认可离婚协议书中的内容,且李某积极主张优先购买权的情况下,离婚协议书中处理A公司10%股权的约定既违反了《公司法》的有关规定和最高人民法院《关于适用〈中华人民共和国婚姻法〉若干问题的解释(二)》第16条的规定。确认詹某与韩某离婚协议书中关于"女方分得A公司10%股份"的约定无效。

韩某不服一审判决,提起上诉。二审法院认为:股东詹某签署离婚协议是在处分自己持有的股权。这种处分的结果是,韩某将成为A公司的股东。这种处分股权的行为与股东转让股权性质相同。在韩某无证据证明李某认可离婚协议书中的内容,且李某明确表示购买股权的情况下,离婚协议书中处理A公司10%股权的约定,违反了公司法和A公司章程的内容。最高人民法院《关于适用〈中华人民共和国婚姻法〉若干问题的解释(二)》规定用于证明过半数股东同意的证据,可以是股东会决议,也可以是当事人通过其他合法途径取得的股东的书面声明材料。但韩某未提交相关证据予以佐证。故驳回上诉,维持原判。

评析:夫妻股权共有是共有股权的一种特殊形式,夫妻离婚对共有股权的分割可能会导致陌生人进入公司,其与股权外部转让相同,影响公司的人合性,所以最高人民法院《关于适用〈中华人民共和国婚姻法〉若干问题的解释(二)》第16条对于夫妻离婚时股权分割采用了与股权外部转让相同的程序。

【相关法律法规】

《公司法》第75条　自然人股东死亡后,其合法继承人可以继承股东资格;但是,公司章程另有规定的除外。

最高人民法院《关于适用〈中华人民共和国婚姻法〉若干问题的解释(二)》第16条　人民法院审理离婚案件,涉及分割夫妻共同财产中以一方名义在有限责任公司的出资额,另一方不是该公司股东的,按以下情形分别处理:

（一）夫妻双方协商一致将出资额部分或者全部转让给该股东的配偶，过半数股东同意、其他股东明确表示放弃优先购买权的，该股东的配偶可以成为该公司股东；

（二）夫妻双方就出资额转让份额和转让价格等事项协商一致后，过半数股东不同意转让，但愿意以同等价格购买该出资额的，人民法院可以对转让出资所得财产进行分割。过半数股东不同意转让，也不愿意以同等价格购买该出资额的，视为其同意转让，该股东的配偶可以成为该公司股东。

用于证明前款规定的过半数股东同意的证据，既可以是股东会决议，也可以是当事人通过其他合法途径取得的股东的书面声明材料。

第43条 股权交付

推荐条款

出让股东应协助受让股东将转让的事实及请求公司办理股权变更登记手续的意思以书面方式通知公司，公司应注销原股东的出资证明书，将受让股东的姓名或者名称、住所以及受让的出资额记载于股东名册，并向新股东签发出资证明书。

【实务解析】

一、转让股权交付

（一）转让股权交付以受让人股东身份取得为标志

因股权的转让涉及受让人股东身份的取得，所以股权的交付需要履行特殊手续。股份有限公司是完全开放性公司，其股权变动不需要公司同意。而有限责任公司是闭锁性的公司，即便股权转让合同已经履行了内部同意手续，但其履行的只是其他股东的同意，股权交付还需要公司的同意，即公司同意受让人成为股东的手续。只有公司才是确认股东身份的主体，没有公司的配合，无法完成转让合同中的股权交付义务，受让人无法取得股东身份。只有在公司接受受让人，变更股东名册并进行工商变更登记之后，新老股东的交替方才在法律上真正完成，受让人才具有了股东身份。

（二）公司负有办理股权变更手续的义务

当然在股权转让合同履行内部同意手续后，因一定比例的股东已经同意受让人受让股权,所以法律上视为公司的股东会已经以决议形式同意新成员的加入,此时公司办理股权交付手续,并不是对股东资格的实际审查,而是履行公司及时将股权转让结果记载于股东名册、修改公司章程、变更工商登记的法定义务,公司的其他股东也同时负有配合、协助的义务。如果公司未及时履行义务,受让人可以根据《公司法》第 32 条的规定起诉,要求公司履行办理手续义务。公司董事、高管为公司的管理者,负责处理公司日常事务,而为股权受让人办理工商登记变更手续是其职责所在。如果因公司董事、高管有过错未及时办理变更手续并造成损失,受让人可以根据最高人民法院《关于〈中华人民共和国公司法〉若干问题的规定(三)》第 27 条第 2 款的规定要求有过错的董事、高管承担责任。

(三)出让股东的义务

股权转让合同中出让方与受让方权利的交接点是从出让方将股权已经转让的事实向公司作出通知之时(有些工商局在变更工商登记时还要求出让人到场)。出让股东在履行向公司通知义务后,除有特别约定外,出让方的主要义务履行完毕,至于公司及其他股东采取什么样的态度和行动,往往不在出让股东的控制之中。受让方不能正常取得股东身份或行使股东的权利,出让方对此没有过错的,不用承担因此而产生的后果,法院也不应支持受让方以上述原因要求解除合同的请求。公司怠于或拒绝履行义务使受让方不能正常取得股东身份或行使股东权利的,受让方的权利可以通过起诉公司或董事得到法律救济。

二、"一股二卖"时善意第三人的保护

股权转移交付包括股权权能转移和股权权属变更。股权权能转移是指受让股东对参与公司管理的共益权和分配公司盈利的自益权等各种权利的实际行使。权能移转的价值则在于股东的财产利益和其他权益的实际行使。权属变更是指变更股东名称和工商变更登记,权属变更的价值在于法律对股权的认定和法律风险的防范。股东名册产生对抗公司之效力,工商登记产生对抗第三人之效力。权属变更比权能转移更重要,因为权属具有宣示性或对抗性,是受让人保护自身权利,对抗公司或第三人最有效的手段,实践中权能转移而未办理权属变更手续,原股东趁股权价格上涨再次处分股权,导致"一股二卖"的情况常常发生。由于第三人是基于登记机关公示内容的信赖而受让的股权,所以对支付合理对价,办理工商登记的受让人优先保护。没有取得股权的受让股东可以要求原出让股东承担赔偿责任。

【条款设计指引】

一、股权交付条款的必要性

股权交付条款不是公司章程的必备条款。股权交付对受让股东的权利保护非常重要,应在股权转让合同中进行详细约定。

二、章程条款设计

股权转让和股权变更是两个相互关联又相互独立的程序,公司应有具体的股权变更操作程序,公司启动股权变更手续应以出让股东通知为准。

【案例3－7】“一股二卖”时对善意第三人的保护[①]

A公司成立于2002年5月31日,注册资本1000万元,李某出资800万元,占80%的股权;王某出资200万元,占20%的股权。2007年3月9日,李某、王某与恒亿公司签订《转让协议》,约定:李某将其持有的A公司的31%的股权,王某将其持有的A公司的20%的股权转让给恒亿公司,股权转让款为510万元。股权转让协议签订后,A公司召开了股东会,确定恒亿公司的法定代表人石某为A公司的执行董事,石某任命李某为A公司的总经理。并通过A公司章程修正案,将公司股东由李某、王某变更为恒亿公司及李某,其中恒亿公司占A公司51%的股权,李某占A公司49%的股权。2007年5月14日,恒亿公司依约将510万元汇入A公司账户代李某、王某履行出资义务,并实际参与了A公司的经营管理。但各方并未在工商行政管理局办理股权变更登记手续。

2008年6月28日,王某与景某签订《出资转让协议书》,王某将其在A公司的200万元出资转让给景某,李某与景某签订《出资转让协议书》,李某将其在A公司的160万元货币出资转让给景某,李某与卡斯特公司签订《出资转让协议书》,李某将其在A公司的640万元出资转让给卡斯特公司,同日A公司股东会决议通过了上述股权转让事项,并修改了公司章程,确认A公司股东为卡斯特公司及景某,其中卡斯特公司出资640万元,占A公司64%的股权,景某出资360万元,占A公司36%的股权。景某通过他人账户向李某的

---

① 来源于北大法宝,北京市高级人民法院(2009)高民终字第516号民事判决书,王林等与北京恒亿盛世葡萄酒有限公司股权转让纠纷上诉案。

个人账户汇款1000万元,李某、王某出具收据,收到景某交付的股权转让款1000万元,卡斯特公司未付股权转让款。之后,A公司办理了股权工商变更手续。为此,恒亿公司诉至法院,请求确认李某及王某转让A公司的股权无效。

法院查明:王某并未向A公司入资,以王某名义注入的出资款是李某出的,王某不拿公司的分红,不参与公司的管理。《转让协议》、《出资转让协议书》和A公司章程中王某的签字也系李某代签。卡斯特公司2008年5月8日成立,法定代表人为李某,其中李某占卡斯特公司80%股权。

一审法院认为:王某并未向A公司注资,公司成立时公司章程签字也并非其真实意思表示,公司成立后并未享有股东权利,其应为挂名股东,李某对其名下股权有处分权。李某、王某与恒亿公司签订的《转让协议》系双方的真实意思表示,为有效合同,且恒亿公司在签订《转让协议》之后,如约支付了全部股权转让款,并实际参加了公司的决策与经营,A公司章程亦做出了修正案,确认恒亿公司持有51%的股权,恒亿公司作为A公司股东的实质要件已经具备,工商登记是否变更既不影响股权转让合同的生效,也不影响股权的取得,只不过股权转让各方不能对抗善意第三人而已。李某、王某分别与景某签订的《出资转让协议书》有效,而李某与卡斯特公司签订的《出资转让协议书》部分无效,理由如下:本案中,景某受让股权并非恶意,并无证据证明其知道或者应当知道李某已将A公司51%的股权转让给恒亿公司,且景某也实际支付了股权转让款并办理了工商变更登记,而李某对A公司49%的股权享有处分权,李某、王某分别与景某签订《出资转让协议书》应属有效。李某系A公司的总经理,同时也是卡斯特公司的法定代表人,并拥有卡斯特公司80%的股权,卡斯特公司在明知A公司51%的股权已经转让给恒亿公司的情况下,又受让李某在A公司64%的股权,李某与卡斯特公司已经构成恶意串通,损害了恒亿公司的利益,且该转让亦未支付股权转让款,卡斯特公司并非善意第三人,李某与卡斯特公司签订《出资转让协议书》应属无效。考虑到李某对A公司49%的股权享有处分权,在其将A公司36%的股权转让给景某之后,其对A公司13%的股权尚享有处分权,其将该部分转让给卡斯特公司的行为属有权处分,合法有效。A公司目前的股权结构为:恒亿公司持有A公司51%的股权;景某持有A公司36%的股权;卡斯特公司持有A公司13%的股权。判决李某与卡斯特公司签订的《出资转让协议书》中涉及转让A公司51%股权的部分无效。

二审法院维持了一审判决。

评析:本案涉及两个法律问题:一是工商登记对股权转让合同的影响。工商登记是公示行为，只对外起对抗效力，这种登记是证权性的，而不是设权性的，只具有证明权利的效果，未经登记不会导致整个商事行为失效，只是该事项本身不具备对抗第三人的效果。在股权转让中，变更股东名册及工商登记属于股权转让合同的履行内容，而非其生效要件。股权转让合同自成立时生效，合同效力并不受工商登记是否变更的影响。本案恒亿公司受让股权后虽没有变更工商登记，但已经实际履行合同，支付价款，参与公司管理，具备股东实质要素。二是恒亿公司能否对抗景某。《公司法》第32条第3款规定："公司应当将股东姓名或者名称及其出资额向公司登记机关登记；登记事项发生变更的，应当办理变更登记。未经登记或者变更登记的，不得对抗第三人。"由此可见，虽然工商登记是否变更既不影响股权转让合同的生效，也不影响股权的取得，但善意第三人依赖公示的信息而受让股权的行为应该受到保护。本案景某对恒亿公司受让李某股权并不知情，为善意第三人。由于工商登记李某持有A公司80%的股权，假设景某受让李某的股权超过49%，则从优先保护善意第三人的利益出发，应为有效，而恒亿公司的股权比例将受到影响。

【相关法律法规】

《公司法》第32条第3款　公司应当将股东的姓名或者名称及其出资额向公司登记机关登记；登记事项发生变更的，应当办理变更登记。未经登记或者变更登记的，不得对抗第三人。

最高人民法院《关于〈中华人民共和国公司法〉若干问题的规定(三)》第23条　当事人依法履行出资义务或者依法继受取得股权后，公司未根据公司法第三十一条、第三十二条的规定签发出资证明书、记载于股东名册并办理公司登记机关登记，当事人请求公司履行上述义务的，人民法院应予支持。

最高人民法院《关于〈中华人民共和国公司法〉若干问题的规定(三)》第27条　股权转让后尚未向公司登记机关办理变更登记，原股东将仍登记于其名下的股权转让、质押或者以其他方式处分，受让股东以其对于股权享有实际权利为由，请求认定处分股权行为无效的，人民法院可以参照物权法第一百零六条的规定处理。

原股东处分股权造成受让股东损失，受让股东请求原股东承担赔偿责任、对于未及时办理变更登记有过错的董事、高级管理人员或者实际控制人承担相应责任的，人民法院应予支持；受让股东对于未及时办理变更登记也有过错的，可以适当减轻上述董事、高级管理人员或者实际控制人的责任。

第四章　公司组织机构

一、本章条款内容及特点

根据《公司法》第25条的规定，公司机构及其产生办法、职权、议事规则是公司章程的必备条款，所以股东会、董事会、监事会职权、产生和议事规则是本章的必要条款。在这些条款中，只有公司组织机构职权涉及实体权利问题，其他内容大都属于为实体权利保驾护航的程序问题，所以与其他章节相比，内容的全面详细和程序的可操作性应是公司在设计本章条款时考量的重点，尤其在经营者和控股股东合二为一、由控股股东操纵的公司，更要防范因“技术”[①]欠缺而事实造成股东权利落空的风险。

程序设计是一个复杂问题，所以为了节约公司章程的篇幅，也为了避免需要按照公司章程修改程序来修正股东会、董事会、监事规则而增加修改难度，公司可以在本章节中规定公司组织机构的必要内容以外，另行制定股东会、董事会、监事会议事细则作为公司章程的附件。这些细则内容虽然是公司章程的附件，但因关系到公司组织机构问题，也不能随意改动，所以这些细则不可漏掉制定主体、修改程序的内容。

二、完善的公司治理是本章条款的设计宗旨

（一）公司治理定义和作用

公司治理有两种含义：狭义的公司治理是股东会、董事会和经理、监事会之间的权力分配及制衡关系，是公司内部治理。公司治理主要指公司的内部治理，也是本章讨论的公司治理。如无特别说明，都为狭义公司治理；[②]广义的公司治理则包括可能对公司与其所有者关系产生影响的各种制度的总和，

---

① 德国大法官Mustill所言正中其要点，“关于技术问题，我认为坚持规范的程序并不是律师们鸡蛋里挑骨头的发明创造，而是基于那些与会议有关的人多年实践经验所得出的认识，即如果不遵守程序就会不可避免地产生混论、怨恨和争议”。

② 吴敬琏等：《大型国有企业改革：建立现代企业制度》，天津人民出版社1994年版，第185页。

如公司外部的监管市场、经理市场、资本市场、产品市场、机构投资者,以及公司内部的股东会、董事会、监事会等,广义的公司治理表明公司治理已经向广度发展,公司治理主体已经从所有者扩大到利益相关者。[①] 公司治理制度并不是规范企业的一般经营行为,也不涉及公司具体的业务活动,而是联结并规范公司内部不同权利主体(主要是股东、董事、经理)之间的权力、利益和责任关系的制度,其主旨在于通过恰当处理不同权利主体的监督、激励和风险分配问题,达到降低代理成本,实现经营者行为的目的,能准确地反映公司股东的期望。

公司治理结构是公司股东会、董事会、监事会之间权力分配与制衡的制度安排。现代公司治理结构要求股东会行使最终控制权,董事会行使公司经营决策权,监事会行使监督权,董事会委托经理层实施管理权,通过聘任和考核总经理对其进行监督和控制,由此实现"三会四权"分工制衡机制。实践中,公司治理问题已经成为公司管理者及广大投资者做出相应决策时不得不考虑的因素,公司治理结构特别是董事会的结构和绩效,至少应与公司财务政绩和指标一样重要。因为越来越多的投资者认识到财务数据仅仅告诉了投资者一些已经发生的行为,而治理结构则代表着未来的公司行为和价值,越来越多的投资者愿意对公司治理结构好的企业支付更高的价钱。

(二)公司章程在公司治理中的作用

股东会、董事会、监事会权力分配及制衡关系是狭义公司治理的主要内容,而股东会、董事会、监事会构成公司章程中的公司组织机构,所以,从来源上,是公司股东选择了公司治理模式,并将其固定于公司章程的组织机构中,而公司章程又反过来作用于公司治理,成为公司治理的纲要。公司治理结构需要公司章程确定,具体而言,公司章程的作用主要有:

第一,在公司组织机构的选择上,公司章程有一定的空间。公司组织机构的构筑是公司治理的前提,具体的公司治理特点也是由公司组织机构的样态所决定的。根据《公司法》的规定,公司法定代表人可以由董事长、执行董事或经理担任,董事长、副董事长的产生办法由公司章程规定,股东人数较少或者规模较小的有限责任公司,可以设一名执行董事,一名至二名监事,不设立董事会、监事会,并自主决定是否设立经理。这些规定都赋权公司章程自主决定公司组织机构的权利,公司可结合实际情况选择适合于自身的公司组织机构。

第二,在公司组织机构的职权和责任界定上,公司章程有很大的自主性。

---

① 参见张维迎:《企业理论与中国企业改革》,北京大学出版社1999年版,第90页。

在公司的组织机构齐备后,对其职权和责任的界定就成为影响公司治理的重要因素。公司组织机构的职权和责任不同,导致公司治理结构的特点也有所不同。法律允许公司根据自身特点,在公司章程中对其组织机构的职权和责任进行详细规定,以实现公司治理结构的"本土化"。

第三,在公司组织机构的运转上,公司章程也有很大的自主性。如果说公司组织机构职权与职责的界定是从实体权利上设置公司治理结构,那么公司组织机构的运转就是从程序上保障公司治理发挥作用。公司法在公司组织机构产生办法、议事规则上给予了公司章程更大的自主性和自治空间,公司章程应予以重视,保障公司有效运转。

(三)公司股东会、董事会、经理、监事会之间的关系

公司章程确定一个完善公司的治理结构,就要明确划分股东会、董事会、监事会和经理人员各自的职权和责任,确立它们之间的相互制衡关系,所以了解公司机构之间的关系成为公司章程制定者必要的功课。

1. 股东会和董事会之间的信任托管关系

受托经营的董事会与公司是信任托管关系。具体地说,董事会是股东会的受托人,承担受托责任,受股东会的信任委托,托管公司的法人财产和负责公司经营。其特点在于,股东会作为所有者掌握着最终的控制权,一旦董事会受托来经营公司,董事会拥有《公司法》第 46 条规定的法定职权和公司章程授权的职权,负责公司经营,股东会在《公司法》第 37 条和公司章程授权的职权范围内行事,不能随意干预公司董事会管理事务,更不能剥夺董事会法定职权。如果股东会对董事会工作不满意,则以玩忽职守、未尽到受托责任而起诉个别董事,或者不再选举他们连任,不过选举不能由单个股东决定,而要取决于股东会投票的结果。

2. 董事会与公司经理之间的委托代理关系

由于董事会的集体决议议事方式,所以董事会必然需要以经营管理经验和创利能力为标准,挑选和任命适合于本公司的自然人经理来执行其决议(各公司具体经营职能划分见经理职权),经理本质上是具有特殊身份的雇员,经理与董事会之间形成内部授权的委托代理关系。这种委托代理关系的特点在于:经理受聘于董事会,作为公司的代理人管理公司的日常经营事务,在董事会授权范围之内,经理有权决策;由于其代理权来源于公司章程和董事会的授权,所以经理的管理权限和代理权限不能超过董事会决议的授权范围,董事会可以依据程序随时变更经理的权力,董事会有权监督经理人员的经营绩效,甚至可依程序解聘经理。为了调动经理的积极性,一般公司都有对经理

进行奖励或激励的制度。

经理权之存在系为弥补公司机关无法事必躬亲的缺陷，且在公司营业过程中得由专人来辅助公司机关处理有关事务，以提高经营效率，此为经理权制度之本旨。为达这一目的，经理权必然包含两大权能，即管理权能和代理权能。管理权能是指经理在公司内部所享有的可以用来对抗股会、董事会或监事会，据此处理一些特定事务的能力。管理权能的依据在于公司与经理所存在基础的聘用关系。代表权能是指经理以公司名义进行活动，并与第三人缔结契约，使公司直接承担该契约的法律后果的能力。代表权能的依据在于公司与第三人之间的外部关系。

3. 监事会与董事会和经理人员之间的监督与被监督关系

从董事会与股东会的关系来讲，董事会要向股东会负责并接受其监督。但在实践中，由于商业环境的复杂性和执行机构自主权的增加，加之股东会的临时性和股东的分散性，使得股东会不便经常性地对董事会及经理的经营行为进行监督，因而又设立了专门从事监督的机构——监事会，以把董事会和经理执行业务的活动置于自己的视野范围之内，形成一种以避免股东与经营者利益冲突为目的的制约与平衡制度。监事会代表股东会，通过对董事会和经理工作的监督，以保证公司的利益和股东利益的最终实现。但是监事会无权代替董事会和经理人员进行决策，不能干预公司正常的经营管理活动。在实际生产经营中，对于公司经营状况的好坏，究竟是由管理者的才能还是外部客观环境所致是很难判断的，因此，现在学者多主张监事会的作用更多的是对管理者在公司中的经营管理过程而不是结果进行监督。

（四）公司治理模式的历史沿革

在公司制度创立初期，尽管公司机构已经分化，但股东会是公司的权力和意思决定机关，在公司诸机构中处于最高的万能机构的地位。股东们通过股东会，操纵公司一切，股东们享有公司的各种权利，凡与公司经营有关的事务无不含于其中；而董事会则不过是股东会决议的执行者而已，股东会可随时就任何经营行为向董事会发号施令，董事会完全沦为股东会的消极、机械的附庸，对股东会决议负有不折不扣的服从义务，这就形成了早期的股东会中心主义。

然而，随着公司规模的不断扩大、股权的分散和科技的发展，公司的经营活动趋于高度复杂化和专业化，如果依然依赖定期举行的股东会对所有经营活动进行决策，然后再交由董事会执行，或者仍然允许股东会可随时干预董事会的经营决策，则无异于束缚经营者的手脚，既不利于公司发展，又妨碍交易安全,于是股东会在公司机关中的地位日趋下降,董事会逐渐取代股东会成为公司的中心,出现了董事会中心主义的治理模式。董事会中心主义适应了现代经济的发展,董事会相对独立于股东会,但在此结构模式下,由于股东和代表公司管理层的董事会具有各自不同的利益,股东利益能否得到充分保护,将在很大程度上取决于董事、经理是否遵守诚实信用义务,所以为了最大限度地防止代理人可能作出的逆向选择和道德风险,公司在设计自己的公司章程时,就应根据公司规模、股权机构、股东知识结构、社会经验和股东实际参与公司事务管理的深度创立一套有效的机制来规范和约束董事会和经理的行为,从而提高公司经营效率,更好地符合股东的利益。

近年来,随着机构投资者的增多,股东参与公司治理的呼声越来越高,在未来的公司治理中,股东又将成为越来越重要的角色。换言之,股东会权力的回归必将影响公司治理结构发展变化的趋势,但股东的权力已不可能恢复到股东会中心主义年代的状况了。

(五)有限责任公司公司治理模式

虽然股东会、董事会、经理、监事会存在法定性质的关系,但具体到个别公司,还要在原则的基础上,根据自身特点,配置自己的公司机构权限,即不同公司的治理模式是不同的,在共性基础上存在个性的区别。一般而言,投资者选择治理模式受公司内部三个因素的影响,这三个因素分别是:股权结构,即公司内部股权的分散程度,股东人数等;公司规模,即不同规模的公司要求采用的治理方式不同;股东的状况,即股东是否具有管理能力,是否能够参与公司治理。基于不同的股权结构,不同的规模以及不同的股东参与度的考虑,可将有限责任公司的治理模式分为四种类型,以便公司章程设计者选择借鉴。

第一种类型为一人有限公司。在这种类型的公司中,法律规定不设置股东会,唯一股东是否为自然人对公司治理模式影响很大:如果股东是自然人且股东自己直接参与公司的经营管理的情形,公司一般设置执行董事,执行董事兼任经理,谈不上执行董事和经理的职权划分,则公司治理结构特点是公司权力机关、决策机关和执行机关不分离。这种企业的规模一般都比较小,处于刚刚发展的时期。如果股东是法人(典型的如全资子公司)或者自然人股东不自己管理公司的情形下,其董事会均由股东指派(国有独资公司有职工代表),董事会行使部分或者全部股东会职权,所以公司治理模式的特点是权力机关和决策机关不分离,但该类公司往往聘请职业经理人进行管理,公司决策权和执行权相分离,所以还需要将董事会设计成为监督制约经理的机构。这种公司的规模一般相对较大。

第二种类型为股东是自然人且多个创始人、股东全部或者大部分都参与公司经营管理的有限公司。这种公司一般都存在于公司发展的初期，规模比较小、股东比较少的情况下，比较典型的公司是初创时期的家族企业。该类公司一般在股东之中选任董事，同时董事长往往兼任总经理，其他股东担任公司其他经营管理人员。公司治理模式的特点是公司虽然设有权力机关、决策机关和执行机关，但股东会决定公司的发展方向，董事会按照股东会的决议执行。董事、经理的人选、报酬和权力范围实际上是由股东会决定的，所以该类公司权力中枢是股东会。董事会事实上有名无实，其职能事实上被股东会和经理分割了，董事会与经理应该设计成为共同帮助股东会经营管理公司的相互协作机构。

应该说，为了降低成本和提高效率，这类公司发展初期，没有动力进行自我分权和制衡，然而由于法律的要求，这些公司不得不披上股东会、董事会、监事会“三权分立”结构模式的外衣。但正是由于这种没有实质内容的公司治理模式，公司在进一步发展壮大过程中，往往会出现内部人控制、大股东中心主义、公司僵局等各类公司纠纷，所以在目前我国《公司法》没有法定的适合这类公司的治理模式保护的情况下，还应该在法定模式的基础上来治理公司，这样才有利于公司的长期发展，有利于股东利益尤其是小股东利益的保护。

第三种类型为股东是自然人，同时聘请职业经理人经营管理的有限公司。随着公司的不断发展，股东兼任的经理在知识上、精力上无法满足公司的经营管理的要求，这样就有职业经理人参与公司管理的需要，一些家族企业随着规模的发展引进职业经理人参与公司治理正体现了这一情况。这一发展阶段股东逐渐退出公司的直接经营管理，但仍然是董事会的主要成员。这类公司治理模式特点是由股东会选举董事，由董事会聘请职业经理人担任总经理，形成有实质内容的权力机关、决策执行机关、监督机关治理结构模式，股东依法定程序行使股东权益，董事会承担公司的战略决策职能，经理拥有《公司法》第49条规定的推荐职权，甚至更大权力。但由于股权的分散、经营管理的复杂化、股东没有能力与精力参与公司的经营管理，会在客观上造成股东会中心主义的弱化、形式化，所以为了防止公司出现内部人控制，防止经理的道德风险，该类公司董事会又承担了对经理层的监督控制职权，同时公司的监事会日益发挥其作用。也有些公司通过公司章程确保对公司重大资产处置权保留在股东会，从而使公司不会轻易被他人“夺走”。

第四种类型为由法人、自然人或者机构投资者加入或者企业兼并组成的有限公司。随着企业规模的不断壮大,企业可能会出现发展“瓶颈”和资金缺乏的问题,这时兼并朝阳企业和引入资金就成为企业进一步发展的迫切需要,企业并购、风险投资者出现就体现了这一情况。这类公司在权力机关、决策执行机关、监督机关职权明确划分基础上形成如下特点:首先,公司根据权力制衡的需要确定新股东入股比例并重组董事会,董事会反映了几方力量的对比;其次,机构投资者在公司治理中的作用明显加强,加强了股东对公司的监督,在一定程度上解决了因股权过度分散导致的股东监督经营者不足以及“搭便车”问题;再次,为了防止公司内部大股东控制,股东有完善公司治理的动力,董事会根据需要设置专门委员会,引进独立董事,同时监督职权更趋向具体;最后,公司提倡建立一套有效的激励机制,根据企业绩效(包括公司的盈利状况、市场占有率、在社会公益方面的表现等)对董事和经理实行约束与激励。

我国现行《公司法》对股东会的权利配置的模式属于股东会中心主义,①并没有彻底推行英美国家中普遍适用的董事会中心主义管理体制,但这并不妨碍有些公司在公司章程中将董事会的职权范围扩大,形成了大量的事实上董事会中心主义的公司。

第一节　股　东　会

一、设置股东会的意义

股东作为公司的出资人,虽不能直接参与公司的经营管理,但是必须对公司的经营管理享有话语权,股东会就是法律规定的股东表达其意思的机构,所以,一般来说股东会是公司必设机关。

二、股东会议事规则

根据《公司法》第25条的要求,本节载明了股东会的产生方法、职权和最基本的议事规则等必要的公司章程记载事项,为了减少公司章程的篇幅,建议单独制定股东会议事规则。

三、不设股东会的特殊公司

下列特殊的有限责任公司可以不设股东会。

① 有些学者认为是股东会相对中心主义。

（一）一人公司

一人公司是指只有一个自然人股东或者一个法人股东的有限责任公司，因其只有一个股东，所以没有必要设立股东会。但为了规范一人公司行为，避免一人公司财产与股东财产相混同，损害债权人利益，所以法律要求一人公司作出《公司法》第37条所列决定时，应当采用书面形式，并由股东签名后置备于公司，一旦一人公司不能提供这些书面原始材料，股东将对公司债务承担连带责任。

（二）国有独资公司

由于国有独资公司实质为一人公司，所以《公司法》第66条规定，国有独资公司不设股东会，由国有资产监督管理机构行使股东会职权。国有资产监督管理机构可以授权公司董事会行使股东会的部分职权，决定公司的重大事项，但公司的合并、分立、解散、增减注册资本和发行公司债券，必须由国有资产监督管理机构决定。其中，重要的国有独资公司合并、分立、解散、申请破产的，应当由国有资产监督管理机构审核后，报本级人民政府批准。

（三）中外合资经营企业

中外合资经营企业不设股东会，公司权力机关为董事会。《中外合资经营企业法》第6条规定："合营企业设董事会，其人数组成由合营各方协商，在合同、章程中确定，并由合营各方委派和撤换。董事长和副董事长由合营各方协商确定或由董事会选举产生。中外合营者的一方担任董事长的，由他方担任副董事长。董事会根据平等互利的原则，决定合营企业的重大问题。董事会的职权是按合营企业章程规定，讨论决定合营企业的一切重大问题：企业发展规划、生产经营活动方案、收支预算、利润分配、劳动工资计划、停业，以及总经理、副总经理、总工程师、总会计师、审计师的任命或聘请及其职权和待遇等。"《中外合资经营企业法实施条例》第30条进一步规定："董事会是合营企业的最高权力机构，决定合营企业的一切重大问题。"对此《公司法》第217条对这种特殊的公司机构设置进行了确认，"外商投资的有限责任公司和股份有限公司适用本法；有关外商投资的法律另有规定的，适用其规定"。可见，中外合资经营企业不设置股东会，最高权力机构是董事会，法律规定的中外合资经营企业董事会职权和《公司法》规定的一般有限责任公司股东会的职权相同。

第 44 条　股东会职权

推荐条款

股东会是公司的权力机构,由全体股东组成,行使下列职权:

(一)决定公司的经营方针和投资计划;

(二)选举和更换非由职工代表担任的董事、监事,决定有关董事、监事的报酬事项;

(三)审议批准董事会的报告;

(四)审议批准监事会或者监事的报告;

(五)审议批准公司的年度财务预算方案、决算方案;

(六)审议批准公司的利润分配方案和弥补亏损方案;

(七)对公司增加或者减少注册资本作出决议;

(八)对发行公司债券作出决议;

(九)对公司合并、分立、变更公司形式、解散和清算等事项作出决议;

(十)修改公司章程;

(十一)对公司聘用、解聘律师事务所、会计师事务所作出决议;

(十二)审议股东的提案;

(十三)审议批准本章程规定的公司对外担保、投资事项;

(十四)审议批准金额超过公司最近一期经审计总资产百分之×××的合同;

(十五)检查和监督业务执行的情况,必要时可以派遣特别审计员;

(十六)本章程规定的其他职权。

【实务解析】

一、股东会的职权

股东会的职权是指依法律和公司章程规定,必须经股东会决定的事项,归纳起来有六个方面的内容。

（一）股东会投资经营决定权

投资经营决定权是指股东会有权对公司的投资计划和经营方针作出决定。公司的经营方针和投资计划是公司经营的目标方向和资金运用的长期计划。这样的方针和计划是否可行、是否给公司带来赢利并给股东带来利益，影响到股东的收益预期，决定公司的命运与未来，是公司的重大问题，应由公司股东会来作出决定。[①]

（二）股东会人事权

在现代社会竞争日益加剧的情况下，股东会必须拥有人事权。股东会有权选任和决定本公司的非由职工代表担任的董事、监事。对于不合格的董事、监事可以予以更换。董事、监事受公司股东会委托或委任，为公司服务，参与公司日常经营管理活动，当然应当给予其相应的报酬，但其报酬不应由自己决定，董事、监事报酬数额、[②]支付方式、支付时间等都应由股东会决定。需要注意的是公司高级管理人员的任免及报酬不是股东会的职权。

（三）股东会审批权

股东会有两个方面的审批权：一是审批工作报告权，即股东会有权对公司的董事会、监事会向股东会提出的工作报告进行审议、批准。二是审批相关的经营管理方面的方案权，即公司的股东会有权对公司的董事会或执行董事向股东会提出的年度财务预算方案、决算方案、利润分配方案和弥补亏损方案进行审议，股东会认为符合要求的予以批准；反之则不予批准，而责成董事会或者执行董事重新拟定有关方案。董事会有权利也有责任根据公司的经营情况，拟定上述文件提交股东会。董事会违反法律和章程的规定，擅自决定应由股东会决定的事宜，隐瞒不报，越权经营，给公司造成损失的，应当承担相应的法律责任。

---

① 子公司或孙公司作出的某些改变公司结构的决定是否必须首先征得母公司股东会的同意？一方面，子公司的增资决议必须首先征得母公司股东会的同意，因为增资特别容易损害母公司股东的利益，他们持有的股权价值会因而受到影响，他们的优先购买权也得不到保障。另一方面，人们在这种情况下也很清楚，属于子公司或孙公司股东会决议的事项，不可能都由母公司股东会来决定，因为这在现实中是根本行不通的。

② 董事的薪酬，不能有诱惑力。公司章程确定的董事薪酬水平应与其承担的工作和公司的经营状况保持一定的比例，不能支付董事的薪酬后，公司的经营状况严重恶化。董事会薪酬总额应在公司年终报表和资产损益表的附件列出。

(四)股东会公司重大事项决议权

股东会公司重大事项决议权即股东会有权对公司增加或者减少注册资本、发行公司债券、公司合并、分立、变更公司形式、解散和清算等事项进行决议。这些事项都事关公司股东的权益,应由公司股东会议决,其中一些事项的决议还要遵守《公司法》的规定,如增加或减少注册资本,公司分立、合并、解散或者变更公司形式应以代表 2/3 以上表决权的股东同意才能作出决议。

(五)股东会修改公司章程权

公司章程由公司股东在设立公司时制定,是股东间的合意,所以其也应由反映股东意愿的股东会来修改。并为了保证绝大多数股东的意愿,修改公司章程的决议需要由代表 2/3 以上表决权的股东赞成才能通过。

(六)公司章程规定的其他职权

这是一个未尽事项的兜底规定,这也是股东会自由调整股东会和董事会权力界限的权利,以避免不必要的权力冲突的依据。

二、《公司法》第 37 条应为强制性规范

笔者认为第 37 条是强制性规范,即第 37 条规定的股东会职权是法定职权,是由法律特别规定、股东会专属行使的,公司其他机关不能行使。[①] 理由是:(1)《公司法》第 36 条明确股东会是公司的权力机构,我国公司治理结构模式是股东会中心主义,权力配置的路线是:股东会—董事会和监事会—经理。(2)《公司法》第 37 条是将公司的权力赋予公司特定机构的规范,而公司的权力一旦赋予特定的机构,只有特定的机构能够代表公司实施行为而排除了其他机构。(3)《公司法》第 37 条股东会行使的职权第十一项表述为“公司章程规定的其他职权”,而不是“公司章程另有规定,从其规定”,或“公司章程另有规定的除外”。从这种设计中不难看出,立法者的原意是让公司章程规定公司法规定的股东会具体职权以外的职权。(4)2005 年修改《公司法》时,删去了有限责任公司股东会的职权中“对股东向股东以外的人转让出资作出决议”的规定,增加了“公司章程规定的其他职权”。由此可见,删除此条章程自治条款的用意就是确定第 37 条为股东会法定职权的地位。(5)2005 年修订《公司法》的理念就是要注重保护中小股东的利益,将第 37 条确定为强制性规范,有利于保护中小投资者的利益。综上所述,《公司法》第 37 条为强制性条款,其赋予股东会的职权是法定的,公司章程只能扩大这一职权,而不能

① 该观点存在争议,叶林教授在其主编的《公司法原理与案例教程》第 194 页中认为第 38 条为结构性规则,属于任意性规范,应允许公司章程作出变更性规定。

缩小。如果公司章程改变第37条规定事项的行使机关,则意味着对强制性规范的违反,将面临章程效力被审查的问题。同理,《公司法》第46条规定的董事会职权、第53条规定的监事会职权也具有专属的性质。

【条款设计指引】

一、股东会职权条款的必要性

股东会职权条款是公司章程的必备条款。推荐条款中列举了15条股东会职权,前10款都是法定职权,后面5款是在有限责任公司章程中采用频率较多的条款,公司可以根据自身需要进行取舍。

二、章程条款设计

(一)公司章程可以扩大《公司法》第37条的职权

股东会作为公司的最高权力机构,对公司的所有重要事项享有决定权,除本条推荐条款之外,还可以根据自身需要,增加股东会的职权,但不能侵犯《公司法》第46条规定的董事会法定职权。相比股份有限公司,有限责任公司股东人数少,股东有较高的参与管理公司的愿望和条件,所以有限责任公司股东会的职权应远比股份有限公司股东大会的职权大。

(二)公司章程可以规定股东会有权授予董事会行使自己的职权

既然《公司法》第37条为强制性规范,公司章程应遵守《公司法》第37条确立的公司组织结构的框架,公司章程只能扩大,而不能缩小股东会职权。但法律没有明确规定股东会必须事必躬亲,所以公司为了经营需要确需扩大董事会的权力时,可以以股东会的名义授权给董事会暂行某些应由股东会行使的法定权利。这样不但规避了法律风险,而且股东会还可以根据需要随时撤销授权,防止出现股东会对企业失控情形。当然为了维护小股东的利益,防止小股东管理公司的权利被变相剥夺,可以在公司章程中规定股东会的某些职权不得通过授权的形式由董事会或其他机构和个人代为行使。

【案例4-1】　股东会法定职权不容侵犯①

A公司于2000年4月5日成立,注册资本8000万元。2004年2月27

① 来源于北京市第一中级人民法院(2009)一中民终字第6907号民事判决书,车某等与宋某等董事、高级管理人员损害股东利益赔偿纠纷上诉案。

日,A公司对公司的股东及其出资进行了变更,确认A公司的股东为22人,其中,宋某、曾某、彭某、曹某、于某、徐某六名股东共出资7370.592万元,占公司股权比例的92.1324%,车某等8名股东共出资315.216万元,占公司股权比例的3.9402%。A公司章程规定,股东享有表决权,被推选担任董事长、副董事长、董事、监事及高级管理人员的权利。股东会是公司的权力机构,职权:……(2)选举和更换董事,决定有关董事的报酬事项;(3)选举和更换监事,决定有关监事的报酬事项;……公司设董事会,董事由股东会选举和更换,董事每届任期3年,可连选连任。公司设监事会,监事由股东会选举产生和更换。监事任期3年,可连选连任。

2004年11月25日,宋某、曾某、彭某、曹某、于某、徐某共6名股东签订了一份《保证承诺书》。宋某、曾某、彭某、曹某4位大股东承诺在今后的股权锁定期内从以下方面保证于某、徐某的权益:(1)保证于某、徐某二人在A公司的董事和监事席位;(2)在锁定期内,保证满足于某、徐某二人以下工作和生活待遇:……(3)由于本承诺的参与方同时也是A公司的全体董事,本协议可视为A公司的董事会决议执行;……2004年11月26日全体股东签订了《股权锁定契据》,22位股东同意将其持有的在BVI公司的股份锁定10年。后车某等8名股东知道《保证承诺书》,诉请法院请求确认宋某等6人签订的《保证承诺书》无效。

一审法院认为,《保证承诺书》是宋某等6位创始股东的真实意思表示,为宋某等4位大股东个人对于某、徐某两位股东作出的承诺,虽有"本协议可视为A公司的董事会决议执行"的字样,但该承诺并非公司股东会或董事会决议,是股东个人签订的协议,应仅约束协议当事人。至于《保证承诺书》是否会在公司管理、利益分配的落实层面构成对其他小股东利益的侵害,尚无法确知。宋某等持有公司90%以上股权的股东为公司发展而对公司利益的选择,应属于商业价值的判断,不构成对公司法强制性规定的违反,驳回原告的诉讼请求。

车某等8人不服一审法院判决,提起上诉。

二审法院认为:A公司的大股东违反了公司法及公司章程的规定,利用其大股东(包括董事、高级管理人员)的身份和权力,通过个人之间签订的协议来规避《公司法》和公司章程对股东会、董事长会职能的限制,最终通过公司层面、以公司的资产实现大股东的利益均衡,保障个别大股东在公司的额外利益,上述行为是对公司的利益和小股东利益的侵害,应为无效行为。按照《公司法》和A公司章程的规定,对公司有关股东在公司享有的待遇以及公司其他重大利益的处置，只能召开股东会作出决议，因此，A 公司的大股东对于某、徐某二人工作和生活待遇的承诺的行为是一种无权处分行为。而且在法庭审理终结前，《保证承诺书》仍未得到其他股东的追认，因此《保证承诺书》因未得到有权处分人的追认而未发生法律效力。判决撤销一审判决，确认《保证承诺书》无效。

评析：《公司法》第 37 条规定的股东会的职权是法定职权，不允许公司其他机关和个人僭越行使。本案《保证承诺书》承诺于某、徐某在长达 10 年的时间里担任 A 公司的董事和监事，违反了公司法关于公司董事、监事的选举和任期的规定，而且侵犯了股东会选举董事、监事的法定职权，也事实上剥夺了小股东的选举权与被选举权，侵害了小股东的利益。《保证承诺书》承诺于某、徐某待遇是对 A 公司财产的处分，应当经过股东会决议通过，即便是宋某等作为占 90% 股权的股东也无权决定，判决确定《保证承诺书》无效是正确的。宋某等人作为占 90% 股权的股东可以影响股东会、董事会的决议，召开股东会、董事会无实际意义的观点是错误的，因为如果股东会、董事会通过《保证承诺书》内容的决议，车某等原告可以提起确认股东会决议无效的诉讼。

【案例 4－2】　批准利润分配方案是股东会法定职权①

2000 年，A 公司与 B 公司组建了金穗公司。双方出资比例为 1:3，B 为大股东。公司章程第 16 条规定：董事会对股东会负责行使下列职权：……制订公司利润分配方案和弥补亏损方案……第 28 条规定：股利按各股东的股份占注册资本的比例进行分配，在公司年终决算后执行，具体分配方案由董事会决定。金穗公司于 2001 年和 2003 年经董事会决议，分别向两个股东支付了上年度利润。后公司总经理由 A 公司人员变为 B 公司人员担任。2004 年 4 月，金穗公司召开董事会作出决议，决定 2003 年分配利润 500 万元，报股东会批准。但金穗公司一直未向 A 公司支付 2003 年利润。A 公司起诉至法院，要求金穗公司和 B 公司支付 2003 年红利 125 万元。金穗公司于 2005 年 5 月 17 日召开了临时股东会，认为公司对 2003 年度财务清查中发现的重大经济问题尚未解决，决议暂停该利润分配方案（A 公司未出席）。

一审法院认为：金穗公司只有 A 公司和 B 公司两个股东，董事会决议等

① 载《法制日报》2006 年 6 月 13 日。

同为股东会决议,2003年利润分配方案不存在损害其他股东利益的因素。金穗公司在法院立案后临时召开股东会及作出决议无法律约束力,因此判决金穗公司支付A公司2003年红利125万元。

金穗公司不服此判决,提出上诉。二审法院维持了原判。

金穗公司又提出申诉,再审法院认为:董事会决议不能等同于股东会的决议。公司章程虽对股东会的职权未作明确规定,但并不意味着股东会不能行使职权。2004年4月14日的董事会决议,注明该利润分配方案须报“股东会批准”,并未超越公司章程和公司法的授权范围。且该决议获得全体董事同意。公司章程规定“利润分配方案由董事会讨论决定”,并不意味着不需要股东会批准。再审判决驳回了A公司要求给付红利的诉讼请求。

评析:《公司法》第37条规定审议批准公司的利润分配方案是股东会的法定职权,利润分配方案在没有经过股东会通过之前,股东股利分配请求权只是一种抽象的股利分配请求权,利润分配方案经股东会决议通过才能转化为具体的股利分配请求权,即债权,具体的股利分配请求权才是股东提起诉讼请求给付的权利。本案金穗公司利润分配没有经过股东会通过,且之后的股东会否决了利润分配方案,所以公司无权向股东分配利润。金穗公司前两次利润分配方案存在程序瑕疵,但因为两股东没有异议而应被认定为有效。

【相关法律法规】

《公司法》第4条　公司股东依法享有资产收益、参与重大决策和选择管理者等权利。

《公司法》第36条　有限责任公司股东会由全体股东组成。股东会是公司的权力机构,依照本法行使职权。

《公司法》第37条　股东会行使下列职权:

(一)决定公司的经营方针和投资计划;

(二)选举和更换非由职工代表担任的董事、监事,决定有关董事、监事的报酬事项;

(三)审议批准董事会的报告;

(四)审议批准监事会或者监事的报告;

(五)审议批准公司的年度财务预算方案、决算方案;

(六)审议批准公司的利润分配方案和弥补亏损方案;

（七）对公司增加或者减少注册资本作出决议；

（八）对发行公司债券作出决议；

（九）对公司合并、分立、变更公司形式、解散和清算等事项作出决议；

（十）修改公司章程；

（十一）公司章程规定的其他职权。

对前款所列事项股东以书面形式一致表示同意的，可以不召开股东会会议，直接作出决定，并由全体股东在决定文件上签名、盖章。

《公司法》第169条　公司聘用、解聘承办公司审计业务的会计师事务所，依照公司章程的规定，由股东会、股东大会或者董事会决定。

公司股东会、股东大会或者董事会就解聘会计师事务所进行表决时，应当允许会计师事务所陈述意见。

第45条　公司的投资、担保

推荐条款

公司下列对外投资、担保行为，必须经代表×××以上表决权的股东同意：

（一）公司的对外投资、担保总额，达到或超过最近一期经审计净资产的百分之×××以后提供的任何投资、担保；

（二）公司的对外投资、担保总额，达到或超过最近一期经审计总资产的百分之×××以后提供的任何投资、担保；

（三）为资产负债率超过百分之×××的担保对象提供的担保；

（四）单笔投资、担保额超过最近一期经审计净资产百分之×××的投资、担保；

（五）对股东、实际控制人及其关联方提供的投资、担保。

【实务解析】

一、没有经过股东会决议时，公司对外签订的投资、担保协议的效力

公司章程关于公司担保、投资、数额以及审批程序等方面的规定，系调整公司内部法律关系的规范，在公司内容产生相应的法律后果，通常不能对抗公司以外的第三人，所以除非涉及公司为内部人员提供投资、担保，没有经过股

东会决议的对外投资、担保是有效的。如果公司因此遭受实际损失,公司可以请求相关责任人对公司的损失承担责任。

二、有限责任公司向合伙企业投资问题

(一)公司向合伙企业投资的法律依据

2007 年 6 月 1 日生效的《合伙企业法》第 2 条规定:“本法所称合伙企业,是指自然人、法人和其他组织依照本法在中国境内设立的普通合伙企业和有限合伙企业。”至此,企业法人能否登记、设立、出资成立合伙企业的争论落下帷幕。当然为了防止对国有资产以及社会公众利益的安全保障构成威胁,根据《合伙企业法》第 3 条的规定,国有独资企业、国有企业、上市公司以及公益性的事业单位、社会团体不能成为普通合伙人。

(二)公司向合伙企业投资风险

有限责任公司可以通过参与合伙拓展投资渠道,获得合伙企业不独立纳税、出资方式多样、经营管理灵活、分得更多股利的好处,尤其是从事风险投资最为适宜。但公司作为普通合伙人参与合伙后,还将承担合伙企业的经营风险,合伙人之间的连带责任往往会使公司成为合伙企业债务人追偿债务的首选目标,如果其他合伙人缺乏偿债能力或者无力清偿,那么被首选作为合伙企业债权人追偿对象的公司之责任无疑被扩大了。所以从这个角度来讲,公司尤其对外投资合伙企业要慎重。

另外,公司合伙人需要向合伙企业委派自然人代表,这不但由此会产生自然人代表监督的成本问题,还会存在委托代理风险,即公司作为合伙人会产生因合伙企业的“信息不对称”产生的道德风险。

【条款设计指引】

一、公司对外投资、担保条款的必要性

公司对外投资、担保条款是公司章程的必备条款,但其与《公司法》第 25 条规定的公司章程必备的其他条款不同,它不是公司章程效力性条款,即便公司章程没有规定,也不影响公司章程的有效性。公司经营需要大量的资金,公司之间担保、投资的情况越来越多,但公司对外担保、投资存在极大的风险,尤其是大股东或者实际控制人经常利用公司对外担保、投资来转嫁关联企业的债务,掏空公司,所以 2005 年修订《公司法》时增加了第 16 条,规定公司对外投资、担保为公司章程的必备条款。该条款属于股东会职权范畴,所以该条款可以与股东会职权合并,但如果公司章程对此约定的事项较多且比较烦琐,建议单独设置一个条款。

二、章程条款设计

（一）公司章程可对投资、担保做补充规定

在《公司法》第16条规定之外，公司章程可对公司对外投资、担保做补充规定。

第一，明确划分股东会、董事会在对外投资、担保中的职权范围，将一定数额或者比例的对外投资、担保决议权确定为股东会职权。当然公司章程也可以从董事会职权的角度来规定，例如规定公司每年对外投资总额×××万元、对外担保总额×××万元以下，由董事会成员二分之一以上决定通过；公司单项对外投资额×××万元，对外担保额×××万元以下的，由董事会全体成员二分之一以上通过。超过前述两类限额之一时，由股东会会以全部表决权的二分之一以上决定通过。

第二，《公司法》第16条规定超过一定数额的对外投资、担保需由股东会决议通过，但并没有明确股东会是以普通决议通过，还是以特别决议通过。一般地，如果公司章程没有特别规定，应以普通决议通过。对外投资、担保是公司比较敏感的问题，公司章程可以规定以特别决议通过。公司章程也可以进一步划分由股东会批准的对外投资、担保，即一般情况下由股东会以普通决议通过，超过一定数额由股东会以特别决议通过。

（二）公司章程可以设置投资合伙企业的风险控制条款

由于投资合伙企业蕴含着巨大风险，公司章程可以约定将投资合伙企业决定权赋予股东会，并将公司是否投资合伙企业的决议作为特别决议事项进行表决，对公司投资合伙企业有异议的股东赋予股权回购请求权。公司还可以在公司章程中约定，公司作为普通合伙人参与合伙企业共同事务管理时，必须与其他合伙人对公司合伙人的信息披露范围进行约定，对其他合伙人对公司合伙人的知情权及监督权的使用进行严格限制，防止其他合伙人滥用权利。若其他合伙人要求公司合伙人说明的事项与合伙事务无关，或此说明事项涉及公司合伙人的商业秘密或公共利益，公司合伙人有权拒绝说明。

公司还应完善委派合伙人的自然人代表制度，公司可以在合伙协议中约定，除非得到其事前同意或事后追认，自然人代表无权独自决定有关合伙企业或公司合伙人的重大事项，如占有或转移合伙企业的财产、从事有损公司合伙人及其经营的行为、代表公司合伙人订立重要合伙协议等，否则将对公司合伙人承担赔偿责任。公司合伙人还可以在合伙协议中约定公司合伙人有权在任何给定的时间对自然人代表签署的一切合伙企业相关文件进行检查。

【相关法律法规】

《公司法》第 16 条　公司向其他企业投资或者为他人提供担保,按照公司章程的规定由董事会或者股东会、股东大会决议;公司章程对投资或者担保的总额及单项投资或者担保的数额有限额规定的,不得超过规定的限额。

公司为公司股东或者实际控制人提供担保的,必须经股东会或者股东会决议。

第 46 条　股东会会议种类

推荐条款

公司股东会分为定期股东会和临时股东会。

定期股东会每年召开×××次,并应于上一个会计年度完结之后的×××个月之内举行。

有下列情形之一的,公司董事会必须在事实发生之日起×××日内召开临时股东会:

(一)董事人数不足《公司法》规定的法定三人,或者少于本章程所定人数的三分之二时;

(二)公司未弥补的亏损达股本总额的三分之一时;

(三)代表十分之一以上表决权的股东书面请求时;

(四)三分之一以上的董事认为必要时;

(五)监事会(监事)提议召开时。

【实务解析】

一、股东会定期会议

股东会定期会议也称普通会议、股东年会,是指根据法律和公司章程的规定在一定时间内必须召开的股东会议,定期会议主要决定股东会职权范围内的例行重大事项。有限责任公司股东会定期会议的具体召开时间及两次会议间隔时间都由公司章程决定,公司不得无故取消、提前或者延迟。

二、股东会临时会议

股东会临时会议又称特别会议，是指定期会议以外的必要时候，由于发生法定事由或者根据法定人员、机构的提议召开的股东会议。

【条款设计指引】

一、股东会会议种类条款的必要性

股东会会议种类条款包括股东会种类、定期会议召开时间、召开临时会议情形等内容，其中股东会定期会议的召开时间是公司章程的必备内容。公司章程应该遵守《公司法》第39条的规定，规定召开股东会定期会议的时间，不得剥夺法定召开临时股东会的情形，但可以扩大召开临时股东会的情形。

实践中，很多公司长期不召开股东会，尤其是大股东控制的公司，为了防止控制权旁落，更是以各种理由拒绝召开股东会，所以从完善公司治理的角度出发，公司章程一定要确定股东会会议，尤其是定期股东会会议召开的时间。

二、章程条款设计

《公司法》只规定有权提议召开临时股东会的主体，并没有明确在什么情况下必须召开临时股东会。为了公司有效的运作，强化董事会的责任感，尤其是在董事会事实控制公司的情况下，避免董事会消极对抗股东会的召开，投资者应根据本公司特点及需要，增加董事会在某些特殊情况下负有召开临时股东会的义务是必要的。

【相关法律法规】

《公司法》第39条　股东会会议分为定期会议和临时会议。

定期会议应当按照公司章程的规定按时召开。代表十分之一以上表决权的股东，三分之一以上的董事，监事会或者不设监事会的公司的监事提议召开临时会议的，应当召开临时会议。

第47条　股东会召集和主持

推荐条款

股东会由董事会召集，董事长主持。首次股东会会议由出资最

多的股东召集和主持。

监事会有权以书面形式向董事会提议召开临时股东会,同时阐明会议议题。董事会应当根据法律、行政法规和本章程的规定,在收到提案后×××日内做出同意或不同意召开临时股东会的书面反馈意见。

董事会同意召开临时股东会的,将在作出董事会决议后的×××日内发出召开股东会的通知,通知中对原提议的变更,应征得监事会的同意。董事会不同意召开临时股东会,或者在收到提案后×××日内未作出反馈的,视为董事会不能履行或者不履行召集股东会会议职责,监事会可以自行召集和主持。

代表十分之一以上表决权的股东有权以书面形式向董事会请求召开临时股东会,同时阐明会议议题。董事会应当根据法律、行政法规和本章程的规定,在收到请求后×××日内做出同意或不同意召开临时股东会的书面反馈意见。

董事会同意召开临时股东会的,应当在作出董事会决议后的×××日内发出召开股东会的通知,通知中对原请求的变更,应当征得相关股东的同意。董事会不同意召开临时股东会,或者在收到请求后×××日内未作出反馈的,代表十分之一以上表决权的股东有权以书面形式向监事会提议召开临时股东会。

监事会同意召开临时股东会的,应在收到请求×××日内发出召开股东会的通知,通知中对原提案的变更,应当征得相关股东的同意。监事会不同意召开股东会或在收到请求后×××日内未做出反馈的,视为监事会不召集和主持股东会,代表十分之一以上表决权的股东可以自行召集和主持。

监事会或股东决定自行召集股东会的,应书面通知董事会,董事会应予以配合,会议所必需的费用由公司承担。

【实务解析】

一、股东会的召集权

(一)董事会召集、主持股东会的权利

董事会是召集股东会的法定机关,股东会召集权是董事会的权利,也是董事会的义务,不设董事会的,股东会由执行董事召集。董事会对公司的经营状态比较了解,所以法律选择由董事会来召集股东会,并赋予其一定的自由裁量权来决定是否需要召集临时股东会。

如果公司出现需要股东会审议事项或者公司章程约定的需要召开临时股东的情形时,董事会必须召集股东会,这是董事会的强制性义务,如果董事会未召集股东会,根据《公司法》第 149 条的规定,相关责任董事将依法承担责任。

(二)监事会、代表 1/10 表决权股东自行召集股东会的权利

我们不能确保董事会是一个总为股东和公司的最大利益服务的机构,如果董事会滥用手中的职权,应当召集股东会而不召集时,股东权利和公司利益就会受到损害,所以法律赋予监事会、股东自行召集股东会的权利作为董事会召集股东会权利的补充。

二、股东会的主持权

由董事会召集的股东会、董事长是法定的主持人,如董事长不能履行职务或不履行职务的,由副董事长主持,副董事长不能履行职务或不履行职务的,由半数以上董事共同推举一名董事主持。由监事会、股东自行召集的股东会、法律没有强制性规定,可以由召集人推举确定。

【条款设计指引】

一、股东会的召集和主持条款的必要性

股东会召集和主持是公司章程的必备条款,也是股东会议事规则的必备条款。董事会召集、董事长主持股东会的权利和监事会、代表 1/10 表决权的股东自行召集、主持股东会的权利是法定权利,公司章程不得剥夺,但需要公司章程在程序上予以保障,以使权利能够得到落实。本条推荐条款篇幅很大,且多是程序性规定,所以公司可以在公司章程中保留董事会、监事会、代表 1/10 表决权的股东召集和主持股东会的实体权利,而将程序上的内容载入股东会议事规则。

二、章程条款设计

(一)公司章程可降低自行召集股东会的股东代表的表决权比例

《公司法》第40条规定,自行召集股东会的股东需达到代表1/10表决权比例的股东,该权利是代表1/10表决权比例的股东的法定权利,公司章程不能剥夺,但是公司章程可以降低该比例,尤其是人合性较强,股东人数较少,大股东股权占绝对优势的公司,为了保护中小股东的权利,可以赋予任一股东有自行召集股东会的权利。当然在此类公司中,以该种方式确保中小股东权利还远远不够,还需要结合中小股东一票否决权、提高特别决议所需表决权比例等措施。

(二)应尊重董事会作为第一召集人的权利

按照《公司法》第39条的规定,如果监事会、代表1/10表决权的股东提议召开股东会,董事会应予召开,而没有不同意的权利。考虑到董事会毕竟是公司的经营决策机构,相对于监事会、股东,其对公司状况比较了解,对于监事会、代表1/10表决权的股东提出召开股东会的理由,董事会有可能认为理由不存在,或者公司对此早已有所计划等因素而不需要召开,所以公司章程可以考虑赋予董事会不同意的权利,为了协调沟通,还应规定董事会须以书面形式反馈不同意的理由。如果监事会、代表1/10表决权的股东不认可不同意的理由,仍有权利自行召集股东会。

【相关法律法规】

《公司法》第40条　有限责任公司设立董事会的,股东会会议由董事会召集,董事长主持;董事长不能履行职务或者不履行职务的,由副董事长主持;副董事长不能履行职务或者不履行职务的,由半数以上董事共同推举一名董事主持。

有限责任公司不设董事会的,股东会会议由执行董事召集和主持。

董事会或者执行董事不能履行或者不履行召集股东会会议职责的,由监事会或者不设监事会的公司的监事召集和主持;监事会或者监事不召集和主持的,代表十分之一以上表决权的股东可以自行召集和主持。

《公司法》第149条　董事、监事、高级管理人员执行公司职务时违反法律、行政法规或者公司章程的规定,给公司造成损失的,应当承担赔偿责任。

第 48 条　股东会提案

推荐条款

公司召开股东会，董事会、监事会、股东有权提出提案。提案应有明确议题和具体决议事项，内容应当属于股东会职权范围。

股东可在定期股东会召开×××天以前、临时股东会召开×××天以前向召集人提出书面提案，召集人应当在收到提案后×××日内发出股东会补充通知，告知提案的内容。如果召集人未将该提案提交股东会决议，该股东有权直接在股东会上提出。

召集人在发出股东会通知公告后，不得修改股东会通知中已列明的提案。

股东可以在股东会上临时提出提案，但是否需要在该次股东会上审议表决应先由股东会决议。

【实务解析】

一、股东会提案

股东会提案是指符合条件的股东、董事会、监事会提交股东会审议的具体议案。提案的内容应当属于股东会职权范围。议案是指列入会议议程的提案，议题是股东会所要讨论的内容、中心、主题，一次股东会可以有多个议题，提案是议题的来源。

二、股东会提案主体

《公司法》第 53 条明确规定了监事会向股东会提出提案的权利，而作为公司经营决策机构的董事会，拥有股东会提案权是其职权的应有之义。《公司法》第 102 条赋予单独或者合计持有公司 3% 以上股份的股份有限公司股东，可以在股东大会召开 10 日前提出临时提案的权利，但对于有限责任公司股东提案权，却没有任何规定。股东会是股东的自治组织，公司的权力机构，不应受制于董事会，有限责任股东提案权是股东参与公司重大决策的必要手段，作为人合性较强的有限责任公司，相比股份有限公司，更应该扩大股东管理公司事务的权利，赋予有限责任公司股东普遍的提案权和临时提案权，所以有限责任股东提案权应视为单个股东的法定权利。

参见第二章股东提案权。

【条款设计指引】

一、股东会提案条款的必要性

股东会提案条款不是公司章程的必备条款。但是该条款关系到股东会会议内容,没有提案及相关议题,就没有召开股东会的必要,所以确定股东会提案主体,尤其是股东提案权很必要。基于公司章程的篇幅和修订的难度考虑,该条款可以只规定提案的主体,有关程序性的规定,可以载入股东会议事规则。

二、章程条款设计

公司章程设计股东会提案应考虑的因素:

(一)提案的内容

1. 因为有限责任公司的人合性,所以对于股东较少的公司,建议不对提案的内容作出具体规定,以确保股东的权利,提高公司运行的效率。

2. 董事会应只对提案的合法性进行审查,凡提案的内容没有违反法律、行政法规的情形,应列入股东会议程。

(二)提交提案的时间

突然袭击的提案,将使股东无法充分行使表决权,所以公司章程应规定提交提案的时间。如果确实为紧急的提案,可以作为临时提案提出,但是否表决应由股东会决定。

【相关法律法规】

《公司法》第102条　召开股东大会会议,应当将会议召开的时间、地点和审议的事项于会议召开二十日前通知各股东;临时股东大会应当于会议召开十五日前通知各股东;发行无记名股票的,应当于会议召开三十日前公告会议召开的时间、地点和审议事项。

单独或者合计持有公司百分之三以上股份的股东,可以在股东大会召开十日前提出临时提案并书面提交董事会;董事会应当在收到提案后二日内通知其他股东,并将该临时提案提交股东大会审议。临时提案的内容应当属于股东大会职权范围,并有明确议题和具体决议事项。

股东大会不得对前两款通知中未列明的事项作出决议。

无记名股票持有人出席股东大会会议的，应当于会议召开五日前至股东大会闭会时将股票交存于公司。

第49条　股东会通知

推荐条款

公司应置备股东确认的股东通讯录，股东负有及时将地址、联系方式变更的情况告知公司的义务。召集人将在定期股东会召开×××日前、临时股东会召开日×××前以邮寄方式通知所有股东名册上的股东。通知邮寄后第三日视为送达。

召集人应视股东会的议题、提案，确定是否通知董事、监事、其他高级管理人员列席股东会。

股东会的通知包括以下内容：

（一）会议的时间、地点和期限；

（二）提交会议审议的事项、提案及其具体内容；

（三）会务联系人姓名、电话号码。

【实务解析】

一、股东会通知方式

现代通知方式有5种：口头通知、专人递送通知、邮寄送达通知、公告通知和现代传媒通知。由于口头通知和现代传媒通知送达时间不能确定，且在实践中容易产生歧义，所以不主张采纳。由于“通知公告”发出后，并非即如法律所推定的那样，所有权利人都会看到公告，而且个别权利人未看到公告可能完全是主观因素以外的原因造成的，此时其获得通知的权利事实上将被不公正的制度所剥夺，所以对于股东人数较少的有限责任公司，也不主张公告送达。推荐公司章程规定以信函邮寄方式送达股东会通知。

二、几种特殊股东的通知

（一）共有股权的股东

参见总则。

（二）已将表决权授予他人代理的股东

如果授予代理人的表决权不是不可撤销的权利，该股东仍有权获得通知。

当然如果通知了代理人,也可以确定通知了该股东,通知了该股东,也视为通知了代理人。

(三)亡故股东或者破产的法人股东

股东亡故,如公司章程对股权继承没有特别规定,且股权已依公司章程或者《公司法》由继承人继承股权完毕,那么应向继承人发出会议通知,如未继承完毕,会议通知可向遗产管理人发出。且要求出席股东会之人提交全体继承人签名的授权委托书,若未能提交则视为缺席。如公司章程对股权继承有特别规定,董事会或者召集人应对亡故股东的股权问题提出提案交股东会决议。

法人股东破产且破产程序终结,应将破产财产继受人视为股东,向其发出通知,如破产程序尚未终结,应将该法人股东作为通知对象,只是通知的签收人和表决权的行使应由清算组负责。

三、股东会通知内容的变更

股东会议通知发出后,除有不可抗力或者其他意外事件等原因,董事会或者其他召集人不得变更股东会召开的时间。因不可抗力确需变更股东会召开时间的,不应因此而变更需要通知的股东名单。

【条款设计指引】

一、股东会通知条款的必要性

股东会通知条款不是公司章程的必备条款,但股东会通知却是股东会议事规则必备的程序,如果没有及时通知所有应通知的股东,股东会决议将因股东会通知瑕疵,存在决议被撤销的风险。基于公司章程篇幅和修订难点考虑,公司章程可以只约定股东会通知时间,其余内容载入股东会议事规则。

二、章程条款设计

(一)股东会通知发出时间

公司法没有区分定期股东会和临时股东会,统一规定股东会通知应该在股东会召开前 15 日发出,但公司章程可以另行规定。因定期股东会召开时间、召开议题每年大致相同,所以公司章程采纳提前 15 日发出通知比较合适。但临时股东会都是因为事情紧急需要马上决议,所以临时股东会会议通知的时间应短于定期股东会,考虑到即使召开的是临时股东会,也应给股东充分考虑的时间,防止突然袭击,事实剥夺股东表决权,所以建议公司章程将临时股东会通知发出时间定为股东会召开前 7 日比较适宜。

(二)股东会通知对象

股东会通知的股东应是股东名册上的全体股东,但为了防止股东会开会前后时间段因有股权转让不能确定股东的情况,应在公司章程中明确通知日在股东名册上记载的股东都有获得通知的权利。无表决权的股东尽管没有表决权,其出席股东会的权利不应被剥夺,否则其表决权以外的其他诸项权利(如知情权、质询权)将会受到侵犯。

股东会是公司的权力机构,《公司法》并没有赋予董事、监事参加股东会的权利,尤其是股东会的提案及相关议题众多纷杂,可能涉及公司投资动向的秘密,也可能涉及对个别董事、监事的工作评议,所以不应一概而论。公司章程应赋予股东会召集人根据股东会提案及相关议题确定是否通知董事、监事的权利。公司高级管理人员一般情况没有必要列席股东会,更应该赋予股东会召集人来确定是否通知其列席股东会。

(三)股东会通知送达方式

邮政特快专递是最好保留证据的送达方式,公司章程应首选该种送达方式。为了配合邮寄送达,公司应该制作经股东确认的通讯录,并在公司章程中明确如果付清邮资并正确写明地址,在通知投入邮局的3天后视为送达,投入时间以邮戳来证明。如股东地址变更,股东负有及时将变更的地址、联系方式变更的情况告知公司的义务,如股东并没有将变更后的地址通知公司,则由股东自己承担责任。

(四)股东会通知内容

《公司法》没有规定股东会通知内容,对于需要将会议地点和时间告诉被通知人没有异议,但对于股东会提案的内容以及与此有关的其他信息是否在通知时说明,却因涉及公司秘密的泄露颇有微词。有限责任公司是闭锁公司,股东有保守公司秘密的义务,增加股东会通知内容不会泄露公司的经营秘密,其披露的内容应该达到足以使股东作出理智决定所需的程度,如果对股东会审议内容披露过于简略,将会使股东无法充分行使表决权。如果确实发生了股东泄露秘密事件,公司也可向股东主张赔偿。

建议公司章程将下列资料作为通知的附件:(1)提案的具体内容;(2)为使股东对将讨论的事项作出明智决定所需要的资料及解释,尤其是在公司提出合并、分立、回购股权、股权重组等重大事项时,应当提供拟议中的交易的具体条件和合同,并对其目的和结果作出认真的解释;(3)披露与将讨论的事项有重要利害关系董事、监事、经理和其他高级管理人员,包括该利害关系的性质和程度;(4)拟在会议上提议通过的特别决议的全文。

如果股东会拟讨论董事、监事选举事项的,股东会通知中应充分披露董事、监事候选人的详细资料,至少包括以下内容:(1)教育背景、工作经历、兼职等个人情况;(2)与本公司或本公司的控股股东及实际控制人是否存在关联关系;(3)持有本公司股权的比例。

【案例4-3】　股东会的通知应为实质意义通知①

1994年,A公司改制为有限责任公司,刘某为公司股东。2003年12月,经公司股东会选举由林某等五人组成董事会,林某担任董事长,曹某等三人组成监事会,曹某担任监事会主席。2006年12月,该届董事会、监事会届满。2007年2月19日,A董事会在公司公告栏内张贴公告,决定于2007年2月28日召开股东会,后因客观原因休会。2007年3月2日,A董事会再次张贴公告,决定于2007年3月18日召开股东会。2007年3月18日,A董事会召开了由林某、曹某等12人参加的股东会。大会通过无记名投票的方式选举出了新一届董事会、监事会成员,原董事会、监事会成员全部连任。刘某认为A公司在未通知原告等多人的情况下召开了股东会议,推选了新的董事会、监事会成员,侵犯了原告的知情权、表决权等,要求撤销A公司股东会所作出的董事会、监事会改选决议。

一审法院认为:A公司2007年3月18日召开的改选董事会、监事会会议召集程序、表决方式及会议内容合法有效,驳回原告刘某的诉讼请求。

刘某不服一审判决,提起上诉。二审法院认为,《公司法》设计股东会会议通知制度的目的在于成功地向股东通知开会事宜,股东会会议通知是股东得以参加股东会并行使其"干预权"的前提。不论采用何种通知形式,成功地通知股东始终是通知制度应实现的第一位目标,而提高通知效率、节约通知成本只能作为第二位的附属目标。本案中,A公司召开股东会,仅是在其单位的公告栏内张贴公告,并未通过多种途径去通知股东,不能使所有权利人都得到通知,因此,刘某等股东获得通知的权利事实上被剥夺。因其通知的方式存在瑕疵,从而导致股东会会议召集程序违法,故判决撤销A公司股东会作出的董事会、监事会改选决议。

---

①　来源于"刘庆兰等诉新沂市恒大机械有限公司股东会召集程序违法请求撤销股东会决议案",载《人民司法·案例》2008年第24期,http://www.110.com/ziliao/article-190340.html,2011年12月1日访问。

评析：股东会会议通知是股东得以参加股东会并行使表决权的前提，通知股东参加股东会的通知应为能够达到股东、能够为股东所知晓的实质意义通知，即既要有公司的"告诉"，又要有股东的"知晓"。在公司公告栏张贴公告的形式进行通知，显然不能保证公告能够有效到达全体股东并为全体股东所知晓，其只是走通知形式的程序性通知，而非实质意义的通知，该通知的方式存在瑕疵，从而导致股东会会议召集程序违法，股东会作出的决议应予撤销。

【相关法律法规】

《公司法》第 41 条第 1 款　召开股东会会议，应当于会议召开十五日以前通知全体股东；但是，公司章程另有规定或者全体股东另有约定的除外。

第 50 条　股东会最低出席人数或表决权数

推荐条款

股东会需有代表二分之一表决权□且不低于一半以上的股东出席，方能举行。如果未达到最低出席人数，会议应当延期，延期的股东会应在一个月内召开。会议延期召开后如果出席人数仍达不到最低人数，则应当解散会议。

股东会应有会议记录。

【实务解析】

一、股东会最低出席人数或表决权数

股东会的召开必须具有一定比例的股东人数或代表一定比例表决权数的股东出席才为有效。不设定股东会最低出席人数或表决权数，有可能会产生因股东出席人数较少而违背多数表决权的本意。

二、股东会召集人应设置股东会会议登记册

股东会会议登记册是股东会召集人对出席股东会的股东进行身份验证并由股东签名而记载下来的文件资料，是证明股东会会议合法性、有效性的重要依据。会议登记册载明参加会议人员姓名(或单位名称)、身份证号码、住所地址、持有或者代表有表决权的股权数额、被代理人姓名(或单位名称)等事项。主持人应当在会议开始时按照会议登记册宣布现场出席会议的股东和代理人人数及所持有表决权的比例。

三、股东会股东身份的确认

股东会股东身份的确认涉及以下两个问题。

(一)股东资格的确认

参见总则章节公司股东条款。

(二)股东身份证明

个人股东亲自出席会议的,应出示本人身份证或其他能够表明其身份的有效证件或证明;接受委托代理他人出席会议的,应出示本人有效身份证件、股东授权委托书。

法人股东应由法定代表人或者法定代表人委托的代理人出席会议。法定代表人出席会议的,应出示本人身份证、法定代表人身份证明;委托代理人出席会议的,代理人应出示本人身份证、法人股东单位的依法出具的书面授权委托书。

四、股东委托他人出席股东会的授权委托书的内容

股东可以自己参加股东会,也可以委托他人参加股东会,如委托他人出席股东会,应出具授权委托书。授权委托书要有明确的指示,一般应当载明下列内容:(1)代理人的姓名。(2)是否具有表决权。(3)分别对列入股东会议程的每一审议事项投赞成、反对或弃权票的指示。(4)委托书签发日期和有效期限。(5)对可能纳入股东会议程的临时提案是否有表决权,如果有表决权应行使何种表决权的具体指示;或者委托书注明如果股东不作具体指示,股东代理人是否可以按自己的意思表决,股东对代理人的行为是否事后追认。(6)委托人签名,委托人为法人股东的,应加盖法人单位印章。当然股东也可以将一定期限内的所有股东权利委托他人行使,但一定要载明授权范围。

【条款设计指引】

一、股东会最低出席人数或表决权数条款的必要性

股东会最低出席人数或表决权数不是公司章程的必备条款。因为我国《公司法》没有对出席股东会的最低人数或表决权数进行规定,为了保证股

东会决议代表的是多数股东的利益，强烈建议公司章程确定一个最低出席股东会人数，尤其是以出席股东会的股东所代表的表决数来确定决议是否通过时，更需要确定最低出席人数，否则，即使只有极少数甚至是一名大股东出席的股东会，也会作出约束全体股东的决议，为少数股东操纵股东会提供机会。

该条款还有一个股东会会议记录的内容，其与股东会登记册相同，是股东会合法性、有效性的依据，但如该内容繁杂，可以将其载入股东会议事规则。

二、章程条款的设计

（一）出席股东会的股东最低人数

为确保股东会决议反映资本的话语权，公司章程可以规定代表1/2表决权比例的股东出席方能举行股东会。当然，如果公司章程规定股东会普通决议需由代表1/2表决权的股东通过，等于是变相要求代表1/2表决权的股东出席。为了确保股东会决议符合大多数股东的利益，尤其是人合性较强的公司，公司章程也可以规定股东会需要经一半以上的股东出席方可举行，或者规定出席股东人数和代表表决权比例的双重标准。总之，股东会决议应体现大多数股东（人合性）或者大比例资本（资合性）的意见。

（二）股东会会议记录内容

公司应当根据实际情况，在公司章程或股东会议事规则中规定股东会会议记录需要记载的内容，一般会议记录应记载下列内容：（1）会议时间、地点、议程和召集人姓名或名称；（2）会议主持人以及出席或列席会议的董事、监事、经理和其他高级管理人员姓名；（3）出席会议的股东和代理人人数、所持有表决权的总数及占公司股权的比例；（4）对每一提案的审议经过、发言要点和表决结果；（5）股东的质询意见或建议以及相应的答复或说明；（6）计票人、监票人姓名。

召集人应当保证会议记录内容真实、准确和完整。出席会议的股东、董事、监事、召集人、会议主持人应当在会议记录上签名。会议记录应当与股东会会议登记册及代理出席的委托书一并保存。公司应当根据具体情况，在股东会议事规则中规定股东会会议记录的保管期限。

第51条 股东会表决

推荐条款

公司章程如无特别规定，股东按照 □认缴的出资比例 □实缴

的出资比例 □一人一票 □×××方式行使表决权。

股东会审议有关关联交易事项时,关联股东不应当参与表决,其所代表的表决权的股权数不计入有效表决总数。是否属于关联交易如有争议,可以由股东会先行表决。

□股东会就选举董事、监事进行表决时,实行累积投票制。

【实务解析】

一、股东表决权及表决方式

参见股东表决权条款。

二、股权共有人的表决

参见股权共有条款。

【条款设计指引】

一、股东会的表决条款的必要性

股东会的表决条款是公司章程的必备条款。但如果公司章程已经设置了股东表决权条款,则可不必要重复设置。法律允许公司章程自主确定表决方式,但是在公司章程没有约定的情况下,应按出资比例行使表决权。

二、章程条款设计

(一)股东表决权

股东表决权设计在第二章股东表决权条款中有详细的说明,只是在此重申两点:

一是因为有限责任公司也是资合公司的本质,所以一般还是以资本多数决原则即以出资比例来行使表决权,但公司章程约定股东一人一票来行使表决权也是有效的,甚至打破出资比例与表决权的对应关系也是有效的。

二是公司章程应注重关联股东表决权的排除。目前,一些公司的控股股东、董事、监事、高级管理人员和其他实际控制公司的人利用关联交易"掏空"公司,将公司变为大股东"提款机"的现象时有发生,这不但侵害了公司、公司中小股东和银行等债权人的利益,也给国家的金融安全和社会稳定造成了潜在的风险。因此,应当对关联交易行为加以规范。

（二）股东表决方法

股东表决方法不同于股东表决方式,股东表决方式是股东采用什么标准进行表决,而股东表决方法是股东怎么表决。公司章程可以采用记名方式或无记名方式进行表决,有限责任公司人数较少,且具有较强人合性,宜采取记名方式表决,股东应当对提交表决的提案发表以下意见之一:同意、反对或弃权。股东会应对所有提案进行逐项表决,对同一事项有不同提案的,将按提案提出的时间顺序进行表决。股东会主持人应当宣布每一提案的表决情况和结果,并根据表决结果宣布提案是否通过。

【案例 4－4】　股东表决权不适用默示同意①

20 世纪"郑百文"重组案件是资本市场的一个重要案例。"郑百文"重组方案的一个重要内容是,公司全体股东将其持有股份的 50% 无偿过户到三联集团公司名下。为了使公司流通股股东所持股份的 50% 能够顺利过户,"郑百文"公司召开的临时股东大会通过了修改公司章程的提案,在公司章程中增加如下内容:"股东会在作出某项重大决议需每一个股东表态时,同意的股东可以采默示的意思表示方式,反对的股东需作出明示意思表示。"依据这个表决方式,临时股东大会通过了重组方案。

评析:股东会决议不能采用"默示同意"规则表决。最高人民法院《关于贯彻执行〈中华人民共和国民法通则〉若干问题的意见(修改稿)》第 64 条明确规定:"不作为的默示只有在法律有规定或者当事人双方有约定的情况下,才可以视为意思表示。"郑百文的股东事先没有约定采用默示同意,股东大会决议采用"默示同意"通过的重组方案无偿转移每个股东 50% 的股份,其实质是处分股东个人的财产,严重地侵害了股东的财产权、公民的财产权,股东大会该项决议是无效的。

①　该案例在公司法历史上有着重要的地位,虽然本案发生在股份有限公司,但同样适用于有限责任公司。

【相关法律法规】

《公司法》第42条　股东会会议由股东按照出资比例行使表决权;但是,公司章程另有规定的除外。

《公司法》第216条　本法下列用语的含义:

……

(四)关联关系,是指公司控股股东、实际控制人、董事、监事、高级管理人员与其直接或者间接控制的企业之间的关系,以及可能导致公司利益转移的其他关系。但是,国家控股的企业之间不仅因为同受国家控股而具有关联关系。

第52条　股东会决议

推荐条款

股东会决议分为普通决议和特别决议。

股东会作出普通决议,应当经半数以上□代表二分之一以上表决权的股东同意才能通过,股东会作出特别决议,应当经三分之二以上□代表三分之二以上表决权的股东同意才能通过。

下列事项由股东会以特别决议通过:

(一)公司增加或者减少注册资本;

(二)公司的分立、合并、解散和清算;

(三)本章程的修改;

(四)公司在一年内购买、出售重大资产或者担保金额超过公司最近一期经审计总资产百分之×××的;

(五)本章程规定的其他事项;

股东会不得对股东会通知中未列明的事项作出决议。

【实务解析】

一、股东会决议定义及类型

股东会决议是指股东会就提请股东会审议的事项依法律或者公司章程规

定的程序表决形成的决议，是股东会的意思表示的唯一法定形式。

基于股东会决议事项的重要程度不同，法律规定的通过决议的法定多数也有所不同。根据决议事项和多数标准不同，股东会决议可分为普通决议和特别决议：普通决议是指股东会在决议公司的普通事项时，获得简单多数赞成即可通过的决议。所谓“简单多数”，在有限责任公司是代表过半数表决权的股东，在股份有限公司是代表出席会议股东持有的过半数表决权的股东。特别决议是指股东会在决议公司的特别事项时，获得绝对多数赞成方可通过的决议。何为“多数赞成”各国的理解不同，有的指 2/3 的表决权，有的指 3/4 的表决权，我国适用 2/3 的表决权。

二、公司章程的修改

公司章程修改必须遵循法定的程序。公司章程的修改程序，可以对公司章程的修改行为进行时时规制与引导，避免恣意行为，是公司章程修改的效率性和民主性的保障。

公司章程的修改程序大体可以分为以下几个步骤：

1. 提议修改公司章程。一般由董事会提出修改建议。董事会是公司经营的决策机构，对公司经营情况以及章程的执行和变化情况较为了解，能够对公司章程的修改提出具有积极意义的建议。但是修改公司章程事关公司发展的大局，不得在股东会会议期间临时提出。如果董事会怠于提出修改公司章程的提案，股东可以提出修改公司章程的提案。

2. 将修改公司章程的提案通知股东。公司章程修改属于股东会会议审议事项。股东会召集人应将该提案作为股东会通知的附件通知全体股东。

3. 股东会决议。修改公司章程属于股东会的法定职权，且需经代表 2/3 以上表决权的股东通过，公司章程可以规定高于 2/3 的表决权比例，但不能低于 2/3 比例。

4. 特定章程修改事项应经主管机关审批。股东会决议通过的章程变更事项须经主管机关审批的，应报主管机关批准。

5. 向工商行政管理机关申请变更公司章程登记。

【条款设计指引】

一、股东会决议条款的必要性

股东会决议条款是公司章程的必备内容。《公司法》第 43 条规定有限责任公司特别决议需由代表 2/3 以上表决权的股东同意通过，而普通决议的议事方式和表决程序由公司章程规定,所以公司章程应规定股东会普通决议通过的标准。

二、章程条款的设计

(一)股东会决议通过的标准

法律没有规定有限责任公司股东会普通决议通过的标准,公司章程应对此进行规定。公司章程可以依出席股东会股东所持一定比例的表决权同意为标准,也可以依占全部表决权一定比例的股东同意作为通过标准。由于有限责任公司股东人数较少,所以建议采用以占全部表决权一定比例股东同意来通过股东会普通决议。如果人合性较强,公司章程可以以一定比例人数同意为标准通过股东会普通决议。

根据《公司法》第43条的规定,有限责任公司特别决议需代表2/3以上表决权股东同意,公司章程可以提高2/3的标准,或者采用人数和表决权双重标准,但不能降低该标准。

(二)公司章程可以规定全体股东一致同意才能通过的事项

除了法定需要股东会特别决议通过的事项外,公司章程可以增加需要特别决议通过的事项,一般宜将对公司和股东有重大影响的事项列入需要特别决议事项,具体可以参照异议股东回购请求权条款。

《公司法》规定需要全体股东同意的事项只有两项:不按出资比例分取红利和增资时不按照出资比例优先认缴出资。公司章程可以选择需要增加全体股东同意才能通过的事项,尤其是可以将以特别决议通过的事项变更为全体股东同意才能通过。一般地,人合性越强、股东人数越少的公司列入全体股东同意才能实施的事项就应该越多。

(三)公司章程应规定股东会不应对股东会会议通知中未列明的事项作出决议

虽然在形式上对股东会会议通知外事项作出决议符合股权平等的原则,但此种投票,违反了股东平等的真正内涵。原因是该决议是由知晓通知外事项的股东与不知晓通知外事项股东在不平等的前提下进行表决的。《公司法》第102条对股份有限公司股东大会目的外事项决议的效力采取了明确否定的措施,建议公司大多数股东不参加实际经营的有限责任公司也采用目的外事项决议排除的规定。当然对于股东临时提出的提案,可由股东会先就是否在股东会审议进行表决。

(四)股东会决议的执行

公司章程条款的设置不但要保障通过表现股东意愿的股东会决议,而且还需确认股东会决议能够有效执行，而有些股东会决议并没用确认执行主体，或者主体不清晰，所以公司章程可以规定：股东会形成的决议，应由董事会、经理组织有关人员具体实施承办；股东会决议要求监事会办理的事项，应直接由监事会组织实施；股东会决议的执行情况，应由董事会、经理向下次股东会报告；涉及监事会实施的事项，应由监事会直接向下次股东会报告。为了减少公司章程篇幅和修订的难度，该内容也可以载入股东会议事规则。

【相关法律法规】

《公司法》第43条　股东会的议事方式和表决程序，除本法有规定的外，由公司章程规定。

股东会会议作出修改公司章程、增加或者减少注册资本的决议，以及公司合并、分立、解散或者变更公司形式的决议，必须经代表三分之二以上表决权的股东通过。

第二节　董　事　会

一、设置董事会的意义

董事会是指依法由股东会选举的董事组成，代表公司行使经营决策权的公司常设性机构，其起到了承上（股东会）启下（经理部门）的作用，处于公司治理的核心地位。公司是以所有权和经营权分离为假定的，所以股东并不能废除董事会直接管理公司。公司的独立人格制度，也需要董事会作为独立人格的意志行使者而存在。

二、董事会议事程序

股东会是公司的权力机关，我国公司法权力配置上又倾向于股东中心主义，所以法律对股东会议事程序要求严格。相反，董事会不是权力中心，且与股份有限公司相比，有限责任公司董事会人数较少，多参与公司实际经营管理，尤其是近年来，可视电话、网络会议形式的不断涌现，使得传统的会议通知、时间、地点发生变化，所以法律对有限责任公司董事会议事程序要求不断放松，赋予公司章程更多的自由选择空间。

三、董事会议事规则

根据《公司法》第25条的规定，本节载明的董事会产生办法、职权和最基本的议事规则是公司章程的必要记载事项，其余条款不是公司章程的必备条款。为了减少公司章程的篇幅，可以单独制定由股东会批准的董事会议事规则，以确保董事会落实股东会决议，提高工作效率，保证科学决策。

第53条　董事会职权

推荐条款

公司设董事会，董事会对股东会负责，行使下列职权：

(一)召集股东会，向股东会报告工作；

(二)执行股东会的决议；

(三)决定公司的经营计划和投资方案；

(四)制订公司的年度财务预算方案、决算方案；

(五)制订公司的利润分配方案和弥补亏损方案；

(六)制订公司增加或者减少注册资本方案；

(七)拟订公司重大收购、回购本公司股权或者合并、分立、解散及变更公司形式的方案；

(八)决定公司内部管理机构的设置；

(九)聘任或者解聘公司经理；根据经理的提名，聘任或者解聘公司副经理、财务负责人等高级管理人员，并决定其报酬事项和奖惩事项；

(十)制订公司的基本管理制度；

(十一)在股东会授权范围内，决定公司对外投资、收购和出售资产、资产抵押、对外担保、关联交易等事项；

(十二)决定公司职工的工资、福利、奖惩方案；

(十三)制订本章程的修改方案；

(十四)向股东会提请聘请或更换为公司提供审计的会计师事务所；

(十五)听取公司经理的工作汇报并检查经理的工作；

（十六）本章程规定或股东会授予的其他职权。

【实务解析】

一、《公司法》第46条的法律性质

参见股东会职权条款。

二、董事会职权的内容

董事会的职权主要集中体现在公司主要经营事务的决策和一般具体事务的原则决策权。我国公司法对董事会职权采用列举法明确规定，归纳起来，包括以下五个方面：

（一）召集股东会会议，向股东会报告工作，执行股东会的决议

董事会作为公司的经营决策机构，对公司的权力机构——股东会负责，有权召集股东会，并向股东会报告工作，执行股东会的决议。这既是董事会的职权，也是其法定职责。董事会的这些职权，体现了董事会与股东会的实质关系。

（二）决定公司的经营计划和投资方案

在股东会决定了公司的经营方针和投资计划后，董事会应根据经营方针和投资计划决定公司的经营计划和投资方案，并组织实施，董事会制订的经营计划和投资方案不得与股东会通过的经营方针和投资计划相违背。

（三）制定提交股东会的重大事项方案

需要董事会制定，提交股东会通过的决议包括年度财务预算方案、决算方案，利润分配方案和弥补亏损方案，增加或者减少注册资本以及发行公司债券的方案，公司合并、分立、变更公司形式、解散的方案。对于这些事项，虽然股东会具有最终决定权，但具体方案需要董事会制订，股东会才能审议、表决。

（四）公司内部管理的决定权

董事会可以决定公司内部管理机构的设置，聘任或者解聘公司经理，根据经理的提名，聘任或者解聘公司副经理、财务负责人，决定其报酬事项，制定公司的基本管理制度。这些职权也是董事会经营决策权的重要体现，是董事会执行股东会决议、实施公司经营计划和投资方案，保障公司良好运行的基础。

（五）公司章程规定的其他职权

公司可以根据董事会的角色和定位，以及股权结构、两权分离程度、公司人格的独立性、管理层的权力等具体情况，通过公司章程授权董事会其他职权。

【条款设计指引】

一、董事会职权条款的必要性

董事会职权条款是公司章程的必备条款。推荐条款中列举了15项董事会职权,前10项都是法定职权,后面5项是在有限责任公司章程中采用频率较多的条款,公司可以根据自己的需要来取舍,也可以根据自身需要另行增加董事会的职权。

二、章程条款设计

(一)公司章程应尊重《公司法》第46条董事会职权的规定

同《公司法》第37条关于股东会的职权的规定相同,第46条也是强制性规范,规定的是董事会的法定职权,该条款同时也是保障董事会权利的条款。尽管我国《公司法》规定的公司权力机构属于"股东会中心主义",但法律明确规定属于董事会的职权不能被股东会褫夺,即现行法明确由董事会决定之事项,不允许公司章程将之列为股东会职权,董事会在法定职权范围可以不必听从股东会的指令独立经营管理公司。这是维护公司治理结构、保障公司正常运作的需要。董事会的法定职权不容僭越的原则也是对股东会中心主义的修正。

(二)董事会的授予职权

除法定职权外,公司章程可以授予董事会的其他职权:首先,《公司法》第37条虽然是强制性规范,不允许以任何形式予以剥夺股东会法定职权,但股东会可以通过股东会决议来委托授权董事会行使股东会部分职权。其次,由于《公司法》第49条对经理职权的规定是任意性条款,所以公司可以通过制定和修改公司章程来授予董事会行使部分经理职权。

《公司法》并没有规定某项权利行使主体不明确时应由谁来行使,为了防止各个职能部门争抢权利、推卸责任情况的发生,建议在公司章程中赋予董事会对公司事务排他性的管理权,即在公司章程中规定"除非另有规定,公司的一切权力都应由董事会行使或由董事会授权行使,公司的一切业务活动和事务都应在董事会的指导下进行"。这样做还有一个好处,即当股东和董事之间就董事会权力的行使发生争执时,法院可以以公司章程的规定作为裁量董事会是否有权从事某种行为的依据。

(三)执行董事的职权

有的有限责任公司,由于规模较小,在设立之初采用执行董事,不设立董事会的方式。但随着公司的不断发展,这些执行董事往往成为公司的实际控制人,并且由于其兼顾董事会和经理职权,极易损害中小股东的合法权益,所以建议该类公司在设立之初就应参阅董事会职权规范执行董事的职权。

【案例 4 -5】 股东拥有选举董事权利①

中华公司章程第 18 条规定:"股东会闭会期间,董事人选有必要变动时,由董事会决定,但所增补的董事人数不得超过董事总数的三分之一",根据这一规定,1995 年 2 月 25 日,中华公司召开三届二次董事会,通过决议,增补马某、莫某为公司董事。同年 8 月 12 日,中华公司召开三届三次董事会,通过决议,增补李某为公司董事并选为常务副董事长。中华公司股东张某认为,我国《公司法》第 38 条规定,选举和更换董事是股东会的职责,中华公司章程的上述条款违反了法律规定。因此,中华公司增补李某、马某、莫某为董事的决议违反了《公司法》,侵犯了股东合法权益,请求法院判决 A 公司停止侵权,确认董事会增补董事的相关决议无效。

中华公司辩称:公司董事会关于增补李某、马某、莫某等董事的决议是依据公司章程实施的行为,而公司章程是经股东会表决通过的,故增补董事决议有效。第三人李某、马某、莫某称:同意中华公司意见,且出任董事后,履行了董事职责,请求驳回原告请求。

一审法院采纳了原告的主张,判决有关增补董事的董事会决议无效。

中华公司上诉,二审法院维持原判。

评析:股东的利益是公司的终极目标之一,股东是公司最终所有者,所以选举和更换符合自己理念的董事是股东会的职权,董事会无权决定股东们的意愿,否则公司将出现董事会中心状态。本案中,董事会无权增补董事,但对于是否可将该公司章程第 16 条的规定认定为股东会委托授权董事会行使职权有待商榷。

---

① 来源于蒋大兴:《公司法的展开与批评》,法律出版社 2001 年版,第 280 页。该案改编于上海市浦东新区人民法院(1996)浦民初字第 5490 号判决书。本案在当时引起了极大争议,学者蒋大兴和叶林认为该条款为非强制性规定,并且股东会也完全可以授权董事会行使其职权,而学者汤欣则认为董事的选任权为专属于股东的强行性结构规则,即强制性法律规范。

【相关法律法规】

《公司法》第46条　董事会对股东会负责,行使下列职权:

(一)召集股东会会议,并向股东会报告工作;

(二)执行股东会的决议;

(三)决定公司的经营计划和投资方案;

(四)制订公司的年度财务预算方案、决算方案;

(五)制订公司的利润分配方案和弥补亏损方案;

(六)制订公司增加或者减少注册资本以及发行公司债券的方案;

(七)制订公司合并、分立、变更公司形式、解散的方案;

(八)决定公司内部管理机构的设置;

(九)决定聘任或者解聘公司经理及其报酬事项,并根据经理的提名决定聘任或者解聘公司副经理、财务负责人及其报酬事项;

(十)制定公司的基本管理制度;

(十一)公司章程规定的其他职权。

《公司法》第50条　股东人数较少或者规模较小的有限责任公司,可以设一名执行董事,不设立董事会。执行董事可以兼任公司经理。

执行董事的职权由公司章程规定。

《公司法》第169条　公司聘用、解聘承办公司审计业务的会计师事务所,依照公司章程的规定,由股东会、股东大会或者董事会决定。

公司股东会、股东大会或者董事会就解聘会计师事务所进行表决时,应当允许会计师事务所陈述意见。

第54条　董事

推荐条款

公司董事会由无需持有公司股权的×××岁以上的×××名自然人董事组成。董事由×××提名,股东会选举。董事任期三年,从就任之日起至本届董事会任期届满时为止。董事任期届满,连选可以连任。董事在任期届满以前,股东会不能无故解除其职务。董事辞职或者任期届满,应向董事会办理交接手续。

【实务解析】

一、董事的概念

董事是指经公司股东会选举产生并担任董事职务的自然人。

英美法系国家都有执行董事和非执行董事的划分。执行董事是指不但参与公司决策,而且还从事公司具体经营管理和业务执行活动,对外代表公司,地位与经理类似。非执行董事只参与公司决策,不参与公司具体经营活动。我国《公司法》没有对董事进行分类,但在不同条款中提及了执行董事和独立董事,其中执行董事适用于不设董事会的有限责任公司,独立董事大多适用于上市公司。

二、董事的权利和义务

(一)董事的权利

1. 为履行职责而必须享有的权利

(1)知情权。董事有权知悉、了解公司的经营信息,这是董事参与管理决策的前提。主要包括查阅公司账簿和记录、审查公司财务报告以及检查公司财产的权力。公司经理等管理层应当配合实现董事的知情权。如有证据证明董事行使知情权的目的不正当,公司或者经理可以拒绝。

(2)董事会会议出席权。董事会会议应由董事本人出席,董事因故不能出席,可以书面委托他人代为出席。出席会议既是董事的权利,也是董事的义务,董事会不得拒绝或者阻止董事出席董事会会议。

(3)表决权。表决权是董事的基本权利,也是董事履行职责的基本方式。我国《公司法》规定,董事会会议表决实行一人一票,董事未参加会议,也未委托他人代为出席,视为放弃表决权。

(4)临时股东会议提议权。《公司法》规定,有限责任公司 1/3 以上董事有权提请召开股东临时会议,该权利属于董事集体权利。

2. 获得服务报酬的权利

董事报酬的数额和方式应由董事会提出方案报请股东会决定。在董事会对董事个人进行评估和讨论报酬时,该董事应回避。

当董事被无故免去职务或者公司要求董事在离职后的一段时间内负有竞业禁止规定时,公司应给予其离职补偿。为了避免董事离职发生争议,可以在公司章程或者董事会议事规则中规定董事离职补偿标准。

(二)董事的义务

参见本章董事、监事、高管的忠实和勤勉义务条款。

三、董事资格

董事资格分为积极资格和消极资格。消极资格,是指什么样的主体不能担任公司董事,我国《公司法》第146条对此进行了规定。积极资格,是指担任公司董事所必备的条件,我国公司法没有规定,留待各公司在章程中自主规定。此外,还需澄清在董事资格问题上的两个认识误区:

(一)董事需是具有完全民事行为能力的自然人

由于董事负有管理公司的职责,所以即便法律并没有确定董事的年龄,但董事不能如股东一样无年龄限制,必然是要具有完全民事能力的人来担任。

我国《公司法》不承认法人可以担任董事。因为董事是依靠其特有的经营管理经验来行使职权,董事投票反映的是自己对决策事项的独特见解,而法人董事无法做到这些。并且,如果允许董事为法人,董事的意思表示还涉及需要由法人批准的问题,这样会导致逻辑上和使用上的不便。

(二)董事无须持有公司股权

很多公司的董事都为股东,所以很多人误以为董事须为股东。其实董事履行的是经营管理公司的职权,而企业管理由独立的职业管理者担当,而不必须是股东。只有规定无须持有公司股权的人来担任董事,才能避免不具有真才实能,而仅仅通过遗赠或继承获得股权的人来管理经营企业,也只有这样才能建立真正意义上的三权分立的公司治理模式,才能使公司保持长久的发展。当然实践中不乏优秀的董事通过自身努力,以股权激励的方式获得了股权,但这与董事资格没有关系。

四、董事的选举

公司设立后,非职工董事由股东会选举产生。选举董事的权利是股东会的法定职权,不得以公司章程或者股东会决议予以限制或排除。公司章程如无特别规定,一般按照持股比例行使表决权。

累计投票权是一个被股份有限公司广泛采用的董事选举制度,该制度也完全可以适合股东人数较多的有限责任公司。

五、董事的任期

我国《公司法》规定董事任期不得超过3年,实践中董事任期一般是3年。[①]

---

① 中外合资经营企业董事任期为4年。

因为董事在任期内对董事会决议负有潜在的法律责任，所以有必要明确董事的任期起止时间。辞职董事，应自其向公司提交辞呈之日起不再承担责任。但是如果出现《公司法》第 45 条第 2 款规定的情形，则是例外。

【条款设计指引】

一、董事条款的必要性

董事条款包括股东董事人数、董事资格、董事提名和选举、董事分工、董事任期和董事罢免等内容，其中董事人数和任期是公司章程必备内容。为了减少公司章程的篇幅，可以将董事人数和任期以外的内容载入董事会议事规则。

二、章程条款设计

（一）公司章程应确定董事人数

公司章程应当根据《公司法》的规定，确定 3 ~ 13 名董事人数，且应该为单数。董事人数太少，容易独裁，不民主，危害股东利益；董事人数太多，机构臃肿，不易形成决议，办事效率低。公司可以根据自身规模、公司运营成本、董事会议事的效率、董事会运作的实际需要等因素来确定董事会的规模。

（二）公司章程可以规定担任董事的积极资格

实践中，一般从以下几个积极方面考虑董事的人选：

1. 董事的年龄

虽然年龄不能等同于能力、知识，但年龄必然和经验相一致。年龄对一个人的识别力和判断力有着很大的影响。年龄偏大难以保障对新事物的接受和履行职责的时间及精力，年龄偏小不具备相应的经验及判断能力。公司可以根据自身需要确定董事的年龄界限。例如规定，凡不满 21 周岁和满 70 周岁的老人，不得当选为公司及其子公司的董事，除非股东会通过特别决议。

2. 董事的能力和专业知识

董事是董事会职权实际行使人，董事的品质和才能直接关系到董事会决策能力。根据一些公司的经验和某些国家的法律，选择董事的标准应看其知识、技能、经验、经历等是否对公司有益，是否符合董事会整体机能和专长的组合，公司章程可以设定需要具备一定专业知识和工作经验的人士才能担任董事的条款。现今社会董事趋于专业化，提倡董事会有一定比例的会计师和律师。

3. 董事是否需要持有公司股权的考虑

实践中，很多公司规定凡当选的董事必须持有一定数额的公司股权作为其担任董事的资格股,这样的考虑是确保董事在公司的成功中获得看得见的物质利益,可以直接刺激他们在为公司服务过程中能主动地贡献出其最大的聪明才智和能力。同时也可以把这些股权作为担任公司董事职务的一种质押品,如果董事玩忽职守,违反法律和股东会的决议,给公司带来损失,其资格股就自然作为对公司的直接赔偿的担保。

(三)公司章程可以确定董事提名和选举方式

选举董事是股东会的法定职权,公司章程无权规定某个董事职位可以由特定的股东指派,但公司章程可以在董事的提名和选举董事的表决方式上作出自治性规定。

1. 董事的提名

董事的提名一般有以下几种方式:(1)上届董事会提名;(2)全体股东协商;(3)第一、二大股东提名;(4)有表决权的股东都有提名权。实践中股权结构集中的公司,特别是国有控股的公司采用第三种方式较多,而股权分散的公司和民营资本控股的公司则以采用第二种方式较多。董事提名左右着董事的产生,必须合理安排,兼顾各方利益,否则将会成为公司僵局产生的重要原因。

2. 董事的选举

董事选举参见股东表决权条款。

在股东人数众多的有限责任公司,董事选举可以采用累计投票制度,但由于累计投票权是对大股东权利的限制,所以大股东设置了很多措施来稀释小股东的投票。主要做法有:(1)对董事会选举实行分类或错开法。即将规模较大的董事会成员分成若干类,当股东行使累计投票权选举董事时,只能就其中的某类进行选举,至于其余的董事会成员则由下次股东会进行选举,这种方式可以有效抵消累计投票权制度对大股东的冲击。(2)缩小董事会的规模。通过减少选举董事的数量来达到限制小股东运用累积投票权。(3)更换董事。《公司法》第37条还规定了股东会对董事的更换权,但并没有明确更换也要适用累计投票的程序。所以公司在公司章程中规定使用累计投票权选举董事来限制大股东的权利的,还要设立针对稀释其作用的防范措施,真正做到保护小股东的利益。

(四)董事的分工

实践中,董事有下列四种分工模式,供公司章程或董事会议事规则选择。

第一种模式:传统的董事分工。

传统董事的职权分工是根据企业的职能来进行的,即由第一位董事负责企业的生产，第二位负责采购，第三位则负责销售，第四位负责企业的财务，董事长则负责所有部门的协调工作。也有些企业从地区的角度进行划分，每个董事负责某一地区的业务。

第二种模式：现代企业董事分工。

现代许多大企业在董事会下采取了一个新的组织机构，即将企业按照生产领域进行分类，并将生产某一类产品所涉及的所有职能集中在一个管理部门。在这种情况下，有一位董事仅仅对一类产品的生产及经营的成功负责。同时这些企业还是需要保留某些特定职能部门（核心部门）的独立性，例如法律和税务部、人事部、研发部和资金计划部。

第三种模式：集团公司董事会内部分工。

对于有许多子公司和孙公司的集团公司来讲，为了简化管理和避免过多的部门分类引起协调上的困境及各分公司或子公司推诿而造成不必要的损失，实践中通常采用设立控股公司管理的方法，并且通过这一公司将战略性管理和经营性管理区别开来，控股公司的董事局负责整个集团的战略性计划，而具体经营性业务由独立的子公司独立负责，子公司的董事长同时又是控股公司的董事，在控股公司董事局中代表和维护其本公司的利益。从法律角度上，只要子公司股东会和控股公司股东会批准，那么即在子公司董事会又在控股公司董事会兼任董事是合法的。但在这类公司中，要特别注意子公司和控股公司的人格独立，或者至少达到表面上的独立，以防止子公司在涉诉中连累到控股公司承担连带责任。

第四种模式：上市公司董事会分工模式。

有限责任公司可参照《上市公司治理准则》的规定，由各董事牵头分别负责公司战略管理和投资决策委员会、预算和财务管理委员会、薪酬、绩效考核和激励委员会。

（五）公司章程关于董事任期的设计

法律规定董事的任期不得超过 3 年。任期太短不利于公司的稳定，建议公司选择 3 年任期。在董事具体任期问题上，建议将公司成立时的第一届董事会成员分成三个人数相等的组。规定第一组董事的任期为 1 年，第二组董事的任期为 2 年，第三组为 3 年。这样，在他们当选一年以后的第一次股东年会上，第一组的董事因任期已满而免职，同时选举产生新的人员组成新第一组，在该次年会上由于第二组和第三组的人员任期都未满，因而可以继续留任；在之后第二年的股东年会上，第二组成员因期满而被免职，又选出新的人员组成新第二组，同样在以后第三年的股东年会上，第三组在年会上被新的第三组所取代。但从第四年起,尽管每年都要改选掉1/3董事,但实际上每个董事的任期都达3年。在董事会总人数保持不变的情况下,每年变动1/3的董事成员,既保持了董事会的相对稳定性和公司政策的连续性,又可以使公司在不断吸收新成员、排除旧成员的过程中始终保持董事会应有的朝气和开拓力。基于公司章程篇幅考虑,具体选举方法可以写入董事会议事规则。

(六)公司章程可以规定董事的罢免程序

董事在任职期间如果出现严重违法公司章程、严重违法公司制度、玩忽职守导致公司财产的重大损失等侵害公司利益的行为,以及董事失去管理能力等情况,股东会可以对其进行罢免(《公司法》以更换来表述)。罢免以股东、监事会议案的形式进行,程序可以是:股东提出罢免议案,事先向预罢免的董事发出通知,给予董事在股东会上辩解的机会,最后股东会以普通决议通过。

【案例4-6】 累积投票权

A持有某公司80%的股权,B持有20%的股权。采用累积投票权选举董事5名董事,则A有400票,B有100票,B将选票投给一个人,则B公司获得了1个董事席位,A最终获得4个董事席位。还是上述例子,如果一次选举3人,则B即便将全部监要投给一个人,也无法超过A投给其余2人的票数。

评析:累积投票制度是指根据股东大会选举董事或者监事时,每一股份拥有与应选董事或者监事人数相同的表决权,股东拥有的表决权可以集中行使。在采用累积投票选举董事情况下,B公司可以保住1个董事席位,如果采用资本多数决,则A公司完全可以控制董事人选,B没有任何机会。现阶段,累计投票权是保障中小股东权益的一个绝佳方案,因为:(1)它可以防止出现大股东垄断、操纵董事会局面,使董事会成员多元化,从而有利于在公司内部弘扬民主;(2)随着董事会权力的扩张,还能使中小股东在表决权争夺战中处于有利地位,从而达到权力制衡的目的,但需防范大股东稀释小股东投票权的措施。

【案例4-7】 大港——爱使章程之争①

"大港油田"是一家隶属中国石油天然气总公司的特大型石油天然气勘

① 由相关材料整理而来。

探开发联合企业,其下有三家关联企业,即天津练达集团有限公司、天津大港油田重油公司和天津大港油田港联石油产业股份有限公司。在具备上市的条件下,大港油田及其关联公司对爱使股份开始了集团收购行动。截至1998年7月31日,大港油田方面持有爱使股份比例达10.1116%。但爱使股份在收购期间却修改了公司章程,在第67条增加了如下内容:董事会在听取股东意见的基础上提出董事、监事候选人名单;董事、监事候选人名单以提案方式提请股东大会决议;单独或者合并持有公司有表决权股份总数10%以上,持有时间半年以上的股东,如要推派代表进入董事会、监事会的,应当在股东大会召开前20日,书面向董事会提出,并提供有关材料。董事、监事候选人产生程序:(1)董事会负责召开股东座谈会,听取股东意见;(2)董事会召开会议,审议候选人任职资料,讨论、确定候选人名单;(3)董事会向股东大会提交董事、监事候选人名单,提交董事、监事候选人的简历和基本情况。

由于爱使股份这些新增条款,大港油田在实现高比例持有爱使股份的同时,难以从实质上控制和经营管理爱使,被收购公司的章程成为收购者收购的障碍,并由此引发中国证券史上著名的"大港——爱使章程之争"。后证监会特地发文,确认爱使股份章程第67条违法,并要求其修改公司章程。爱使股份于1998年10月31日召开临时股东大会,通过了修改公司章程、增补公司董事等议案,删除了公司章程第67条中的违法规定。来自大港油田的6名候选人作为新增董事进入爱使股份的董事会,原1名董事予以保留,争议得以终结。

评析:《公司法》第4条规定:"公司股东依法享有资产收益、参与重大决策和选择管理者等权利。"股东有董事、监事的提名权是其选择管理者权利的组成部分,是股东固有的权利,公司章程不能予以剥夺和限制,所以爱使股份利用公司章程限定董事进入董事会的条件,以避免控制权旁落的做法是违法的,大港油田的胜利是资本的胜利。

【相关法律法规】

《公司法》第44条　有限责任公司设董事会,其成员为三人至十三人;但是,本法第五十条另有规定的除外。

两个以上的国有企业或者其他两个以上的国有投资主体投资设立的有限责任公司,其董事会成员中应当有公司职工代表;其他有限责任公司董事会成员中也可以有公司职工代表。董事会中的职工代表由公司职工通过职工代表大会、职工大会或者其他形式民主选举产生。

《公司法》第45条　董事任期由公司章程规定,但每届任期不得超过三年。董事任期届满,连选可以连任。

董事任期届满未及时改选,或者董事在任期内辞职导致董事会成员低于法定人数的,在改选出的董事就任前,原董事仍应当依照法律、行政法规和公司章程的规定,履行董事职务。

《公司法》第67条　国有独资公司设立董事会,依照本法第四十六条、第六十六条的规定行使职权。董事每届任期不得超过三年。董事会成员中应当有公司职工代表。

董事会成员由国有资产监督管理机构委派;但是,董事会成员中的职工代表由公司职工代表大会选举产生。

董事会设董事长一人,可以设副董事长。董事长、副董事长由国有资产监督管理机构从董事会成员中指定。

《中外合作经营企业法实施细则》第26条　董事会董事或者联合管理委员会委员由合作各方自行委派或者撤换。董事会董事长、副董事长或者联合管理委员会主任、副主任的产生办法由合作企业章程规定;中外合作者的一方担任董事长、主任的,副董事长、副主任由他方担任。

《公司法》第146条　有下列情形之一的,不得担任公司的董事、监事、高级管理人员:

(一)无民事行为能力或者限制民事行为能力;

(二)因贪污、贿赂、侵占财产、挪用财产或者破坏社会主义市场经济秩序,被判处刑罚,执行期满未逾五年,或者因犯罪被剥夺政治权利,执行期满未逾五年;

(三)担任破产清算的公司、企业的董事或者厂长、经理,对该公司、企业的破产负有个人责任的,自该公司、企业破产清算完结之日起未逾三年;

(四)担任因违法被吊销营业执照、责令关闭的公司、企业的法定代表人,并负有个人责任的,自该公司、企业被吊销营业执照之日起未逾三年;

(五)个人所负数额较大的债务到期未清偿。

公司违反前款规定选举、委派董事、监事或者聘任高级管理人员的,该选举、委派或者聘任无效。

董事、监事、高级管理人员在任职期间出现本条第一款所列情形的,公司应当解除其职务。

第 55 条　董事长

推荐条款

董事会设董事长一人，设副董事长×××人。□董事长和副董事长由董事会选举和罢免□董事长由×××(股东)从选举的董事中指派，副董事长由×××(股东)从选举的董事中指派□董事长和副董事长由股东会直接选举确定和罢免。

董事长行使下列职权：

(一)主持股东会和召集、主持董事会会议；

(二)督促、检查董事会决议的执行；

(三)董事会授予的其他职权。

公司副董事长协助董事长工作，董事长不能履行职务或者不履行职务的，由副董事长履行职务(公司有两位或两位以上副董事长的，由半数以上董事共同推举的副董事长履行职务)；副董事长不能履行职务或者不履行职务的，由半数以上董事共同推举一名董事履行职务。

【实务解析】

一、董事长职权的立法考察

董事长在有些国家被称为董事会(局)主席，各个国家和地区对其法律地位规定不一：德国规定董事长仅为董事会会议之召集及主持人，除此之外并无其他特别于其他董事的职权；法国规定董事长具有特殊重要的法律地位，负责全面领导公司并对外代表公司；美国和英国均规定，公司业务和事务的管理权是由公司董事会以集体的或以合议制的方式来行使，而不是授权某个董事个人；我国台湾地区规定，董事长对外代表公司，于董事会休会时，召集常务董事会，执行董事会职权。

二、我国《公司法》对董事长职权的规定

2005 年修订的《公司法》删除了董事长为公司的法定代表人和股份公司"根据需要，可以由董事会授权董事长在董事会闭会期间，行使董事会的部分职权"的规定，董事长只具有主持股东会、召集并主持董事会会议的法定职权,股份公司董事长还具有检查董事会决议实施情况的法定职权。可见与其他董事相比,董事长只在主持董事会和股东会上拥有特殊的法定职权,在公司的经营管理决策方面,与各董事拥有平等的决议权,董事长和董事们之间没有真正的上下级关系。董事长仅仅能够享有会议召集人的职能,而不能行使行政首长之权,董事长无权代替董事会行使职权。

【条款设计指引】

一、公司董事长条款的必要性

董事长条款包括董事长、副董事长产生方式、董事长职权等内容,其中董事长产生方式是公司章程的必备内容,董事长职权不是公司章程的必备内容。

虽然董事长职权不是公司章程的必备内容,但在实践中,我国公司的董事长权力远远大于其他董事成员,董事长包揽一切,董事会形同虚设,事实上不是董事会制约董事长,而是董事长代替董事会说了算,这和法律规定相去甚远。鉴于我国目前公司治理特点和大众对董事长职权的错误理解,建议将董事长的职权作为公司章程的必备条款,同时慎重选择授权董事长在董事会闭会期间行使董事会部分职权的规定。

二、章程条款设计

(一)公司章程应规定董事长、副董事长产生方式和罢免程序

同股份有限公司董事长以全体董事过半数选举产生的法定方式不同,《公司法》没有规定有限责任公司董事长、副董事长的产生办法,而赋予公司章程自由规定的权力。因董事长是公司必设职位,在没有法律规定的情况下,应在公司章程中设定其产生办法。下列几种董事长、副董事长产生方式,可供公司章程选择:(1)按照各股东的出资比例大小,在章程中直接确定哪位股东指定的董事出任董事长,哪位股东指定的董事出任副董事长;(2)由股东会选举出董事会后,由董事会成员进行互选,其中得票最多的当选董事长,另外再选出一名或两名副董事长;(3)由股东会直接选举确定董事长和副董事长的人选。

公司章程在设计董事长产生方式时,还应注重设定董事长罢免程序。如果由股东指定产生董事长,那罢免董事长还需该股东撤销指定;如果由董事选举产生董事长,那罢免董事长需董事会以罢免决议通过即可;如果由股东直接选举董事长,罢免董事长则需由股东会通过罢免决议。

（二）公司章程设定董事长职权时参考的内容

公司章程可以根据公司的实际情况选择董事长的职权。董事长为公司法定代表人的情况下，可以授予董事长以法定职权更大的权利。下面是一个任法定代表人的董事长的职权，公司章程可以选择借鉴其中内容：

1. 召集、主持董事会会议，领导董事会的日常工作；

2. 督促、检查董事会决议的执行；

3. 签署公司出资证明书、公司债券及其他有价证券；

4. 签署董事会重要文件和其他应由公司法定代表人签署的其他文件；

5. 批准和签署单笔在公司净资产5%以下的投资项目合同文件和款项，以及审批和签发单笔在500万元以下的公司财务预算计划外的财务支出款项；

6. 批准1000万元以下的固定资产购置的款项；

7. 行使法定代表人的职权；

8. 在发生特大自然灾害等不可抗力的紧急情况下，对公司事务行使符合法律规定和公司利益的特别处置权，并在事后向公司董事会和股东会报告；

9. 董事会授予的其他职权。

【案例4－8】　公司章程应设置董事长罢免程序[①]

2003年年初，5名股东创立A公司。公司章程规定："董事由股东选举产生，董事长由董事会选举产生和罢免；董事会决议以半数以上董事通过方为有效。"公司全体股东选举7名董事，董事会选举王某为董事长。2005年11月20日王某召集并主持了由全体董事参加的董事会，监事张某列席。董事李某在会上提交了罢免王某董事长职务、提议徐某为公司董事长的提案。董事开始举手表决，王某见此情形即宣布散会并离开会场。其余6名董事与监事张某继续开会，6名董事均举手表决同意罢免王某董事长职务，选举徐某为公司董事长。整个会议过程由公司董事李某、监事张某分别做了记录。会议结束后，董事会将会议结果通知了王某，但王某拒绝将由其保管的公司印鉴交给公司董事会，影响了公司的正常经营活动。2006年12月，徐某等6名董事联名将陈某告上法庭，请求法院确认董事会作出的决议合法有效，王某将公司印鉴返还给公司。

① 根据笔者接触案例整理而来。

法院认为:该公司董事会召集、召开程序合法,董事会作出的罢免董事长决议的内容和程序符合法律规定和公司章程的规定,会议在进行该议程的表决时,王某因反对该项议程,提前宣布散会并离开会场,并不影响会议决议的效力,判决支持原告的诉讼请求。

评析:《公司法》第44条规定董事长、副董事长的产生办法由公司章程规定。A公司章程规定董事长由董事会选举产生和罢免,该公司章程规定董事会决议以半数以上董事通过方为有效,该公司董事会罢免董事长决议的程序符合法律和章程的规定,为有效决议,全体董事均应遵照执行。王某的董事长职务已被依法罢免,王某应按公司规定将其控制的印鉴、交回公司,由新任公司董事长安排使用,以确保公司正常经营。

【相关法律法规】

《公司法》第44条　有限责任公司设董事会,其成员为三人至十三人;但是,本法第五十条另有规定的除外。

两个以上的国有企业或者其他两个以上的国有投资主体投资设立的有限责任公司,其董事会成员中应当有公司职工代表;其他有限责任公司董事会成员中也可以有公司职工代表。董事会中的职工代表由公司职工通过职工代表大会、职工大会或者其他形式民主选举产生。

董事会设董事长一人,可以设副董事长。董事长、副董事长的产生办法由公司章程规定。

《公司法》第47条　董事会会议由董事长召集和主持;董事长不能履行职务或者不履行职务的,由副董事长召集和主持;副董事长不能履行职务或者不履行职务的,由半数以上董事共同推举一名董事召集和主持。

《公司法》第67条　国有独资公司设立董事会,依照本法第四十六条、第六十六条的规定行使职权。董事每届任期不得超过三年。董事会成员中应当有公司职工代表。

董事会成员由国有资产监督管理机构委派;但是,董事会成员中的职工代表由公司职工代表大会选举产生。

董事会设董事长一人,可以设副董事长。董事长、副董事长由国有资产监督管理机构从董事会成员中指定。

《公司法》第109条　董事会设董事长一人,可以设副董事长。董事长和副董事长由董事会以全体董事的过半数选举产生。

董事长召集和主持董事会会议，检查董事会决议的实施情况。副董事长协助董事长工作，董事长不能履行职务或者不履行职务的，由副董事长履行职务；副董事长不能履行职务或者不履行职务的，由半数以上董事共同推举一名董事履行职务。

《中外合作经营企业法实施细则》第26条　董事会董事或者联合管理委员会委员由合作各方自行委派或者撤换。董事会董事长、副董事长或者联合管理委员会主任、副主任的产生办法由合作企业章程规定；中外合作者的一方担任董事长、主任的，副董事长、副主任由他方担任。

第56条　董事会会议种类、通知

推荐条款

董事会分为定期会议和临时会议，定期会议每年至少召开×××次。有下列情况之一的，董事长应该在×××个工作日内召开临时董事会：

（一）代表十分之一以上表决权的股东提议时；

（二）三分之一以上董事联名提议时；

（三）监事会提议时；

（四）经理提议时；

（五）董事长认为必要时。

董事会由董事长召集，定期会议于会议召开×××日前，临时会议于会议召开×××日前以×××方式通知全体董事、监事和经理。

【实务解析】

一、董事会会议

董事会会议是指董事会在职责范围内研究决策公司重大事项和紧急事项而召开的会议。董事会会议由董事长主持召开，根据议题可请有关部门及相关人员列席，是董事会职权行使方式。

董事会会议分为定期会议和临时会议。董事会定期会议是指由法律和公司章程确定的每年度定期召开的董事会会议。至于每一年度召开几次，由公司章程在法律确定的限度内自定。我国《公司法》规定,股份有限公司董事会每年度至少召开2次会议;《公司法》未规定有限责任公司董事会会议的召开次数,而由公司章程确定。董事会临时会议是指在2次定期会议之间于必要时召开的、不定期的董事会会议。我国《公司法》规定,1/3以上的董事提议可以召开董事会临时会议。

二、董事会会议通知时间和对象

(一)董事会通知时间

董事长应在董事会召开前发出董事会会议通知,由于董事人数较股东人数少,且多直接参与公司经营管理,对公司事务比较熟悉,所以董事会会议通知发出的时间应短于股东会会议通知发出的时间,临时董事会通知发出的时间可以更少,公司章程可以根据公司规模、董事人数设定。确实紧急的董事会,如果全体董事都同意,也可以不受通知的限制。

(二)董事会通知对象

毫无疑问,董事会通知应该向全体董事发出。另外,根据《公司法》第54条的规定,董事会通知还应送达监事,否则构成董事会召集程序的法律瑕疵。但监事有权自主决定是否参加董事会。《公司法》第49条规定经理列席董事会,不是强制性规范,董事会可以根据会议议题决定是否通知经理,但因为经理是公司经营管理人,对公司事务比较熟悉,所以只要不是涉及经理本人回避的议题,通知经理比较合适。

【条款设计指引】

一、董事会会议种类和通知条款的必要性

董事会会议种类和通知条款不是公司章程的必备条款。董事会会议是董事会工作方式,只设定定期董事会显然不能满足公司日常经营的需要,相比定期董事会,临时董事会是公司常见的董事会形式,所以应在公司章程或董事会议事规则中设置需要召开临时董事会的情形。因未接到通知的董事,可以根据《公司法》第22条的规定,提起撤销董事会决议之诉,所以在公司章程或者董事会议事规则中也应设置董事会通知内容。

二、章程条款设计

(一)董事会会议频率

《公司法》对有限责任公司董事会会议召开的次数未作强制性规定,由有限责任公司根据自身情况合理确定。以集体决议方式行使董事会职权的,董事会会议频率要合理,如果过少,就谈不上对公司事务的决策,会事实架空董事会职权;如果过于频繁,则影响公司决策的效率。实践表明,多数公司每年召开2次以上的董事会会议,如顺应公司经营的需要,可以召开更多次,以发挥董事会作为经营决策机关的作用。至于公司董事会每年只召开一次,则使董事会形式化了,不可能发挥董事会在公司治理中的作用。相比较而言,股权结构分散的公司董事会召开次数应较多。

(二)董事会会议通知的内容和方式

1.董事会会议通知内容

董事会会议通知应包括以下内容:(1)会议日期和地点;(2)会议期限;(3)议题及与议题有关的资料;(4)发出通知的日期;(5)召集人董事长签字。会议提案内容应作为通知附件。

2.董事会会议通知方式

董事会人数一般会比股东人数少,且与公司联系紧密,所以公司章程选择的董事会通知的方式可以灵活,尤其全体董事参与公司经营的公司,董事会会议通知可以采用电话、电子邮件的方式。董事本身负有保守公司秘密的义务,且人数较少,所以对于董事会通知内容上,相比股东会通知内容,公司章程可以更详细。

【案例4-9】　董事会召集程序要合法①

淄博公司系A公司的股东。A公司董事会成员为:马某、蒋某、华某、盛某、罗某、王某、杨某。2006年6月5日,华某、罗某、盛某提议,因A公司经营管理混乱,近期召开董事会。同年6月9日,华某、蒋某、罗某、盛某以A公司经营管理混乱,董事长马某长期不能履行职责为由,推举盛某召集并主持临时董事会会议。同年6月12日,会议通知传真至杨某处,称:鉴于A公司目前管理混乱,董事罗某、盛某、华某提议于近期召开临时董事会:(1)会议召开时间:2006年6月14日。(2)会议召开地点:重庆渝北区×××会议室。(3)会议议题:规范公司管理,改善公司现状。杨某于次日回函,称:因此次临时董事会议通知上无董事长签字,也未说明三人召开董事会的权利来源,本人亦未接到董事长的任何通知或说明,公司经理于某也未接到与会通知,在公司所在地

① 来源于北大法宝,山东省淄博市中级人民法院(2007)淄民四终字第33号民事判决书,淄博市临淄区公有资产经营公司诉山东齐鲁乙烯化工股份有限公司等股东请求撤销董事会决议案。

召开董事会更符合实际等,因此拒绝参加本次临时董事会。该函于当日传真至盛某处,并于当日寄出,后盛某收悉。同年6月13日,蒋某、华某委托盛某代为参加临时董事会决议,并行使表决权。同年6月14日,A公司临时董事会召开,由盛某主持,罗某参加,通过了临时董事会决议。内容为:(1)依据公司章程的相关规定,成立A公司清产核资工作小组,公司所有事务都在清产核资工作小组的领导下进行;(2)改选盛某为A公司董事长,马某不再担任公司董事长。淄博公司认为该次临时董事会召集程序违法,请求撤销该临时董事会决议。

一审法院认为:董事会的召集程序应符合《公司法》及公司章程的规定,A公司章程规定,董事会会议通知应包括"事由及议题",而本次临时董事会会议通知中,仅列明会议议题为"规范公司管理,改善公司现状",内容空泛,接通知董事无法作出准备。同时,《公司法》及A公司章程中均规定"经理列席董事会会议"、"监事列席董事会会议",并且本次临时董事会事由是公司目前管理混乱,而经理、监事对公司的现状更为清楚,参加临时董事会就更为必要,无证据表明该次临时董事会召集人通知经理、监事参加。因此,本次临时董事会的召集程序违反了《公司法》及A公司章程的规定。董事会的召集程序还遵循诚实信用的原则,充分保障董事能表达意见,行使表决权。而临时董事会通知未将推举盛某为临时董事会召集人告知杨某,在杨某以召集程序违反章程规定,从而表示拒绝参加时,也未给予解释,而是置之不理,径行召开。况且,会议通知于6月12日传真至杨某处,6月14日即在重庆召开临时董事会,杨某不知具体的会议议题,无法有针对地进行准备。因此,本次临时董事会议召集也违反了诚实信用原则,依法判决撤销2006年6月14日A公司临时董事会决议。

A公司不服一审判决,提出上诉。二审法院认为:A公司董事会共有7名董事,马某任董事长。2006年6月5日,华某、盛某、罗某召开临时董事会的提议并没有提交给董事长马某,6月12日的临时董事会会议通知也没有通知到马某及董事王某参加,违背A公司章程的规定。根据A公司章程的规定,董事会会议通知应当包括事由和议题。但此次会议通知中只注明会议议题是:规范公司管理,改善公司现状。对于董事会决议中拟作出的成立公司清产核资工作组及更换董事长等对公司有重大影响的事项均未涉及。对于董事杨某对这次会议的质问,会议主持人盛某没有作出任何解释。而且杨某是2006年6月12日在淄博收到会议通知,2006年6月14日会议就在重庆召开,完全没有给杨某准备的时间,再加上会议通知中丝毫没有涉及会议内容,这实际上是不正当地剥夺了董事杨某对这次会议的表决权。此次董事会决议作出的内容对公司的发展生存都有着重大影响，却没有通知其总经理、监事参加显然与公司利益不符。而且此次临时董事会会议只有盛某、罗某出席，蒋某的授权委托书中未注明具体的授权范围，没有对董事会决议事项真实充分表达自己的意见，因此盛某代其行使的表决权存在重大瑕疵。故A公司董事会决议在会议召集程序、表决方式等方面存在瑕疵，应予撤销。驳回上诉，维持原判。

评析：董事会的召集程序应符合我国公司法及公司章程的规定，并应符合诚实信用原则，充分保障董事表达意见，行使表决权。A公司临时董事在召集程序、表决方式等多方面存在瑕疵，与《公司法》及公司章程的规定及精神相违背，与公司利益不符的临时董事会决议，因其不能体现公司的团体意志，属于董事个人表决权的滥用，应予撤销。本案给我们的警示是临时董事会一定要注重程序的严谨，尤其是内部有矛盾的董事会，更要注重充分保障所有董事的权利，避免因程序上的瑕疵而被撤销。

【相关法律法规】

《公司法》第47条　董事会会议由董事长召集和主持；董事长不能履行职务或者不履行职务的，由副董事长召集和主持；副董事长不能履行职务或者不履行职务的，由半数以上董事共同推举一名董事召集和主持。

《公司法》第54条第1款　监事可以列席董事会会议，并对董事会决议事项提出质询或者建议。

《公司法》第110条　董事会每年度至少召开两次会议，每次会议应当于会议召开十日前通知全体董事和监事。

代表十分之一以上表决权的股东、三分之一以上董事或者监事会，可以提议召开董事会临时会议。董事长应当自接到提议后十日内，召集和主持董事会会议。

董事会召开临时会议，可以另定召集董事会的通知方式和通知时限。

第57条　董事会提案、最低出席人数

推荐条款

公司董事、监事、经理可以向董事会提交提案，提案内容应随会议通知一起送达全体董事、监事、经理和需要列席会议的有关人员。在董事会召开期间，每个董事都有权提交临时提案，该提案是否由本次会议审议表决，先由董事会决议。

董事会会议应有二分之一的董事出席方可举行。董事因故不能出席，可以对董事会议题提出书面意见或者书面委托其他董事代为出席。

【实务解析】

一、董事会提案

董事会提案是指提交董事会审议的方案或建议，提案的内容应当属于董事会的职权范围。议案是指列入会议议程的提案。董事作为董事会组成成员，成为董事会提案的当然主体。

二、董事出席董事会义务

董事应该本人出席董事会，为了弥补董事在特殊情况下不能参加董事会的不足，应允许不能参加董事会的董事委托代理人参加。委托书中应载明代理人的姓名、代理事项、授权范围和有效期限，并由委托人签名或盖章。代为出席会议的董事应当在授权范围内行使董事的权利。

三、出席董事会最低人数限制必要性

董事会是一个集体行动的执行机构，公司的经营管理权是授予董事会而非某个董事成员，董事会行使权力的方式是召集董事会，形成董事会决议，所以有必要设定出席董事会最低人数，以保障董事会决议能体现集体合议。

【条款设计指引】

一、董事会提案、最低出席人数条款的必要性

董事会提案、最低出席人数条款不是公司章程的必备条款。董事会提案

关系到董事会会议内容，无提案则无董事会召开必要，提案也是提案人经营管理公司的体现，所以公司章程或者董事会议事规则应设置关于董事会提案的条款。《公司法》没有规定有限责任公司董事会法定最低人数，公司章程应对此予以规定，否则即使只有极少数甚至是一名董事会出席的董事会，也会作出董事会决议，为少数董事操纵董事会留下机会。

二、章程条款设计

董事拥有董事会提案权是董事职责应有之义，监事、经理也都是公司治理环节中公司具体事务的决策者和执行者，对于公司最了解，知道公司需要什么，能捕捉到公司发展机会，所以公司章程可以授予监事、经理向董事会提出提案权。

董事会是公司决策机关，董事实行一人一票的表决权，所以拥有一定数量的董事出席才能确保决议的民主性，但如果公司章程规定董事会决议需要全体董事过半数同意才得以通过，则不需要设置该条款。

第 58 条　董事会决议

推荐条款

董事会表决实行一人一票。董事会审计关联交易时，关联董事不得行使表决权，也不得代理其他董事行使表决权。出席董事会的无关联董事人数不足三人的，应将该事项提交股东会审议。

董事会决议分普通决议和特别决议，普通决议必须经全体董事的过半数通过。特别决议必须由三分之二以上董事同意方可通过。涉及修改公司章程、利润分配、弥补亏损、重大投资项目、收购兼并等重大问题应以特别决议通过。

董事会应有会议记录。

【实务解析】

一、董事会的集体合议行使职权的方式

与股东的“一股一票”不同，董事会是集体合议行使职权，各董事应享有平等的法律地位，彼此的权力空间应相同，董事的表决权方式为一人一票，该方式为强制性规定，不允许公司章程变更。

尽管董事会的部分权力可以在章程许可的范围内下放给董事个人,但是所有下放的权力都是在董事会的监督下行使,并且可由董事会明示撤回。换言之,不允许董事会的权力在董事会和董事之间作永久性分离。如果董事会授权董事个人过多地行使权力,在客观上就会架空董事会,削弱董事会作为公司常设机构的权力。董事会坚持以合议制的方式行使权力是防止董事个人滥用专权,在董事会成员之间形成相互监督的机制,充分发挥集体的智慧,防止重大的经营管理决策失误的有效机制。

二、董事会决议

董事会决议是董事会就提请董事会会议审议的事项,依法律或章程规定的程序表决形成的决议,是董事会集体意志的体现。《公司法》只规定股份有限公司董事会决议必须经过半数的全体董事通过,没有对有限责任公司董事会决议通过人数比例作出规定。

三、董事会会议记录

董事会应当对会议所议事项的决定做成会议记录,出席会议的董事应当在会议记录上签名。出席会议的董事有权要求在记录上对其在会议上的发言做出说明性记载。董事会会议记录应与出席会议的董事签名簿、未出席会议的董事书面意见及授权委托书一并作为公司档案保存。

【条款设计指引】

一、董事会决议条款的必要性

董事会决议条款包括董事表决方式、表决权排除、董事会决议、董事会记录,其中董事会决议是公司章程的必备内容。董事会表决需遵循一人一票的法定方式,不允许公司章程变更。

二、章程条款设计

(一)公司章程应确定普通决议和特别决议的通过人数比例和范畴

为了兼顾董事会决策的民主性和效率,公司章程可要求普通决议超过半数董事同意方才能通过,特别决议必须由2/3以上董事同意才能通过。同时公司章程还须确定董事会普通决议和特别决议事项,一般将涉及向股东会提交的修改公司章程、利润分配、弥补亏损、重大投资项目、收购兼并等重大问题方案作为特别决议的事项。

(二)董事会会议记录

公司应当根据实际情况,在公司章程中规定董事会会议记录需要记载的内容，一般董事会会议记录包括以下内容：(1)会议召开的日期、地点和召集人姓名；(2)出席董事的姓名以及受他人委托出席董事会的董事(代理人)姓名；(3)会议议程；(4)董事发言要点；(5)每一决议事项的表决方式和结果(表决结果应载明赞成、反对或弃权的票数)。董事会记录及其董事签名很重要，可以作为董事忠实义务、勤勉义务的佐证。公司章程或者董事会议事规则可以约定董事会决议违反法律、法规或者《公司章程》，致使公司遭受损失的，参与决议的董事对公司负赔偿责任。但经证明在表决时曾表明异议并记载于会议记录的，该董事可以免除责任。

【相关法律法规】

《公司法》第16条　公司向其他企业投资或者为他人提供担保，按照公司章程的规定由董事会或者股东会、股东大会决议；公司章程对投资或者担保的总额及单项投资或者担保的数额有限额规定的，不得超过规定的限额。

公司为公司股东或者实际控制人提供担保的，必须经股东会或者股东大会决议。

前款规定的股东或者受前款规定的实际控制人支配的股东，不得参加前款规定事项的表决。该项表决由出席会议的其他股东所持表决权的过半数通过。

《公司法》第21条　公司的控股股东、实际控制人、董事、监事、高级管理人员不得利用其关联关系损害公司利益。

违反前款规定，给公司造成损失的，应当承担赔偿责任。

《公司法》第48条　董事会的议事方式和表决程序，除本法有规定的外，由公司章程规定。

董事会应当对所议事项的决定作成会议记录，出席会议的董事应当在会议记录上签名。

董事会决议的表决，实行一人一票。

《公司法》第216条第4款　关联关系，是指公司控股股东、实际控制人、董事、监事、高级管理人员与其直接或者间接控制的企业之间的关系，以及可能导致公司利益转移的其他关系。但是，国家控股的企业之间不仅仅因为同受国家控股而具有关联关系。

第59条　公司经理

推荐条款

公司设经理,任期×××年,由□1/3以上董事联合提名□董事长提名,董事会聘任或解聘。经理对董事会负责,行使下列职权:

(一)全面主持公司的日常生产经营管理工作,切实保证公司各项经营目标的实现;

(二)组织实施董事会决议、公司年度工作计划、对外投资方案,公司财务预算报告及利润分配与使用方案;

(三)在董事会授权范围内,对外代表公司签署有关协议、合同或处理有关事宜;

(四)拟订公司内部管理机构设置方案与公司的基本管理制度;

(五)制订公司组织编制、人事编制和公司的具体规章制度;

(六)提请董事会聘任或者解聘公司副总经理、财务总监及其他高级管理人员;

(七)聘任或者解聘除应由董事会聘任或者解聘以外的管理人员;

(八)决定公司中层管理人员及其以下各级管理人员与员工的任免、工作安排、报酬、奖惩与福利等事项;

(九)负责审查并批准公司年度计划内的生产、经营、投资、改造、基建项目、科研开发的可行性研究报告;依照公司年度计划,决定公司有关资金、资产的运用或安排;

(十)提议召开董事会临时会议;

(十一)签署公司日常行政、业务文件;

(十二)负责处理公司重大突发事件;

(十三)根据董事会的授权或要求拟订应由董事会决议事项的初步方案并报请董事会决议;

(十四)公司章程或董事会授予的其他职权。

公司应置备董事会批准的经理工作细则。

【实务解析】

一、经理职位

(一)经理职位的设置

经理又称总经理,对于有限责任公司,我国《公司法》采用了任意设立经理的态度,有限责任公司可以根据公司规模、股权机构和股东状况决定是否设置经理岗位。股东人数较少或者规模较小的不设立董事会的有限责任公司,执行董事可以兼任公司经理。但《公司法》对国有独资公司和股份有限公司采取了强制设立经理的态度。

(二)董事兼任总经理问题

投资者多认为公司董事兼经理方式会使公司效率更高,成本也更低,所以实践中,董事集经理权力于一身的情况在有限责任公司时有发生。但在现今我国有效的内部制衡和外部竞争市场机制没有成熟情况下,董事兼经理会导致经理性质和地位的认识误区,混淆董事会和经理的权力界区,经理的权限范围过于庞大,董事会这一上位机关的领导无法实现分散、削弱经理权力的作用,破坏立法者所设计的权力监督体系,进而导致严重的内部人控制问题,所以在董事兼任经理的公司应完善内部监督制度。至于董事长兼任总经理问题,因会导致更严重的专权,如果没有相应的、有效的制衡机制,除非较小规模外,不建议有限责任公司采用。

二、经理职权

(一)经理职权的法定化变革

2005 年修改前的《公司法》第 49 条规定公司设立经理,经理的职权与股东会、董事会的职权一样都是强制性规定,而修改后的《公司法》第 49 条用"公司章程对经理职权另有规定,从其规定"的表述,说明第 49 条是任意性规范,公司经理并没有像股东会、董事会那样享有独立的法律地位。各公司有权根据自身情况,在公司章程中选择是否设置经理职位以及给予经理多大的职权。

(二)经理权的行使

经理权的行使方式与公司其他机关有所不同,不需要通过会议的多数原则形成决议,而是以经理个人的最终意志为准,经理为公司签名的方式即为经理权行使方式。公司虽设副经理,但其只是协助经理工作的人员。

(三)经理与董事会经营管理权的分权原则

董事会承担着执行股东会决议和公司经营决策的职责,经理在其职权范围内负责公司日常经营,就广义而言,都属于公司的业务经营管理机关,正确区别二者在业务经营管理上的权利界限对构建公司治理机构非常重要。

董事会是业务经营的决策机关,董事会以民主集中的形式对公司业务进行决议,同时董事会对经理的业务执行进行监督,而经理是董事会领导下的具体业务执行部门,执行董事会的意图并向其负责,这实质上是在公司内部对业务经营权的一种纵向划分。董事会负责决策,经理负责执行,经理在执行目的不变的情况下有很大的自由裁量权。当然也有一些较小规模的企业的公司章程授予董事会很多具体执行权,这时经理的职权范围大大缩小,甚至成为一名普通的雇员。

三、经理的代表权

(一)经理代理权的一般规则

由于我国《公司法》只确定了法定代表人有代表公司的权利,而没有确定经理在执行业务时有代表公司签字的权能,所以大多数人认为,除非经理是公司法定代表人,否则不能确定其代表权。经理对外代表公司,须经法定代表人单独授权,即经理权本身并不包含对外代表公司签字的权利。

(二)经理超越代理权的行为认定

公司章程和聘任合同可以对经理权进行约定和限制,如果公司经理在代理权限以外以公司名义与第三人实施法律行为,未经公司追认,则依《合同法》第48条的规定,对公司不发生效力,由经理承担责任。但如果第三人为善意,且有足够理由相信经理有代理权限,则构成表见代理,善意第三人受法律保护,经理在代理权限以外以公司名义与第三人实施法律行为对公司产生约束力。至于公司由此遭受的损失,可以向违法实施表见代理行为的经理追偿。

四、经理的聘任和解聘

(一)经理的聘任

《公司法》第49条规定,公司经理聘任或解聘及报酬事项由董事会决定。经理是辅佐董事会执行业务的高级管理人员,董事会最了解需要什么样的人才执行他布置的工作,所以经理应由董事会选聘。

(二)经理解聘

公司经理不同于董事,受聘和解雇本质上与普通雇员没有不同,公司可以解除与其签订的劳动合同。但公司违约解聘,经理可以行使劳动合同约定的权利,享受《劳动法》、《劳动合同法》等相关法律的保护。

经理为了保护自己的权益,可以在劳动合同中约定解除合同的违约金和限制解除合同的条件,有些公司为了招聘到有才能的经理人,也常常在聘任合同中设定限制自己解除经理权的条款,即只有当处于重大原因而确有必要时才允许解除其经理权。这些原因包括贪污、贿赂、不正确地记账、向董事会提供虚假的报告、故意损害公司利益等违法行为,也包括长期生病、长期的身体上或者心理上的衰退等导致无能力正常执行业务的原因。此外,经理与董事会在经营政策方面的分歧且缺乏合作精神,股东会宣布不信任也是解聘的重大理由之一。

董事会解聘经理是经理权解除最正常的原因,此外,经理权还因为以下原因而解除:

1. 公司撤销经理的职权,经理降为普通雇员使用。由于经理非公司的法定机关,其职权也非法定职权,公司的利益高于保护经理的利益,公司有权随时撤销经理权,无须阐述理由,更不必考虑劳动合同关系。

2. 聘任合同终止,经理权自动解除,这也是经理权的正常结束。如果合同规定了期限,则合同到期时经理权终止,如果合同规定了终止条件,则具备这些条件时,经理权终止。经理的任期应与合同期限相同。

3. 由于经理死亡,经理权被迫解除。

4. 当公司被吊销营业执照时,公司丧失正常的经营资格,作为企业的经营权的经理权也就自动解除,经理不能再代表公司为法律行为。

5. 经理主动辞职。原则上,经理可随时辞职,没有期限限制,也无须重大事由。但是如果在不适当的时候辞职,或者辞职将使公司置于困境,则辞职属于滥用职权,因而应受到法律的限制。

五、公司应建立经理权约束机制

虽然在理论上董事会和经理的权利界限很明晰,但还有必要对经理的权利进行约束,主要原因有:(1)在经理层占据董事会多数席位甚至重合的情况下,董事和经理的职权极易混淆,进而形成董事会的权力配置与功能构造无法对经理人形成一个有效的监督约束机制。不仅如此,经理层还进一步通过董事会影响甚至控制股东会。(2)由于董事会是集体议事形式,具体业务的执行必然要落实到个人,所以在实际运作中,公司经理所拥有的权利往往超过正式法律文件所载明的范围。(3)经理作为职业经理人更多关注企业内部职工和经理的个人利益,不可能要求他们像股东一样思考,其往往过度追求扩大企业规模和业务范围,倾向于“过度融资”,建立所谓的“企业帝国”。“过度融资”会造成严重的后患:从规模角度,融入资金量超过了公司利润最大化的资金需求,这会导致公司盈利能力下降;从后果上讲,股权融资后公司总股本和净资产大幅度增加,但盈利能力并没有增加,导致股本回报率下降;同时股权融资后负债率下降的假象会诱发进一步的债权融资,从而大幅度提高公司负债率,还会遭遇多起银行提起诉讼风险。因此有必要对总经理的权力进行约束。

【条款设计指引】

一、公司经理条款的必要性

公司经理条款不是公司章程的必备条款,但经理负责公司日常经理管理工作,对于设立经理职务的公司,该条款是公司章程的必备条款。

《公司法》在经理职位设置和经理职权的权限上,赋予了公司极大的自由权,所以公司可以根据自身需要,在公司章程中选择本条推荐条款中的事项,但经理职权的设定不得侵犯股东会、董事会的法定职权。

二、章程条款设计

(一)经理的任期

经理任期应和聘任合同相一致,一般规定为 3 年。由于经理是由董事会聘任和解聘,所以经理的任期通常还考虑与董事的任期相协调,公司章程可以根据自身需要调整期限。

(二)公司章程应约束经理权

为了防止经理权膨胀,公司章程可以从以下几个方式约束经理权限。

首先,"过度融资"是公司面临的最大风险,公司章程可以参照下列条款,限制经理运用资金、资产的权限。经公司董事会授权,经理可以:(1)批准不超过最近经审计的公司总资产 10% 的投资项目;(2)批准不超过最近经审计的公司总资产 10% 的对外投资;(3)批准不超过最近经审计的公司总资产 10% 的融资项目;(4)批准不超过最近经审计的公司总资产 10% 的风险投资、资产抵押及其他担保事项。公司可以根据自身情况调整上述比例,也可以用具体数额作为标准进行确定。

其次,公司章程还可以考虑从下列方式入手对经理权力进行限制:在人事管理上,董事会可以将中层以上管理人员的提名和聘任权,收归董事会,以此加强对总经理的制衡。在财务管理上,可以采用财务总监制度,由董事会聘任财务总监,对资金收支实行经理和财务总监联签制度。在内部权力设置上,可以考虑禁止经理决定签订所有的土地交易合同,规定特定的交易需要得到董事会的批准,规定董事会对某一特定业务拥有的指示权。

最后,公司章程可以增加高级管理人员负有的对公司忠实义务和勤勉义务来达到约束经理权限的目的。参见董事、监事、高管的忠实义务和勤勉义务。

公司章程对经理职权的设定和限制,应与经理《聘任书》相一致。

(三)经理的激励机制

为了最大限度减少股东、公司和经理的权益冲突,不但要建立经理的约束机制,还应建立合理的激励机制,以使经理的利益与股东的利益相一致。经理股票期权是对经理实行的一种有效长期激励机制,公司可以按照一定标准对公司管理人员一定时期的工作绩效进行全面衡量和评估后,对符合条件的管理人员赋予本公司一定数量的股权。有限责任公司股权期权制度与股份有限责任公司股票期权制没有本质的区别,可以参照股份有限公司的股票期权的设计,只是根据《公司法》第 142 条的规定,股份有限公司可以回购自己的股份作为期权奖励给职工,而有限责任公司则必须是公司股东提供的股权来作为奖励的期权,否则,该奖励将会因为违法资本维持原则而被认定为无效。

此外,公司章程还可以设计合理的报酬激励机制、剩余支配权与经营权控制激励机制、声誉或荣誉激励机制、聘用与解雇激励机制,促使经理为追求公司利润最大化而努力。

经理职权的约束和奖励机制是一个系统的工程,需要公司其他制度配合,为了避免公司章程的烦琐和修订困难,公司可以制定一个专门规章制度。

(四)公司应置备经理工作细则

为了保障经理履行职能,同时也为了约束经理的职权,公司应建立经理工作细则,该细则包括下列内容:(1)经理会议召开的条件、程序和参加的人员;(2)经理及其他高级管理人员各自具体的职责及其分工;(3)公司资金、资产运用,签订重大合同的权限,以及向董事会、监事会的报告制度;(4)董事会认为必要的其他事项。

【相关法律法规】

《公司法》第 49 条　有限责任公司可以设经理,由董事会决定聘任或者解聘。经理对董事会负责,行使下列职权:

(一)主持公司的生产经营管理工作,组织实施董事会决议;

(二)组织实施公司年度经营计划和投资方案;

(三)拟订公司内部管理机构设置方案;

(四)拟订公司的基本管理制度;

(五)制定公司的具体规章;

(六)提请聘任或者解聘公司副经理、财务负责人;

(七)决定聘任或者解聘除应由董事会决定聘任或者解聘以外的负责管理人员;

(八)董事会授予的其他职权。

公司章程对经理职权另有规定的,从其规定。

经理列席董事会会议。

《公司法》第50条　股东人数较少或者规模较小的有限责任公司,可以设一名执行董事,不设立董事会。

执行董事可以兼任公司经理。

《公司法》第68条　国有独资公司设经理,由董事会聘任或者解聘。经理依照本法第四十九条规定行使职权。

经国有资产监督管理机构同意,董事会成员可以兼任经理。

第三节　监　事　会

一、设置监事会的意义

监事会是依法设立,对董事和经理的经营行为及公司财务进行监督的常设机构。因公司所有权和经营权分离,这使得股东们需要对负责经营管理的机构进行有效的监督,监事会则作为公司治理中必备的监督机关应运而生。它有效解决了股东个人监督董事会成本太大、股东会召开成本增加,很难形成对董事会的制衡难题,确保了公司的经营管理不偏离股东的利益。根据我国《公司法》的相关规定,除股东人数较少的有限责任公司不设监事会,而由1~2名监事替代监事会地位外,其他有限责任公司和股份有限公司必须依法设置监事会。

二、本章条款内容的重点

股权结构的不同,必然给公司提出不同的监督课题。股权结构分散的公司,所有者与经营者分离必然产生股东与公司管理者之间的利益冲突,所以该类公司完善内部监督机制的首要问题是如何监督公司经营者正当行使经营权限;股权机构集中的公司,股东表决权集中度较高必然产生大股东与中小股东的利益冲同，所以该类公司完善内部监督机制的首要问题是防止控股股东滥用权力，监事会需通过对董事、高管人员的监督监控大股东的行为。

三、监事会议事规则

根据《公司法》第25条的要求，本节载明了监事会产生方法、职权和最基本的议事规则等必要的公司章程记载事项，为了减少公司章程的篇幅和避免修改公司章程的难度，建议单独制定由股东会批准的监事会议事规则，明确监事会的议事方式和表决程序，以确保监事会的工作效率和科学决策。由于监事的人数要少于董事人数，所以相比董事会程序，监事会程序更加宽松。

第60条　监事会职权

推荐条款

公司设监事会，监事会对股东会负责，行使下列职权：

（一）检查公司财务；

（二）对董事、高级管理人员执行公司职务的行为进行监督，对违反法律、行政法规、本章程或者股东会决议的董事、高级管理人员提出罢免的建议；

（三）当董事、高级管理人员的行为损害公司的利益时，要求董事、高级管理人员予以纠正；

（四）提议召开临时股东会，在董事会不履行《公司法》规定的召集和主持股东会职责时召集和主持股东会；

（五）向股东会提出提案；

（六）依照《公司法》第一百五十一条的规定，对董事、高级管理人员提起诉讼；

（七）发现公司经营情况异常，可以进行调查；必要时，可以聘请会计师事务所、律师事务所等专业机构协助其工作，费用由公司承担；

（八）应当对董事会编制的公司定期报告进行审核并提出书面审核意见；

（九）本章程规定或股东会授予的其他职权。

【实务解析】

一、监事会的职权

《公司法》第53条对监事会的职权规定同《公司法》第37、46条关于股东会、董事会的职权一样,也是强制性条款,是监事会的法定职权,是监事会权利的保障。监事会在法定职权范围有独立的监督权,可以不必听从股东会的指令进行独立的监督活动,也不允许股东会用公司章程予以剥夺。法定职权外,监事会还拥有股东会授予、公司章程规定的其他职权。

具体地,监事会职权包括如下几项内容。

(一)检查财务权利

我国《公司法》对于监事会检查公司财务权规定得非常笼统,如果不借助于具体的公司章程无法操作,监事会的财务监督权利也无法得到保障。

(二)监事会业务执行监督权

监事会对公司业务执行监督有适法性监督和妥当性监督,现大多国家法律都倾向于适用适法性监督,而且应及于妥当性监督,我国《公司法》第53条应是及于妥当性监督。但我国大量公司的监事会行使业务执行监督的情形较少,极少有监事会对公司经营管理机关的违法、违规行为进行制止和纠正。一方面,因为监事会的义务与责任规定不明确,监事会缺乏责任感;另一方面,法律和公司章程对于监事会的业务执行监督的具体范围和监督方式缺乏明确规定,所以需要公司章程对监事会业务执行监督权范围、方式和监事的责任要加以具体化。

(三)监事会对董事、高管进行监督、罢免、要求纠正权、质询权和提起诉讼权

《公司法》第53条规定,监事会有权对董事、高管执行职务行为进行监督,对违反法律、行政法规、公司章程或股东会决议的董事、高级管理人员提出罢免的建议,对其损害公司利益的行为予以纠正。根据《公司法》第54条的规定,监事会有权对董事会决议提出质询和建议权。根据《公司法》第151条的规定,监事会可以向违反诚信义务的董事、高级管理人员提起诉讼。

(四)监事会的股东会的召集权、主持权和提案权

《公司法》第53条规定,监事会有权向股东会会议提出提案,在董事会不履行《公司法》规定的召集和主持股东会会议职责时,监事会自行召集和主持股东会会议的权利。

(五)监事会的调查权

为了履行监督职责,在发现公司经营情况异常时,监事会有进行调查的权

力。必要时,可以聘请会计师事务所等协助其工作,费用由公司承担。

二、德国监事会的同意保留权

同意保留权,即公司章程可以规定某些特定类型的业务必须首先得到监事会的同意,然后才能展开。如果监事会拒绝同意,那么董事应该召开股东会,只有股东会以3/4以上的绝对多数否决监事会的反对意见后,董事会才可以开展相应的业务。如果董事会不顾监事会的反对,依然开展了相关的业务,那么该业务对外关系中应该为有效,但公司可以要求董事会承担损失赔偿责任。在监事会拥有同意保留权的情况下,监事会不仅必须审查有关措施或者业务的合法性,而且必须审查它们是否符合公司的经营目的、是否具有经济效益,监事会必须根据自身经验来作出同意与否的决定。监事会同意保留的事项①不得无限制地扩大,否则会影响董事会的独立管理权和独自决定权。

【条款设计指引】

一、监事会职权条款的必要性

监事会职权条款是公司章程的必备条款。推荐条款中列举了8条具体监事会职权,前7款都是法定职权,第8款是在有限责任公司章程中采用频率较多的条款,公司可以根据自己的需要来取舍。

二、章程条款设计

根据德国、日本、韩国公司法及实践,公司章程或者监事会议事规则可以选择的监事会具体职权有:

1. 定期、不定期监督审查财务预算的编制、执行、分析和考核以及决算报告的编制。

2. 监事会任何时候都有权调阅公司的有关会计报表、合同、收据、信函、借款凭证以及其他显示公司财务状况变化的一切表册和资料,监事会有权为此目的而委托某个监事会成员,或者为了某些特定的任务而委托法律、财务、审计以及各有关方面的专家。

3. 监事会随时可以向董事、经理及财务人员要求有关业务报告、财务报告

① 一般地,德国公司章程中规定必须经监事会同意才能实施的业务有:公司扩展或裁减业务项目;设立或撤销子公司或分支机构;重要产业部门的设立、撤销、合并和分立;对本公司有重大影响的经营决策;超过一定限额的投资、借款或担保;房地产买卖;指定公司全权代表;重大的法律诉讼事宜;公司职工工资、人事、社会福利问题等;决算和盈余分配方案的通过、经营中重大事项的批准等。

或调查公司的业务状况、检查公司的财产状况,有权请求董事会成员就专门事项作出说明。监事会认为有必要时,可以请求公司的子公司作出业务报告、财务报告,并对子公司的业务状况、财务状况进行调查。只要该要求或调查不属于权力滥用,董事、高级管理人员应当如实向监事会提供有关情况和资料,董事会或董事不得以属于公司秘密等理由拒绝,不得妨碍监事会或监事行使职权。

4. 监事会对董事会提交的财务报表和营业报告书进行审查。董事会每个年度制作的营业报告和财务会计报告应提交监事会并由其分别确认和审查,监事会应当在年度股东会上提交审查报告,①并发表独立意见,该意见至少包括对董事会报告是否提出异议以及是否承认。

5. 监事会有权请求董事、经理停止违法行为的权力,即当董事、经理进行或者可能进行超出公司目的范围的行为或者其他违反法令、公司章程的行为,并且该行为有可能显著损害的公司的利益的时候,监事会可以请求该董事、经理终止该行为。

6. 监事会必须就董事会向股东会提交的议案、文件等材料真实性、合法合规性进行审查。如果认为存在违反法律或者公司章程,或者其他显著不当的事项的,监事会必须向股东会进行报告。

7. 公司章程可以采用德国的同意保留权。由于德国公司法规定董事会成员由监事会选任,监事会的地位就高于董事会的地位,而我国的监事会与董事会成员都是由股东选择产生。如果在公司章程中全盘照抄《德国公司法》的规定,有突破我国监事会制度之嫌,也可能引起董事会的抵抗。但同意保留权确实会对根治我国现阶段监事会存在的问题起到无法替代的作用,所以建议公司章程可以选择其中的几项,或者变通适用,即规定某些特定事项在董事会、股东会决议前或者决议后必须征求监事会的意见,监事会对此应作出正式

---

①　根据《韩国商法典》的规定,监事会的监察报告,即审查报告,其内容可以包括:(1)监察办法概要;(2)应当载明于会计账册的事项未被记载或记载不属实的内容;资产负债表或者损益表的记载与会计账册的记载不一致的内容;(3)资产负债表及损益表,依照法令及章程正确体现公司的财产及损益状态及其内容;(4)资产负债表及损益表,违法法令及章程未正确体现公司财产及损益状态及其内容;(5)关于制定资产负债表或损益表的会计方针变更的妥当与否及理由;(6)营业报告,是否根据法令及章程正确体现公司的状态;(7)利润分配表或者亏损金处理表是否符合法令及章程;(8)针对公司财产状况、其他事情,利润分配表或者缺损金处理是否有明显不当之处及其内容;(9)应当载明于第447条附属明细表的事项,未被记载或者记载不属实的;或者与会计账册、资产负债表、损益表或者营业报告记载的不一致的,及其内容;(10)董事执行职务过程中的不正当行为或者有重大违反法令或者章程规定的事实;(11)未能为监察需要进行调查及理由。我国公司可以根据自身需要,选择上述事项是否在公司章程或者监事会议事规则中适用。

决议，表示同意或者不同意，但这一决议对董事会决议或者股东会决议没有约束力，该决议同董事会决议、股东会决议一同存档。

公司章程可以选择的监事会同意保留权项目有：公司扩展或裁减业务项目；设立或撤销子公司或分支机构；重要产业部门的设立、撤销、合并或分立；对本公司有重大影响的经营决策；超过一定限额的投资、借款或担保；房地产买卖；指定公司全权代表；重大的法律诉讼事宜；公司职工工资、人事、社会福利等。

8. 公司章程可以规定将董事人选与报酬的监督列入监事会监督的范围之内，建立由监事占多数的提名与薪酬委员会，监事会虽在监督体制不改变下不能选聘董事，但可以介入董事、高管的提名与薪酬问题。

【相关法律法规】

《公司法》第53条　监事会、不设监事会的公司的监事行使下列职权：

（一）检查公司财务；

（二）对董事、高级管理人员执行公司职务的行为进行监督，对违反法律、行政法规、公司章程或者股东会决议的董事、高级管理人员提出罢免的建议；

（三）当董事、高级管理人员的行为损害公司的利益时，要求董事、高级管理人员予以纠正；

（四）提议召开临时股东会会议，在董事会不履行本法规定的召集和主持股东会会议职责时召集和主持股东会会议；

（五）向股东会会议提出提案；

（六）依照本法第一百五十一条的规定，对董事、高级管理人员提起诉讼；

（七）公司章程规定的其他职权。

《公司法》第54条　监事可以列席董事会会议，并对董事会决议事项提出质询或者建议。

监事会、不设监事会的公司的监事发现公司经营情况异常，可以进行调查；必要时，可以聘请会计师事务所等协助其工作，费用由公司承担。

《公司法》第150条　股东会或者股东大会要求董事、监事、高级管理人员列席会议的，董事、监事、高级管理人员应当列席并接受股东的质询。

董事、高级管理人员应当如实向监事会或者不设监事会的有限责任公司的监事提供有关情况和资料，不得妨碍监事会或者监事行使职权。

《国有企业监事会暂行条例》

《国有重点金融机构监事会暂行条例》

第 61 条　监事

推荐条款

公司监事会由无须持有公司股权的×××岁以上的×××名自然人监事组成,其中包括×××名职工代表,□监事会应该有×××(比例)从事经营、会计、法律专业的监事 □监事必须是具有从事经营、会计、法律四年以上工作经验的人担任。

股东代表监事由×××提名,股东会选举产生和更换,职工代表监事由公司职工民主选举产生和更换。监事任期三年,监事任期届满,连选可以连任。监事辞职或者任期届满,应向监事会办理交接手续。

【实务解析】

一、监事的权利和义务

(一)监事的权利

监事的权利应与监事会的职权区分,在此探讨的是监事个体的职权,主要包括:

1. 知情权。监事会成员的知情权是股东知情权的延伸,而这种知情权则是行使监督权的基础,并且是公司法规定的监事会监督权的应有之义。为此董事、经理应配合实现监事的知情权。

2. 对董事会决议的质询和建议权。董事会会议应通知监事,监事有权对董事会决议提出质询和建议权。

3. 出席有关会议的权利。该权利也是监事的义务,经常无故不列席,可视作监事不尽勤勉义务。

4. 报酬请求权。监事应获得固定工资以及和业绩相关的报酬,后者可包括基于公司长期发展的业绩奖励。

(二)监事义务

参见本章董事、监事、高管的忠实义务和勤勉义务。

公司章程应规定监事辞职生效或者任期届满后承担忠实义务的具体期限。

二、职工监事

《公司法》规定，设立公司必须具备的条件之一是建立符合有限责任公司要求的组织结构，也就是说有限责任公司设立，在董事、监事会中必须有符合《公司法》规定的职工代表。然而公司在向公司登记机关办理设立登记时，职工尚未招募，职工代表大会、职工大会更无从谈起。为了符合《公司法》的规定，在公司登记实践中，对于尚未建立职工代表大会、职工大会的新设公司，一般由全体股东或股东会决议说明职工董事、监事暂时空缺及其原因，并承诺将于公司设立后及时依法选举职工董事、监事，并报登记机关备案。

三、监事的资格

监事资格同董事资格相同，也分为积极资格和消极资格。消极资格，是指什么样的主体不能担任公司监事，我国《公司法》第146条对此进行了规定。积极资格，是指担任公司监事所必备的条件。我国公司法没有对其进行规定，留待各公司在章程中自主规定。同董事相同，监事也必须为无须持有公司股权，具有完全民事行为能力的自然人担任。

虽然法律规定监事由股东会或职工选举产生，但实践中，监事人选受董事长的影响较大，容易形成自己监督自己的状况。且与董事会成员相比，监事会成员年龄偏大，学历偏低，其素质和权威难以适应对董事、经理进行监督的职能，所以公司章程应重视担任监事的积极资格。

四、监事的选举

公司设立后，非职工监事由股东会选举产生。选举监事的权利是股东会法定职权，不得以公司章程或者股东会决议予以限制或排除，也不得授权监事会行使。公司章程如无特别规定，一般按照持股比例行使表决权。

累计投票权是一个被股份有限公司广泛采用的监事选举制度，该制度也完全可以适合股东人数较多的有限责任公司。

五、监事的任期

公司法规定监事任期和董事的任期不同，后者的任期由章程规定，最多不超过3年。前者必须为3年，可以连选连任。这一规定，主要是为了避免公司管理人员操纵股东会，缩短监事任期使其不能有效地行使监督职能而做的安排。

六、监事的解聘条件和程序

监事的解聘条件和程序，即监事的任职保障权，对于监事独立行使权利，切实发挥监事会的作用具有重大意义，否则监事自身职位都难保，何以大胆地履行职责？所以除任期届满、自行辞职、法院裁判、股东会决议之外，排除其他机关和个人解任监事的权利。为了解除监事履行职责的后顾之忧，公司章程应设置一些条件限制股东会决议解聘监事。

【条款设计指引】

一、监事条款的必要性

监事条款包括股东监事人数、监事资格、董事提名和选举和监事解聘等内容，其中监事人数是公司章程必备内容。为了减少公司章程的篇幅，可以将监事人数以外的内容载入监事会议事规则。

二、章程条款设计

(一)公司章程应确定监事人数

公司章程应根据公司规模、股东特点、与董事会制衡的需要规定不少于3人的监事，股东人数较少或规模较小的有限责任公司，可以设1~2名监事，不设监事会。为了克服国有独资公司的股权结构中缺乏国家股东之外的其他股东，先天缺乏来自其他股东的监督力量的不足，为了保护国有资产保值增值，降低国有独资公司经营者的代理成本，法律规定国有独资公司监事会成员不得少于5人。法律还要求设置监事会的公司，还需在监事会中确定不少于1/3比例的职工监事。

(二)公司章程可以规定担任监事的资格

1.消极资格

虽然《公司法》第146条列举了监事任职的消极条件，但是监事不比董事，为了防止形成董事自己监督自己的局面，公司章程还需设定担任监事的消极条件，以确信选聘的监事与公司没有潜在利益冲突和利害关系。公司章程可以规定公司董事、高级管理人员的近亲属不得担任公司的监事，监事会成员不得兼任与本公司有重大竞争关系的企业的管理和类似职务，也不得向此类企业提供咨询服务。大型有限责任公司章程中还应规定子公司的董事或经理不得兼任母公司的监事。

2.积极资格

担任监事需要的积极资格可以参考担任董事的积极资格，此外为了更好地发挥监事的职能，建议监事应具备一定的法律和财务方面的专业知识。

(三)公司章程可以确定监事提名和选举方式

选举监事是股东会的法定职权，公司章程无权规定某个监事职位可以由特定的股东指派，但公司章程可以在监事的提名和选举监事的表决方式上作出自治性规定。

1. 监事的提名

为了确保小股东的利益，避免自己监督自己，保障监事会的中立性，有效地牵制大股东权利，公司章程可选择规定：①第一大股东提名的监事不得超过监事总数的一定比例；②股东会选举监事时适用一人一票，或者持有超过表决权的一定比例的股东，对于超过部分，在选任监事时，不得行使表决权；③同一个股东不同时推荐董事、监事，排除董事会提名监事的权利。

2. 监事的选举

(1)普通监事的选举

参见股东表决权条款。

(2)职工监事的选举

为了使选举出的职工监事具有代表性，可以将职工分为三类：工人、职员及职员中的特殊类型——高级管理人员，每一类人员都按照人数比例选举出其在监事会中的代表，并应保障每一类别的职工至少要有一名代表。实践中，很多公司往往通过和职工监事签订无固定期限合同来影响监事的公正立场，同时职工监事终身合同制下形成的对企业文化的忠诚，也削弱了职工监事参与企业管理的作用。

(四)监事的解聘

为了增强监事的独立性，保障监事履行职能，公司章程可以约定解聘监事的决议要经股东会特别决议通过，且被解任的监事应有权以口头或书面形式陈述意见。监事任期未满即将其非法解任的，公司应赔偿损失。

【相关法律法规】

《公司法》第51条　有限责任公司设立监事会，其成员不得少于三人。股东人数较少或者规模较小的有限责任公司，可以设一至二名监事，不设立监事会。

监事会应当包括股东代表和适当比例的公司职工代表，其中职工代表的比例不得低于三分之一，具体比例由公司章程规定。监事会中的职工代表由公司职工通过职工代表大会、职工大会或者其他形式民主选举产生。

监事会设主席一人，由全体监事过半数选举产生。监事会主席召集和主持监事会会议；监事会主席不能履行职务或者不履行职务的，由半数以上监事共同推举一名监事召集和主持监事会会议。

董事、高级管理人员不得兼任监事。

《公司法》第52条 监事的任期每届为三年。监事任期届满,连选可以连任。

监事任期届满未及时改选,或者监事在任期内辞职导致监事会成员低于法定人数的,在改选出的监事就任前,原监事仍应当依照法律、行政法规和公司章程的规定,履行监事职务。

《公司法》第70条 国有独资公司监事会成员不得少于五人,其中职工代表的比例不得低于三分之一,具体比例由公司章程规定。

监事会成员由国有资产监督管理机构委派;但是,监事会中的职工代表由公司职工代表大会选举产生。监事会主席由国有资产监督管理机构从监事会成员中指定。

监事会行使本法第五十三条第(一)项至第(三)项规定的职权和国务院规定的其他职权。

《公司法》第146条 有下列情形之一的,不得担任公司的董事、监事、高级管理人员:

(一)无民事行为能力或者限制民事行为能力;

(二)因贪污、贿赂、侵占财产、挪用财产或者破坏社会主义市场经济秩序,被判处刑罚,执行期满未逾五年,或者因犯罪被剥夺政治权利,执行期满未逾五年;

(三)担任破产清算的公司、企业的董事或者厂长、经理,对该公司、企业的破产负有个人责任的,自该公司、企业破产清算完结之日起未逾三年;

(四)担任因违法被吊销营业执照、责令关闭的公司、企业的法定代表人,并负有个人责任的,自该公司、企业被吊销营业执照之日起未逾三年;

(五)个人所负数额较大的债务到期未清偿。

公司违反前款规定选举、委派董事、监事或者聘任高级管理人员的,该选举、委派或者聘任无效。

董事、监事、高级管理人员在任职期间出现本条第一款所列情形的,公司应当解除其职务。

第62条　监事会主席

推荐条款

监事会设主席一人。监事会主席由全体监事过半数选举产生。监事会主席召集和主持监事会会议，督促、检查监事会决议的执行。监事会主席不能履行职务或者不履行职务的，由半数以上监事共同推举一名监事召集和主持监事会会议。

【实务解析】

一、监事会主席产生方式

不同于董事长产生办法由公司章程规定，法律规定，监事会主席必须由监事过半数选举产生，另外，国有企业、国有重点金融机构监事会主席由国务院任命。

二、监事会主席的职权

我国公司法规定的监事会主席职权只有召集和主持监事会。实践中，不同有限责任公司的监事会主席的职权不同，这和该公司的历史、股东性质有很大关系。一般投资者创立的公司往往监事会职权较小，相应的监事会主席没有特别的权利。而由国有企业改制而来的公司，特别是大型公司，监事会主席往往由原企业的党政工团负责人担任，由此产生的监事会主席一般都享有较大的职权，对公司的经营有一定的影响力。

【条款设计指引】

一、监事会主席条款的必要性

监事会主席条款不是公司章程的必备条款，股东人数较少公司可以只设1～2名监事，不设监事会主席。当然如果公司设置监事会主席一职，应该在公司章程中体现。同董事长产生方法由公司章程自治不同，法律直接规定了监事会主体由全体监事过半数选举产生，公司章程没有自治空间，公司章程如果没有规定，完全可以依据法定确定。

二、章程条款设计

监事会主席的法定职权只有召集和主持监事会会议一项。由于监事会也是集体议事制度,所以公司章程可以授予监事会主席督促、检查监事会决议的执行,同时选择在监事会闭会期间监事会主席行使监事会部分职权,以便有效发挥监事会的监督作用。

【相关法律法规】

《公司法》第 51 条第 3 款　监事会设主席一人,由全体监事过半数选举产生。监事会主席召集和主持监事会会议;监事会主席不能履行职务或者不履行职务的,由半数以上监事共同推举一名监事召集和主持监事会会议。

董事、高级管理人员不得兼任监事。

第 63 条　监事会会议

推荐条款

监事会每年召开 × × × 次定期会议。任一监事可以提议召开临时监事会会议并向会议提交提案。监事会决议的表决实行一人一票。监事会决议应当经半数以上监事通过。

监事会应有会议记录。

【实务解析】

一、监事表决方式

因监事会也是集体合议行使职权,所以监事的表决方式与董事相同,也是一人一票。各监事应享有平等的法律地位,彼此的权力空间应相同。

二、法定最低出席人数限制

公司法明确规定监事会决议必须经半数以上监事通过,这实质上也等于要求半数以上监事出席方可举行监事会,避免了少数监事操纵监事会。

三、监事会会议记录

监事会应当对会议所议事项的决定做成会议记录,出席会议的监事应当在会议记录上签名。出席会议的监事有权要求在记录上对其在会议上的发言做出说明性记载。监事会会议记录应与出席会议的监事签名簿、未出席会议的监事书面意见及授权委托书一并作为公司档案保存。

【条款设计指引】

一、监事会会议条款的必要性

监事会会议条款是公司章程的必备条款，也是监事会议事规则的必备内容。但同董事会会议不同，法律要求监事会会议每年至少召开一次，且决议应当由半数以上监事通过，所以公司章程对此自治空间相对狭小，只能在监事会召开频率、召开临时监事会的情形方面有所作为。

二、章程条款设计

（一）公司章程可以约定召开临时监事会情形

《公司法》规定监事会至少每年召开一次，所以公司章程至少应设定每年一次定期监事会会议，建议增加临时会议召开的情形。公司章程可以规定当公司出现以下情况时，应召集监事会临时会议：（1）监事提议召开时；（2）公司财务违规操作、财务会计信息失真，要求公司予以改正但公司不予改正时；（3）董事、总经理和其他高级管理人员执行公司职务时出现违法、违规或者违反公司章程的行为，要求董事会采取措施但不予采纳时；（4）当董事、总经理和其他高级管理人员的行为损害公司的利益或者在市场中造成恶劣影响时时，要求其予以纠正但实际上拒绝执行时；（5）股东会、董事会会议通过了违反法律法规、公司章程、公司股东会决议时；（6）公司、董事、监事、高级管理人员被股东提起诉讼时。

（二）监事会会议记录

公司应当根据实际情况，在公司章程中规定监事会会议记录需要记载的内容，一般监事会会议记录包括以下内容：（1）会议召开的日期、地点和召集人姓名；（2）出席监事的姓名以及受他人委托出席监事会的监事（代理人）姓名；（3）会议议程；（4）监事发言要点；（5）每一决议事项的表决方式和结果（表决结果应载明赞成、反对或弃权的票数）。监事会记录及其监事签名很重要，可以作为监事履行忠实义务、勤勉义务的佐证。公司章程或者监事会议事规则可以约定监事会决议违反法律、法规或者《公司章程》，致使公司遭受损失的，参与决议的监事对公司负赔偿责任。但经证明在表决时曾表明异议并记载于会议记录的，该监事可以免除负责。

【相关法律法规】

《公司法》第55条 监事会每年度至少召开一次会议,监事可以提议召开临时监事会会议。

监事会的议事方式和表决程序,除本法有规定的外,由公司章程规定。

监事会决议应当经半数以上监事通过。

监事会应当对所议事项的决定作成会议记录,出席会议的监事应当在会议记录上签名。

第64条 董事、监事、高管的忠实义务和勤勉义务

推荐条款

董事、监事、高管应当遵守法律、行政法规和本章程,对公司负有忠实义务和勤勉义务,勤勉义务是指:

(一)应谨慎、认真、勤勉地行使公司赋予的权利,以保证公司的商业行为符合国家法律、行政法规以及国家各项经济政策的要求,商业活动不超过营业执照规定的业务范围;

(二)应公平对待所有股东;

(三)及时了解公司业务经营管理状况;

(四)应当对公司定期报告签署书面确认意见;

(五)保证公司所披露的信息真实、准确、完整;

(六)应当如实向监事会提供有关情况和资料,不得妨碍监事会或者监事行使职权;

(七)法律、行政法规、部门规章及本章程规定的其他勤勉义务。

董事、监事、高管离职后的×××年内,不得为与本公司同类业务的公司服务。

【实务解析】

一、公司董事、监事、高管不得违反法律、行政法规和公司章程的义务

根据《公司法》第149条的规定,公司董事、监事、高管违反法律、行政法

规和公司章程的行为，即使是为公司谋取利益，或者已给公司带来现实利益，仍应认定董事、监事、高管违反了应尽义务，董事、监事、高管应当承担法律责任。这是因为董事、监事、高管作为公司意思决定机关的成员，不应让公司从事违法活动并获得非法利益。如果违反法律、行政法规和公司章程，给公司造成损失，应当依法承担损害赔偿责任。

二、公司董事、监事、高管的忠实义务

忠实义务是指董事、监事、高管不得谋取自己利益、公司利益以外的其他利益。忠实义务有主观性义务和客观性义务两项内容组合而成。主观性义务是指董事、监事、高管应当在强行法律规定和公序良俗允许的范围和程度之内，忠诚于公司利益，始终以最大限度地实现和保护公司利益为目的，全心全意地位公司利益服务。客观性义务是指董事、监事、高管实施的与公司有关的行为必须具有公平性，必须符合公司整体利益，在个人私利与公司利益发生冲突时，必须以公司利益为先，不得利用其在公司中的优势地位，为自己或自己有利害关系的第三人谋求在常规交易中不能或者很难获得的利益。

具体地，忠实义务主要包括如下几项内容：

（一）不得篡夺公司机会

1. 不得篡夺公司机会的定义

不得篡夺公司机会是指公司董事、监事、高管不得将公司拥有的权利、财产利益或正期待的机会或者理应属于公司的机会予以篡夺自用。公司的机会就是公司的财富，在现代社会中更是公司的一笔巨大的无形财富。董事、监事、高管应该将公司机会运用于为公司的利益而进行的经营管理活动中去。

2. 公司机会的确认

董事、监事、高管在执行职务活动中获得的并有义务向公司披露的、与公司经营活动密切相关的各种机会。

3. 篡夺公司机会的后果

根据《公司法》第148、149条的规定，董事、监事、高管利用公司机会所得的收入应归入公司，如果因篡夺公司机会而给公司造成的损失大于其所得收入的，还应赔偿差额部分。

4. 例外情况

允许董事、监事、高管利用公司的商业机会，一般应限于公司由于法律上的不能而非由于财力上的不能，并且应遵循以下程序：第一，董事、监事、高管有义务将其在执行职务中所知悉的商业机会告诉公司机关，并详细披露相关事实。第二，公司在决定是否适用该商业机会时不受利害关系的干扰，在操作上有利害关系的董事、监事、高管不应该参加表决。

(二)竞业禁止义务

1. 竞业禁止的定义

竞业禁止是指董事、监事、高管不得自营或者为他人经营与其所任职公司同类的营业,或者从事损害本公司利益的活动,从事上述活动所得收入应当归公司所有。竞业禁止义务是忠实义务的延伸义务。

2. 竞业范围

竞业范围是指与任职公司同类的营业,所谓"同类的营业",可以是完全相同的商品和服务,也可以是同类或类似的商品或服务。

3. 竞业时间

竞业时间是指发生在公司营业阶段、设立阶段和暂停营业阶段。

4. 竞业对象

竞业对象一般指董事、监事和高管。

5. 例外情况

董事、监事、高管从事竞业禁止前,应当向董事会申请,董事会根据此项竞业活动是否会损害公司利益为衡量标准,如批准某一董事、监事、高管从事竞业活动的申请,则获得例外豁免。

(三)自我交易时的忠实义务

1. 自我交易①的定义

自我交易是指董事、监事、高管或其利害关系人作为一方当事人,与公司、公司的子公司或分公司之间进行的交易。利害关系人包括:与董事、监事、高管有密切关系的亲属、朋友及前述人的合伙人,董事、监事、高管被雇用或担任董事、监事、高管职务的另一家公司,与董事、监事、高管有利益关系的人。

2. 自我交易的审查

自我交易时的忠实义务并不是禁止自我交易,因为其中有不少合同事实上对公司是完全公平、合理的,而且有时公司从其与董事、监事、高管或者利害关系人订立的合同中,会获得比其他的交易途径更为优惠的条件。所以在实务中,在审核自我交易合同应注意:(1)有利害关系的董事、监事、高管,有义务向董事会披露关于其在此项合同或交易中所具有利益性质和利益程度的重要事实。所谓重要事实,以普通谨慎之人在决定订立此类合同或进行交易时,有正当理由认为此种事实确实重要。(2)董事会需在对重要事实了解的基础

---

① 此处应包括关联交易。

上,作出是否批准该行为的决定。(3)董事会在作出决定时除了要了解重要事实,还要重点审查该项交易是否具有公平性。董事会衡量公平与否的标准,应以该项合同或交易内容在相对公平区间进行判断。(4)董事会作出决议时,有利害关系的董事不能参与该事项的表决。①

(四)保密义务

保密义务是指董事、监事、高管不得擅自披露公司秘密。公司秘密是指与公司生产、经营、管理有关,但不为大众知悉,能够给公司带来经济利益,具有实用性并经公司采取保密措施的一切信息,包括技术信息、经营信息、管理信息、投资信息等。

(五)催缴出资义务

董事、监事、高管作为公司经营管理者,在股东未出资或出资瑕疵时,负有催缴出资的义务。如未尽催缴义务,根据最高人民法院《关于适用〈中华人民共和国公司法〉若干问题的规定(三)》第13条的规定,其他股东和债权人可以请求未尽催缴义务的董事、高级管理人员承担相应责任,董事、高级管理人员承担责任后,可以向未履行出资义务的股东追偿。

董事、监事、高管不得为股东抽逃出资提供帮助。股东不必然参加公司管理,更不必然接触公司财务,所以其抽逃出资,或是自己为公司董事、经理和高管,或是有公司控制人、其他股东、董事、经理和高管的配合。无论哪种情形,依据法律,协助其抽逃的其他股东、董事、经理和高管或者控制人都因此对公司承担连带责任。

(六)其他忠实义务

《公司法》除了规定了上述董事、监事、高管的忠实义务外,还规定了包括禁止挪用公司资金、禁止将公司资金以其个人名义或者以其他个人名义开立账户储蓄、禁止接受他人与公司交易的佣金归为已有、禁止侵占公司财产的义务。

三、董事、监事、高管的勤勉义务

(一)勤勉义务的定义

勤勉义务即为善良管理人的注意义务,即董事、监事、高管有义务对公司履行其作为董事、监事、高管的职责,履行义务必须是诚信的,履行方式必须是合理的,具备为了公司的最佳利益,并且是普通谨慎之人在类似的地位和情况下所应有的合理注意。

---

① 李雨龙、朱晓磊:《公司治理法律实务》,法律出版社2006年版,第110页。

(二)勤勉义务的认定标准

借鉴《美国示范公司法》,勤勉义务的认定标准分为两个方面:

主观方面,必须善意且以其合理地相信符合公司最大利益的方式行事。所谓“善意”,是对行为人诚实状态的一种心理或者道德的主观评价。在公司法上,只要董事、监事、高管不是明知或者不可能知道某一项行为可能对公司产生不利影响,就应推定其为善意。所谓“合理地相信”,是指董事、监事、高管在履行职责时,必须根据自己的判断以自己认为最符合公司利益的方式行事。“合理地相信”要求董事、监事、高管在作出商业决策时,必须进行必要的了解和调查,以确保审慎和严谨地作出决策。“合理地相信”并不排除董事、监事、高管基于对专业人士所提供的信息、意见、报告或者说明的合理信赖而作出的商业判断。但是,前提应该是董事、监事、高管有信赖的积极行为,并且该信赖是合理的。

客观方面,应当以一名在类似情况下普通审慎的人所应有的谨慎履行职责。“普通审慎的人”是指有能力完成公司分派的一个特定任务的“通才”。包括具有一定的经验和技能,勤勉尽责。一般而言,履行董事、监事、高管职责,不要求有任何领域的特别的专门技术,除非具有特别的技能或专门技术是担任一定特定公司职务的先决条件(如财务总监或首席法律顾问)。

四、董事、监事、高管的诚信义务

诚信义务是指公司的董事、监事、高管应当诚实地按照公司利益最大化的原则,来履行自己的职责。我国《公司法》中虽然未规定董事的诚信义务,但诚信作为公司的基本原则,诚信义务作为董事、监事、高管勤勉义务和忠实义务的上位概念,从逻辑上讲当然也应适用于包括董事、监事、高管义务在内的公司法的全部领域。且诚信义务在上市公司的相关法律中已得到了确认。如国家经贸委、中国证监会颁布的《关于进一步促进境外上市公司规范运作和深化改革的意见》(1999 年 3 月 26 日)中明确提出,“公司董事负有诚信义务,应当勤勉尽责”。《到境外上市公司章程必备条款》(1994 年)第 118 条也规定,“公司董事、监事、经理和其他高级管理人员所负的诚信义务不一定因其任期结束而终止”。

【条款设计指引】

一、董事、监事、高管的忠实义务和勤勉义务条款的必要性

董事、监事、高管忠实义务和勤勉义务条款不是公司章程的必备条款。结

合我国现实中董事、监事、高管违反忠实和勤勉义务的严重性，公司董事、监事、高管义务相关纠纷日益增多的情况，明确董事、监事、高管的忠实和勤勉义务无疑是非常重要的。但《公司法》对此规定并不全面，尤其是《公司法》只在第 147 条规定了董事、经理、高级管理人员对公司“负有勤勉义务”六个字，未对董事、监事、高管勤勉义务的含义及判断标准等作任何界定，这必然会导致许多纠纷解决时“无法可依”，所以有必要在公司章程中确定董事、监事、高管的忠实和勤勉义务及认定标准等相关内容。

二、公司章程应完善董事、监事、高管忠实义务

与勤勉义务相比，《公司法》第 148 条很详细地规定了董事、高管的忠实义务，但公司章程仍然在下列方面有完善的空间：

1.《公司法》第 148 条适用对象为董事和高管，但监事也存在知晓公司经营信息，影响公司经营决策的情况，所以公司章程可以将第 148 条的义务对象扩展至监事，更何况《公司法》第 147 条明确规定监事对公司也负有忠实义务。

2. 公司章程应确认公司机会的范围，公司章程可以将董事、监事、高管在执行职务活动中获得的并有义务向公司披露的、与公司经营活动密切相关的各种机会都认定为公司机会。

3. 公司章程应明确规定董事、监事、高管的竞业禁止期限。董事、监事、高管离任后一段时间内公司的商业秘密（包括客户名单）是不会变化的，如果董事、监事、高管利用其所掌握的公司商业秘密，为自己或为他人从事与公司营业种类相同的经营活动，势必会损害公司利益。但董事、监事、高管在辞职或被解聘后的一段时间内，没有义务不得从事于原任职公司同类的营业，这一义务必须在公司章程或者在聘任合同中约定才能发生效力。

董事、监事、高管离职后的竞业禁止义务不适当地限制了其未来职业生涯，所以如果聘任合同中对离职后的竞业禁止作出规定，公司应在其离职时给予适当的补偿。补偿方式和数额应写入聘任书或者劳动合同，而不应载入公司章程。

4. 公司章程可以扩大竞业禁止对象的范围。实践中，时常会出现董事、监事、高管自己不出面，而以他人名义经营相同或类似的业务。这种行为往往比较隐蔽，不易被公司发现，且一旦产生纠纷，公司举证比较困难。为避免这种行为，公司章程应将董事、监事、高管的竞业禁止扩大到董事、监事、高管以他人名义经营的情形。可以考虑的做法是：由董事、监事、高管披露其重要的社会关系（包括父母、子女、配偶、兄弟姐妹等），并将披露方法、披露范围和竞业的认定方法及损害赔偿方法规定在公司章程或竞业禁止协议中。

5. 公司章程应完善公司自我交易的审查机制。《公司法》第148条规定，董事自我交易应征得股东会同意。因定期股东会较长时间才召开一次，为审查自我交易召开一次临时股东会，则成本太大，且程序的烦琐有可能会使公司错过有利的时机，所以在公司章程中规定自我交易审查标准，授权董事会审查是一个不错的选择。但若无论合同具体内容如何，都授予董事会审查，则不利于公司和股东利益的保护，所以应在公司章程中明确规定一般情况下由股东会授权董事会批准，但当与公司订立的合同或进行的交易达到某一数额时，批准权仍保留在股东会。

除以上各项义务要求外，公司可以根据具体情况，在公司章程中增加对本公司董事、监事、高管其他义务的要求。

三、公司章程对董事、监事、高管勤勉义务设计

首先，公司章程应参考《美国示范公司法》的规定，增加对本公司董事、监事、高管勤勉义务的认定标准。

其次，公司章程设计勤勉义务判断标准应适当。与忠实义务侧重于考察董事、监事、高管实质上是否存在与公司的利益冲突不同，勤勉义务应关注董事、监事、高管决策过程中是否存在瑕疵。由于市场上交易信息的完全畅通和透明永远都只是一种理想状态，故董事、监事、高管进行决策时的信息必然具有不完整性，公司的商业决策本身也很少是非黑即白的简单问题，而是通常需要在许多似是而非的选项中谨慎判断，考虑到商业经营的复杂性以及不同董事、监事、高管间经营能力的客观差异性，要求董事、监事、高管在决策中不出任何错误也是不现实、不可能的，其即使高度小心也难免最后不犯错误。所以在判断其是否履行了勤勉义务时，应综合考虑董事、监事、高管的主观过错程度，考虑特定情形下董事、监事、高管的决策过程是否存在瑕疵，以及公司损失大小来确定，公司章程中应适当放松对董事、监事、高管勤勉义务的要求，以鼓励董事、监事、高管在公司经营中放开手脚，大胆经营。否则倘若强求每一项经营判断的正确性，势必会延误商业机会、降低公司经营效率，不利于公司和股东权益的保护。

【案例4－10】　公司董事、高管违法经营应赔偿公司的损失①

甲公司的原股东为A和B，董事会由5人组成，王某任董事长，王某在任

① 叶林主编：《公司法原理与案例教程》，中国人民大学出版社2010年版，第254页。

职期间,在征得股东和其他董事口头许可后私设小金库,将部分未开具发票所得资金存入小金库,用于公司发放奖金或者其他公司支出。后来,A 和 B 将公司全部股权转让给 C 和 D,王某也从甲公司离职。税务机关在随后开展的税务检查中,发现甲公司有私设小金库,逃避税收问题,最终处罚甲公司补交税款 200 万元,罚款 400 万元。甲公司在接到税务机关处罚通知后,在征得现有股东 C 和 D 同意后,以原告身份起诉王某承担 600 万元的赔偿责任。

评析:公司董事、高管的忠实义务是法定义务,该忠实义务首先要求公司董事、高管要守法经营,如果违法经营给公司造成损失,则应赔偿公司的损失,该赔偿责任不因公司因违法经营所得获益而免除。本案王某本人虽然没有获利,但属于违法经营,没有尽到忠实义务,应赔偿公司的损失。

【案例 4-11】　公司董事、高管负有竞业禁止义务①

A 公司于 1999 年 6 月 21 日设立,注册资本为 300 万元,经营范围为国际贸易、转口贸易、商业性简单加工、商务咨询服务等。2003 年 1 月 30 日,黄某被聘为 A 公司总经理,任职期限至 2005 年 12 月 31 日。2003 年,A 公司开始经营涉及 PTT 产品业务。B 公司于 2005 年 6 月 16 日设立,公司注册资本 500 万元,黄某出资 250 万元,为执行董事、法定代表人,经营范围为纺织原料、纺织品、化工原料、针纺织品、电子产品、钢材、橡塑制品批发、零售。B 公司设立后主要经营涉及 PTT 产品业务。A 公司提起诉讼,请求:(1)黄某在 B 公司的收入应归 A 公司所有;(2)B 公司停止销售 PTT 产品;(3)黄某、B 公司共同赔偿 A 公司损失 100 万元。

一审审理中,A 公司申请对 B 公司 2005 年 7 月至 2006 年 11 月底期间收入以及盈利、黄某在该公司收入委托审计,审计结论为:B 公司 2005 年 7 月至 2006 年 11 月实现净利润 3,869,806.99 元,其间黄某个人收入 49,500 元。

一审法院认为:公司董事、监事、高级管理人员应当对公司负有竞业禁止义务,包含禁止自营或为他人从事与公司营业有竞争性的活动,禁止利用职务便利谋取属于公司的商业机会。黄某于 2005 年 6 月设立 B 公司,并负责该公司的实际经营,该公司与 A 公司同样经营涉及 PTT 产品的业务。黄某从

① 来源于上海市第二中级人民法院(2008)沪二中民三(商)终字第 283 号民事判决书,黄岳峰与上海德坤国际贸易有限公司董事、高级管理人员损害股东利益赔偿纠纷上诉案。

2003年担任A公司董事、总经理,直接参与A公司的经营管理,在任职期届满后,并未办理离任手续,仍在A公司工作一段时间,故黄某属于竞业禁止的义务主体,不能从事与公司营业有竞争性的活动,尤其是利用掌握的公司商业信息,篡夺本应属于公司的商业机会。在当时A公司主要经营PTT产品的情况下,黄某利用实际控制B公司经营同样项目,应认定黄某违反竞业禁止的义务,剥夺了A公司的交易机会,应当承担相应的责任,所得的收入应当归公司所有,酌情扣除部分基本生活支出,确认黄某违反竞业禁止义务收入为190万元,该收入应当归A公司所有。B公司不是违反忠实义务的责任人,A公司要求B公司承担共同赔偿责任的诉讼请求没有法律依据,判决黄某A公司赔偿1,900,000元。

原审判决后,黄某不服,提起上诉。二审维持原判。

评析:公司董事、高管负有竞业禁止的义务。本案黄某为A公司董事、总经理,但却在任职期间与他人设立了与A公司经营范围、主营业务相同的B公司,其违反竞业禁止义务明显,所得收入应归入A公司,所得收入的计算以公司的利润为基数,按照黄某在B公司股权比例确定。离职后的竞业禁止不是法定禁止范围,如合同没有约定,则不负有该义务。同时因离职后的竞业禁止限制了雇员的自由择业及获得劳动报酬权,根据权利义务对等原则,应给予雇员一定的补偿费。《德国商法》第74条规定,竞业禁止期间,雇主应当给付雇员最后年报酬的一半以上。

【相关法律法规】

《公司法》第21条　公司的控股股东、实际控制人、董事、监事、高级管理人员不得利用其关联关系损害公司利益。

违反前款规定,给公司造成损失的,应当承担赔偿责任。

《公司法》第147条　董事、监事、高级管理人员应当遵守法律、行政法规和公司章程,对公司负有忠实义务和勤勉义务。

董事、监事、高级管理人员不得利用职权收受贿赂或者其他非法收入,不得侵占公司的财产。

《公司法》第148条　董事、高级管理人员不得有下列行为:

(一)挪用公司资金;

(二)将公司资金以其个人名义或者以其他个人名义开立账户存储;

(三)违反公司章程的规定,未经股东会、股东大会或者董事会同意,将公司资金借贷给他人或者以公司财产为他人提供担保;

(四)违反公司章程的规定或者未经股东会、股东大会同意,与本公司订立合同或者进行交易;

(五)未经股东会或者股东会同意,利用职务便利为自己或者他人谋取属于公司的商业机会,自营或者为他人经营与所任职公司同类的业务;

(六)接受他人与公司交易的佣金归为己有;

(七)擅自披露公司秘密;

(八)违反对公司忠实义务的其他行为。

董事、高级管理人员违反前款规定所得的收入应当归公司所有。

《公司法》第149条　董事、监事、高级管理人员执行公司职务时违反法律、行政法规或者公司章程的规定,给公司造成损失的,应当承担赔偿责任。

最高人民法院《关于〈中华人民共和国公司法〉若干问题的规定(三)》第13条第4款　股东在公司增资时未履行或者未全面履行出资义务,依照本条第一款或者第二款提起诉讼的原告,请求未尽公司法第一百四十七条第一款规定的义务而使出资未缴足的董事、高级管理人员承担相应责任的,人民法院应予支持;董事、高级管理人员承担责任后,可以向被告股东追偿。

最高人民法院《关于〈中华人民共和国公司法〉若干问题的规定(三)》第14条　股东抽逃出资,公司或者其他股东请求其向公司返还出资本息、协助抽逃出资的其他股东、董事、高级管理人员或者实际控制人对此承担连带责任的,人民法院应予支持。

公司债权人请求抽逃出资的股东在抽逃出资本息范围内对公司债务不能清偿的部分承担补充赔偿责任、协助抽逃出资的其他股东、董事、高级管理人员或者实际控制人对此承担连带责任的,人民法院应予支持;抽逃出资的股东已经承担上述责任,其他债权人提出相同请求的,人民法院不予支持。

最高人民法院《关于〈中华人民共和国公司法〉若干问题的规定(三)》第27条第2款　原股东处分股权造成受让股东损失,受让股东请求原股东承担赔偿责任、对于未及时办理变更登记有过错的董事、高级管理人员或者实际控制人承担相应责任的,人民法院应予支持;受让股东对于未及时办理变更登记也有过错的,可以适当减轻上述董事、高级管理人员或者实际控制人的责任。

第65条 高管人员范畴

推荐条款

公司经理、副经理、财务负责人和×××为公司高级管理人员。

【实务解析】

一、公司高管范畴

公司高级管理人员,就是指公司管理层中担任重要职务、负责公司经营管理、掌握公司重要信息的人员,主要包括经理、副经理、财务负责人,上市公司董事会秘书和公司章程规定的其他人员。高级管理人员应当符合《公司法》关于公司高级管理人员任职资格的规定。

二、确定公司高管范畴的意义

因公司高管要履行法律和章程规定的义务,比普通工作人员承担更多的义务,所以法律规定高管人员范畴,有利于确定公司责任主体,增强高管人员责任。

【条款设计指引】

一、高管人员范畴条款的必要性

高管人员范畴条款不是公司章程的必备条款。但因公司高管比普通的工作人员要承担更多的忠实和勤勉义务,所以公司章程应根据实际需要确定哪些人员列入公司高管的范畴。

二、章程条款设计

公司制定章程时可以根据具体规模大小和各岗位的职权,将必要的人员列入"高级管理人员"。但并非高级管理人员覆盖的范围越广越好,一旦公司章程确定了公司高管的范围,如果要变更公司高管的范围,就应按照变更公司章程的程序进行,由股东会决议通过。一般情况下,公司经理、副经理、财务负责人属于高级管理人员。

【相关法律法规】

《公司法》第216条　本法下列用语的含义：

（一）高级管理人员，是指公司的经理、副经理、财务负责人，上市公司董事会秘书和公司章程规定的其他人员。

……

第五章　公司财务会计制度

一、公司财务制度的重要性

公司财务会计制度是公司利用货币价值形式组织、记录和规范其商事活动的法律规则，是公司法的重要制度。在企业所有权与经营权分离的体制下，要确保公司核心价值不断提升并向股东分配利润，必须依赖完善的财务会计制度。公司财务会计制度要遵守《公司法》的相关规定，但更重要的是还要遵守会计法律法规，包括《会计法》、《企业会计制度》、《注册会计师法》、《企业财务会计报告条例》、《企业财务通则》、《企业会计准则》等。

二、公司财务会计制度章节的必要性和设计重点

公司的财务会计制度虽然不是公司章程必备的内容，但公司财务会计制度却是分析公司营业状况和公司核心价值的重要工具，所以即便公司章程不能单独设立公司财务会计制度章节，也强烈建议公司章程设置财务会计制度条款，尤其是规模较大、股东人数较多、股权比较分散的公司更应如此。

公司财务会计法律制度在很大程度上是基于维护债权人的利益出发而制定的。现有法律已经给予债权人足够的保护，况且维护债权人利益不应该是公司章程的宗旨，所以公司在设计自己的公司章程时应在尊重企业的经营活动的基础上，注重防范财务报告造假，保障股东的知情权，尤其是股东及时全面了解公司财产和经营状况的权利，以确保公司行为与增加股东投资收益目标相一致。

第 66 条　公司财务会计年度、半年度报告

推荐条款

董事会应在每一会计年度前六个月结束后×××日内、每一会计年度结束后×××日内完成半年度、年度财务会计报告的编制，财务会计报告应包括下列财务会计报表及附属明细表：

（一）资产负债表；

（二）损益表（利润表）及利润分配表；
（三）现金流量表；
（四）财务情况说明书；
（五）财务会计报表附注。

【实务解析】

一、公司财务会计报告定义

公司财务会计报告是反映公司生产经营成果和财务状况的总结性的书面文件。它不仅是公司经营者准确掌握公司经营情况的重要手段，也是股东、债权人了解公司财产和经营状况的主要途径。财务会计报告分为年度、半年度、季度和月度财务会计报告。

二、公司年度、半年度财务会计报告的内容

公司年度、半年度财务会计报告应当包括：会计报表、会计报表附注、财务情况说明书。

（一）会计报表

会计报表，是以货币形式综合反映公司在一定时期内生产经营活动和财务状况的书面报告文件，包括资产负债表、利润表、现金流量表及相关附表。

1. 资产负债表

资产负债表是反映企业在某一特定日期财务状况的报表。资产负债表应当按照资产、负债和所有者权益（股东权益）分类分项列示。其中，资产、负债和所有者权益的定义及列示应当遵循下列规定：

（1）资产是指过去的交易、事项形成并由企业拥有或者控制的资源，该资源预期会给企业带来经济利益。在资产负债表上，资产应当按照其流动性分类分项列示，包括流动资产、长期投资、固定资产、无形资产及其他资产。

（2）负债是指过去的交易、事项形成的现时义务，履行该义务预期会导致经济利益流出企业。在资产负债表上，负债应当按照其流动性分类分项列示，包括流动负债、长期负债等。

（3）所有者权益是指所有者在企业资产中享有的经济利益，其金额为资产减去负债后的余额。在资产负债表上，所有者权益应当按照实收资本（或者股本）、资本公积、盈余公积、未分配利润等项目分项列示。

2. 利润表

利润表是反映企业在一定会计期间经营成果的报表。利润表应当按照各

项收入、费用以及构成利润的各个项目分类分项列示。其中,收入、费用和利润的定义及列示应当遵循下列规定:

(1)收入是指企业在销售商品、提供劳务及让渡资产使用权等日常活动中所形成的经济利益的总流入。收入不包括为第三方或者客户代收的款项。在利润表上,收入应当按照其重要性分项列示。

(2)费用是指企业为销售商品、提供劳务等日常活动所发生的经济利益的流出。在利润表上,费用应当按照其性质分项列示。

(3)利润是指企业在一定会计期间的经营成果。在利润表上,利润应当按照营业利润、利润总额和净利润等利润的构成分类分项列示。

3. 现金流量表

现金流量表是反映企业一定会计期间现金和现金等价物(以下简称现金)流入和流出的报表。现金流量表应当按照经营活动、投资活动和筹资活动的现金流量分类分项列示。其中,经营活动、投资活动和筹资活动的定义及列示应当遵循下列规定:

(1)经营活动是指企业投资活动和筹资活动以外的所有交易和事项。在现金流量表上,经营活动的现金流量应当按照其经营活动的现金流入和流出的性质分项列示;银行、保险公司和非银行金融机构的经营活动按照其经营活动特点分项列示。

(2)投资活动是指企业长期资产的购建和不包括在现金等价物范围内的投资及其处置活动。在现金流量表上,投资活动的现金流量应当按照其投资活动的现金流入和流出的性质分项列示。

(3)筹资活动是指导致企业资本及债务规模和构成发生变化的活动。在现金流量表上,筹资活动的现金流量应当按照其筹资活动的现金流入和流出的性质分项列示。

4. 会计报表的相关附表

会计报表的相关附表是反映企业财务状况、经营成果和现金流量的补充报表,主要包括利润分配表以及国家统一的会计制度规定的其他附表。利润分配表是反映企业一定会计期间对实现净利润以及以前年度未分配利润的分配或者亏损弥补的报表。利润分配表应当按照利润分配各个项目分类分项列示。

(二)会计报表附注

会计报表附注是为便于会计报表使用者理解会计报表的内容而对会计报表的编制基础、编制依据、编制原则和方法及主要项目等所作的解释。会计报表主表信息的局限性,使股东越来越希望通过对附注的研究来了解企业的真实利润、实际生产规模水平、表外筹资等在主表中无法反映的信息，会计报表附注成为股东了解公司信息的重要手段。

会计报表附注至少应当包括下列内容：(1)不符合基本会计假设的说明；(2)重要会计政策和会计估计及其变更情况、变更原因及其对财务状况和经营成果的影响；(3)或有事项和资产负债表日后事项的说明；(4)关联方关系及其交易的说明；(5)重要资产转让及其出售情况；(6)企业合并、分立；(7)重大投资、融资活动；(8)会计报表中重要项目的明细资料；(9)有助于理解和分析会计报表需要说明的其他事项。①

---

① 一个上市公司的完整全面的企业的年度会计报表附注应披露如下内容，有限责任公司可以根据自身特点、需要选择适用：(一)不符合会计核算前提的说明。(二)重要会计政策和会计估计的说明。(三)重要会计政策和会计估计变更的说明以及重大会计差错更正的说明，主要包括以下事项：1. 会计政策变更的内容和理由；2. 会计政策变更的影响数；3. 累积影响数不能合理确定的理由；4. 会计估计变更的内容和理由；5. 会计估计变更的影响数；6. 会计估计变更的影响数不能合理确定的理由；7. 重大会计差错的内容；8. 重大会计差错的更正金额。(四)或有事项的说明。1. 或有负债的类型及其影响，包括：(1)已贴现商业承兑汇票形成的或有负债；(2)未决诉讼、仲裁形成的或有负债；(3)为其他单位提供债务担保形成的或有负债；(4)其他或有负债(不包括极小可能导致经济利益流出企业的或有负债)；(5)或有负债预计产生的财务影响(如无法预计，应说明理由)；(6)或有负债获得补偿的可能性。2. 如果或有资产很可能会给企业带来经济利益时，则应说明其形成的原因及其产生的财务影响。(五)资产负债表日后事项的说明。应说明股票和债券的发行、对一个企业的巨额投资、自然灾害导致的资产损失以及外汇汇率发生较大变动等非调整事项的内容，估计对财务状况、经营成果的影响；如无法作出估计，应说明其原因。(六)关联方关系及其交易的说明。1. 在存在控制关系的情况下，关联方如为企业时，无论他们之间有无交易，都应说明如下事项：(1)企业经济性质或类型、名称、法定代表人、注册地、注册资本及其变化；(2)企业的主营业务；(3)所持股份或权益及其变化。2. 在企业与关联方发生交易的情况下，企业应说明关联方关系的性质、交易类型及其交易要素，这些要素一般包括：(1)交易的金额或相应比例；(2)未结算项目的金额或相应比例；(3)定价政策(包括没有金额或只有象征性金额的交易)。3. 关联方交易应分别对关联方以及交易类型予以说明，类型相同的关联方交易，在不影响会计报表使用者正确理解的情况下可以合并说明。4. 对于关联方交易价格的确定如果高于或低于一般交易价格的，应说明其价格的公允性。(七)重要资产转让及其出售的说明。报告期内发生资产置换、转让及出售行为的企业，应专项披露资产置换的详细情况，包括资产账面价值、转让金额、转让原因以及对企业财务状况、经营成果的影响等。(八)企业合并、分立的说明。应披露本年度企业新设、收购、兼并、破产、转让等重大资产重组事项。对于执行新会计准则的企业，应当按照企业合并准则，分别同一控制和非同一控制披露合并企业的有关信息。(九)重大投资、融资活动。(十)会计报表重要项目的说明，包括：货币资金、交易性金融资产、短期投资、应收款项、存货、其他流动资产、可供出售金融资产、持有至到期投资、长期股权投资、投资性房地产、固定资产、无形资产、在建工程、商誉的形成来源、账面价值的增减变动情况、递延所得税资产和递延所得税负债、所有权受到限制的资产、其他长期资产、交易性金融负债、应付职工薪酬、长期待摊费用、其他流动负债、短期借款和长期借款、应付款项、应付债券、长期应付款、转项应付款、实收资本、资本公积金、盈余公积金、未分配利润、营业收入、投资收益、资产减值损失、营业外收入、营业外支出、所得税费用、每股收益、借款费用、外汇折算、租赁、终止经营、分部报告。

(三)财务情况说明书

财务情况说明书至少应当对下列情况作出说明:(1)企业生产经营的基本情况;(2)利润实现和分配情况;(3)资金增减和周转情况;(4)对企业财务状况、经营成果和现金流量有重大影响的其他事项。

如果公司是控股公司、集团公司,还应编制关联企业合并营业(结算)报告书,该报告由集团所有从属企业的结算和集团公司或控股公司本身的结算汇总而成。

【条款设计指引】

一、公司财务会计年度、半年度报告条款的必要性

公司财务会计年度、半年度报告条款不是公司章程的必备条款。编制年度财务会计报告是公司的法定义务,半年度财务会计报告可根据公司需要确定是否在公司章程中规定。

二、章程条款设计

(一)公司章程应规定财务会计报告编制的主体

财务会计报告编制主体就是责任主体,责任主体应对报告的真实性、准确性、完整性向股东负责,但《公司法》没有明确财务报告的编制主体。从公司的职权配置规则,应将董事会确认为财务会计报告的制作主体为宜,会计人员是承担会计事务的具体工作人员,不应被认定为财务会计报告的制作主体。

(二)公司章程应规定财务会计报告编制的期限

财务会计报告的编制不能早于规定的时间完成,否则可能意味着有些会计信息没有被记录,从而影响报告的真实性、完整性和准确性。财务会计报告完成时间也不宜太晚,否则影响报告的及时性,不能为后期的工作提供参考。另外,年度财务报告编制要和年度股东会召开日期相协调,同时考虑监事会审查报告的时间。

【相关法律法规】

《公司法》第164条　公司应当在每一会计年度终了时编制财务会计报告,并依法经会计师事务所审计。

财务会计报告应当依照法律、行政法规和国务院财政部门的规定制作。

《企业财务会计报告条例》

第67条　公司财务会计月度、季度报告

推荐条款

董事会应在每月结束后一个星期、每个季度结束后二个星期内完成月度、季度会计报告编制工作。月度、季度会计报告至少应当包括资产负债表、利润表、现金流量表及当期发生的影响财务数据和状况的重大事项的附注。

【实务解析】

一、月度、季度财务会计报告定义

月度财务会计报告是指月度终了对外提供的财务会计报告；季度财务会计报告是指季度终了对外提供的财务会计报告。

季度、月度财务会计报告通常仅指会计报表，季度、月度会计报表至少应当包括资产负债表和利润表。

二、财务会计报告的编制要求

（一）财务会计报告真实可靠。企业财务会计报告要真实地反映交易或事项的实际情况，不能人为地扭曲。财务会计报告应当根据经过审核的会计账簿记录和有关资料编制，这是保证财务会计报告质量的重要环节。

（二）财务会计报告相关可比。企业财务会计报告所提供的财务会计信息必须与财务会计报告使用者的决策相关，并且便于财务会计报告使用者在不同企业之间及同一企业前后各期之间进行比较。

（三）财务会计报告全面完整。企业财务会计报告应当全面的披露企业的财务状况、经营成果和现金流量，完整地反映出企业财务活动的过程和结果。

（四）财务会计报告提供的信息具有较强的时效性。企业应当依照法律、行政法规和国家统一会计制度有关财务会计报告提供期限的规定，及时编制并及时提供财务会计报告。

（五）财务会计报告便于理解。报告所提供的会计信息应当清晰明了，便于使用者理解和利用。

【条款设计指引】

一、公司财务会计月度、季度报告条款的必要性

公司财务会计月度、季度报告条款不是公司章程的必备条款,公司可以根据需要确定是否在公司章程中规定该内容。

二、章程条款设计

公司可以根据自身的实际情况在公司章程中规定报送的季度财务报告是适用年度财务报告标准,还是适用月度财务报告标准。为了保障股东的知情权,公司章程还应规定将报送当期发生影响财务数据和状况的重大事项的附注作为季度、月度财务报告的内容。

第68条 财务会计报告的内部审查

推荐条款

财务会计报告应送达监事会审查。此外,董事会报送年度财务会计报告时,还必须同时向监事会提交年度预算方案、年度利润分配方案。

监事会应当在收到月度、季度财务会计报告内的一个星期,收到半年度、年度财务会计报告内一个月出具审查报告,该报告应具有对财务会计报告是否提出异议的内容。

【实务解析】

一、监事会对公司财务的审查

《公司法》第54条规定,检查公司财务是监事会的最根本的职权之一,所以审查公司财务会计报告是其法定职权。公司法对监事会检查公司财务规定得比较笼统,这也是实践中监事会无法发挥其作用的根本所在,所以公司章程授予监事会的权力应具体,同时配合以程序上的保障。

二、专职审计人员对公司财务的审计

我国规模较大的企业一般都设立内部审计制度,[①]即公司配备专职审计人员,对公司财务收支和经济活动进行内部审计监督。公司内部审计制度和审计人员的职责,应当经董事会批准后实施,审计负责人向董事会负责并报告工作。

此外,规模较大的有限责任公司董事会内部专门设置的审计委员会也是一种公司财务审计方式。

【条款设计指引】

一、公司财务会计报告的内部审计条款的必要性

公司财务会计报告的内部审计条款不是公司章程的必备条款。但公司的内部审计成本小,效率高,在防范公司经营者道德风险方面有着极大的优势,建议采用。

二、章程条款设计

各公司监事会监督作用的大小,取决于公司章程对其监督制度的设计。向监事会送达财务会计报告是监事会进行监督的前提,要求监事会提交书面的审查报告是促其发挥职能的内在动因。监事会应审核财务会计报告是否遗漏重大事实、会计报表与会计账簿是否相符、会计报表制作方法是否得当、董事会制作报告时是否有违反法律和公司章程的行为等,并将上述审核结论强制要求体现在审查报告中,监事会应对其出具的审核意见承担责任。

此外,公司年度预算方案和年度利润分配方案(年终盈余使用建议方案)对于公司和股东影响较大,公司监事会也应对此发表独立意见。

参见监事会职权。

---

① 日本设置了会计监事制度,公司财务报表及附属明细表除由监事监督外,应受会计监事监督。会计监督的任务是审查公司账目"是否真实","是否符合规定",并且审查账目"是否真实反映了公司的资产负债"状况,是否反映了公司的损益与经营结果。会计监督可随时阅览或抄录公司会计账簿及文件,或请求董事、经理人或其他使用人提供会计报告;执行职务必要时,调查公司业务与财务状况;执行职务必要时,可要求子公司提供会计报告,或调查子公司业务及财务状况。子公司有正当理由时可拒绝前述调查或请求。

【相关法律法规】

《公司法》第54条　监事可以列席董事会会议，并对董事会决议事项提出质询或者建议。

监事会、不设监事会的公司的监事发现公司经营情况异常，可以进行调查；必要时，可以聘请会计师事务所等协助其工作，费用由公司承担。

第69条　股东财务会计报告的知情权

推荐条款

财务会计报告经监事会审查后，董事会应当毫不延迟地将该报告和监事会审查结果以×××方式送达各股东。

董事会应当将年度财务会计报告提交年度股东会审议，股东会以普通决议通过，该报告生效。

【实务解析】

一、财务会计报告披露制度

以特定方式向特定范围的特定主体披露财务会计报告是公司和董事会的法定义务，通过披露，有助于实现股东的知情权，有利于实现对公司财务和经营者的监督。

二、股东知情权

参见第二章股东知情权条款。

【条款设计指引】

一、股东财务会计报告知情权条款的必要性

股东财务会计报告知情权不是公司章程的必备条款。但股东要求获得、查阅、复制公司财务会计报告是股东法定权利，公司章程只能扩大而不能缩小其范围。应注意保持股东知情权条款会与本条款的协调一致。

二、章程条款设计

董事会向股东会报告工作，包括报告财务状况应是董事会的法定义务，所以公司章程可以规定监事会负责审查财务报表，但不宜规定由监事会直接将财务报告及其审查报告报送股东会，而应由监事会将财务报告及其审查报告返还董事会，再由董事会决定是否接受监事会审查报告的意见，并将最后财务会计报告版本呈报股东会为宜。

【案例】

参见案例2－2　股东知情权应包括原始会计凭证。

【相关法律法规】

《公司法》第33条　股东有权查阅、复制公司章程、股东会会议记录、董事会会议决议、监事会会议决议和财务会计报告。

股东可以要求查阅公司会计账簿。股东要求查阅公司会计账簿的，应当向公司提出书面请求，说明目的。公司有合理根据认为股东查阅会计账簿有不正当目的，可能损害公司合法利益的，可以拒绝提供查阅，并应当自股东提出书面请求之日起十五日内书面答复股东并说明理由。公司拒绝提供查阅的，股东可以请求人民法院要求公司提供查阅。

《公司法》第165条　有限责任公司应当按照公司章程规定的期限将财务会计报告送交各股东。

股份有限公司的财务会计报告应当在召开股东大会年会的二十日前置备于本公司，供股东查阅；公开发行股票的股份有限公司必须公告其财务会计报告。

第70条　法定公积金、任意公积金及股利分配

推荐条款

公司税后利润弥补亏损、提取利润的10%列入公司法定公积金，提取利润的×××%列入任意公积金金后，如果有可供分配利润，经股东会决议可向股东分配红利。公司至少每年应以□银行贷

款利息□×××的标准分配给股东红利。

股东按照实缴的出资比例□认缴的出资比例□×××方式分取红利。

公司股东会通过股利分配方案后,董事会须在股东会召开××个月内完成股利分配。

【实务解析】

一、公司税后利润

税后利润是指公司在会计年度终了并缴纳所得税款以后形成的余额,即净利润。计算公式为:利润总额=(营业利润+营业外收入-营业外支出)-所得税款。

税后利润是企业经营的最终成果,税后利润越多,企业的经营效益就越多,税后利润越少,企业的经营效率就越差,它是衡量企业经营效益的主要指标。

二、公积金的提取

公积金又称储备金,是公司为了巩固自身的财产基础,提高公司的信用和预防意外亏损依照法律和公司章程的规定,在公司资本以外积存的资金。此项公积金与公司资本的性质相同,又称公司的附加资本,用于弥补公司的亏损,扩大公司生产经营或者转为增加公司资本。

公积金分为法定公积金和任意公积金。依照法律规定,在公司分配当年税后利润时,必须提取利润的10%列入公司法定公积金,累计额为公司注册资本的50%以上的,可不再提取。会计上一般将法定公积金称作法定盈余公积金。任意公积金又称任意盈余公积金,是指根据公司章程或股东会决议于法定公积金外自由提取的公积金。

【条款设计指引】

一、法定公积金、任意公积金及股利分配条款的必要性

法定公积金、任意公积金及股利分配不是公司章程的必备内容。法定公积金不得以公司章程取消或缩减,盈余公积金在2005年《公司法》修改前必须提取利润的10%,现公司章程可以自主规定。大股东控制下的公司过分提

取任意公积金会损害了股东的利益：一方面任意公积金提取的数额不为公司发展所必需，且多不用于主营业务的发展，增加公司经营风险；另一方面大股东利用高比例提取任意公积金，从公司充裕的现金流中取得了高于股利的利益，这使他并不在乎股利的分配。所以公司章程规定公司提起任意公积金的比例非常重要，建议在公司章程中确定任意公积金提起的适当比例以保护股东的利益。

二、章程条款设计

（一）股利分配应兼顾股东利益和公司利益

《公司法》只规定了公司提取公积金的义务，没有规定公司必须每年分配股利，而将股利分配自主决定权给予了公司及其股东。公司是否分配股利，在很大程度上属于商业判断问题，需要公司兼顾股东和公司的利益，审慎作出决定。一方面，公司作为独立人格的法人必须设法为自己争取一个坚实的资金基础，必须尽可能反对股东过高的分红请求，这不仅有利于股东长期利益，而且有利于整个国民经济。当然这其中也掺杂了公司管理层追求公司规模扩张的心理，还有公司长期经营目标、控股股东的态度等因素的影响，所以极少公司会心甘情愿地将利润分配给股东。另一方面，公司是股东投资的工具，对于大多数股东来说，分取盈余不仅回笼了资金，还在客观上降低了投资风险，这无疑有利于股东的利益。所以在股利分配上要兼顾股东和公司利益，企业的股利分配政策对股东而言是透明的但又是必须锁住的口袋。

（二）股利分配方式

参见股利分配请求权。

【相关法律法规】

《公司法》第 166 条　公司分配当年税后利润时，应当提取利润的百分之十列入公司法定公积金。公司法定公积金累计额为公司注册资本的百分之五十以上的，可以不再提取。

公司的法定公积金不足以弥补以前年度亏损的，在依照前款规定提取法定公积金之前，应当先用当年利润弥补亏损。

公司从税后利润中提取法定公积金后，经股东会或者股东大会决议，还可以从税后利润中提取任意公积金。

公司弥补亏损和提取公积金后所余税后利润，有限责任公司依照本法第三十四条的规定分配；股份有限公司按照股东持有的股份比例分配，但股份有限公司章程规定不按持股比例分配的除外。

股东会、股东大会或者董事会违反前款规定，在公司弥补亏损和提取法定公积金之前向股东分配利润的，股东必须将违反规定分配的利润退还公司。

公司持有的本公司股份不得分配利润。

《公司法》第168条　公司的公积金用于弥补公司的亏损、扩大公司生产经营或者转为增加公司资本。但是，资本公积金不得用于弥补公司的亏损。

法定公积金转为资本时，所留存的该项公积金不得少于转增前公司注册资本的百分之二十五。

第71条　承办公司审计业务的会计师事务所的聘用、解聘权

推荐条款

公司年度财务会计报告应依法经会计师事务所审计，董事会应在收到审计报告之日起×××日内将审计报告送达各股东和监事会，并将该审计报告提交年度股东会。

承办公司审计业务的会计师事务所的聘用、解聘及报酬事宜，应由股东会普通决议通过，在公司任董事、高管的股东无表决权。

【实务解析】

一、审计报告

审计报告是指注册会计师根据中国注册会计师审计准则的规定，在实施审计工作的基础上对被审计单位财务报表发表审计意见的书面文件。审计报告具有：(1)鉴定作用，注册会计师以超然独立的第三者身份，对被审计单位财务报表合法性、公允性发表意见，被政府及其各部门和社会各界所认可；(2)保护作用，审计报告能降低财务报表信息使用者对财务报表的信赖程度，一定程度上对被审计单位的财产、债权人和股东的权益及企业利害关系人的利益起到了保护作用；(3)证明作用，审计报告是对注册会计师审计任务完成情况及其结果所做的总结，它可以表明审计工作的质量并明确注册会计师的审计责任。审计报告发挥上述作用的关键是保障会计师事务所的独立性，所以确认会计师事务所的聘任主体及排除聘任主体与其的关联关系尤为重要。

二、本条款适用范围

本条规定只适用于对公司的年度财务会计报告进行独立审计，出具审计意见的会计师事务所及所出具的审计报告，不适用于仅为公司提供会计咨询业务的会计师事务所及所出具的文件。根据《会计法》的相关规定，公司的年度财务会计报告必须经会计师事务所审计，由会计师事务所作为独立的第三方出具审计报告，对公司的财务会计报告做出客观公正的评价。

三、审计报告内容

审计报告应当客观分析董事会对企业生存和发展的判断，说明账簿是否与审查的财务资料相符、年终报表和状况报告是否符合法律或者公司章程的规定、董事会是否提交了所要求的声明或者证明、年终报表是否在遵循合法记账的原则下真实而客观地反映了公司资产状况、财务状况和盈利状况。并且对那些有可能危及企业生存的风险进行特别说明。

四、会计师事务所信息权和查阅权

实践中存在的公司董事会、高级管理人员操纵会计师事务所做假账的现象，直接影响了外部审计结果的客观和公正。因此，为了保障审计结果的合法有效，真正发挥外部审计的监督作用，《公司法》第170条从制度上保障了会计师事务所的信息权和查阅权。

【条款设计指引】

一、承办公司审计业务的会计师事务所的聘用、解聘权条款的必要性

承办公司审计业务的会计师事务所的聘用、解聘权是2005年修改后的《公司法》规定的公司章程必备的条款。

二、章程条款的设计

（一）公司章程应规定聘请、解聘会计师事务所权利主体

公司应当在公司章程规定，公司聘用或解聘承办公司审计业务的会计师事务所由股东会还是董事会决定。实践中，大量的公司章程没有这方面的规定，但既然法律规定由公司章程对此进行决定，而公司章程是股东意思表示，所以在公司章程对股东会、董事会聘任会计师事务所职权约定不明时，应当由股东会确认由自身还是由董事会聘用、解聘承办公司审计业务的会计师事务所，公司经理或其他高级管理人员不得因公司章程没有规定而自行决定聘用或者解聘承办公司审计业务的会计师事务所。

（二）会计师查阅会计资料的范围

真实、全面的信息是审计报告质量的保证，但审计报告需要向社会公示，所以会计师查阅会计资料的权限是一把“双刃剑”，在保护中小股东同时，也保护了债权人的利益，所以公司要综合考量在公司章程中授予会计师查阅权的范围。

【相关法律法规】

《公司法》第169条　公司聘用、解聘承办公司审计业务的会计师事务所，依照公司章程的规定，由股东会、股东大会或者董事会决定。

公司股东会、股东大会或者董事会就解聘会计师事务所进行表决时，应当允许会计师事务所陈述意见。

《公司法》第170条　公司应当向聘用的会计师事务所提供真实、完整的会计凭证、会计账簿、财务会计报告及其他会计资料，不得拒绝、隐匿、谎报。

第六章　公司的合并、分立、解散和清算

第一节　公司的合并、分立

一、设立本章的必要性及章程设计重点

公司合并、分立不是公司章程的必备条款。因公司合并、分立可以使股东运用公司组织形式迅速达到资本的最佳组合和利润的最大化，近年来公司并购、重组浪潮高涨，并将合并、分立模式运用到了极致，所以希望以资本重组方式达到扩张目的的公司应该设置该章节，即便公司章程不能设立单独章节，也应设置公司合并、分立条款。

由于公司合并、分立涉及公司股权比例调整、公司资产增减，所以大股东和董事会隐瞒真实信息骗取股东投票通过公司合并、分立决议的案件举不胜举。《公司法》中有关公司合并、分立相关条款是出于保护债权人利益的目的，公司章程简单重复《公司法》合并、分立条款不但不能达到调整公司合并、分立中股东与股东、股东与公司之间关系的目的，而且还会因缺乏约束，而使公司合并、分立成为大股东、董事从中渔利的工具，所以本章条款应注重保护公司合并、分立中的中小股东权益。

涉及外商投资企业的合并、分立，需根据《关于外商投资企业合并与分立的规定》进行并审批。

【案例6－1】　清华同方与鲁颖电子合并案[①]

根据清华同方股份有限公司（以下简称清华同方）1999年6月10日发布的合并公告，清华同方与山东鲁颖电子股份有限公司（以下简称鲁颖电子）于

① 叶林：《公司法原理与案例教程》，中国人民大学出版社2010年版，第342页。

1998年12月1日正式签署合并协议。清华同方作为合并方,采取吸收合并方式,合并被合并方鲁颖电子的资产、负债及相应的权益,注销鲁颖电子现有的法人地位,鲁颖电子股东所持有的鲁颖电子全部股份,按照一定折股比例,换取清华同方定向发行的人民币普通股。经中国证监会证监字(1999)23号批准,将根据有关法定程序予以注销。

根据合并协议,该次合并以1998年6月30日作为合并基准日,并以合并基准日当天双方经审计的财务报表为准,确定折股比例,履行财产转移手续。本次合并的折股比例为1.8:1,即每1.8股鲁颖电子股份可换取清华同方人民币普通股1股。鲁颖电子的股东按照折股比例换取清华同方定向发行的股票。

清华同方还承诺,在完成对鲁颖电子的吸收合并方案以后,将在原鲁颖电子所在地设立一家生产同种产品、同等规模的有限责任公司,新的有限责任公司将接受鲁颖电子原有职工在新公司中就业,新公司将在鲁颖电子所在地的税务机关纳税。

评析:本次合并各方实现了多赢:清华同方在合并过程中支付给鲁颖电子原股东的是清华同方的股票而非现金,没有直接的现金支持压力;在合并方案设计上充分考虑鲁颖电子地处异地,在企业日后的财政税收、劳动人事、社会保障等方面给予保障,受到了鲁颖电子和地方政府的支持;由于采用的是资产置换方式,被合并方股东没有增大所得税,实现了股东的最大投资收益。该案例是当时资本市场上的著名案例,其原理同样适用于有限责任公司。

二、公司合并、分立

(一)公司合并

1.公司合并概念及分类

公司合并是指两个或两个以上的公司依照公司法规定的条件和程序,依法签订、履行公司合并协议,在不经过清算程序,最终转变为一个公司的法律行为。公司合并有助于发挥合并各方的经营协同,有助于财务协同、企业发展和扩大市场份额。

公司合并分为吸收合并和新设合并。

(1)吸收合并

吸收合并是指被吸收的公司(目标公司)资产通过整体继受全部转让给了拟吸收公司,被吸收公司即告消灭。作为出让的对价,被吸收公司的股东获得了拟吸收公司的股权。全资子公司合并到母公司时不涉及换股，程序也相应简便。实践中，通常采取以下三种方式进行吸收合并：

第一种方式：存续公司向注销公司的股东发行新股，以换取其对被注销公司拥有的股权，被注销公司的股东获得了存续公司的股权，存续公司并以合并子公司的形式合并注销公司。如何确定合并公司的换股比例是采用这种方式最重要的问题，换股比例必须体现同等价值的基本原则。公司合并不应该给股东造成损失，如果确定的换股比例过高，受让公司会付出较多的资产，受让公司的股东就会承受不利的后果；当换股比例过低时，出让企业的股东就会承受不利，并可能会以换股比例不当为由提起撤销决议之诉。上市公司定向增发就属于此类方式。

第二种方式：存续公司向被注销公司的股东支付约定的现金代价，以换取被注销公司拥有的权益，即用现金购买被注销公司股权。

第三种方式：存续公司向被注销公司的股东支付一部分现金代价，并发行一部分新股，以换取被注销公司的权益或者股权，相当于前述两种方式混合使用。这种方式满足了被注销公司股东资产变现和继续持有股权的双重目的，已成为实践中运用最为广泛的方式。

（2）新设合并

新设合并是依照法律成立一家新的公司，所有达成协议的公司都将财产转让到新公司。新设合并采用方式与吸收合并相同，只是现金、股权的支付者不是存续公司，而是新设公司。

2. 公司合并的程序

（1）参加合并的各公司股东会作出关于公司合并的决议

根据《公司法》第37、46条的规定，公司合并应由董事会拟订合并方案，股东会决议通过，异议股东可以行使股权回购请求权。

（2）参加合并的各公司编制资产负债表和资产清单

参与合并各公司股东在合并后的公司中所持的股权比例，必须在核实资产的基础上对各公司的资产和负债进行估价，并根据估价确定参加合并的各公司的所有者权益，从而确定各股东在合并后公司中的股权比例，所以编制资产负债表和清查资产是订立合并合同的前提。

（3）签署合并协议

合并协议可以由参加合同的各公司全体股东签署，也可以由股东代表和各公司法定代表人签署，但由股东代表和法定代表人签署的应当有经参加合并的公司股东会批准的文件。

合并协议的内容包括参与合并的各公司名称、合并后公司名称、企业类型、住所地、法定代表人、合并的形式、合并计价基准日、合并后公司的注册资本和经营范围、参加合并各公司的各位股东在合并后公司中的占股比例、参与合并各公司的债权、债务以及合同的承继方案、参与合并各公司职工的安置方案、违约责任、争议解决方式、协议签订时间和地点,等等。如合并后的公司因合并前公司的或然负债承担的给付义务,则需约定合并前公司的股东是否对其他参与合并公司股东承担赔偿义务。

(4)通知债权人和公告,根据债权人的要求偿还债务或者提供担保。

根据《公司法》的规定,公司应当自作出合并决议之日起 10 日内通知债权人,并于 30 日内在报纸上公告。债权人自接到通知书之日起 30 日内,未接到通知书的自公告之日起 45 日内,可以要求公司清偿债务或者提供相应的担保。

(5)办理注销、变更或者新设登记

在公司合并的情况下,都会有公司因被解散而注销。程序上应当首先办理解散公司的注销手续,其后在吸收合并下对存续公司进行变更登记,在新设合并下办理新公司设立登记。

3. 公司合并中的债权人特殊保护

从公司合并的一般效果来看,合并导致公司的资产增加,公司偿债能力的提高,似乎债权人没有必然的理由去反对公司合并。其实不然,由于合并不全是强强联合,参加合并的各个公司的实际资产负债情况完全不同,对于某个特定的债权人而言,合并可能变成“狼多肉少”的结局,所以法律规定如果债权人提出清偿债务的主张,无论债务是否到期,公司皆应清偿,如果债权人要求合并方提供担保,公司也应该提供相应的担保,否则债权人有权要求提前清偿。

4. 公司合并中的反垄断审查

公司合并可以壮大企业规模、提高企业竞争力、减少企业交易成本。但过度的企业合并形成的经济集中体,在永久性的消灭竞争对手的基础上,增加了市场进入的难度,且不断加强的市场支配地位将扭曲市场本应具有的资源配置的功能,从而形成垄断,所以有些合并是需要报商务部报批的。因有限公司的合并一般规模较小,造成行业垄断情况微乎其微,基本上不涉及报批,所以笔者不加赘述。

【案例6－2】　公司合并应基于合并方的“双赢”①

甲公司为一家中外合资公司,乙公司为一家民营公司,两家公司都生产相同的产品,市场也基本重合,竞争十分激烈,结果造成两家企业连年亏损。后经双方多次协商谈判,达成吸收合并的共识,中外合资企业存续,民营公司解散,在民营公司所在地注册中外合资公司分公司。双方确立了合并基准日,合并基准日中外合资公司注册资本为250万元,财产账面资产总价值730万元,负债420万元,所有者权益310万元。合并基准日民营企业注册资本为100万元,财产账面资产总价值610万元,负债410万元,所有者权益200万元。双方同意民营公司所有者权益不做调整,中外合资公司所有者权益按400万元计算,合并后公司注册资本为350万元,中外合资公司股东占66.67%,民营公司的股东占33.33%。双方报政府有关部门批准后进行了公告,变更工商登记。合并后由于两家竞争的公司实现了强强联手,很快扭转了亏损的局面。

评析:公司合并的目的比较复杂,有的是基于扩大再生产,有的是为了拓展新的业务,有的是基于削减市场竞争的残酷,但无论哪种目的,都应该满足合并各方股东的要求,达到“双赢”目的。即便有的合并是为了永远消灭竞争对手,如案例1－9百事可乐收购天府可乐,也不必采取极端手段,事实证明极端手段往往是效率最低的。

(二)公司分立

1.公司分立概念

公司分立是指一家公司依照法律规定的条件和程序以及股东会的决议,将部分资产或者营业转移给新设公司,新设公司向原公司股东分派股权,转变为两个或者多个公司的法律行为。② 公司分立有助于合理确定公司的专业性,改善公司的运行效率。另外,公司分立往往是合并的前序,分立的公司常被吸收至其他公司或者与他公司新设公司。

2.公司分立分类

(1)公司分立从转让主体角度分为解散分立和部分分立。解散分立是指

---

① 根据笔者代理相关实务案例整理而来。

② 叶林主编:《公司法原理与案例教程》,中国人民大学出版社2010年版,第356页。

一公司将其全部财产分给两个或者更多的已存在公司或为此目的设立的新公司。转让公司的资产通过整体继受出让给受让公司,受让公司给转让公司股东股权作为资产转移的对价,转让公司解散。部分分立是指公司只将其部分资产转让给一个已存在或者新设的公司。存续公司的股东减少原公司股权,换取新设公司的全部股权。传统法学认为分立的对象是财产,但单纯财产分割价值远远小于营业资产的分割,所以现代法学已将营业作为分立对象,实践中也多有将被分离的营业财产作为资本出资。

(2)公司分立从受让主体角度分为受让分立和新设分立。受让分立是指通过分立将财产转让给其他既存的公司,新设分立是指通过分立将财产转让给新设立的公司。

3. 公司分立程序

(1)股东会决议

根据《公司法》第37、46条的规定,公司分立应由董事会拟定分立方案,股东会决议通过,异议股东可以行使股权回购请求权。

(2)编制资产清单和负债清单

公司的分割就是对公司的资产和负债进行分割,尤其是各股东在分立后公司的股权不同于分立前公司的股权的情况下,公司分立不是简单的账面上的资产和负债数额的分割,所以制作资产清单和负债清单成为订立分立合同的必要前提。

(3)对公司财产和负债进行分割

如果分立后股东股权比例有变化,还要对公司资产和负债进行议价,如意见不一致,应进行评估。

(4)各股东签署分立协议

公司分立,应由公司全体股东(异议股东已经行使股权回购请求权)签订分立协议。分立协议一般包括公司分立前的名称、分立后的名称、住所地、法定代表人、公司分立前的注册资金、拟存续或新设公司的注册资金、财产分配方案及分立后拟存续或新设公司的财产清单、债务分割方案及分立后拟存续或新设公司分担的债务清单、职工安置方案违约责任、争议解决方式等。

(5)通知债权人和公告

根据《公司法》的规定,公司应当自作出分立决议之日起10日内通知债权人,并于30日内在报纸上公告。由于分立后的公司对分立前公司债务承担连带责任,所以无须征得债权人同意。

(6)公司注销、变更或登记

实务中,公司分立须遵守先办理注销或变更手续,然后办理新设公司登记的程序。

4. 公司分立与转投资

转投资是指公司以货币资产等形式出资,设立新的公司或者取得既存公司的股份,进而成为新公司或者既存公司的股东。

(1)公司分立和转投资的区别

区别 事项	转投资	公司分立
原公司注册资金、公司资产情况	原公司的固定资产、流动资产变为长期股权投资,注册资金不变	原公司或解散注销,或注册资本减少,股权结构发生变化
原公司与新公司关系	形成母子公司、参股公司	分立后的公司并列,成为关系公司
原公司股东身份、股权比例	原公司股东身份、股权比例没变化	原公司股东放弃了对原公司持有的部分股权,换取了新设公司股权

(2)公司分立和转投资的联系

在公司分立中,基于税负考虑,通常原公司都先出资设立子公司,再将所持有的子公司股权转让给原公司股东,而原公司购买回自己公司股权后进行减资。在这种操作中,转投资成为公司分立的必要组成部分和重要阶段。

【案例 6－3】　重组方案以股东获得最大利益为最佳①

某投资公司意欲对某集团公司进行股权并购。该集团公司名下有 15 家子公司,某投资公司仅对其 10 家有收购意向。这种情况下,律师给出两个方案:其一,集团公司将其持有的投资公司愿意接受的 10 家公司的股权转让给投资公司,即投资公司与集团公司签订股权转让协议,集团公司持有的 10 家子公司股权全部转让给投资公司;其二,集团公司分立为两个公司,甲公司持

① 根据笔者实务案例整理而来。

有投资公司愿意接受的10家子公司股权，乙公司持有另外5家子公司股权，然后集团公司自然人股东将甲公司的100%股权转让给投资公司。

评析：本案投资公司选择第一种方案，理由是程序简单，时间短，操作容易，风险小，集团公司选择第二种方案，理由是节税，并相应提出执行第一方案需要增加股权转让款。经过协商，双方同意采取第二种方案，集团公司同意分立后的乙公司对甲公司的或然债务承担连带责任。公司合并、分立时，节税是一个关键，其是合并、分立方案设计的核心。

第72条　公司合并(分立)信息的披露

推荐条款

公司合并(分立)，董事会需向股东会提交一份详细的书面报告。并将合并(分立)合同文本、合并(分立)报告、合并的对方公司的资产负债表(分立部分的资产负债表)、合并(分立)相关公司股权的分派比例及其理由等书面文件于股东会会议召开前随会议通知送达各股东。公司经理必须在任何时候解答或者报告所有有助于股东了解参与合并(分立)的其他公司的重要事项。

【实务解析】

一、公司合并(分立)时中小股东权益的保护

大股东在公司合并(分立)中往往凭借资本多数决规则将自己的意志上升为公司决策，从而实现自己的预期利益，而中小股东作为弱势群体，其原来投资意愿则极有可能落空，所以有必要对公司合并(分立)中的中小股东权益进行保护。法定的最直接有效的保护措施为异议股东股权回购请求权，董事、高管的忠实和勤勉义务可以作为事后救济手段。股东知情权扩张，即公司章程约定合并(分立)信息的披露也是一个有效手段。

二、公司合并(分立)信息的披露

公司应向股东披露公司合并、分立的信息。需要披露的公司合并、分立信息分为事前公开信息和事后公开信息，事前披露信息的范围比较广泛，包括合并(分立)计划书、合并(分立)合同文本、合并(分立)报告书、增资(减资)计

划书、清偿债务能力说明书、合并（分立）公司资产负债表、损益表及主要财产目录等，这些能为股东行使表决权提供依据。事后披露的信息是指公司完成合并（分立）后，应将公司合并（分立）的过程、合并（分立）基准日、资产负债总额、继承公司或新设公司所承受权利义务等相关事项作出书面报告送达股东，报告能使股东全面掌握合并（分立）的情况，以便其能够在了解所有情况的条件下正确评估合并（分立）效果。

【条款设计指引】

一、公司合并（分立）信息的披露条款的必要性

公司合并（分立）信息的披露不是公司章程的必备条款，也不是股东法定知情权的内容，但公司合并（分立）信息的披露关系到股东财产性权利，影响股东对公司的投资预期，是股东对公司合并（分立）决议行使表决权的基础，所以有必要确定股东在股东会进行合并（分立）表决前应知晓的合并（分立）信息的范围和内容。当然如果公司章程设置的股东知情权条款规定了公司合并（分立）中信息的披露，则不必设置该条款。

二、章程条款设计

公司合并（分立）对股东权利影响最大的因素是股权比例变动，所以公司章程应重点保障相关信息的公开。公司合并应注重向股东公开换股比例、受让公司股东资格、现金补偿、受让公司股东优先购买权的排除、受让公司聘任合同相关信息，公司分立应侧重向股东说明分立后各公司的股权结构等相关信息。

参见股东知情权、股东会通知条款。

【条款设计指引】

《公司法》第33条　股东有权查阅、复制公司章程、股东会会议记录、董事会会议决议、监事会会议决议和财务会计报告。

股东可以要求查阅公司会计账簿。股东要求查阅公司会计账簿的，应当向公司提出书面请求，说明目的。公司有合理根据认为股东查阅会计账簿有不正当目的，可能损害公司合法利益的，可以拒绝提供查阅，并应当自股东提出书面请求之日起十五日内书面答复股东并说明理由。公司拒绝提供查阅的，股东可以请求人民法院要求公司提供查阅。

第73条 股东会合并、分立决议的表决

推荐条款

股东会作出公司合并(分立)决议时,必须经代表×××以上表决权的股东通过。如股东会通过公司合并(分立)决议,对该项决议投反对票的股东可以在×××期限内请求公司按照×××价格收购其股权。

与公司合并(分立)有利害关系的股东或其代理人不得就其所持有的股权行使表决权。

无表决权的股东享有□公司合并、分立决议的表决权□享有股权回购请求权。

【实务解析】

一、公司合并(分立)需经过股东会特别决议

公司合并(分立)关系公司组织结构的重大变化,有的需要注销公司,有的会导致新公司的设立,且公司合并(分立)关系着股东在合并后或新设公司中股东资格的认定及股权的变动,所以需要经过股东会特别决议才能通过。

二、异议股东股权回购请求权

参见异议股东股权回购请求权、股东表决权。

【条款设计指引】

一、股东会合并(分立)决议表决条款的必要性

股东会合并(分立)决议表决条款不是公司章程的必备条款,《公司法》对此有规定,所以公司章程中有约定的从约定,无约定的按法定。

二、章程条款设计

(一)公司章程可约定更高的表决权比例

《公司法》第43条规定,需要代表2/3表决权的股东同意,才能通过合并(分立)决议,该条款是强制性条款,公司章程不得将该表决权比例降低,但可以将这一比例提高,甚至约定要全体股东同意。

(二)表决权排除

公司合并(分立)后,相关公司和原有公司董事和高管可能会重合,聘任合同一般也会继续有效。为了避免董事、高管为个人目的,利用职权推动公司合并(分立)实现,公司章程应限制担任董事、高管职务的股东的表决权。实务中,还可以用下文中的表决权分类来解决此问题。

(三)公司章程可以完善公司合并(分立)时异议股东股东回购请求权

参见异议股东股权回购请求权。

(四)公司章程可以给予无表决权股东股权回购请求权

《公司法》第74条只确立了拥有表决权的异议股东的股权回购请求权,对于无表决权的股东来说,因其没有异议的权利,当然就不具备股权回购请求的条件,但公司合并(分立)必然对其预期收益产生影响,他们比中小股东更处于弱势,为了保护其合法权益,可以在公司章程中赋予其股权回购请求权。当然为了体现实质上的股权平等,公司章程也可以选择在公司合并(分立)时无表决权的股东也享有表决权,而在表决时投反对票股东自然拥有了股权回购请求权。

(五)在公司合并(分立)时不同类别股东权利的保护

类别股权由公司创设,是指不同股权所代表的权利存在差异,主要指红利分配、剩余财产分配和表决权等方面的权利差异。我国《公司法》没有创设类别股权的规定,但由于类别股权的权利是由公司创设的,并且实践中的股权分置改革、股权激励制度中都涉及了类别股权的问题,所以设置不同类别股权应是允许的。限制、剥夺类别股东权益的决议,应得到类别股东的同意。在公司有多类股东时,公司章程可以规定股东会合并(分立)等重大事项的决议应当由各类股东分别表决,该决议须在每类股东会议上以代表一定比例的表决权通过后才为有效。

【相关法律法规】

《公司法》第42条　股东会会议由股东按照出资比例行使表决权;但是,公司章程另有规定的除外。

《公司法》第43条　股东会的议事方式和表决程序,除本法有规定的外,由公司章程规定。

股东会会议作出修改公司章程、增加或者减少注册资本的决议,以及公司合并、分立、解散或者变更公司形式的决议,必须经代表三分之二以上表决权的股东通过。

《公司法》第74条 有下列情形之一的,对股东会该项决议投反对票的股东可以请求公司按照合理的价格收购其股权:

(一)公司连续五年不向股东分配利润,而公司该五年连续盈利,并且符合本法规定的分配利润条件的;

(二)公司合并、分立、转让主要财产的;

(三)公司章程规定的营业期限届满或者章程规定的其他解散事由出现,股东会会议通过决议修改章程使公司存续的。

自股东会会议决议通过之日起六十日内,股东与公司不能达成股权收购协议的,股东可以自股东会会议决议通过之日起九十日内向人民法院提起诉讼。

第74条 合并公司股东优先认购权的排除

推荐条款

通过的公司合并决议涉及公司增资时,投赞成票的股东视为放弃优先认购权,投反对票的股东如未在规定期限内行使股权回购请求权,则视为放弃优先认购权。

【实务解析】

一、公司增资

参见第一章公司增资条款。

二、股东优先认购权

参见第二章股东优先购买权。

【条款设计指引】

一、合并公司股东优先认购权排除条款的必要性

合并公司股东优先认购权排除不是公司章程的必备条款。在公司合并的情况下,受让公司(拟吸收公司)大多借助新增的股权来换取转让公司股东的股权,所以合并决议的实施依赖于排除受让公司股东的认购权,但根据《公司

法》第34条的规定，排除受让公司股东的优先认购权时，必须要得到所有股东的同意，而在公司实施合并计划时，很难获得所有股东的支持。如果在公司章程事先约定了优先购买权的排除方式，则可以此认定为股东同意的一种方式。

二、章程条款设计

股东会合并、分立决议可能会同时涉及公司增资和公司合并、分立两项对股东有重大影响的事项，所以条款的设计应综合考虑股东认购优先权和异议股东回购请求权，将两个权利的行使衔接结合起来。本条推荐条款就是一个不错的结合方式。

【相关法律法规】

《公司法》第34条　股东按照实缴的出资比例分取红利；公司新增资本时，股东有权优先按照实缴的出资比例认缴出资。但是，全体股东约定不按照出资比例分取红利或者不按照出资比例优先认缴出资的除外。

第75条　分立公司中小股东选择权和一票否决权

推荐条款

公司分立成两个或者两个以上的公司时，股东有选择继续成为被分立公司股东的权利或者分立公司股东的权利。

在公司分立中，一些股东与同一公司的其他股东相比，在公司分立后的股权比例有所变更，则分立决议必须经受影响股东的同意，方得执行。

【实务解析】

一、中小股东股东选择权

中小股东选择权是指在公司分立成两个或两个以上的公司时，中小股东有选择继续成为被分立公司股东的权利或者选择成为分立公司股东的权利。公司分立与公司合并不同，由于合并是公司合二为一的过程，股东无选择的可能，但公司分立是一个一分为多的过程，大股东可以利用优势地位，将优质资产、主营业务操纵在自己手上,所以中小股东选择权是保障中小股东权利的有力措施。

二、中小股东一票否决权

在公司分立中,对股东影响最大的事莫过于分立后公司的股权比例。实践中,很多公司大股东和管理层,利用手中的权力和对公司事务的熟悉,找出种种理由不按原有股权比例进行分配,使得小股东利益受损,所以限制股权比例变更的一票否决权同股东选择权一样,成为公司分立过程中保护中小股东权利的有力措施。

【条款设计指引】

一、分立公司中小股东选择权和一票否决权条款的必要性

分立公司小股东选择权和一票否决权条款不是公司章程的必备条款。在公司分立过程中,中小股东只可以通过行使知情权和异议股东股权回购请求权来保护自己的权利,但这两种权利保护力度不够,中小股东要么随大溜同意公司分立,要么拒绝接受退出公司,所以公司章程可以突破中小股东权利保护模式,赋予中小股东选择权和一票否决权。

二、章程条款设计

(一)公司章程对分立公司中小股东的选择权设计

为了防止大股东过多操纵公司分立,压榨中小股东权益,应赋予中小股东选择权。具体来说,在解散分立情形,由于原公司消灭,股东不可能继续留在原公司,但股东可以选择成为任何一家分立后公司的股东;在存续分立情形,股东有权选择成为任一分立公司的股东,若股东不行使选择权,则其股东地位应被当然保留在被分立公司之中。

股东选择权的行使,涉及股东的利益和公司资本及人员的变动,实属重大,为避免不必要的争议,其行使应当以书面的形式,且应当以明示的方式作出。

(二)公司章程应谨慎选择受影响的股东一票否决权

公司分立影响到了股东利益,公司章程无疑应保护股东利益不受损害,但是如果设置受到影响的股东一票否决权,则又可能使股东利用否决权来阻挠公司分立,不利于公司重组发展。而且,如果公司股权比例确实不合理,容易出现公司僵局,公司可借分立之机调整股权比例,以利于公司治理结构的优化,利于公司日后的发展。对股权比例变更的股东可以选择投反对票,最终以异议股东的身份退出公司而得到救济,所以为了避免少数人的专制阻碍公司

正常分立，公司章程应慎重选择适用股东一票否决权。

第二节　公司解散和清算

一、公司解散及公司章程自治范围

公司解散是导致公司人格消灭的各种法律事实的总称。

公司解散存在四种原因：(1)自愿解散。(2)当然解散。当然解散存在两种情况：一是公司合并、分立时需要解散公司，该种形式的解散不需要进行清算；二是宣告破产解散。(3)行政解散，即公司因吊销营业执照、责令关闭公司、被撤销而解散。(4)司法解散，法院根据股东申请，依据《公司法》第182条判令公司解散。公司合并、分立解散及公司僵局已在其他章节中讨论，而行政解散和破产解散并不由公司主导，与公司章程无关，所以笔者在本节只讨论公司自愿解散。

二、公司清算及公司章程自治的范围

公司清算有广义和狭义两种含义。广义清算是指最终了结公司财产、业务、债权和债务关系的多种法律活动的总称，可分为普通清算、特别清算和破产清算。狭义清算指非破产清算，包括普通清算和特别清算。普通清算是指公司股东自行组织清算组实施的清算，它是消灭公司主体资格、了结公司债权债务关系的最主要形式。公司在解散事由出现后，必须在法定期限内实施清算，预期不成立清算组的，股东或者债权人可以申请法院组织清算，所以在本质上，公司或者股东无权决定不进行公司清算。特别清算是指由法定机关组织实施的公司清算。由于破产清算和特别清算并不由公司主导，与公司章程无关，所以在本节只涉及普通清算。出于保护债权人的需要，法律在公司清算中制定了众多的强制性规定，所以公司章程在清算中的自治空间很小。

第76条　公司解散原因

推荐条款

公司因下列原因解散：

(一)本章程规定的营业期限届满；

(二)股东会决议解散;

(三)因公司合并或者分立需要解散;

(四)依法被吊销营业执照、责令关闭或者被撤销;

(五)人民法院依《公司法》第一百八十二条,判令解散公司;

(六)本章程规定的其他解散事由出现。

股东会决议解散公司时,任一股东有以净资产价格购买其他股东股权继续经营公司的权利,多名股东购买实行竞价。

【实务解析】

一、公司终止与公司解散的关系

公司终止与公司解散是两个不同的概念。公司终止是指法人资格的消灭。公司终止后,其民事权利能力和民事行为能力丧失,民事主体资格消灭,是公司在实体上的消灭。就法律效果而言,公司终止与自然人死亡相当。公司解散是导致公司人格消灭的各种法律事实的总称。解散是公司终止事由,公司的解散事由出现时,只是说明公司即将终止,此时公司的民事主体资格依然存续,公司在实质上必须经合法清算,了结现有债权债务关系,在形式上履行法定的注销登记手续,才能构成公司终止。在法律上明确公司终止和公司解散的区别有助于保护内部和外部关系,否则与公司成立法律关系的其他主体就可能遭受不测的损害或者牟取不正当的利益。司法实践中强调公司终止必须同时满足实质要件和形式要件,即依法清算系公司终止的实质要件,办理注销登记是公司终止的形式要件,二者缺一不可。

二、公司因公司章程规定的经营期限届满而解散

公司章程是投资者设立公司时设定的,体现了私法自治原则。如果规定了公司存续时间,应予尊重。如果公司本来就是为了在一定期限内实现特定目的而设立的,就应规定完成该项目的时公司解散。由于利益的纠结,对于小股东来说设立公司容易,解散公司困难,所以公司章程规定公司经营期限对中小股东有利。

三、公司股东会决议解散

股东会是公司的权力机关,解散公司是股东会的法定职权,即使存续时间届满,只要持有 2/3 以上表决权的股东通过继续经营公司的决议,公司可以通过修改公司章程而使公司延续,但此时异议股东享有股权回购请求权。股东

会解散公司决议无须阐述解散理由，司法机关也无权对股东会的解散公司决议进行内容审查。

【条款设计指引】

一、公司解散原因条款的必要性

公司解散原因不是公司章程的必备条款。除外商投资企业需明确经营期限外，公司没有规定经营期限不影响公司章程的效力，不影响公司有效成立。股东是公司最终所有者，所以解散公司是股东的权利，法律理应赋予公司章程解散公司事由的自治权，解散的理由应反映股东设立公司的预期。

二、章程条款设计

（一）公司章程约定的公司解散事由

股东设立公司的最终目的就是赢利，所以公司章程规定的常见的其他解散事由有：公司发展资金严重匮乏、公司亏损达一定时间或一定数额、利润分配没有达到公司章程规定的最低数额。人合性极强的公司还可以将某一股东的死亡、丧失完全民事行为能力、股东达到一定年纪作为公司解散事由。公司章程也可以约定一个确定的公司目的无法达到，或者一个确定的"合理预期"严重受挫时，股东有权请求解散公司。公司章程还可以将公司解散与异议股东股权回购请求权相结合，如果股权回购请求权条件成就，但公司未在一个约定的合理期限内购买，异议股东获得请求法院解散公司的权利。

（二）公司章程可以赋予股东竞价购买公司的权利

如果大股东出于以清算方式获得公司有效资产的目的而决定解散公司时，不仅会存在将小股东排挤出公司的危险，而且会因为清算时收购价格太低使小股东不能获得与其股权真实价值相符的对价的危险，对此，公司章程可以赋予所有股东平等的竞买，继续经营公司的权利。该权利不是股东义务，股东可以选择行使，也可以选择不行使。

【案例 6－4】　公司章程应谨慎约定公司解散事由①

2004 年 3 月 15 日，A 公司成立，李某出资 19 万元，占注册资本的 38%；

① 来源于北大法宝，江苏省南京市白下区人民法院（2006）白民二初字第 328 号判决书，陈德勇诉南京轻研机电发展有限公司解散公司案。

陈某出资19万元,占注册资本的38%;胡某出资12万元,占注册资本的24%。A公司章程第14条规定,本公司股东会依法行使下列职权:……(4)对公司增加或者减少注册资本作出决议;(5)对公司合并、分立、变更公司形式等事项作出决议;(6)修改公司章程;(7)讨论和决定公司的其他重要事项。第16条规定,股东会对涉及第14条第4、5、6项内容的,必须经代表2/3以上表决权的股东通过;其他事项则应经代表1/2以上表决权的股东通过。第28条规定,符合下列条件时,本公司可以解散:(1)营业期限届满;(2)股东中任何一方要求解散公司;(3)因公司合并或者分立需要解散;(4)因公司违反法律、法规被依法责令关闭。在经营过程中,陈某与李某、胡某就公司发展方向、经营管理等产生较大分歧,同时公司业务也难以开展,于是陈某诉至法院,请求法院判令A公司解散,并承担本案诉讼费。

诉讼过程中,A公司召开临时股东会,临时股东会决议对公司章程第28条第2款作出解释,即本条款有限制性前提,当公司股东行为损害其他股东的权益时,受损害任何一方股东可提出解散公司,但需先期对公司债权债务的处理达成协议,且任何一方提出解散,不得损害公司利益。对临时股东会决议,李某、胡某同意,陈某反对。

法院认为:公司章程对公司、股东具有约束力,A公司章程第28条第2款规定,股东任何一方要求解散公司的,公司可以解散。故不管A公司经营管理是否发生严重困难,A公司章程规定公司解散事由已出现,陈某据此要求解散公司,符合法律规定,本院予以支持。A公司临时股东会决议是对公司章程内容进行修改,根据《公司法》A公司章程第16条的规定,对公司章程进行修改必须经代表2/3以上表决权的股东通过,而李某、胡某两股东不及2/3表决权,故该临时股东会决议中关于修改公司章程的条款并未产生法律效力,故判决A公司予以解散。

评析:本案A公司仍在正常经营,并不存在经营管理困难的情况,一般在这种情况下,起诉要求解散公司系滥用股东权利,不应得到法院的支持。但本案A公司章程将"股东中任何一方要求解散公司"作为公司解散事由,而使解散公司轻而易举。公司章程规定公司其他解散事由可以有效保护股东,尤其是中小股东权利,但维护公司稳定相比小股东权益保护更重要,如果设置过多的可以解散公司的情形,则势必造成解散公司太过随意,公司运营将被迫面对更多的僵局。甚至别有用心的股东将以此为威胁,迫使公司及其他股东向其转移更多的公司利润。这种机会主义存在的可能性,将使公司整体营运的吸引力大为减损，所以公司章程应谨慎选择适用公司解散的情形。

【相关法律法规】

《公司法》第180条 公司因下列原因解散：

（一）公司章程规定的营业期限届满或者公司章程规定的其他解散事由出现；

（二）股东会或者股东大会决议解散；

（三）因公司合并或者分立需要解散；

（四）依法被吊销营业执照、责令关闭或者被撤销；

（五）人民法院依照本法第一百八十二条的规定予以解散。

《公司法》第181条 公司有本法第一百八十条第（一）项情形的，可以通过修改公司章程而存续。

依照前款规定修改公司章程，有限责任公司须经持有三分之二以上表决权的股东通过，股份有限公司须经出席股东大会会议的股东所持表决权的三分之二以上通过。

《公司法》第182条 公司经营管理发生严重困难，继续存续会使股东利益受到重大损失，通过其他途径不能解决的，持有公司全部股东表决权百分之十以上的股东，可以请求人民法院解散公司。

最高人民法院《关于适用〈中华人民共和国公司法〉若干问题的规定（二）》第1条 单独或者合计持有公司全部股东表决权百分之十以上的股东，以下列事由之一提起解散公司诉讼，并符合公司法第一百八十二条规定的，人民法院应予受理：

（一）公司持续两年以上无法召开股东会或者股东大会，公司经营管理发生严重困难的；

（二）股东表决时无法达到法定或者公司章程规定的比例，持续两年以上不能做出有效的股东会或者股东大会决议，公司经营管理发生严重困难的；

（三）公司董事长期冲突，且无法通过股东会或者股东大会解决，公司经营管理发生严重困难的；

（四）经营管理发生其他严重困难，公司继续存续会使股东利益受到重大损失的情形。

股东以知情权、利润分配请求权等权益受到损害，或者公司亏损、财产不足以偿还全部债务，以及公司被吊销企业法人营业执照未进行清算等为由，提起解散公司诉讼的,人民法院不予受理。

第77条 成立清算组

推荐条款

除公司合并、分立外,公司股东应当在解散事由出现之日起十五日内成立清算组,开始清算,清算组负责人由清算组成员过半数选举产生。公司进入清算程序后,公司董事、高管停止一切职权,向清算组移交公司营业、财务和法律等文件,协助清算组工作。

【实务解析】

一、清算义务主体

《公司法》第183条和最高人民法院《关于〈中华人民共和国公司法〉若干问题的规定(二)》第18条都规定了有限责任公司的清算义务主体是股东,但对股东不履行清算义务的违法行为却没有规定任何制裁措施。股东不进行清算所承担的法律后果无非就是债权人申请人民法院组织清算,不会承担任何额外的损失。而如果能够顺利将清算拖上两年的时间,还可能造成债务超过诉讼时效而获得额外的收益。这种在法律上违法行为的成本可能达到的最高限度与守法成本相同的情形,必然造成今天越来越多的公司通过不进行年检而被吊销营业执照而最终得以逃避债务。

参见股东清算义务。

二、公司进入清算阶段,董事、高管应移交公司财务文件

根据法律规定,公司董事会应妥善保留公司的各项财务凭证,依法建立公司的财务和会计制度,否则,应当认定公司董事以及其他高级管理人员未尽到勤勉义务。清算组成立后,董事会必须向清算组移交公司营业、财务和法律等有关文件,这是董事会和高管勤勉义务的重要表现。

【条款设计指引】

一、成立清算组条款的必要性

成立清算组条款不是公司章程的必备条款。由于股东是清算公司的法定

义务主体，所以即便公司章程不规定，股东也有义务成立清算组清算公司，公司章程可以从细节和程序上完善法律的规定。

二、章程条款设计

（一）公司章程应明确公司在清算阶段董事会和清算组的职权衔接

清算组在执行清算阶段的地位与公司董事会基本相同，为了避免清算组与董事、经理的职责产生冲突，避免公司财力、物力空耗，公司章程有必要明确公司进入清算阶段后，董事、高管职权终止，由清算组对公司财产进行保管、清理、估价、处理和分配。

（二）清算组负责人

《公司法》没有规定清算组负责人的产生，公司章程可以自主决定。由于清算组是一个事务性的组织，对股东权利有影响的决定还需要股东会确定，所以清算组负责人的选举不宜采用资本多数决；同时清算也是对既往公司管理层的一个全面审查，如果按照资本多数决选举清算组负责人，势必造成大股东和控股股东当选，进而形成自己审查自己的局面，影响其他股东的权益。

（三）公司章程可以设定公司复活条款

作为公司的经营资产，其与公司其他生产要素相结合后的价值要远远大于其作为净资产的价值，为了最大效率地提高这些资产的价值，公司章程可以设立公司复活条款，即在公司解散清算过程中，只要解散程序还没有结束，公司不构成资不抵债，股东可以通过特别决议继续经营公司，将正在解散中的公司恢复成为一个继续经营的公司，异议股东拥有股权回购请求权。公司特别决议的事项和表决权比例应事先在公司章程中约定。

【案例】

参见案例2－9　股东不履行清算义务应对债权人承担责任。

【相关法律法规】

《公司法》第183条　公司因本法第一百八十条第（一）项、第（二）项、第（四）项、第（五）项规定而解散的，应当在解散事由出现之日起十五日内成立清算组，开始清算。有限责任公司的清算组由股东组成，股份有限公司的清算组由董事或者股东大会确定的人员组成。逾期不成立清算组进行清算的，债权人可以申请人民法院指定有关人员组成清算组进行清算。人民法院应当受理该申请,并及时组织清算组进行清算。

最高人民法院《关于〈中华人民共和国公司法〉若干问题的规定(二)》第18条 有限责任公司的股东、股份有限公司的董事和控股股东未在法定期限内成立清算组开始清算,导致公司财产贬值、流失、毁损或者灭失,债权人主张其在造成损失范围内对公司债务承担赔偿责任的,人民法院应依法予以支持。

有限责任公司的股东、股份有限公司的董事和控股股东因怠于履行义务,导致公司主要财产、账册、重要文件等灭失,无法进行清算,债权人主张其对公司债务承担连带清偿责任的,人民法院应依法予以支持。

上述情形系实际控制人原因造成,债权人主张实际控制人对公司债务承担相应民事责任的,人民法院应依法予以支持。

最高人民法院《关于审理公司强制清算案件工作座谈会纪要》

第78条 剩余财产的分配

推荐条款

清算组依法定程序进行公司清算,如有剩余财产,股东按照□实缴出资比例□认缴的出资比例参加公司剩余财产的分配。

公司清算后应依法注销。清算组成员履行清算义务适用于本章程对董事义务的规定。

【实务解析】

一、清算程序的法定性

由于有限责任公司本质为资合公司,股东对债权人承担有限责任,在剩余财产分配上,股东和债权人等相关利益群体有利害冲突,所以《公司法》中的清算程序条款是强制性条款,不允许经公司章程和股东会决议变更,否则,清算可能会沦为股东私分公司财产的外衣,而公司债权人将会在一无所知的情况下失去其财产权利。

《外商投资企业清算办法》已经废止,外商投资企业清算根据《公司法》执行,但各省外商投资企业清算办法还有效,需要遵守。

二、清算的法定程序

根据法律规定,公司一般按照下列程序清算:

1. 成立清算组，选举清算组负责人；

2. 清理公司财产，具体事项包括：限期追缴股东在清算开始后仍未缴足的认缴出资、及时收回公司债权、了结已签的合同、及时变卖若不及时变卖将无法挽回损失的清算财产、编制资产负债表、编制财产清单、代表公司参与民事诉讼活动；

3. 通知并公告债权人；

4. 债权申报和确认；

5. 制订清算方案和股东会审议清算方案；

6. 分配公司剩余财产。

三、公司清算财产的范围

清算的实质是了结公司既存的财产关系，所以公司清算是以所有公司财产作为清算对象，这些财产包括：(1)清算时公司的全部财产。这些财产既包括物权，也包括知识产权、债权和股权等其他财产。(2)股东尚未缴付的出资。最高人民法院《关于〈中华人民共和国公司法〉若干问题的规定(二)》第22条规定，包括应缴而未缴的出资和缴纳期限尚未届至的出资。因为《公司法》第3条规定，有限责任公司的股东以其认缴的出资额为限对公司承担责任，《破产法》第35条规定，人民法院受理破产申请后，债务人的出资人尚未完全履行出资义务的，管理人应当要求该出资人缴纳所认缴的出资，而不受出资期限的限制。工商登记是公司信用的保障，而登记的注册资金是认缴的出资，公司债权人对此具有正当信赖，相信股东尚未到缴纳期限的出资，在缴纳期限届至后必然纳入公司资本，该种信赖应当得到法律的保护。

法律规定尚未缴纳的出资作为清算财产，在公司负债小于资产时，拟出资的股东会分得更多的财产，公司清算时缴纳的出资并没有投入经营，却取得了资本的收益，则事实造成对没有继续缴纳出资义务股东的不公，由此会增加公司纠纷。

四、公司剩余财产的分配

(一)股东公司剩余财产分配请求权的定义

股东公司剩余财产分配请求权是指公司在清算后的剩余财产，股东有权要求按照出资比例进行分配的权利。公司财产在分别支付清算费用、职工的工资、社会保险费用和法定补偿金，缴纳所欠税款，清偿公司债务后的财产为公司剩余财产。

(二)对《公司法》第186条的理解

《公司法》第186条规定有限责任公司按照股东出资比例分配公司剩余

财产,那么该条款是否是强制性法律规范,公司章程可否作出有别于第186条的约定?该问题无论是在理论界,还是实务界都存在争议,赞成为强制性规范的观点认为:(1)从保护国家、职工、债权人利益出发,第186条绝大部分内容无疑为强制性规范,所以该条就应为强制性规定;(2)“股份有限公司按照股东持有股份比例分配”是强制性规定,在没有特别说明下,与其在一个表达语句中的“有限责任公司按照股东出资比例分配”也应是强制性规范;(3)2005年修订《公司法》的理念就是要注重保护中小股东的利益,将第186条确定为强制性规范,有利于保护中小投资者的利益。否定为强制性规范的观点认为:(1)公司剩余财产是股东们的财产,股东们有权在公司章程中作出安排,《德国有限责任公司法》第71条就规定“公司的财产按股东出资额的比例向股东分配,可以以公司合同规定其他的分配比例”;(2)有限责任公司是闭锁公司,股东不按出资比例分配公司剩余财产不会损害中小股东利益;(3)公司法强制性法律规定都应该用“应当”、“得”,而第186条没有这些词汇。

五、公司注销应提交的材料

有限责任公司注销登记应提交的文件、证件:

1.《企业注销登记申请书》。

2. 全体股东指定代理人的《指定(委托)书》。

3. 股东会依照公司章程和《公司法》作出的解散公司决议。

4. 股东会确认的清算报告。清算报告中应载明下列事项:(1)债权债务已清理完毕;(2)各项税款、职工工资已经结清;(3)已于××年××月××日在××报纸上发布注销公告(该报纸应为公开发行的报纸,自公告之日起45日后方可办理注销登记)。

5. 清算组成员《备案确认通知书》。

6.《企业法人营业执照》正、副本。

有分公司的公司申请注销登记时,还应当提交分公司的注销登记证明。

六、清算组成员义务

参见股东清算义务。

【条款设计指引】

一、剩余财产的分配条款的必要性

剩余财产分配条款不是公司章程的必备条款。法律对于公司剩余财产分配和公司注销都有明确规定,公司章程不得违反法律的规定。

二、章程条款设计

一般情况下，如果公司章程约定不按出资比例分配剩余财产，还需要给予利益受到损失的股东其他方面的补偿，该补偿不会因为不"按出资比例分配剩余财产"条款无效而返还，所以为稳妥起见，建议公司章程采用保守措施，认定第186条为强制性规范。公司章程除了确定是以股东实缴出资比例还是认缴的出资比例分配剩余财产外，不约定其他剩余财产分配方式。

【相关法律法规】

《公司法》第184条　清算组在清算期间行使下列职权：

（一）清理公司财产，分别编制资产负债表和财产清单；

（二）通知、公告债权人；

（三）处理与清算有关的公司未了结的业务；

（四）清缴所欠税款以及清算过程中产生的税款；

（五）清理债权、债务；

（六）处理公司清偿债务后的剩余财产；

（七）代表公司参与民事诉讼活动。

《公司法》第185条　清算组应当自成立之日起十日内通知债权人，并于六十日内在报纸上公告。债权人应当自接到通知书之日起三十日内，未接到通知书的自公告之日起四十五日内，向清算组申报其债权。

债权人申报债权，应当说明债权的有关事项，并提供证明材料。清算组应当对债权进行登记。

在申报债权期间，清算组不得对债权人进行清偿。

《公司法》第186条　清算组在清理公司财产、编制资产负债表和财产清单后，应当制订清算方案，并报股东会、股东大会或者人民法院确认。

公司财产在分别支付清算费用、职工的工资、社会保险费用和法定补偿金，缴纳所欠税款，清偿公司债务后的剩余财产，有限责任公司按照股东的出资比例分配，股份有限公司按照股东持有的股份比例分配。

清算期间，公司存续，但不得开展与清算无关的经营活动。公司财产在未按前款规定清偿前，不得分配给股东。

《公司法》第187条　清算组在清理公司财产、编制资产负债表和财产清单后，发现公司财产不足清偿债务的，应当依法向人民法院申请宣告破产。

公司经人民法院裁定宣告破产后，清算组应当将清算事务移交给人民法院。

《公司法》第188条　公司清算结束后,清算组应当制作清算报告,报股东会、股东大会或者人民法院确认,并报送公司登记机关,申请注销公司登记,公告公司终止。

最高人民法院《关于〈中华人民共和国公司法〉若干问题的规定(二)》第20条　公司解散应当在依法清算完毕后,申请办理注销登记。公司未经清算即办理注销登记,导致公司无法进行清算,债权人主张有限责任公司的股东、股份有限公司的董事和控股股东,以及公司的实际控制人对公司债务承担清偿责任的,人民法院应依法予以支持。

公司未经依法清算即办理注销登记,股东或者第三人在公司登记机关办理注销登记时承诺对公司债务承担责任,债权人主张其对公司债务承担相应民事责任的,人民法院应依法予以支持。

最高人民法院《关于〈中华人民共和国公司法〉若干问题的规定(二)》第22条　公司解散时,股东尚未缴纳的出资均应作为清算财产。股东尚未缴纳的出资,包括到期应缴未缴的出资,以及依照公司法第二十六条和第八十条的规定分期缴纳尚未届满缴纳期限的出资。

公司财产不足以清偿债务时,债权人主张未缴出资股东,以及公司设立时的其他股东或者发起人在未缴出资范围内对公司债务承担连带清偿责任的,人民法院应依法予以支持。

《公司登记管理条例》

附　　录

1. 有限责任公司设立协议

甲方：______________________________

住址：______________________________

法定代表人：__________，职务：__________

电话：______________________________

乙方：______________________________

住址：______________________________

法定代表人：__________，职务：__________

电话：______________________________

丙方（自然人股东）：__________，身份证号：__________

住址：______________________________

电话：______________________________

……

为寻求合作发展，全体发起人经充分协商，一致同意共同出资设立________有限公司，各方依据《中华人民共和国公司法》等有关法律法规，签订如下协议，作为各方发起行为的规范，以资共同遵守。

第一条　公司概况

申请设立的有限责任公司名称拟定为“________有限公司”（以下简称公司），公司最后名称以公司登记机关核准的为准。

公司住所拟设在：______________________________。

本公司的组织形式为：有限责任公司。

责任承担：甲、乙、丙方以各自的出资额为限对公司承担责任，公司以其全部资产对公司的债务承担责任。

第二条　公司宗旨与经营范围

公司的经营宗旨为:____。

公司的经营范围为:主营________,兼营________。

第三条　注册资本、股东出资及出资时间

公司的注册资本为人民币________元整,首期出资额为________元,其余按________期在一年内缴足。具体:

甲方:认缴出资额为________元,以________方式出资,占注册资本的________%。其中,设立时缴纳________元,以________方式出资,占注册资本的________%;________年____月____日缴纳________元,以________方式出资,占注册资本的________%……

乙方:认缴出资额为________元,以________方式出资,占注册资本的________%。其中,设立时缴纳________元,以________方式出资,占注册资本的________%;________年____月____日缴纳________元,以________方式出资,占注册资本的________%……

丙方:认缴出资额为________元,以________方式出资,占注册资本的________%。其中,设立时缴纳________元,以________方式出资,占注册资本的________%;________年____月____日缴纳________元,以________方式出资,占注册资本的________%……

……

发起人应当按期足额缴纳公司章程中规定的各自所认缴的出资额。以货币出资的,应当将货币出资足额存入有限责任公司在银行开设的账户;发起人以非货币财产出资的,应当依法办理其财产权的转移手续,发起人履行出资义务以验资机构出具的出资证明为标志。

发起人不按照前款规定缴纳出资的,其他发起人向公司承担连带责任。

第四条　出资评估

用实物、知识产权、土地使用权等非货币出资的财产应对公司有重大意义,并应当经评估机构评估作价,并于________期限内,依法办理完毕财产权的转移手续。

第五条　出资证明书

公司成立后,足额缴付出资的发起人有权要求公司向其及时签发出资证明书。出资证明书由公司盖章。出资证明书应当载明下列事项:(1)公司名称;(2)公司登记日期;(3)公司注册资本;(4)股东的姓名或者名称、缴纳的出资额和出资日期;(5)出资证明书的编号和核发日期。

第六条　股权的转让[1]

公司成立后,股东之间可以相互转让其全部或者部分股权。

股东向股东以外的人转让股权,应当经其他股东过半数同意。股东应就其股权转让事项书面通知其他股东征求同意,其他股东自接到书面通知之日起满三十日未答复的,视为同意转让。其他股东半数以上不同意转让的,不同意的股东应当购买该转让的股权;不购买的,视为同意转让。经股东同意转让的股权,在同等条件下,其他股东有优先购买权。两个以上股东主张行使优先购买权的,协商确定各自的购买比例;协商不成的,按照转让时各自的出资比例行使优先购买权。

第七条　公司登记

全体发起人共同同意指定________为代表或者共同委托的代理人,向公司登记机关申请公司名称预先核准登记和设立登记。申请人应保证向公司登记机关提交的文件、证件的真实性、有效性和合法性,并承担责任。

第八条　新公司组织结构

(一)公司设股东会、董事会、监事会、总经理。

(二)公司董事会由________名董事组成,其中甲方提名________名,乙方提名________名,丙方提名________名,董事长即法定代表人由________方在董事中指令。

(三)公司监事会由________名监事组成,其中甲方提名________名,乙方提名________名,丙方提名________名。

(四)公司设总经理________名,副总经理________名,均由董事会聘任。

第九条　发起人的权利

(一)随时了解公司的设立工作进展情况。

(二)签署公司设立过程中的法律文件。

(三)审核设立过程中筹备费用的支出。

(四)提名公司的董事候选人,各方提出的董事候选人经公司股东会按本公司章程的规定选举产生,董事任期三年,任期届满可连选连任。董事任期届满前,股东会不得无故解除其职务。

(五)提名公司的监事候选人名单,经公司股东会按公司章程的规定选举产生,监事任期三年,任期届满可连选连任。

(六)在公司成立后,按照国家法律和公司章程的有关规定,行使股东应

---

① 股权转让可以约定其他方式,参见第三章。

享有的权利。

第十条　发起人的义务

（一）及时提供设立公司所必需的文件材料；

（二）在公司设立过程中，由于发起人的过失致使公司受到损害的，对公司承担赔偿责任；

（三）发起人未能按照本协议约定按时缴纳出资的，除向公司补足其应缴付的出资外，还应对其未及时出资行为给公司和其他发起人造成的损失承担赔偿责任；①

（四）公司成立后，发起人不得抽逃出资；

（五）公司成立后，按照国家法律和公司章程的有关规定，承担股东应承担的义务。

第十一条　公司设立费用承担

（一）公司设立成功，为设立公司所发生的全部费用列入公司的开办费用，由成立后的公司承担。

（二）因各种原因导致申请设立公司已不能体现发起人原本意愿时，经全体发起人一致同意，可停止申请设立公司，所耗费用按各发起人的出资比例进行分摊。

第十二条　股利分配

公司税后利润弥补亏损、提取利润的10%列入公司法定公积金，提起利润的________%列入任意公积金后，如果有可供分配利润，经股东会决议可向股东分配红利。公司至少每年应以________的标准按照股东持有的出资比例分配红利。

第十三条　营业期限

（一）公司营业期限为________年。营业执照签发之日为公司成立之日。

（二）营业期限届满或提前终止公司，发起人应依法对公司进行清算。清算后的财产，按甲乙丙各方出资比例进行分配。

第十四条　违约责任

（一）合同任何一方未按合同规定依期如数缴纳出资额时，每逾期一日，违约方应向其他方支付未缴纳出资额的________%作为违约金。如逾期三个月仍未提交的，其他方有权选择：

1. 要求违约方补缴；

---

①　可以约定具体的赔偿计算方式。

2. 声明丧失未缴纳出资所代表的股权；

3. 解除合同。

(二)由于一方过错，造成本合同不能履行或不能完全履行时，由过错方承担其行为给公司造成的损失。

第十五条　声明和保证

签署的协议发起人作出如下声明和保证：

(一)发起人各方均为具有独立民事行为能力的自然人，并拥有合法的权利或授权签订本协议；

(二)发起人各方投入本公司的资金，均为各发起人所拥有的合法财产；

(三)发起人各方向本公司提交的文件、资料等均是真实、准确和有效的。

第十六条　保密

各方保证对在讨论、签订、执行本协议过程中所获悉的属于其他方的且无法自公开渠道获得的文件及资料(包括商业秘密、公司计划、运营活动、财务信息、技术信息、经营信息及其他商业秘密)予以保密。未经该资料和文件的原提供方同意，其他方不得向任何第三方泄露该商业秘密的全部或部分内容。保密期限为________年。

第十七条　合同的变更

本合同履行期间发生特殊情况时，任何一方需要变更本合同的，要求变更一方应及时书面通知其他方，征得他方同意后，各方在规定的时限内(书面通知发出________天内)签订书面变更协议，该变更协议将成为合同不可分割的部分。未经各方签署书面文件，任何一方无权变更本合同，否则，由此造成对方的经济损失，由责任方承担。

第十八条　争议的处理

本合同在履行过程中发生的争议，由各方协商解决，也可由有关部门调解；协商或调解不成的，按下列第________种方式解决：

(一)提交________仲裁委员会仲裁；

(二)依法向人民法院起诉。

第十九条　不可抗力

任何一方由于不可抗力造成的部分或者全部不能履行本合同义务的行为，将不视为违约，但应在条件允许下采取一切合理及实际可行的补充措施，以减少因不可抗力造成的损失。

第二十条　合同的解释

本合同未尽事宜或条款内容不明确,各方可以根据本合同的原则、合同的目的、交易习惯及关联条款的内容,按照通常理解对本合同作出合理解释。

第二十一条　合同的效力

(一)本合同自各方法定代表人或其授权代表人签字并加盖单位公章或合同专用章之日起生效;

(二)本协议一式________份,各方均持各一份,公司留存一份,具有同等法律效力;

(三)本合同的附件和补充合同均为本合同不可分割的组成部分,与本合同具有同等的法律效力。

甲方(盖章):________

法定代表人(签字):________

________年____月____日

乙方(盖章):________

法定代表人(签字):________

________年____月____日

丙方(自然人签名):________

________年____月____日

合同签订地点:____________________

2. 股权转让合同

转让方:____________________(以下简称甲方)

住址:______________________

法定代表人:________,职务:________

电话:______________________

受让方:____________________(以下简称乙方)

住址:______________________

法定代表人:________,职务:________

电话:______________________

甲、乙双方协商,决定由甲方将其持有的______________________公司(以下简称目标公司)______%股权转让予乙方,据此双方达成以下条款共同信守。

第一条　目标公司基本情况

1. 目标公司为甲方与__________、__________、__________于____年____月____日共同设立，该公司营业执照号为________________，公司主营业务____________________。

2. 目标公司注册资本为人民币________万元，其中，甲方认缴出资________万元，实际出资________万元，持有目标公司______%的股权（以下简称"该股权"），是该公司的合法股东。

3. 目标公司所拥有的现金、全部动产和不动产、有形和无形资产见附件1。

4. 目标公司债权和其他应收款、债务和其他应付款见附件2。

5. 目标公司自成立至今所签订的所有合同见附件3。

6. 本合同签订日期前一个月的目标公司财务报告和公司设立材料见附件4。

7. 本合同中甲方所需承担的披露义务基准日为工商受理股权转让变更之日。

第二条　股权转让

1. 甲方持有目标公司______%的股权，现甲方依据本合同，将其持有的目标公司______%的股权及其依该股权享有的相应股东权益一并转让给乙方。该等股东权益指依附转让股权所有现实和潜在的权益，包括附件1所列目标公司所拥有的全部动产和不动产、有形和无形资产的______%权益，但不包括下列款项：（1）本合同附件2列明和未予列明的任何目标公司债务和其他应付款（未披露债务）；（2）目标公司现有资产与附件2所列清单相比，所存在的短少、毁损、降低或丧失的使用价值（财产价值损贬）。

2. 本合同附件2所列目标公司债务和未披露债务由甲方承担。

3. 乙方同意受让上述被转让股权，并在转让成交后，依据受让的股权享有相应的股东权益并承担相应的义务。

第三条　转让款及支付方式

1. 转让款：甲方转让目标公司________%股权的价款为人民币________万元。

2. 支付方式：

（1）目标公司已通过股东会决议，同意甲方转让其持有的______%股权和相应股东权益给乙方，其他股东放弃优先购买权后____日内，乙方支付甲方第一笔转让款______万元。

（2）乙方支付第一笔转让款后，双方在规定期限内完成本合同第四条第一款所列先决条件后____日内支付第二笔转让款[①]。甲方收到第二笔转让款后,甲、乙双方以共同认可的方式立即封存目标公司证照、印鉴、账册等所有相关手续。

(3)本合同第四条第二款所列条件满足后____日内,乙方支付第三笔转让款______万元。

3. 甲、乙双方按本合同的约定完成股权转让,根据我国相关法律、法规的规定需要缴纳的税费由双方依法各自承担。

第四条 股权转让之先决条件

1. 只有在本合同签订之日起______工作日(为过渡期)内下列先决条件全部完成后,乙方才有义务按第三条的约定支付第二笔转让款:

(1)甲方提供附件1、2、3、4资料,乙方已完成对目标公司的审计和审核,结果与甲方所介绍情况相一致;

(2)乙方初步核查未发现本合同第七条所列情况;

(3)甲方负责解除目标公司与其全部员工的劳动合同,解除合同已经签订,解除合同所需赔偿金、补偿金等费用甲方已经支付[②]。

2. 下列条件满足后,乙方才有义务按第三条约定支付第三笔转让款:

(1)乙方已履行了转让国有股权所需的评估、审批等所有程序,已具备所有必要的转让条件;

(2)甲方已完成国家有关主管部门对股权转让所要求的变更手续和登记等级;

(3)目标公司已将乙方的名称、住所、受让的出资额记载于股东名册,并办理完毕工商登记手续。

(4)甲方提名的董事即行离任,目标公司应召开股东会,乙方提名董事入选新一届董事会。

3. 乙方有权决定自行放弃上述先决条件或延迟先决条件完成期限,该等决定应以书面形式完成。

4. 出现下列情形,本合同自动终止:(1)如果先决条件未能于第一款所定

---

① 如果选择在先决条件完成前支付第二笔转让款,则可以选择:乙方应将转让款存入甲方提供,并经乙方同意的甲方之独立银行账户,该账户由甲、乙双方监管;甲、乙双方各指定一名授权代表,作为共同联合授权签字人,双方联合授权签字人共同到上述独立账户开户银行办理预留印鉴手续,该账户之任何款项需由两联合授权签字人共同签署方可动用。未经乙方同意,甲方不得以任何理由撤销乙方联合授权签字人。

② 如选择留用原有员工,则删除此款。

期限内实现，而乙方又不愿意延长该期限或放弃该先决条件；(2)在甲方已进行了合理的努力后，第四条第一款的先决条件仍然不能实现；(3)本合同未获得国家审批机关的批准。合同终止后，各方之合同项下任何权利义务不再具有约束力。甲方不得依据本合同要求乙方支付转让款，且应于合同终止后____日内向乙方返还乙方已经支付的股权转让款及其利息。

5. 如发现目标公司有未披露债务或财产价值损贬，乙方在向甲方提供相关凭证说明乙方由此遭受的损失金额后有权要求将相应的价款从共管账户内返还给乙方或在支付剩余转让款时直接扣除。

第五条　过渡期条款

1. 为使本合同约定的股权转让工作尽快完成，双方应共同成立工作小组负责本次股权转让工作，并办理股权转让有关手续。

2. 转让方在过渡期间应妥善经营管理目标公司，维护目标公司生产、资产、人员等情况的稳定，最大限度地维护该公司的各项利益，并诚信履行本合同约定的义务。

3. 受让方在过渡期间有权对目标公司做进一步调查，有权制止转让方有损目标公司利益的行为，受让方应诚信履行本合同预定的义务。

第六条　股权转让交割日

"股权转让交割日"是指股权转让所需各种变更和登记等法律手续完成，双方已将转让的有关事宜记载于股东名册并将封存之所有手续交割与乙方之日。股权转让交割日也是甲、乙双方确认目标公司债权债务责任划分日：该日之前所有债权债务由甲方承担，该日之后为乙方承担。

第七条　声明、承诺和保证

在本合同签订之日及成交日前，除本合同及双方另有规定，甲方无条件并不可撤销地向乙方声明、承诺及保证如下：

1. 甲方全权和合法拥有本合同项下该公司______%股权，具有以其自身名义转让其股权的完全行为能力。

2. 甲方承诺对目标公司的出资已全部到位。

3. 除本合同签订日前书面向乙方披露外，并无与甲方所持目标公司股权有关的诉讼、仲裁、行政程序正在进行或尚未了结。

4. 除本合同签订日前书面向乙方披露外，甲方并未以所持目标公司股权和目标公司财产向任何第三人提供任何形式的担保、抵押、质押和保证。

5. 本合同签署及股权转让成交日，目标公司不欠甲方债务、利润和其他任何名义之金额。

6. 甲方承诺目标公司合法经营,依法纳税,依据国家法律规定为目标公司员工办理了“三险”,且未受到过国家行政机关任何处罚。

7. 甲方承诺在乙方支付第二笔转让款之前,促成目标公司与其全部员工解除劳动合同,双方签订解除合同,解除劳动合同的赔偿金或补偿金等费用由甲方承担。

8. 目标公司现有业务正常进行,不因本合同及其履行而受影响。

9. 在本合同签订后两年内,甲方及其股东不从事与目标公司同类的业务。

以上声明、承诺和保证,在本合同签订后将持续、全面有效。如出现违反上述情形,乙方有权向甲方追偿受到的损失和将要受到的损失。

第八条　违约责任

本合同签订后,双方必须自觉履行。如甲方违反合同约定,应承担______万元的违约金。若乙方延期支付应付款项,则每日按应付款项的万分之五计算违约金。

第九条　合同解除

1. 有下列违约情形之一的,乙方除要求甲方承担上述违约责任外,还有权解除合同:

(1)违反在本合同中所做的任何陈述、承诺和保证,或任何陈述、承诺和保证不真实、不正确或有误导行为;

(2)甲方未经乙方同意,直接或间接出售其在目标公司的资产给第三方。

2. 如本合同履行完毕后,乙方发现甲方存在未披露公司债务情形,且有证据证明乙方因此遭受损失,甲方应赔偿乙方损失,要求甲方承担本合同第八条违约责任,并有权选择解除本合同,执行股权回转。

第十条　保密条款

甲、乙双方应尽最大努力,对其因履行合同所获得的有关对方的一切形式的商业文件、资料和秘密等信息,以及本合同的内容和其他可能合作事项予以保密。

第十一条　不可抗力

任何一方由于不可抗力造成的部分或者全部不能履行本合同义务的行为,将不视为违约,但应在条件允许下采取一切合理及实际可行的补充措施,以减少因不可抗力造成的损失。

第十二条　争议解决

凡因履行本合同所发生的或与本合同有关的一切争议,双方应首先通过友好协商解决,如果协商不能解决,则选择如下解决方法中的第______种:

1. 提请________________仲裁委员会仲裁，仲裁的裁决是终局的，对双方都有约束力；

2. 依法向________________人民法院起诉。

第十三条　一般规定

1. 本合同经甲、乙双方及目标公司签字盖章后生效，非经双方书面同意，本合同项下的权利义务不得变更。

2. 本合同项下部分条款的效力，不影响其他条款的效力。

3. 本合同一式叁份，甲、乙双方及目标公司各持壹份，具有同等法律效力。

4. 本合同于________年____月____日，在________签订。

甲方：（签章）（如自然人需配偶签字）
代表人：

乙方：（签章）
代表人：

目标公司：（签字盖章）
法定代表人：

3. 股东会议事规则

第一章　总　　则

第一条　为促进公司规范运作，提高股东会议事效率，保障股东合法权益，保证股东会程序及决议内容的合法有效性，根据《中华人民共和国公司法》（以下简称《公司法》）和本公司章程的规定，并结合公司实际情况，特制定本规则。

第二条　股东有权出席股东会。经召集人同意出席股东会的还可包括：非股东的董事、监事及公司高级管理人员；公司聘请的会计师事务所会计师、律师事务所律师及法规另有规定或会议召集人同意的其他人员。

第三条　本规则自生效之日起，即成为规范股东会、股东、董事、监事、经理和其他高级管理人员的具有约束力的文件。

第二章　股东会职权

第四条　股东会由全体股东组成,是公司最高权力机关,行使下列职权:①

(一)决定公司的经营方针和投资计划;

(二)选举和更换非由职工代表担任的董事、监事,决定有关董事、监事的报酬事项;

(三)审议批准董事会的报告;

(四)审议批准监事会或者监事的报告;

(五)审议批准公司的年度财务预算方案、决算方案;

(六)审议批准公司的利润分配方案和弥补亏损方案;

(七)对公司增加或者减少注册资本作出决议;

(八)对发行公司债券作出决议;

(九)对公司合并、分立、变更公司形式、解散和清算等事项作出决议;

(十)修改公司章程;

(十一)对公司聘用、解聘律师事务所、会计师事务所作出决议;

(十二)审议股东的提案;

(十三)审议批准本章程规定的公司对外担保、投资事项;

(十四)审议批准金额超过公司最近一期经审计总资产30%的合同;

(十五)检查和监督业务执行的措施,必要时可以派遣特别审计员;

(十六)审议法律、法规和公司章程规定应当由股东会决定的其他事项。

第三章　公司股东会会议种类

第五条　股东会分为定期股东会和临时股东会。定期股东会每年召开________次,并应于________期限之内举行。

第六条　有下列情形之一的,公司董事会必须在事实发生之日起____日以内召开临时股东会:

(一)董事人数不足《公司法》规定的法定三人,或者少于本章程所定人数的三分之二时;

(二)公司未弥补的亏损达股本总额的三分之一时;

(三)代表十分之一以上表决权的股东书面请求时;

① 股东会职权应与公司章程规定的股东会职权相一致。

（四）三分之一以上的董事认为必要时；

（五）监事会（监事）提议召开时；

（六）公司章程规定的其他情形。

第四章　股东会召集和主持

第七条　股东会由董事会召集，董事长主持。董事长不能履行职务或者不履行职务的，由副董事长主持；副董事长不能履行职务或者不履行职务的，由半数以上董事共同推举一名董事主持；董事会未指定会议主持人的，由出席会议的股东共同推举一名股东主持会议；如果因任何理由，无法推举会议主持人，应当由出席会议的持有最多表决权的股东（或股东代理人）主持。首次股东会会议由出资最多的股东召集和主持。

第八条　监事会有权以书面形式向董事会提议召开临时股东会，并阐明会议议题和提交完整的提案。董事会应当根据法律、行政法规和本章程的规定，在收到提议后____日内作出同意或不同意召开临时股东会的书面反馈意见。董事会同意召开临时股东会的，将在作出董事会决议后的____日内发出召开股东会的通知，通知中对原提议的变更，应征得监事会的同意。董事会不同意召开临时股东会，或者在收到提案后____日内未作出反馈的，视为董事会不能履行或者不履行召集股东会会议职责，监事会可以自行召集和主持。

第九条　代表十分之一以上表决权的股东①有权以书面形式向董事会请求召开临时股东会，并向董事会提出会议议题和内容完整的提案。董事会应当根据法律、行政法规和本章程的规定，在收到请求后____日内作出同意或不同意召开临时股东会的书面反馈意见。董事会同意召开临时股东会的，应当在作出董事会决议后的____日内发出召开股东会的通知，通知中对原请求的变更，应当征得相关股东的同意。董事会不同意召开临时股东会，或者在收到请求后____日内未作出反馈的，代表十分之一以上表决权的股东有权以书面形式向监事会提议召开临时股东会。

监事会同意召开临时股东会的，应在收到请求____日内发出召开股东会的通知，通知中对原提案的变更，应当征得相关股东的同意。监事会不同意召开股东会或未在受到请求后____日内未作出反馈的，视为监事会不召集和主持股东会，代表十分之一以上表决权的股东可以自行召集和主持。

第十条　监事会或股东决定自行召集股东会的，应书面通知董事会，董事

① 十分之一是法定比例，股东会议事规则可以规定低于十分之一的标准，但不能高于该标准。

会应予以配合。会议所必需的费用由本公司承担。

第五章　股东会通知

第十一条　公司召开股东会,召集人将在定期股东会召开____日前、临时股东会召开日________前以邮寄方式通知所有股东名册上的股东。通知邮寄后第三日视为送达。召集人应视股东会的议题、提案,确定是否通知董事、监事、其他高级管理人员列席股东会。

第十二条　股东会(临时股东会)的通知应包括以下内容:

(一)会议的日期、地点和期限;

(二)提交会议审议的事项;

(三)会务常设联系机构、联系人姓名、电话号码、传真及邮政编码。

下列资料应作为通知的附件:(1)提交股东会讨论的所有提案的具体内容;(2)为使股东对将讨论的事项作出明智决定所需要的资料及解释,尤其是在公司提出合并、分立、回购股权、股权重组等重大事项时,应当提供拟议中的交易的具体条件和合同,并对其起因和后果作出解释;(3)披露与将讨论的事项有重要利害关系董事、监事、经理和其他高级管理人员,包括该利害关系的性质和程度;(4)拟在会议上提议通过的特别决议的全文。

如果股东会拟讨论选举董事、监事事项,股东会通知中应充分披露董事、监事候选人的详细资料,至少包括以下内容:(1)教育背景、工作经历、兼职等个人情况;(2)与本公司或本公司的控股股东及实际控制人是否存在关联关系;(3)持有本公司股权比例。

第十三条　召集人发布召开股东会的通知后,不得无故延期召开会议。必须延期召开的,应在原定股东会召开日前至少________个工作日,通知说明原因并公布延期后的召开日期。

第十四条　召集人发布召开股东会的通知后,不得随意更改会议议题。确需更改会议议题的,应在原定股东会召开日前至少________个工作日,通知说明原因及更改后议题。

第十五条　股东可以亲自出席股东会,也可以委托代理人代为出席和表决。股东应当以书面形式委托代理人,由委托人签署;委托人为法人的,应当加盖法人印章。

第十六条　股东出具的委托他人出席股东会的授权委托书应当载明下列内容:

(一)代理人的姓名;

（二）是否具有表决权；

（三）分别对列入股东会议程的每一审议事项投赞成、反对或弃权票的指示；

（四）可能纳入股东会议程的临时提案是否有表决权，如果有表决权应行使何种表决权的具体指示；

（五）委托书签发日期和有效期限；

（六）委托人签名（或盖章）。委托人为法人股东的，应加盖法人单位印章。

委托书应当注明如果股东不作具体指示，股东代理人是否可以按自己的意思表决。

第十七条　公司应制作出席会议人员的签名册。签名册载明参加会议人员姓名（或单位名称）、身份证号码、住所地址、持有或者代表有表决权的出资比例、被代理人姓名（或单位名称）等事项。

第六章　股东会提案

第十八条　股东会提案是针对应当由股东会讨论的事项所提出的具体议案，董事会、监事会、股东可在定期股东会召开________天以前、临时股东会召开________天以前向召集人提出书面提案，召集人应当在收到提案后____日内发出股东会补充通知，告知提案的内容。如果召集人未将该提案提交股东会决议，该股东有权直接在股东会上提出。召集人在发出股东会通知公告后，不得修改股东会通知中已列明的提案。

提案应有明确议题和具体决议事项，内容应当属于股东会职权范围。

第十九条　董事会应将每年的利润分配方案提交每年第一次定期股东会讨论。

第二十条　会计师事务所的聘任，由董事会提出提案，股东会表决通过。① 董事会提出解聘或不再续聘会计师事务所的提案时，应事先通知该会计师事务所，并向股东会说明原因。会计师事务所有权向股东会陈述意见。

非会议期间，董事会因正当理由解聘会计师事务所的，可临时聘请其他会计师事务所，但必须在下一次股东会上追认通过。

会计师事务所提出辞聘的，董事会应在下一次股东会说明原因。辞聘的会计师事务所有责任以书面形式或派人出席股东会，向股东会说明公司有无

① 公司章程也可将该权利列入董事会职权。

不当行为。

第二十一条　股东会应当对具体的提案作出决议。股东可以在股东会上临时提出提案,但是否需要在股东会上审议应先由股东会决议。

第七章　股东会议事程序

第二十二条　股东会需有代表二分之一表决权,且不得低于一半以上[①]的股东出席,方能举行。如果出席人数未达到最低人数,则会议应当延期,延期股东会应在一个月内召开。会议延期召开后如果出席人数仍达不到最低人数,则应当解散会议。

第二十三条　在定期股东会上,董事会应当就前次股东会以来股东会决议中应由董事会办理的各事项的执行情况向股东会做出报告和说明。

注册会计师对公司财务报告出具解释性说明、保留意见、无法表示意见或否定意见的审计报告的,公司董事会应当将导致会计师出具上述意见的有关事项及对公司财务状况和经营状况的影响向股东会做出说明。

第二十四条　股东出席股东会,可以要求在大会上发言和提出质询。股东的发言与质询包括口头和书面两种方式。

第八章　股东会表决

第二十五条　股东会对所有列入议事日程的提案应当进行逐项表决,不得以任何理由搁置或不予表决。股东会不得对召开股东会的通知中未列明的事项进行表决。定期股东会对同一事项有不同提案的,应以提案提出的时间顺序进行表决和作出决议。每个股东以其实缴的出资比例[②]行使表决权,表决方式为举手表决。

会议主持人根据表决结果决定股东会的决议是否通过,并应当在会上宣读表决结果,决议的表决结果载入会议记录。

第二十六条　如果关联交易拟在股东会中审议的,则公司董事会应当在股东会通知中明确告知全体股东。股东会审议关联交易事项时,与该交易事项有关联关系的股东(包括股东代理人)可以出席股东会,依照大会程序向到会股东阐明其观点,并就其他股东的质询作出说明。

股东会就关联交易事项进行表决时,关联股东不应当参与表决,其所代表

---

① 公司可以自行调整该比例,但需与公司章程保持一致。

② 还可以考虑以认缴的出资比例行使表决权。

的表决权的股权数不计入有效表决总数。是否属于关联交易,可以由股东会先行表决。

第二十七条　股东会审议选举董事、监事的提案,应当对每一个董事、监事候选人逐个进行表决。选举董事、监事提案获得通过的,新任董事、监事在会议结束之后立即就任。

第九章　股东会决议

第二十八条　提案表决通过后应形成决议。股东会决议分为普通决议和特别决议。

股东会作出普通决议,应当经代表二分之一以上表决权的股东同意才能通过,股东会作出特别决议,应当经代表三分之二以上表决权的股东同意才能通过。股东会不得对股东会通知中未列明的事项作出决议。

第二十九条　下列事项由股东会以普通决议通过:

(一)董事会和监事会的工作报告;

(二)董事会拟定的利润分配方案和弥补亏损方案;

(三)董事会和监事会成员的任免及其报酬和支付方法;

(四)公司年度预算方案、决算方案;

(五)除法律、行政法规规定或者公司章程规定应当以特别决议通过以外的其他事项。

第三十条　下列事项由股东会以特别决议通过:①

(一)公司增加或者减少注册资本;

(二)发行公司债券;

(三)公司的分立、合并、解散和清算;

(四)公司章程的修改;

(五)公司在一年内购买、出售重大资产或者担保金额超过公司最近一期经审计总资产30%的;

(六)公司主营业务转让;

(七)以租赁或承包经营转变公司经营方式;

(八)公司章程规定和股东会以普通决议认定会对公司产生重大影响的、需要以特别决议通过的其他事项。

第三十一条　股东会应有会议记录。会议记录记载以下内容:

---

① 股东会议事规则还可以约定全体股东一致同意才能通过的事项。

(一)出席股东会的总表决权数及各股东的出资比例;

(二)召开会议的日期、地点;

(三)会议主持人姓名、会议议程;

(四)各发言人对每个审议事项的发言要点;

(五)每一表决事项的表决结果;

(六)股东的质询意见、建议及董事会、监事会的答复或说明等内容。

第三十二条 股东会记录由出席会议的董事和记录员签名,并作为公司档案保存,保存期限为________年。

第十章 股东会决议的执行

第三十三条 股东会形成的决议,由董事会负责执行或按决议的内容交由公司总经理组织有关人员具体实施承办;股东会决议要求监事会办理的事项,直接由监事会组织实施。

第三十四条 股东会决议的执行情况由总经理向董事会报告,并由董事会向下次股东会报告;涉及监事会实施的事项,由监事会直接向股东会报告,监事会认为必要时也可先向董事会通报。

第三十五条 公司董事长对除应由监事会实施以外的股东会决议执行情况进行督促检查,必要时可召集董事会临时会议听取和审议关于股东会决议执行情况的汇报。

第三十六条 利润分配方案、公积金转增股本方案经公司股东会批准后,公司董事会应当在股东会召开后两个月内完成股利的分配事项。

第十一章 附 则

第三十七条 本规则自公司股东会通过之日起实施。

第三十八条 本规则与《公司法》等其他法律法规相悖时,按相关法律法规执行。

第三十九条 本规则的修改由股东会决定,并由股东会授权董事会拟订修改草案,修改草案经股东会普通决议通过①后生效。有下列情形之一的,公司应当修改本规则:

(一)《公司法》或有关法律、法规和其他规范性文件修改后,本规则规定的事项与修改后的有关法律、法规和其他规范性文件的规定相抵触;

① 与公司章程重复内容的修改应视为公司章程的修改,应以特别决议通过。

（二）股东会决定修改本规则。

第四十条　本规则的解释权属于董事会。

________有限公司

________年____月____日

4.董事会议事规则

第一章　总　　则

第一条　为规范董事会议事方式与程序，提高董事会议事效率，保证董事会决策的科学性，切实行使董事会的职权，根据《中华人民共和国公司法》（以下简称《公司法》）及本公司章程，特制定本规则。本规则对公司及全体董事具有约束力。

第二条　公司董事会是公司法定代表机构和决策机构，对股东会负责并向其报告工作。

第三条　董事会会议是董事会议事的主要形式，董事按规定参加董事会会议是履行董事职责的基本方式。

第二章　董事会的职权

第四条　根据公司章程规定，董事会依法行使下列职权：

（一）召集股东会，并向股东会报告工作；

（二）执行股东会的决议；

（三）决定公司的经营计划和投资方案；

（四）制订公司的年度财务预算方案、决算方案；

（五）制订公司的利润分配方案和弥补亏损方案；

（六）制订公司增加或者减少注册资本方案；

（七）拟订公司重大收购、收购本公司股权或者合并、分立、解散及变更公司形式的方案；

（八）决定公司内部管理机构的设置；

（九）聘任或者解聘公司经理；根据经理的提名，聘任或者解聘公司副经理、财务负责人等高级管理人员，并决定其报酬事项和奖惩事项；

（十）制订公司的基本管理制度；

(十一)在股东会授权范围内,决定公司对外投资、收购出售资产、资产抵押、对外担保事项、委托理财、关联交易等事项;

(十二)决定公司职工的工资、福利、奖惩方案;

(十三)制订本章程的修改方案;

(十四)向股东会提请聘请或更换为公司审计的会计师事务所;

(十五)听取公司经理的工作汇报并检查经理的工作;

(十六)法律、法规或者公司章程规定以及股东会授予的其他职权。

第五条　审批权限的划分:

(一)投资、担保权限。________万元人民币以内的投资、担保由公司总经理决定。公司的对外担保、投资总额,未超过________万元,且不超过最近一期经审计净资产的百分之________的担保、投资;单笔担保、投资额超过最近一期经审计净资产百分之________的担保、投资由董事会批准,超过上述标准之一的经股东会批准。①

(二)收购或出售资产。(1)被收购、出售资产的总额未超过公司最近一期审计总资产的百分之________以上;(2)被收购、出售资产相关的净利润或亏损未超过公司最近一期审计净利润的百分之________以上;(3)收购、出售资产时,其应付、应收金额未超过公司最近一期审计净资产总额的百分之________以上的由总经理审批。超过上述标准之一的经董事会批准,相对数字占百分之________以上的经股东会批准。

(三)关联交易。公司与关联方签署的一次性协议或连续十二个月内签署的不同协议,所涉及的金额为________万元至________万元或占净资产的千分之________至百分之________,由董事会批准;________万元以上或超过净资产的百分之________以上由股东会批准。

(四)提取资产减值准备和损失处理。核销和计提资产减值准备金额低于公司最近一期审计净资产总额百分之________的由董事会批准;超过公司最近一期审计净资产总额百分之________以上或涉及关联交易的应向股东会报告。

第三章　董事会会议

第六条　董事会会议由董事长召集和主持;董事长不能履行职务或者不履行职务的,由副董事长召集和主持;副董事长不能履行职务或者不履行职务

① 与股东会职权相统一。

的,由半数以上董事共同推举一名董事召集和主持。

第七条　董事会会议分为定期会议和临时会议。原则上每年召开________次定期会议,遇特殊情况时,可召集临时会议。

第八条　有下列情形之一的,董事长应在五个工作日内召集临时董事会会议:

(一)董事长认为必要时;

(二)三分之一以上董事联名提议时;

(三)监事会提议时;

(四)经理提议时。

第九条　董事会会议召集人应当在定期董事会会议举行____日前,临时董事会会议举行前________内通知各董事。通知应载明召集事由和开会时间、地点,并以书面形式送达全体董事。但遇到紧急情况时,可以随时召集。董事会召开临时董事会会议的通知方式为________。

第十条　董事会会议通知包括以下内容:

(一)会议日期和地点;

(二)会议期限;

(三)事由及议题;

(四)发出通知的日期。

第十一条　公司董事、监事、经理可以向董事会提交提案,提案内容应随会议通知一起送达全体董事、监事、经理和需要列席会议的有关人员。提交的议案都应列入议程。在董事会召开期间,每个董事都有权提交临时提案,该提案是否会成为本次会议的议案,由董事会决议。

第十二条　董事会会议应当由二分之一以上的董事出席方可举行。

董事会会议应当由董事本人出席,董事因故不能出席的,可以书面委托其他董事代为出席。委托书应当载明代理人的姓名以及代理事项、权限和有效期限,并由委托人签名或盖章。代为出席会议的董事应当在授权范围内行使董事的权利。董事未出席董事会会议,亦未委托代表出席的,视为放弃在该次会议上的投票权。

第十三条　董事会讨论的每项议题都必须由提案人或指定一名董事作主题中心发言,要说明本议题的主要内容、前因后果、提案的主导意见。对重大投资项目还必须事先请有关专家、专业人员对项目进行评审,由专家出具可行性研究报告,以利于全体董事审议,防止失误。

所有列席人员都有发言权,但无表决权。董事会在作出决定之前,应当充分听取列席人员的意见。

第十四条　董事会决议表决方式为举手表决。每名董事有一票表决权。

董事与董事会会议决议事项有关联关系的,不得对该项决议行使表决权,也不得代理其他董事行使表决权。出席董事会的无关联董事人数不足3人的,应将该事项提交股东会审议。

第十五条　董事会对每个提案都应以书面形式作出决议。董事会决议分普通决议和特别决议。普通决议必须经全体董事的过半数通过,特别决议必须由三分之二以上董事同意方可通过。涉及修改公司章程、利润分配、弥补亏损、重大投资项目、收购兼并等重大问题应以特别决议通过。

第十六条　董事会临时会议在保障董事充分表达意见的前提下,可以用传真方式进行并作出决议,但必须由参会董事签字。

第十七条　董事会会议应当有记录,出席会议的董事和记录人应当在会议记录上签名。董事会会议记录在会后三日内分发给各董事。出席会议的董事有权要求在记录上对其在会议上的发言做出说明性记载。董事会会议记录应与出席会议的董事签名簿及代理出席委托书一并作为公司档案保存,________年内任何人不得销毁。

第十八条　董事会会议记录包括以下内容:

(一)会议召开的日期、地点和召集人姓名;

(二)出席董事的姓名以及受他人委托出席董事会的董事(代理人)姓名;

(三)会议议程;

(四)董事发言要点;

(五)每一决议事项的表决方式和结果(表决结果应载明赞成、反对或弃权的票数)。

第十九条　董事应当对董事会的决议承担责任。董事会决议违反法律、法规或者公司章程,致使公司遭受损失的,参与决议的董事对公司负赔偿责任。但经证明在表决时曾表示异议并记载于会议记录的,该董事可以免除负责。

第二十条　董事会会议一经形成纪要或决议,即由纪要或决议所确实的执行人负责组织对纪要或决议的执行和落实,并将执行结果向董事长汇报。

第四章　董　　事

第二十一条　公司董事会由________周岁以上、无须持有公司股权、具有________年________专业工作经历的________名自然人董事组成。

第二十二条　具有《公司法》第一百四十六条规定的情形之一的人员，不得担任公司的董事。

第二十三条　董事由________提名，股东会选举和更换。董事任期三年，从就任之日起至本届董事会任期届满时为止。董事任期届满，连选可以连任。董事在任期届满以前，股东会不能无故解除其职务。董事辞职或者任期届满，应向董事会办理交接手续。

第二十四条　董事任期届满未及时改选，或者董事在任期内辞职导致董事会成员低于法定人数的，在改选出的董事就任前，原董事仍应当依照法律、行政法规和公司章程的规定，履行董事职务。

第二十五条　董事应当遵守法律、法规和公司章程的规定，忠实履行职责，维护公司利益。当其自身的利益与公司和股东的利益相冲突时，应当以公司和股东的最大利益为行为准则，并保证：

（一）在其职责范围内行使权利，不得越权；

（二）除经公司章程规定或者股东会在知情的情况下批准，不得同本公司订立合同或者进行交易；

（三）不得利用内幕信息为自己或他人谋取利益；

（四）不得自营或者为他人经营与公司同类的营业或者从事损害本公司利益的活动；

（五）不得利用职权收受贿赂或者其他非法收入，不得侵占公司的财产；

（六）不得挪用资金或者将公司资金借贷给他人；

（七）不得利用职务便利为自己或他人侵占或者接受本应属于公司的商业机会；

（八）未经股东会在知情的情况下批准，不得接受与公司交易有关的佣金；

（九）不得将公司资产以其个人名义或者以其他个人名义开立账户储存；

（十）不得以公司资产为本公司的股东或者其他个人债务提供担保；

（十一）未经股东会同意，不得泄露在任职期间所获得的涉及本公司的机密信息。

第二十六条　董事应当谨慎、认真、勤勉地行使公司所赋予的权利，以保证：

（一）公司的商业行为符合国家的法律、行政法规以及国家各项经济政策的要求，商业活动不超越营业执照规定的业务范围；

（二）公平对待所有股东；

(三)认真阅读公司的各项商务、财务报告,及时了解公司业务经营管理状况;

(四)亲自行使被合法赋予的公司管理处置权,不得受他人操纵;非经法律、行政法规允许或者得到股东会在知情的情况下批准,不得将其处置权转授他人行使;

(五)接受监事会对其履行职责的合法监督和合理建议。

第二十七条　未经公司章程规定或者董事会的合法授权,任何董事不得以个人名义代表公司或者董事会行事。董事以其个人名义行事时,在第三方会合理地认为该董事在代表公司或者董事会行事的情况下,该董事应当事先声明其立场和身份。

第二十八条　董事连续两次未能亲自出席,也不委托其他董事出席董事会会议,视为不能履行职责,董事会应当建议股东会予以撤换。

第二十九条　公司不以任何形式为董事纳税。董事的报酬由股东会确定。

第三十条　董事遇有下列情形之一时,必须解任:

(一)任期届满;

(二)被股东会罢免;

(三)董事自动辞职。

第三十一条　因董事退任而发生缺额达三分之一时,除因届满事由者外,应立即要求股东会补选董事,以补足原任董事名额为限。在董事缺额未及补选且有必要时,可由股东会指定人员代行董事职务。

第三十二条　董事依法享有以下权限:

(一)出席董事会议,参与董事会决策。

(二)办理公司业务,具体包括:(1)执行董事会决议委托的业务;(2)处理董事会委托分管的日常事务。

第三十三条　董事不得兼任其他同类业务公司的董事或经理人,但经董事会许可的除外。

第三十四条　董事必须承担以下责任:

(一)董事依照董事会决议具体执行业务,若董事会的决议违反法律、法规或公司章程致使公司遭受损害,参与决议的董事应对公司负损害赔偿责任,但曾经表示异议的董事,有记录或书面声明可资证明者,不负其责任;

(二)董事在具体执行业务中没有依照董事会决议,致使公司遭受损害,应对公司负损害赔偿责任;

（三）董事在执行业务中逾越权限致使公司遭受损害，应对公司负损害赔偿责任；

（四）董事为自己或他人进行属于公司营业范围之内的行为，该行为本身有效；但公司可以将该行为的所得视为公司所得。董事应向公司交付该行为所取得的财务，转移该行为所取得的权利。

第五章　董　事　长

第三十五条　公司设董事长一名，副董事长一名，由董事会以全体董事的过半数选举产生和罢免。董事长任期三年，可以连选连任。但不得超过其为董事的任期。

董事长是公司法定代表人。

第三十六条　董事长行使下列职权：①

（一）召集、主持董事会会议，领导董事会的日常工作；

（二）督促、检查董事会决议的执行；

（三）签署公司出资证明书、公司债券及其他有价证券；

（四）签署董事会重要文件和其他应由公司法定代表人签署的其他文件；

（五）批准和签署单笔在公司净资产________%以下的投资项目合同文件和款项，以及审批和签发单笔在________万元以下的公司财务预算计划外的财务支出款项；

（六）批准________万元以下的固定资产购置的款项；

（七）行使法定代表人的职权；

（八）在发生特大自然灾害等不可抗力的紧急情况下，对公司事务行使符合法律规定和公司利益的特别处置权，并在事后向公司董事会和股东会报告；

（九）董事会闭会期间，代行董事会职权；

（十）董事会授予的其他职权。

第三十七条　公司副董事长协助董事长工作，董事长不能履行职务或者不履行职务的，由副董事长履行职务（公司有两位或两位以上副董事长的，由半数以上董事共同推举的副董事长履行职务）；副董事长不能履行职务或者不履行职务的，由半数以上董事共同推举一名董事履行职务。

第三十八条　董事长由于下列事由而退任：

---

① 只有下列第1、2、10项为董事长的法定职权，董事长其余职权由公司章程或董事会议事规则规定。

(一)失去董事身份;

(二)股东会通过特别决议而解任。

第六章　附　　则

第三十九条　本规则由公司董事会负责解释、修改。[①]

第四十条　本规则未尽事宜,依据《公司法》等有关法律和行政法规及公司章程办理。

第四十一条　本规则经公司股东会审议通过后实施。

________有限责任公司董事会

________年____月____日

5. 监事会议事规则

第一章　总　　则

第一条　为了规范公司监事会的议事程序和行为,确保监事会公平、公正、高效运作和有效履行监督职能,根据《中华人民共和国公司法》(以下简称《公司法》)和本公司章程的有关规定,特制定本规则。本规则对公司及全体监事具有约束力。

第二条　公司监事会是公司的监督机构,对股东会负责并向其报告工作。

第三条　监事和监事会依法行使监督权的活动受法律保护,任何单位和个人不得干涉。公司应为监事与监事会履行职责提供必要的条件及业务活动经费。

第二章　监事会的职权

第四条　公司设监事会,监事会行使下列职权:

(一)检查公司财务;

(二)对董事、高级管理人员执行公司职务的行为进行监督,对违反法律、行政法规、本章程或者股东会决议的董事、高级管理人员提出罢免的建议;

(三)当董事、高级管理人员的行为损害公司的利益时,要求董事、高级管

---

① 也可以规定本规则的修改需经股东会以普通决议方式审议通过。

理人员予以纠正；

（四）提议召开临时股东会，在董事会不履行《公司法》规定的召集和主持股东会职责时召集和主持股东会；

（五）向股东会提出提案；

（六）依照《公司法》第一百五十条的规定，对董事、高级管理人员提起诉讼；

（七）发现公司经营情况异常，可以进行调查，必要时，可以聘请会计师事务所、律师事务所等专业机构协助其工作，费用由公司承担；

（八）应当对董事会编制的公司定期报告进行审核并提出书面审核意见；

（九）监事可以列席董事会会议，并对董事会决议事项提出质询或者建议；

（十）本章程规定或股东会授予的其他职权。

第五条　监事会对董事、高级管理人员的监督记录以及进行财务或专项检查的结果是对董事、高级管理人员绩效评价的重要依据。

第三章　监事会会议

第六条　监事会会议由监事会主席召集并主持。监事会主席因特殊原因不能履行职务时，由监事会主席指定一名监事召集和主持；监事会主席未指定人选时，由监事会半数以上监事推举一名监事担任会议主持人。

第七条　监事会分为定期会议和临时会议。原则上每年应至少召开________次监事会会议。任一监事可以提议召开临时监事会会议并向会议提出提案。

第八条　当公司出现以下情况时，监事会主席应在________个工作日内召集监事会临时会议：

（一）监事提议召开时；

（二）公司财务违规操作、财务会计信息失真时；

（三）董事、总经理和其他高级管理人员执行公司职务时出现违法、违规或者违反公司章程的行为时；

（四）股东会、董事会会议了违反法律法规、公司章程或在先的公司股东会决议时；

（五）公司、董事、监事、高级管理人员被股东提起诉讼时。

第九条　监事会召集人应该在定期会议举行前____日，临时会议举行前____日通知全体监事，必要时通知其他高级管理人员、内部审计人员及外部审计人。如情况紧急,需要尽快召开监事会临时会议的,会议可以不受前款通知时限的限制,但召集人应当在会议上作出说明。

第十条　监事会会议通知应当至少包括以下内容:

(一)会议的时间、地点;

(二)拟审议的事项(会议提案);

(三)会议召集人、临时会议的提议人及其书面提案;

(四)监事表决所必需的会议材料;

(五)会议联系人和联系方式。

第十一条　公司的监事和其他有关人员可以向监事会提交提案,监事会提案应符合下列条件:

(一)内容与法律、法规、公司章程的规定不抵触并且属于公司经营活动范围和监事会的职责范围;

(二)提案必须符合公司和股东的利益;

(三)有明确的议题和具体事项;

(四)至少应在会议召开前________个工作日提交。

第十二条　监事会会议应当有二分之一以上的监事出席方可举行。

监事会会议应当由监事本人出席。监事因故不能出席会议的,应当事先审阅会议材料,形成明确的意见,书面委托其他监事代为出席。监事不得在未说明其本人对提案的个人意见和表决意向的情况下全权委托其他监事代为出席,有关监事也不得接受全权委托和授权不明确的委托;在审议关联交易事项时,监事不得委托与会议提案有关联关系的监事代为出席;与会议提案所涉及的企业有关联关系的监事不得接受其他监事的委托。

第十三条　监事会讨论的每项议题应由提案人或监事会主席指定的一名监事作主题中心发言,说明本提案的主要内容、前因后果、主导意见。对重要的提案还应事先组织有关人员进行调查核实,写出书面调查报告,以利于全体监事审议。

第十四条　监事会会议在审议有关提案和报告时,可要求公司董事、高级管理人员、内部及外部审计人员列席会议,对有关事项作必要的说明,并回答监事会提出的问题。

第十五条　监事会决议以举手方式进行表决,每名监事有一票表决权。

监事与监事会会议决议事项有关联关系的,不得对该项决议行使表决权,也不得代理其他董事行使表决权。

第十六条　监事会对提案都应以书面形式作出决议。监事会形成决议需经全体监事的过半数同意。

第十七条　监事会会议应形成会议记录,出席会议的监事和记录人应当在会议记录上签名。出席会议的监事有权要求在记录上对其在会议上的发言作出某种说明性记载。监事会会议记录应与出席会议的监事签名簿及代理出席委托书一并作为公司档案保存,保管期限为________年。

第十八条　监事会会议记录包括以下内容:

(一)会议召开的日期、地点和召集人姓名;

(二)出席会议监事的姓名;

(三)会议议程;

(四)监事发言要点;

(五)每一决议事项的表决方式和表决结果,表决结果应载明赞成、反对或弃权的票数。

第十九条　监事应当对监事会的决议承担责任。监事会决议违反法律、法规或者公司章程,致使公司遭受经济损失的,参与决议的监事对公司负赔偿责任。但经证明在表决时曾表示异议并记载于会议记录的,该监事可以免除责任。

第二十条　监事会应当督促有关人员落实监事会决议。监事会主席当在以后的监事会会议上通报已经形成的决议的执行情况。

第二十一条　监事会可作出决议并向董事会、股东会提出建议,由董事会组织有关部门落实。

第二十二条　监事会作出的决议,如涉及提议召开临时董事会、临时股东会或向股东会提出提案的,应在规定时间内以书面形式向董事会或其他召集人提出会议议题和内容完整的提案,并应保证提案内容符合法律、法规和公司章程的规定。

第四章　监　　事

第二十三条　公司监事会由________名股东代表监事、________名职工代表监事组成。监事应具有法律、财务、会计等方面的专业知识或工作经验,具有与股东、职工和其他相关利益者进行广泛交流的能力。

第二十四条　具有《公司法》第一百四十六条规定的情形之一的人员,不得担任公司的监事。董事、总经理和其他高级管理人员、财务负责人不得兼任监事。

第二十五条　股东代表监事由________提名,股东会选举产生和更换,职工代表监事由公司职工民主选举产生或更换。监事任期三年,任期届满,连选可以连任。监事任期届满未及时改选,或者监事在任期内辞职导致监事会成员低于法定人数的,在改选出的监事就任前,原监事仍应当依照法律、行政法规和公司章程的规定,履行监事职务。

第二十六条 监事连续二次不能亲自出席监事会会议,也未委托其他监事出席会议,视为不能履行职责,监事会应提请股东会或职工代表大会予以更换。

第二十七条 公司不以任何形式为监事纳税,监事的报酬由股东会确定。

第二十八条 监事享有以下权利:

(一)知情权。监事有权了解公司决策、经营情况。

(二)审查权。有权检查公司财务、账簿和文件,要求董事及公司有关人员提供相关资料。

(三)出席权。有权出席监事会会议,列席公司董事会会议。

(四)提议召开监事会临时会议权。

(五)公司章程规定的其他职权。

监事行使职权时,可以聘请律师、注册会计师、执业审计师等专业人员,由此所发生的合理费用由公司承担。

第二十九条 监事应当遵守法律、行政法规和公司章程的规定,履行诚信和勤勉的义务。监事不得利用在公司的地位和职权为自己或他人牟取私利,不得收受贿赂或其他非法收入,不得侵占公司财产等。监事除依法律规定或经股东会同意外,不得披露公司秘密。

第五章 监事会主席

第三十条 监事会设主席一人。监事会主席由全体监事过半数选举产生,可以连选连任。

第三十一条 监事会主席行使下列职权:

(一)召集和主持监事会会议;

(二)检查监事会决议的执行情况;

(三)代表监事会向股东会报告工作。

第三十二条 监事会主席不能履行职务或者不履行职务的,由半数以上监事共同推举一名监事召集和主持监事会会议。

第三十三条 监事会主席由于下列事由而退任:

(一)失去监事身份。

(二)股东会通过特别决议而解任。

第六章　附　则

第三十四条　本规则作为公司章程的附件，由监事会拟定，自股东会通过之日起生效。

第三十五条　本规则解释权、修改权[①]属于监事会。

第三十六条　本规则与法律、法规及公司章程相悖时，应按照法律、法规及公司章程执行。

________有限公司监事会

________年____月____日

6. 总经理工作细则

第一章　总　则

第一条　为提高公司管理效率和科学管理水平，根据《公司法》等法律法规及公司章程的有关规定，制定本细则。

第二条　本细则对公司总经理和副总经理的职责权限与工作分工作出规定，并对公司总经理、副总经理和其他高级管理人员的主要管理职能作出规定。

第三条　公司总经理、副总经理及其他高级管理人员除应按公司章程的规定行使职权外，还应按照本细则的规定行使管理职权并承担管理责任。

第四条　公司总经理、副总经理及其他高级管理人员的选聘，应采取公开、透明的方式进行。

第五条　公司应与总经理、副总经理及其他高级管理人员签订聘任合同，以明确彼此间的权利义务关系。

第六条　公司总经理每届任期________年，连聘可以连任。公司总经理任免均应履行法定程序并依法公告。

第二章　经理机构

第七条　公司经理机构设总经理一名，副总经理________名。

---

① 也可以规定本规则的修改需经股东会以普通决议方式审议通过。

第八条　公司可以根据生产经营发展的需要,设总工程师等其他高级管理人员。

第九条　公司经理机构的人员变动应经董事会审议批准。

第十条　总经理向董事会负责,根据董事会的授权,主持公司的日常经营管理工作,并接受董事会的监督和指导。

第三章　经理班子职权

第一节　总经理的职责权限

第十一条　总经理的职权

根据公司章程之规定,总经理行使下列职权:

(一)全面主持公司的日常生产经营管理工作,切实保证公司各项经营目标的实现;

(二)组织实施董事会决议、公司年度工作计划、对外投资方案、公司财务预算报告及利润分配与使用方案;

(三)在董事会授权范围内,对外代表公司签署有关协议、合同或处理有关事宜;

(四)拟订公司内部管理机构设置方案与公司的基本管理制度;

(五)制定公司组织编制、人事编制和公司的具体规章制度;

(六)提请董事会聘任或者解聘公司副总经理、财务总监及其他高级管理人员;

(七)聘任或者解聘除应由董事会聘任或者解聘以外的管理人员;

(八)决定公司中层管理人员及其以下各级管理人员与员工的任免、工作安排、报酬、奖惩与福利等事项;

(九)负责审查并批准公司年度计划内的生产、经营、投资、改造、基建项目、科研开发的可行性研究报告;依照公司年度计划,决定公司有关资金、资产的运用或安排;

(十)提议召开董事会临时会议;

(十一)签署公司日常行政、业务文件;

(十二)负责处理公司重大突发事件;

(十三)根据董事会的授权或要求拟订应由董事会决议事项的初步方案并报请董事会决议;

(十四)公司章程或董事会授予的其他职权。

第十二条　经公司董事会授权,总经理可行使以下资金、资产的运用权限:

(一)批准不超过最近一期审计的公司总资产________%的投资项目;

(二)批准不超过最近一期审计的公司总资产________%的对外投资;

(三)批准不超过最近一期审计的公司总资产________%的融资项目;

(四)批准不超过最近一期审计的公司总资产________%的风险投资、资产抵押及其他担保事项。

第十三条　总经理应定期向董事会和监事会报告工作,至少每半年报告一次。

第十四条　总经理应根据董事会或监事会的要求,及时报告公司重大合同的签署及履行情况、资金运用情况和盈亏情况。公司遇有重大诉讼、仲裁或行政处罚等类似事件时,总经理应及时向董事会、监事会报告。总经理应当保证其相关报告内容的真实准确性。

第十五条　副总经理、财务总监为总经理的辅助机构,分别对总经理负责,并应协助总经理做好公司日常生产经营与管理工作。

第十六条　总经理拟定有关公司员工工资、福利、安全生产以及劳动保护、劳动保险、解聘或开除员工等涉及员工切身利益的问题时,应当事先听取公司工会或职代会的意见。

第二节　副总经理职权

第十七条　副总经理具体工作职责如下:

(一)________副总经理:分管公司产品推广与销售工作;

(二)________副总经理:分管公司生产计划、物资供应、设备管理工作;

(三)________副总经理:分管公司资本运营工作;

……

第十八条　副总经理就其所分管的业务和日常工作对总经理负责,并在总经理的领导下贯彻落实所负责的各项工作,定期向总经理报告工作。

第十九条　副总经理可以向总经理提议召开总经理办公会议。

第二十条　副总经理根据业绩和表现,可以提请公司总经理解聘或聘任自己所分管业务范围内的一般管理人员和员工。

第二十一条　及时完成总经理交办或安排的其他工作。

第三节 财务总监职权

第二十二条 公司设财务总监一名,由总经理提名并由董事会聘任。财务总监对董事会负责,协助总经理进行工作。

第二十三条 财务总监具体工作职责如下:

(一)全面负责公司的日常财务工作,审查、签署重要的财务文件并向总经理报告工作;

(二)组织拟订公司的年度利润计划、资金使用计划和费用预算计划;

(三)负责公司及其下属公司的季度、中期、年度财务报告的审核,保证公司财务报告的及时披露,并对披露的财务数据负责;

(四)控制公司生产经营成本,审核、监督公司资金运用及收支平衡;

(五)按月向总经理提交财务分析报告,提出改善生产经营的建议;

(六)参与投资项目的可行性论证工作并负责新项目的资金保障;

(七)指导、检查、监督各分公司、子公司的财务工作;

(八)审核公司员工的差旅费、业务活动费以及其他一切行政费用;

(九)提出公司员工工资、奖金的发放及年终利润分配方案、资本公积金转增股本方案;

(十)财务总监对公司出现的财务异常波动情况,须随时向总经理汇报,并提出正确及时的解决方案,配合公司作好相关的信息披露工作;

(十一)根据总经理的安排,协助各副总经理做好其他工作,完成总经理交办的临时任务。

第四章 总经理办公会议

第二十四条 总经理的日常工作形式为总经理办公会,会议由总经理主持,由副总经理、财务总监、总经理办公室主任以及相关部门负责人参加,并可邀请其他适当人员参加。

总经理因故不能主持会议的,应指定一位副总经理代其主持会议。

第二十五条 总经理办公会处理公司日常的各项生产经营及管理工作,检查、调度、督促并协调各职能部门的业务工作进展情况,制订下一步工作计划,保证生产经营目标的顺利完成。

第二十六条 总经理办公会所议事项应属于董事会授权范围内的事项。

第二十七条 总经理办公会应有明确的议事内容和议题。总经理办公会应至少提前一天由总经理办公室秘书通知全体参会人员。会议通知应包括:

会议时间与地点、参加会议人员、会议议题、发出通知的日期等内容。

第二十八条 总经理办公会应有会议记录,会议记录应包括以下内容:举行会议的时间、地点、开会事由及会议具体内容,与会人员均应在会议记录上签字。会议记录由公司档案室负责保管,保存期应不少于________年。

第二十九条 总经理办公会至少应每________个月召开一次会议。总经理认为必要时可随时召集总经理办公会议。总经理办公会原则上应在公司住所地召开。

第三十条 总经理决策以下事项时,应召开总经理办公会:

(一)贯彻落实董事会决议;

(二)实施公司年度计划、公司投资计划;

(三)决定提交董事会审议的内部管理机构设置方案和公司基本管理制度;

(四)决定公司各具体部门规章制度;

(五)决定提请董事会任免副总经理、财务总监等公司高级管理人员;

(六)决定任免董事会任免之外的公司部分负责人或其他管理人员;

(七)决定公司除由董事会决定以外的员工的工资、福利、奖金及奖惩等事项;

(八)决定提议召开董事会临时会议;

(九)总经理认为执行董事会决议和日常经营管理中出现的其他需要经总经理办公会讨论决定的事项。

第三十一条 总经理办公会会议内容经参会人员充分讨论后,由总经理作出最后决策。

第五章 责 任

第三十二条 对于经公司相关部门考核不能胜任其职务的管理人员,公司有权对其进行处罚,处罚方法包括:限期改正、扣减报酬、降低薪水、下调职务、处以罚款、解聘。

第三十三条 对于玩忽职守、因自身过错给公司造成损失的管理人员,公司除可给予上条处罚之外,还有权要求其赔偿损失。赔偿损失的具体数额根据公司的相关规定并结合实际情况决定。当相关损失发生时,公司有权从行为人应从公司获得的利益中直接扣除,以弥补公司的损失。

第六章　附　　则

第三十四条　本细则由公司总经理办公会负责解释。

第三十五条　本细则报公司董事会批准后实施,修改时同。

第三十六条　本细则如有与公司章程规定相冲突之处,以公司章程的规定为准。

________有限公司董事会

________年____月____日

图书在版编目(CIP)数据

公司章程制定实务与条款设计指引/李占英著. --3版. --北京:法律出版社,2016.10(2019.5重印)

ISBN 978-7-5197-0041-6

Ⅰ.①公… Ⅱ.①李… Ⅲ.①公司-章程-研究-中国 Ⅳ.①D922.291.914

中国版本图书馆CIP数据核字(2016)第234672号

公司章程制定实务与条款设计指引
GONGSI ZHANGCHENG ZHIDING SHIWU YU TIAOKUAN SHEJI ZHIYIN

李占英 著

策划编辑 何海刚
责任编辑 何海刚
装帧设计 汪奇峰

出版 法律出版社
总发行 中国法律图书有限公司
经销 新华书店
印刷 三河市龙大印装有限公司
责任印制 胡晓雅

编辑统筹 司法实务出版分社
开本 710毫米×1000毫米 1/16
印张 23
字数 382千
版本 2017年1月第3版
印次 2019年5月第4次印刷

法律出版社/北京市丰台区莲花池西里7号(100073)
网址/www.lawpress.com.cn
投稿邮箱/info@lawpress.com.cn
举报维权邮箱/jbwq@lawpress.com.cn
销售热线/010-83938336
咨询电话/010-63939796

中国法律图书有限公司/北京市丰台区莲花池西里7号(100073)
全国各地中法图分、子公司销售电话:
统一销售客服/400-660-6393
第一法律书店/010-83938334/8335
西安分公司/029-85330678
重庆分公司/023-67453036
上海分公司/021-62071639/1636
深圳分公司/0755-83072995

书号:ISBN 978-7-5197-0041-6
定价:58.00元